中国物流技术协会推荐教材
面向“十二五”物流专业工学结合规划系列教材

物流中心设计与管理

人类进入21世纪后，以新型流通方式为代表的连锁经营、物流配送、等产业发展迅速
加之经济全球化趋势明显增强，给世界各国经济发展带来了前所未有的机遇
被誉为“第三利润源泉”的现代物流产业，在国民经济建设与社会发展中发挥着愈来愈重要的作用

WULIU ZHONGXIN SHEJI YU GUANLI

主　编　周文胜　师俊强
副主编　计海涛　龙桂先

中国商业出版社

图书在版编目(CIP)数据

物流中心设计与管理/周文胜,师俊强主编.—北京:
中国商业出版社, 2015.1
ISBN 978-7-5044-5850-6

Ⅰ.物…　Ⅱ.①周…②师…　Ⅲ.物流-物资管理-高等
学校:技术学校-教材　Ⅳ.F252

中国版本图书馆 CIP 数据核字(2007)第 039370 号

责任编辑:刘毕林

中国商业出版社出版发行
(北京广安门内报国寺1号　100053)
新华书店总店北京发行所经销
北京高岭印刷有限公司印刷
* * * * *
787×1092 毫米　16 开　23 印张　410 千字
2015 年 1 月第 1 版　2015 年 1 月第 2 次印刷

定价:45.00 元
* * * *
(如有印装质量问题可更换)

序

当前物流不仅在我国，就是在世界范围也已经成了经济活动的热点！因为随着市场国际化、采购全球化，生产布局也随市场采购一道全球化了，这就大大地加长了供应链。而电子信息网络技术的发展，已把供应链加长对商流、信息流和资金流造成的不利影响解决掉了，从而使物流的效率对整个生产与营销成本的影响突显出来，引起了大家的关注。中国已成为世界的加工厂，其物流需求极大，在国内物流企业快速发展的同时国外的物流企业也纷纷进入中国，物流市场竞争极为激烈，这就更加剧了我国物流人才短缺的状况。所以各院校纷纷设立物流专业，以满足市场对物流人才的迫切需求。在解决需求方面高端的如研究生，本科生等参与的单位很多，但在高职、中专方面关心的就少多了。这主要是由于人们对物流人才市场缺乏了解，加上我国的学生与家长们望子成龙的心太迫切，殊不知人才的需求也是综合的，尤如一架机器上的各个部件一样，是缺一不可的。为什么有些产品我们都喜欢原装的？这不是输入到中国的零部件有问题，主要是我们的操作人员在领会设计意图，理解操作规范和实际动手装配上，较之国外的企业有较大的差距。为此国家教育部特别强调在大、中专学生培养中一定要加强实操能力的培养与训练。在重视高层物流经营与管理人才培养的同时，也要特别关心物流职业技术教育，培养和造就一大批有一定的基础理论知识，又了解物流第一线生产实际状况，并具备岗位实操能力的物流人才。

为解决上述问题，中国物流技术协会与全国职业教育教学培训委员会商贸专业委员会合作进行了物流专业教师物流实践知识的培训，在海尔、昆船、红河、北京西南物流中心等国内著名企业里现场进行物流生产知识的讲授和参观、考察与研讨，丰富教师的物流生产实践知识；考察中教师们还对生产线进行了拍照和录像，带回学校作为课堂教学的素材，配合课堂讲解增强学生们对物流生产的感观认知度。在此基础上我们又做了大量的调研，分析了教学方面对教材的质量与专业性的要求，在兰州召开了“现代物流职业教育教材”编写研讨会，提出编写一套物流管理与实训相结合的系列教材。该系列教材共有 14 本，既系统地涵盖了目前物流专业教育的教学内容，又有针对性地培养学生的职业技能。

本系列教材在突出实用性技能的同时，也编进了一定量的物流领域新知识、新技术和新概念。除了可作学校教学使用外，也可作为企业人才培训和物流从业人员自我提高的辅导材料。

中国物流技术协会 牟惟仲

前言

物流中心是社会生产发展和社会分工细化的产物。随着经济全球化的持续发展、科学技术水平的不断提高以及专业化分工的进一步深化，带来了货运量的迅速增加、运输方式的多样化和运输工具的发展以及贸易形式的变化等，推动了城市经济和道路交通的发展，也产生了进一步降低物流成本的需要，世界各国开始了一场对物流功能、要素进行整合的物流革命。这种物流资源整合和一体化不再仅仅局限在某个企业的层面上，而是转移到相互联系、分工协作的整个产业链条上，形成了以供应链管理为核心的社会化的物流系统，物流活动逐步从生产、交易和消费过程中分化出来，成为一种专业化的、由独立的经济组织承担的新型经济活动。

与此同时，近年来便利商店、连锁超市、量贩店等新型零售业态蓬勃发展，带来了我国流通业近十年来的一场流通渠道革命，也改变了过去传统制造商、批发商及零售商各自的角色。新兴的连锁零售业及流通业在统一采购的议价能力、产销流程的缩短及物流效率的提升下，已逐渐掌握了通路优势及商品价格的决定权。整个渠道革命不仅直接影响了传统批发商的生存空间，更进一步牵动了上游制造商的经营策略。因此如何在新的市场规则中寻找利基，已成为制造商及配销流通业者目前最重要的挑战与课题。而整合了“物流、商流、资金流、信息流”等渠道机能于一身的现代化物流中心，必将成为未来的重要行业之一。

为结合商流与物流，以降低流通成本、增加商品竞争力，愈来愈多的企业集团投入设立物流中心的行列中。制造商纷纷向下建立自已的零售通路系统；由商品批发商、代理商或由运输货运业为主投入物流行业的企业集团也愈来愈多；传统的经销商也已开始朝向物流与商流分工之趋势发展。但是，在物流中心蓬勃发展的同时，有关物流中心的设计与管理方面的教材和书籍却很缺乏，这种情况造成物流中心专业设计和管理人才的匮乏，不利于物流中心的健康发展。本书就是针对这种情况而组织编写的。

本书全面、系统地分析、研究和介绍了物流中心的设计与管理的有关内容。广西商业学校周文胜老师、山东交通职业学院泰山校区的师俊强老师任本书的主编，广西商业学校计海涛老师、广西财经学院龙桂先老师任副主编。周文胜老师编写了本书第1、2、3章和第9章的1、2、3、5节；师俊强老师编写了第4、5、8、10章；计海涛老师编写了第6、7章；龙桂先老师编写第9章的第4节并为全书的编写提供了大量案例资料。本书由周文胜老师拟定大纲，最后由周文胜老师和师俊强老师共同完成总纂定稿和校对工作。在本书的编写过程中，中国物流协会秘书长吴明、北京科丰华文化发展有限公司总经理蔡凯，给予了作者极大的支持，在此表示衷心的感谢。

本书作者希望能够编写出一本实用、新颖、独特的教材，但限于作者的水平，书中难免有不妥之处，热忱欢迎广大读者批评指正。

编者

2015年1月

目　录

◆——第一章　物流中心概述

＊本章主要内容

- 物流中心的概念及功能
- 物流中心的分类
- 发达国家和地区的物流中心
- 我国物流中心的建设和发展
- 物流中心设计概述

＊

百联集团通过友谊股份控股的香港上市公司、中国最大的连锁零售企业联华超市投资6000万元改建的新物流中心，经过一年的紧张施工和试运行，于2005年5月30日正式投入运行。

百联集团总裁、联华超市董事长王宗南表示，早在1999年，联华已在业内率先建成智能化的物流配送中心，近几年来，随着联华跨地区发展战略的稳步推进，该配送中心的营运能力已是捉襟见肘，严重影响了联华的发展。新改建后的物流中心应用了目前国内顶尖的自动化设备和现代物流技术，将有助于进一步提升联华的综合竞争力和经营绩效，增强与外资商业巨鳄的抗衡能力。

据介绍，联华新物流中心由日本冈村制作所株式会社根据联华未来的发展规划进行设计，新增库房面积2863平方米，总面积达29000平方米，库容能力达30万箱。该配送中心以信息技术为支撑，使用了自动输送系统、自动分拣系统等大量现代物流设备，极大地提高了工作效率。收货、上架和转仓等主要环节全部使用无线手持终端，条码识读技术和无线信号传输技术的应用，使实时作业信息与总部、门店之间实现了网络化，整个系统响应速度极快，总部可以随时掌控运行情况。物流中心还在配送车辆上使用了GPS定位跟踪器，可实时掌握在途配送车辆的运行情况。

从试运行的情况看，物流中心的效率和效益明显提高，商品周转期从原来的16天缩短到目前的7天，一天的商品吞吐量最高达16万箱，平均每天可配送600家门店，其储存与配送能级都达到了国内领先水平。（资料来源：长江证券网，http://www.cz318.com.cn）

想一想：联华超市的物流中心是一个什么机构？它给企业带来了什么变化？

第一节　物流中心的概念及功能

一、物流中心的概念

“物流中心”是一个新概念，不仅仅只是一个概念，而且是进行商品流通必要的基础设施，许多新型企业，特别是高科技制造企业、全球分销企业及全球第三方物流企业建设了许多物流中心，不少跨国公司在全球的产品分销仅靠一个物流中心，因此物流中心是决定公司成败的战略性业务实体。

中华人民共和国国家标准《物流术语》(GB/T18354－2001)给物流中心下的定义是：从事物流活动的场所或组织，应具备符合下列要求：a、主要面向社会服务；b、物流功能健全；c、完善的信息网络；d、辐射范围大；e、少品种、大批量；f、存储、吞吐能力强；g、物流业务统一经营、管理。

上述定义虽然勾画出了物流中心的基本轮廓，但也有模糊之处，如主要面向社会服务一条，不能将众多的生产加工企业自备的物流中心包括在内，如我国著名的海尔物流中心就属于企业自备的物流中心；而众多的面向社会服务的物流中心，其物流业务恰恰是由多家物流公司进行管理，日本东京平和岛物流基地，德国不来梅物流中心，都有多家物流公司进驻。所以，给物流中心确定一个模糊的但包容性较强的基本含义比下一个精确的定义更为现实。

物流中心是综合性、地域性、大批量的物资实现物理位移的集中地，它把商流、物流、信息流和资金流融为一体，成为产销企业之间的中介。

综上所述，凡从事大规模、多功能物流活动的场所即可称为物流中心。物流中心的主要功能是大规模集结、吞吐货物，因此必须具备运输、储存、保管、分拣、装卸、搬运、配载、包装、加工、单证处理、信息传递、结算等主要功能，以及贸易、展示、货运代理、报关检验、物流方案设计等一系列延伸功能。

总之，物流中心应该是一个广泛的概念，是各种物流结点的总称。物流基地、物流团地、集散中心、配送中心等称谓除了规模、货物流向，送达方式、组织管理等方面有所不同之外，在大规模、多功能的共同点上，它们都可称为物流中心。

物流中心规模的大小也是相对的，对于港口、码头来说，占地面积几十、上百平方公里，年吞吐货物上亿吨叫做物流中心，而对于某一连锁商业的配送中心来说，占地可能只有上万平方米，也可被称为物流中心。

二、物流中心形成的原因

物流中心是随着社会生产的发展和社会分工的细化而产生的，这主要基于以下条件：

(一)货运量的迅速增加

随着科技的迅速发展，人类开发利用自然资源的规模在迅速扩大，资源分布的不均衡性、各国经济技术发展的不平衡性，导致原料、材料、产品在世界范围的大量流动。货流量的增加，促进了运输业的增长，也促进了作为物流结点的仓库功能的变化：从原来的单一保管功能发展到收货、分货、装卸、加工、配送等多种功能。

1985 年中国 GDP 总额为 8964 亿元,2000 年为 89404 亿元,15 年间增长了 9 倍。货物周转量从 1985 年的 18365 亿吨公里增长到 2000 年的 44452 亿吨公里,增长了 1.42 倍,沿海主要港口的货物吞吐量从 1985 年的 31154 万吨增长到 2000 年的 125603 万吨,增长了 3 倍。2001 年全国港口货物吞吐量 24 亿吨,比上年增长 8.8%,其中:沿海港吞吐量 6.6 亿吨,增长 14.1%。亿吨以上吞吐大港有上海、广州、宁波、天津、秦皇岛、青岛。

(二)运输方式的多样化和运输工具的发展

单一的运输工具可能不需要货物在运输工具之间的转换,但当飞机、火车、铁路、汽车、轮船等多种运输工具和多种运输方式等因素融合在一起的时候,货物在运输工具之间的转换使物流业务变得异常复杂。首先,货物需要在物流结点装卸、换载,理货、配载工作量大大增加,货损、货差的可能性大大增加;其次,不同货物的同一流通方向、同一货物的不同流通方向、不同货主的同一流向货物、同一货主的不同流向货物、不同运输工具之间的转换、交接,使得物流结点必须拥有足够的场地、泊位、铁路专用线、站台,仓库才能完成这些工作,这些因素要求物流节点发展成为物流中心。

(三)道路交通的发展

据统计,我国 2001 年高速公路已达 19437 公里,据世界第三位,等级公路里程 133.6 万公里。高速公路的发展,大大缩短了货物运输的时间,使 1000 公里以内的运输越来越多地使用公路。美国在上个世纪用 30 年时间建起了全国高速公路网,从而导致了物流结点或物流中心布局的变化和规模的扩大,众多的小仓库消失了,代之而起的是分布在交通枢纽、城市边缘的设备先进、周转速度快的物流中心。

(四)降低物流成本的需要

竞争的压力和追求高额利润的动力,迫使厂商不断降低自己的物流成本。当市场竞争的压力还不足够大的时候,厂商、仓库和运输业主之间是彼此相对独立的,但当市场竞争压力逐渐增大之后,这三者才发现,他们之间必须密切配合才能降低物流成本。首先,拥有自备仓库的厂商觉得必须将仓储业务交给专业仓储企业去干,减少自己在仓储的投入,增加生产资金,扩大生产规模;其次必须减少产品的库存量,减少产品成本的资金占压,这就需要加快运输速度,减少货物损耗,需要与仓储运输企业密切合作,才能缩短货物在库、在途时间,降低物流成本;第三,专业化的操作使复杂的业务流程简单化,工作熟练程度的提高,可以使处理货物流通的速度加快,从而达到降低成本的要求。

(五)城市经济的发展

城市是一个国家或地区政治、经济、文化的中心,也是物流的集结之地。城市经济的发展,对物流中心的形成及类别、功能起着至关重要的作用。首先,城市经济规模的扩大,需要较大的物流场所与之适应,那种较小的单一功能的仓库也就被规模较大的多功能的物流中心所取代;其次,由于地价昂贵、交通不畅、装卸不便、车辆尾气、噪音污染等原因导致城市中心仓库不得不从城市内部迁往郊区,在迁建或新建过程中,更新增添了设备,扩大了规模,形成了物流中心。

(六)科学技术的发展

自动识别技术、计算机技术、信息传递技术、卫星定位技术以及货物递送、分拣、装卸、运输等技术的发展,使得大型物流中心有了先进的技术支持。

（七）贸易形式的变化

在零售行业，随着激烈的商业竞争，超市、仓储超市、连锁商业、专卖店等新的贸易形式大量出现，贴近顾客、低价格销售的营销方式使物流中心应运而生。

三、物流中心的功能

物流中心的主要功能包括运输、仓储、装卸搬运、包装、流通加工、物流信息处理等。但这并不是说所有的物流中心都必须具备所有这些功能，或者不能有其他的功能。事实上，一个物流中心应该有其核心功能，并且物流中心的功能应该根据具体情况向上、向下进行延伸，在实际设计中最为关键的是要确定如何根据情况向上、向下延伸及延伸的范围。

（一）物流中心的基本功能

从理论上说，物流中心可以具备如下一些基本功能：

1. 运输功能

物流中心需要自己拥有或租赁一定规模的运输工具，具有竞争优势的物流中心不只是一个点，而是一个覆盖全国的网络。因此，物流中心首先应该负责为客户选择满足客户需要的运输方式，然后具体组织网络内部的运输作业，在规定的时间内将客户的商品运抵目的地。除了在交货点交货需要客户配合外，整个运输过程，包括最后的市内配送都应由物流中心负责组织，以尽可能方便客户。

2. 储存功能

物流中心需要有仓储设施，但客户需要的不是在物流中心储存商品，而是要通过仓储环节保证市场分销活动的开展，同时尽可能降低库存占压的资金，减少储存成本。因此，公共型物流中心需要配备高效率的分拣、传送、储存、拣选设备。

3. 装卸搬运功能

这是为了加快商品在物流中心的流通速度必须具备的功能。公共型的物流中心应该配备专业化的装载、卸载、提升、运送、码垛等装卸搬运机械，以提高装卸搬运作业效率，减少作业对商品造成的损毁。

4. 包装功能

物流中心的包装作业的目的不是要改变商品的销售包装，而在于通过对销售包装进行组合、拼配、加固，形成适于物流和配送的组合包装单元。

5. 流通加工功能

主要目的是方便生产或销售，公共物流中心常常与固定的制造商或分销商进行长期合作，为制造商或分销商完成一定的加工作业。物流中心必须具备的基本加工职能有贴标签、制作并粘贴条形码等。

6. 物流信息处理功能

由于物流中心现在已经离不开计算机，因此将在各个物流环节的各种物流作业中产生的物流信息进行实时采集、分析、传递，并向货主提供各种作业明细信息及咨询信息，这对现代物流中心是相当重要的。

（二）物流中心的增值性功能

从一些发达国家物流中心的具体实践来看，物流中心还具有以下增值性功能：

1. 结算功能

物流中心的结算功能是物流中心对物流功能的一种延伸。物流中心的结算不仅仅只是物流费用的结算,在从事代理、配送的情况下,物流中心还要替货主向收货人结算货款等。

2. 需求预测功能

自用型物流中心经常负责根据物流中心商品进货、出货信息来预测未来一段时间内的商品进出库量,进而预测市场对商品的需求。

3. 物流系统设计咨询功能

公共型物流中心要充当货主的物流专家,因而必须为货主设计物流系统,代替货主选择和评价运输商、仓储商及其他物流服务供应商。国内有些专业物流公司正在进行这项尝试,这是一项增加价值、增加公共物流中心的竞争力的服务。

4. 物流教育与培训功能

物流中心的运作需要货主的支持与理解,通过向货主提供物流培训服务,可以培养货主与物流中心经营管理者的认同感,可以提高货主的物流管理水平,可以将物流中心经营管理者的要求传达给货主,也便于确立物流作业标准。

物流中心的基本功能需要经验和实力,而增值性功能则需要智慧和远见。功能是靠设计而来的,每个物流中心的功能集合都不会完全一样,有的物流中心可能只提供6项基本功能中的部分功能,但这些功能特别强大,这是完全可以的。公司设计物流中心功能时要考虑影响因素,要确定物流中心的核心功能和辅助功能,辅助功能可能会使物流中心不一定只做物流,还可能做商流、信息流、资金流,如果一个物流中心是一个集商流、物流、信息流、资金流于一体的流通机构,它是否还是物流中心呢?这要取决于这些业务的比重有多大,如果核心功能是物流,辅助功能是商流、信息流和资金流,那它肯定是物流中心,否则就不能算是物流中心。算不算物流中心并不那么重要,只要能够为货主、客户提供服务,进而能够取得经济效益就可以,因此,在设计物流中心功能时需要创新。

随着信息技术在世界范围的普遍应用,物流成为制约商品流通的真正瓶颈,现代物流中心应该更多地考虑如何提供增值性物流服务,这些增值性物流服务是物流中心基本功能的合理延伸,其作用主要是加快物流过程、降低物流成本、提高物流作业效率、增加物流的透明度等。提供增值性服务是现代物流中心赢得竞争优势的必要条件。

物流窗口1－1

美国凯利伯物流公司物流中心的基本功能和增值性功能

美国凯利伯物流公司是一家在世界范围内较有影响的专业物流公司,该公司设立的公共型物流中心为客户提供如下服务:

1. J IT物流计划。该公司通过建立先进的信息系统,为供应商提供培训服务及管理经验,优化了运输路线和运输方式,降低了库存成本,减少了收货人员及成本,并且为货主提供了更多更好的信息支持。

2. 合同制仓储服务。该公司推出的此项服务减少了货主建设仓库的投资,同时通过在仓储过程中采用CAD技术、执行劳动标准、实行目标管理和作业监控来提高劳动生产率。

3. 全面运输管理。该公司开发了一套专门用于为客户选择最好的承运人的计算机系统,使用该系统客户可以得到如下利益:使运输方式最经济,在选定的运输方式中选择最佳的承运人,可以获得与凯利伯公司关联的企业提供的服务,对零星分散的运输作业进行控制,减少回程车辆放空,管理进向运输,可以进行电子运单处理,可以对运输过程进行监控等。

4. 生产支持服务。该公司可以进行如下加工作业:简单的组装、合并与加固、包装与再包装 J IT 配送、贴标签等。

5. 业务过程重组。该公司使用一套专业化业务重组软件,可以对客户的业务运作过程进行诊断,并提出专业化的业务重组建议。

6. 专业化合同制运输。该公司的此项功能可以为客户提供的服务有:根据预先设定的成本提供可靠的运输服务,提供灵活的运输管理方案,提供从购车到聘请司机直至优化运输路线的一揽子服务,降低运输成本,提供一体化的、灵活的运输方案。

7. 回程集装箱管理。公司提供的服务包括:回程集装箱的跟踪、排队、清洗、储存等,可以降低集装箱的破损率,减少货主的集装箱管理成本,保证货物安全,对环保也有好处。

(资料来源:大学资讯网,“物流中心功能研究”)

四、物流中心的系统构成

现代物流中心的功能要通过集中在某些局部空间来实现,这些局部空间就是物流中心的经济实体。现代物流中心系统是一个多元复合的复杂系统。它包括了物流功能系统、物流设施系统、物流环境系统和物流支撑系统等。

(一)物流功能系统

它是在传统物流业务的基础上,经过整合和提升而产生的。它将传统的仓储、运输等业务活动,通过信息化的手段,网络化、系统化的运作,强化其信息功能和服务功能,使其有机地联系在一起,成为包括仓储功能、运输功能、配送功能、流通加工功能、物流信息功能于一体的系统功能群体。

(二)物流基础设施系统

它包括铁路、公路、港口、机场等基础设施以及配送中心、信息网络、商检、通关等功能设施。这是现代物流系统的物质基础,也是反映物流中心系统整体水平的标志之一。

(三)现代物流的环境系统

它包括法律、政策、规划、人才培育等要素。这些环境要素的状况,对于物流中心系统的构建与完善至关重要,也是物流中心系统顺利运作的前提。

(四)现代物流的支撑系统

它是由城市整体的发展水平所决定的,它取决于城市的产业结构。制造业、流通业、金融服务业、信息业的总体发展状况,会对城市物流中心系统的运作方式、运作水平产生重大影响。

第二节　物流中心的分类

根据不同的分类方式,物流中心可以分为不同的类别。从货物的流向来分,有专门提供原材料、零部件物流的供向物流中心,也有提供最终消费品的销向物流中心;有为城市服务的城市物流中心,也有为货物集散服务的物流中心;有为公路、铁路、轮船、飞机等专门运输工具提供专业服务的物流中心,也有将各种运输工具集结在一起,进行货物中转、换载、配载、分拣、包装、加工的综合性物流中心。此外,有产权属于生产制造业、农业组织的物流中心,也有产权属商业流通企业的物流中心,还有产权属第三方物流企业的物流中心。一言概之,物流形式多样性,造就了物流中心形式的多样性。正像世界上没有完全相同的两片叶子一样,也没有两个完全相同的物流中心，但正是众多各不相同的实实在在的物流据点，才形成了抽象的“物流中心”的概念。

一、依据隶属关系分类

（一）生产企业自办的物流中心

这类物流中心一般有规模较大的跨国公司出资兴建，其目的是为本公司生产的产品进行实体分配。

在发达国家这类物流中心数量比较多。日本的日产、松下、三菱等知名公司，都拥有自己的物流中心和运输工具，有的还拥有专用码头。

这些大的生产企业规模很大，大得足以使零部件、产成品的运输、仓储部分独立出来，成为物流中心。从另一个角度分析，这些生产企业在商品流通管理方面做得较好，在建立销售体制的同时，还要建立快捷的物流配送中心，以降低流通费用和提高售后服务的质量。

可以预见，尽管第三方物流日渐被人们接受，大企业的自办物流中心也不会消亡，因为这种物流中心有本企业产品的支持。

物流窗口 1－2

海尔为什么要自己做物流？

我国的海尔集团所建的物流中心就属于此类，海尔物流中心有采购件和制成品两个自动化仓库，共有 14 个巷道、19536 个库存货位。采购件自动化仓库负责向装配线工位准时地配送零部件；制成品自动化仓库负责向全国 42 个分销配送中心准时地配送制成品。建成后，库存资金由 1999 年的 15 亿元，降至 2000 年的 7 个亿，2001 年目标为 3 个亿。海尔物流中心建成后，已经做到中心城市 6－8 小时配送到位，区域销售店配送 24 小时到位，全国主干线分拨配送平均 3.5 天到位。

在物流外包流行的今天，海尔为什么要自己做物流呢？

首先，物流也有一个度的问题，无论是传统物流，还是供应链条件下的物流，物流总有能够做的部分和不能够做的部分。如果物流无限延伸就会涉及到企业的商业秘密，比如，采购计划就可以了解到企业的生产经营计划、新产品开发等商业秘密。海尔的物流是从源头做起、从采购做起，因此，出于商业考虑，海尔选择了自己做物流。

其次，尽管在海尔“三个转移”的思路中提出了“从制造业向服务业转移”的产业方向，但是，海尔目前仍然是一个制造企业，因此，海尔不能像有些国外的跨国公司那样，把生产和分销全部外包出去。而且，按照目前国内的工业基础，也不允许海尔全面外包。海尔从制造业向服务业转移还需要一个过程，海尔还需要生产，因此就需要采购、运输、库存管理等物流。

再次，就海尔目前的采购优势而言，企业内部的物流是不能外包的。国内一些物流企业希望为海尔做物流，供应链下游的可以做，在供应链上游，比如，在国际采购方面，短期内，海尔自身采购的优势是无法取代的，在目前条件下没有哪个企业有能力为海尔做内部物流。海尔必须自己发展物流，至少内部的物流必须自己实现。

最后，这是海尔自身发展的需要。在发展物流之前，海尔也没有物流人才和经验，如果海尔自己不搞物流，那么，海尔的物流就会停留在概念上，就不会培养人才、积累经验，企业作为购买者或者用户首先必须真正了解物流，这样才能真正从物流上获益。

（资料来源：《中国物流市场分析报告》）

(二)流通企业自办的物流中心

这类物流中心是批发商或零售商自办的物流中心,有的从事原材料、燃料、辅助材料的流转,有的从事大型超市、连锁店的产品配送。如沃尔玛、麦德龙、家乐福等大型零售企业自办的物流中心。

在中国,随着超级市场逐渐取代百货商场成为零售业的主力业态以及连锁经营模式的不断发展,流通企业自办的物流中心将越来越多。

物流窗口 1-3

华联物流

华联超市股份有限公司,拥有连锁店800家(其中直营店170家,加盟店630余家),网店遍布上海市各区县,辐射江苏、浙江等,2003年门店数计划达1300家,销售额130亿元。连锁超市是以连锁制为轴心,以广大的门店网络为市场依托,以规模化采购、收货、流通加工、保管和集约化的配送体制为利润源。

2000年8月华联超市物流配送中心正式启动,该物流配送中心位于上海市普陀区桃浦镇,紧贴外环线,直连沪嘉、沪杭高速公路,南部沪宁铁路南翔编组站,通向市区和向外辐射的能力强。物流配送中心的基地面积28041平方米,总建筑面积2000平方米,商品在库存量批万箱;日均吞吐能力14万箱。

(资料来源:http://classroom.dufe.edu.cn)

(三)仓储、运输企业设立的物流中心

仓储企业成为物流中心有得天独厚的先天优势,因为它本身就是物流的节点,拥有土地、库房、站点和装卸设备,功能的扩展可使它演变成为物流中心。

运输企业设立物流中心,是因为它需要物流节点以整理、配载、换载货物,达到扩大功能、节约物流成本的目的。美国的APA运输公司在纽约就用这样的物流中心,该中心占地约 $50000m^2$,兼有一个 $20000m^2$ 的流转库,每天分拣着公司集卡运来的送往纽约市以及从纽约市送往外地的货物。这里运输业务是主营业务,保管、分拣业务是延伸业务。

由此推及,轮船公司、邮政部门、铁路运营公司、机场及航空运输企业都可拥有自己的物流中心。

(四)社会化的物流中心

这种物流中心往往为中小工商企业服务或为物流公司服务。此类物流中心或由政府出资,或由众多企业集资兴建。该类物流中心拥有公共使用的装卸货平台、设备、设施,拥有可以分割产权或分割成单元的库房。西班牙马德里内陆港物流中心,拥有几十幢独立仓库,由众多物流企业在经营,经营的品种有原料、工业品、生活用品、邮件、包裹不来梅、报纸等。

物流窗口 1-4

德国不来梅物流中心

德国不来梅物流中心1985年开始建设。不来梅州政府通过直接投资和土地置换的方式对物流中心投资,物流中心的原址是一片盐碱地,州政府从当地农、牧民手中以每平方米6~8马克的价格征用土地200公顷,进入物流中心的企业承担地面以上的建筑、设施的建设。不来梅市物流中心除政府设立海关负责进出口货物验关外,政府在物流中心不再设其它管理机构,企业自主经营,照章纳税,政府亦不再从中心成员那里征收除法定税费以外的任何税费。中心一般都兴建有综合服务中心、维修保养厂、加油站、清洗站、餐厅等,有的还开办有驾驶员培训中心等实体，提供尽可能全面的服务。这些实体都作为独立的企业实行经营服务。良好的设施，优质的服务，使中心不仅取得显著的社会效益，而且取得巨大的经济效益。不来梅物流中心临近不来梅内港及内河港口，距港口约20多公里，靠近不来梅铁路编组站，中心内有公铁联运装卸站，周围高速公路网发达，紧临联邦27号高速公路，距不来梅市的威悉河两岸有242家物流企业，不来梅新港至不来梅市的沿途有1400多家运输、仓储和物流企业，其中从事航运的占3%，港口的占10%，公路运输的占45%，铁路运输的占1%，物流企业的占38%，物流中心由不来梅运输和物流研究所负责设计，该中心位于不来梅市理想的水路与陆路运输交汇点，火车、卡车从这里可将货物在24小时之内送到德国境内任何一个重要的经济中心。

（资料来源：锦程物流网，物流中心模式研究）

二、依据作业特点分类

（一）供应型物流中心

供应型物流中心是专门为某个或某些用户组织货物供应的物流中心。其服务对象有两类：一是组装、装配型生产企业，为其供应零部件、原材料或半成品；二是大型超级市场、连锁企业以及配送网点。其特点是：用户稳定，用户的要求范围明确、固定。因而，物流中心集中库存的品种范围固定，进货渠道稳固，都建有大型现代化仓库，占地面积大，采用高效先进的机械化作业。

始建于1987年3月的英国斯温顿Honda汽车配件中心，占地面积为150万平方米，总建筑面积7000平方米，经营配件6万余种，储存的大型配件达1560货格，小型配件为5万箱左右。

我国上海地区六家造船厂的配送钢板中心，也属于供应型物流中心。

（二）销售型物流中心

销售型物流中心是以配送为手段，商品销售为目的的物流中心。这种物流中心按其所有权来划分可有三种情况：

一种是生产企业为直接将自己的产品销售给消费者，以提高市场占有率而建的物流中心，如我国的海尔集团所建的物流中心。

二是专门从事商品销售的流通企业为扩大销售而自建或合建的物流中心。

三是流通企业和生产企业共建的销售型物流中心，这是一种公用型物流中心，这类物流中心的特点是用户不确定，用户多，每个用户购买的数量少，因此不易实行计划配送，集中库存的库存结构比较复杂。

（三）储存型物流中心

这是一类具有强大的储存功能的物流中心。主要是为了满足三方面的需要而建造的。一方面是企业在销售产品时，难免会出现生产滞后的现象，要满足买方市场的需求，客观上需要一定的产品储备；另一方面在生产过程中，生产企业也要储备一定数量的生产资料，以保证生产的连续性和应付急需；第三方面是在物流配送的范围愈大，距离愈远时，或者满足即时配送的需要时，客观上也要求储存一定数量的商品。可见储存型物流中心是为了保障生产和流通得以正常进行而出现的。

其特点是储存仓库规模大，库型多，存储量大。如瑞士的Giba——Geigy公司的物流中心，可储存40000个托盘，其储存规模位居世界前列；美国福来明公司的食品物流配送中心，建筑面积达70000平方米,其中包括40000平方米的冷库和冷藏库,30000平方米的杂货库,所经营的商品品种达89000个。

(四)流通型物流中心

这是一种基本上没有长期储存功能,只以暂存或随进随出方式运作的物流中心。它的典型作业方式是,大量货物整进并按一定批量零出,采用大型分货机,进货时直接进入分货机传送带,分送到各用户货位或直接分送到配送汽车上,货物在物流中心里仅做短暂停滞。

因此,流通型物流中心应充分考虑市场因素,在地理上定位于接近主要的客户地点,可获得从制造点到物流中心货物集中运输的最大距离,而向客户的第二程零货运输则相对较短,从而方便以最低成本的方法迅速补充库存,其规模大小应取决于被要求的送货速度、平均订货的多少以及单位用地成本。

(五)加工型物流中心

这类物流中心根据用户需要对配送物品进行加工,而后将加工好的产品直接运到按用户户头划定的货位区内,并且进行包装,配货。其加工活动主要有:分装、改包装、集中下料、套裁,初级加工,组装,剪切,表层处理等。加工配送中心定位于制造,通常坐落在临近生产工厂。

作为装配加工与集中运输生产材料的基地,这种物流中心存在的基本原因是支持生产企业,可以集中运输的费率将产品混合运往客户,这种分类产品的集中运输促进大宗货品交易。

闻名于世的麦当劳、肯德基的物流中心就是提供加工服务后向其连锁店配送的典型。在工业、建筑、水泥制品等领域的物流中心同样属于这种类型,如石家庄水泥物流配送中心既提供成品混凝土,又提供各种类型的水泥预制件,直接配送至用户。

物流窗口1-5

生鲜联华:领先沃尔玛

通过投资6000万元建起的一座生鲜加工物流中心,联华所有的门店透过计算机终端发出要货指令,物流中心的计算器系统自动接收,之后产生两条指令清单,一条指令会直接提示采购部门按具体的需求安排采购,另一条指令会即时发送给各加工车间中控制加工流水线的电脑控制系统,按照当日的需求进行食品加工,并且根据每个门店的要货时间和地点远近,自动安排生产次序,自动加工,自动包装。这样就能够可靠保证生鲜食品当日加工、当日配送和当日销售,从而强化了生鲜食品配送中心最重要的竞争优势——鲜!

目前,在一张覆盖全国的采购网中,联华已经在山东、四川等地建立起生鲜食品供应基地,专门引进其他同类超市没有的个性化商品。从加工配送中心出发,数十辆低温运输车按照计算机设计的路线,把当天加工的生鲜食品送到各家连锁门店的货架上。目前,这个加工配送中心可以同时生产12大类、1200多种生鲜食品,对1000多家连锁门店进行统一配送。

(资料来源:锦城物流网,http://edu.beelink.com.cn/20040227)

三、依据服务区域分类

(一)城市物流中心

向城市范围内的用户提供物流服务的物流中心称城市物流中心。这类物流中心在从事配送业务时有两个明显的特征:一是由于城市范围一般处于汽车运输的经济里程,这种物流中心可采用汽车将货物直接配送到最终用户,二是开展少批量、多批次、多用户的配送,实行“门到门”式的送货服务。因为汽车送货机动性强,供应快,调度灵活。

城市物流中心所服务的对象大多是零售商,连锁店和生产企业,大多采用和区域物流中心联网的方式运作,以“日配”的服务方式配送。

(二)区域物流中心

区域物流中心是以较强的辐射能力和库存能力向跨市、跨省(州)范围内的用户提供物流服务。这类物流中心有三个基本特征:其一,辐射能力较强,经营规模较大,设施和设备先进;其二,货物批量较大;其三,大多是大型用户,如城市物流中心和大型工商企业,采用“日配”或“隔日配”的服务方式。

四、依据服务的适应性分类

(一)专业物流中心

专业物流中心大体上有两个含义,一是服务对象、物流技术是属于某一专业范畴,在某一专业范畴有一定的综合性,综合这一专业的多种物资进行物流服务;二是以物流为专业化职能,基本不从事经营的服务型物流中心。

(二)柔性物流中心

这种物流中心不向固定化、专业化方向发展,而向能随时变化,对用户要求有很强适应性,不固定供需关系,用户也不固定,不断发展用户和改变用户的方向发展。

第三节　发达国家和地区的物流中心

发达国家的物流中心建设和运作,一方面体现了时代特点,另一方面也融入了各自的社会文化特点。纵观欧美和日本的物流中心,既有共同之处,也有不同的特色。

共同点有:

1. 物流中心的规模较大,超出了原有的仓库概念;

2. 物流中心功能齐全,附属设施较为齐全;

3. 物流中心尤其是大的物流中心都分布在城市郊区、交通运输枢纽如车站、码头、机场、公路交汇处等;

4. 物流中心均采用了高科技的管理手段,主要是采用了计算机管理。

不同点有:

1. 美国的物流中心分布比较分散,日本的物流中心分布集中,欧洲大力发展公共型物流中心,有众多物流企业聚集;

2. 美国的物流中心单体建筑规模大,一般都在 2 万平方米以上,而欧洲的单体建筑只有 5000 平方米上下,很少见到一栋仓库在 2 万平方米以上的;

3. 日本的仓库多为楼库,而欧美物流中心建筑为平库,呈矩形。

以下具体分析美国、日本和欧洲的物流中心的发展模式。

一、美国物流中心的发展模式

自 20 世纪 50 年代,美国开始大力兴建州际高速公路,十万公里的高速公路,把全美各地连接起来,与铁路、港口、空运一起,形成了四通八达的交通网络。同时,美国经济高速发展,市场消费相当可观,超市、平价俱乐部等连锁经营的出现,带来社会专业分工的细化和思想观念的转变，由此带动了物流的变革。

美国的物流中心以出现早、发展速度快、活动范围广、经营范围大和现代化水平高而著称于世。在美国，一种流行的观点认为：当生产领域提高劳动生产率的潜力被挖尽后，调整流通领域的商品流量是企业获得利润的主要来源，也是稳定消费物价和提高国际竞争的重要因素。为了向流通领域要效益，美国企业采取以下主要措施：一是将老式的仓库改为物流中心或配送中心；二是引进计算机管理网络，对装卸搬运、保管实行标准化操作，提高作业效率；三是连锁店共同组建物流中心，促进连锁店效益的增长。美国的物流中心正是在改造老式仓库的基础上，于20世纪六七十年代逐步形成和发展起来的。

（一）美国物流中心的类型

美国的物流中心大致分为三类：一是特大型生产企业独自建立的物流中心，主要为生产企业自身服务；二是大型零售企业或是连锁企业自有的物流中心；三是社会化物流中心。

（二）美国物流中心的特点

1. 提供一流的服务

这表现在以下几个方面：

一是在观念上的变革。美国的一些物流中心将供货方和购货方不但看作是服务对象，而且看作是经营伙伴。物流中心一般会设立专职的服务部门并在服务手册中详尽地介绍其所提供的各项服务内容、达到的标准及各项承诺。他们把顾客满意摆在工作重心的首位，力争提供百分之百的可靠性服务。

二是即时制。每个物流中心均向客户承诺，客户要求什么时间送到，物流中心就保证什么时间送到。每个物流中心均有一个运输部，当运输部接到订单的运输通知时，即根据客户要求的时间，制定计划落实运输队，无论是物流中心的自备卡车还是委托其他运输公司，都会负责对客户提供高效率的服务。

三是千方百计地提高物流服务的正确率，以取得客户的信赖。在物流中心作业过程中，一般要经过10个环节：收货、验货、输入收货记录、归档、发货、编制装运单、调整库存记录、装车、配送、交货。每个环节的人员必须将外包装上的条码与货架条码同计算机储存的信息核对，同时每半个月部门经理要对其所管辖区域的货架作一次全面盘点，以提高物流服务的正确率。大的物流中心配送精确率一般为99.04%，运输精确率为99.94%，按时到达率为99.42%。

2. 确定合理的价格

美国公共物流中心的收费价格是按商品的服务项目、难易程度和商品的销售金额来确定的。如1992年在拉斯维加斯建设Vallen食品物流中心，总面积20 000平方米。第一期建设投入1300万美元，拥有冷藏库、冷冻库和常温库，69辆大型车辆。该物流中心从全美各地采购各类食品，并根据当地宾馆、饭店的订货情况进行配送。一般情况下，24小时内可送到，特殊情况下，上午订货，下午就送到。该物流中心还建立了EDI系统，客户可利用终端与物流中心联网，直接订货。而在价格上，不会由于设备昂贵、装备精良、服务速度快等而出现高于同业的情况。

3. 千方百计降低作业成本

美国的物流中心十分重视降低作业成本，认为企业只有最大限度地把成本降下来，才能以更优异的服务和低廉的价格参与市场竞争，才能获得更多的利润。美国的物流中心主要从以下三个途径来降低成本：

其一，计算机管理系统在物流服务中的广泛应用。美国的物流中心广泛使用电脑、条码和激光扫描技术。一些大型的物流中心甚至使用卫星通信、射频识别装置来指挥在公路上运行的车辆。由于使用完善的计算机管理系统，企业降低了费用，提高了经济效益。

其二，合理选择和使用器械设备。美国物流中心的管理十分讲究实效，不是一味的追求器械化、自动化。如在Giant物流中心，一条20世纪70年代安装的自动化分拣系统被拆除，而替代的是人工分拣，原因是这些设备比较陈旧，目前尚未有更先进的设备替代，维修它需要一批工程师，与人工分拣相比成本更高，所以，以人工分拣取代原有设备从事的分拣工作。

其三，选择合理的配送路线。在美国，一个较大的物流中心往往在国内外拥有几十个分公司，分布在全美及周边国家的交通枢纽、经济中心城市的周围，这样就可以利用这些分散的物流中心或配送中心来确定合理的输送路线。

物流窗口1－6

沃尔玛的物流中心

美国零售巨头沃尔玛的物流中心是沃尔玛公司独资建立的，专为本公司的连锁店按时提供商品，确保各店稳定经营。该中心的建筑面积为12万平方米，总投资7000万美元，有职工1200多人；物流设备包括200辆车头、400节车厢、13条配送传送带，场内设有170个接货口。中心24小时运转，每天为分布在纽约州、宾夕法尼亚州等6个州的沃尔玛公司的100家连锁店配送商品，该中心设在100家连锁店的中央位置，商圈为320公里，服务对象店的平均规模为1.2万平方米。该中心经营商品4万种，主要是食品和日用品，通常库存为4000万美元，旺季为7000万美元，年周转库存24次。库存商品中，畅销商品和滞销商品各占50%，库存商品期限超过180天为滞销商品，各连锁店的库存量为销售量的10%左右。

（资料来源：王成竹，美国的物流及配送中心，中国商贸，2000(8)：76）

二、日本物流中心的发展模式

第二次世界大战之后，工业的复兴使日本经济进入高速增长时期，特别是20世纪60年代，日本经济完成了向重工业转化以后，经济增长更为迅猛。这个时期，产品产量和货物运输量均急剧增加。然而，由于流通发展滞后，阻碍了生产的快速发展。日本政府从提高物流效率、促进经济发展的愿望出发，采取了多种措施扶持企业进行物流设施建设，其中包括统一规划城市中的仓储设施建设、修建“流通团地”，并且制定规划有关物流的法规、法律，颁布倡导企业革新物流技术、更新物流设施的优惠政策。与此同时，日本工商业也在积极探索提高物流效率的可行性办法和途径，调整物流组织，提出了“物流系统化”的目标、策略和规划，如发货“大批量”、运输“计划化”、物流“共同化”与“专业化”等。在实施物流规范过程中，日本的生产商和批发商为了扩大单元发货量和提高供货率，一方面实行了奖励制度和优惠价格制度，另一方面建立了“发送中心”、“流通中心”等物流设施。

（一）日本物流中心的类型

随着商业连锁化经营步伐的加快，在日本对社会化物流组织提出了更高的要求。其发展趋势是系统内自建的物流中心逐步减少，而社会化物流设施和物流配送共同化的趋势日益显著。日本的物流中心有以下几种类型：

1. 大型商业企业自有的物流中心

一般由资金雄厚的商业企业或连锁超市公司投资兴建，主要为本系统内的零售店铺进行物流服务,同时也受理社会中小零售店的配送业务。商品主要有食品、日用品等。

2. 批发商投资、小型零售商加盟组建的物流中心

为了与大型连锁超市公司竞争,由一些小型零售企业和连锁超市加盟合作,接受批发商投资建设的物流中心的进货与配送。这种以批发商为龙头,由零售商加盟的物流中心,实际上是商品的社会化物流配送。这种形式既可解决小型零售商因规模小、资金少而难以实现低成本经营的问题,也提高了批发商自身在市场的占有率,同时实现了物流设施充分利用的社会效益。

3. 接受委托、为其他企业服务的物流中心

在完成本系统的物流服务外,接受其他企业的委托进行物流服务。其主要服务对象是大量小型便利店或超市,以合同作为双方的约束手段,开展稳定的业务合作。

上述三种类型的物流中心,实际上不同程度地承担社会物流功能,并且还有进一步扩大物流服务范围的趋势。

(二)日本物流中心的特点

日本的物流中心由于实现较为成熟的计算机管理,建立严格的规章制度和配备了先进的物流设施,所以确保了物流服务过程的准确及时到位,真正起到了降低物流费用、加速流转速度、提高经济效益的作用。其主要特点如下:

1. 普遍实现计算机网络管理,确保服务服务的准确及时

由于采用计算机联网订货、记账、分拣、配货等,使得整个物流过程衔接紧凑、准确、合理,零售商店的货架存量压缩到了最小限度,直接为零售店服务的物流中心基本上做到了零库存、大大降低了缺货率,缩短了订货周期,加速了商品周转,给企业带来了可观的经济效益。

2. 严格的规章制度确保了优质服务

物流中心设立了严格的规章制度,使物流中心的各个环节作业安排周密,按规定时间完成,并且都有详细的作业记录。如冷藏食品物流中心,对送货时间和冷藏车的温度要求都很严格,冷藏车司机送货到每个点都必须按照电脑排定的计划执行。物流中心对门店订货到送达之间的时间都有严格规定,一般是:保鲜程度要求高的食品,今天订货明天到;其他如香烟、可乐、百货等,今天订货后天到。如果送货途中因意外不能准时到达,必须立刻与总部联系,总部采取紧急补救措施,确保履行合同。

3. 先进的物流设施,节约了劳动力成本,并保障商品质量

日本物流中心的物流设施都比较先进。一是自动化程度高,节约人力;二是对冷藏保鲜控制温度要求高,保证商品新鲜。收货发货,按相应电钮,电脑会自动记录,并将信息分别送到统计、结算、配车等有关部门。高架仓库的冷冻库和冷藏库设计科学合理,钢货架底座设计有可移动的轨道,使用方便,大大提高了冷库的面积利用率和高度利用率。此外,在送货冷藏车上,可同时容纳三种温度的商品,确保各类商品的不同温度要求,并在整个物流过程中都能控制温度。

物流窗口 1-7

日本东京烟草物流中心

日本东京烟草物流中心位于东京千叶县船桥市,共 4 层,占地 27383m^2,建筑面积 11373m^2,总楼层建筑面积 42019m^2。这是一个精密、快速、无人化、综合了高科技的自动化物流中心。每天来自全日本香烟制造公司和保税仓库的 60 辆大型货车的香烟,通过高级计算机

的处理和自动化设备的作业,从入库到出库,物流量的90%完全实现自动化处理。平均一年处理六百亿支香烟,为三万个香烟零售店配送货品。平均拣选一条香烟的时间为0.11s。一条香烟重量为0.2kg,这个拣选速度已经达到了物流极限。每天有60辆大型货车的香烟入库,同时按照香烟零售店要求,分别进行拣选、分类、包装和配送到中转店或零售店,一年处理的香烟数量相当于全日本销售量的1/5,物流中心上午接到定单,下午立即拣货、包装,并配送到中转站,次日中午送到分店,效率非常高。

从入库到发货的作业过程中,许多设备发挥了重要作用。简介如下:

1. 自动化立体仓库:来自全日本的各工厂和保税区的香烟,以托盘为单位,进入自动仓库保管。在分货处理时按先进先出的保管原则自动进入卸托盘机。产品在入库前在每个托盘上要贴条形码,托盘规格为1100mm×1100mm,每层可堆放4个箱子,可放8层,即每个托盘堆放32个箱子。

2. 自动卸托盘机:自动卸托盘机在计算机的指示下,从自动仓库送来的托盘上以4箱为单位取出箱子,并把箱子方向调整为同一方向,以便条码识别机自动识别。之后通过滚轮输送机把箱子移载到箱式流动货架上。为了满足作业量需要在四楼有8台自动卸托盘机。

3. 流动货架:箱子送入流动货架暂存,之后按开箱机要求,以箱为单位送出,以便开箱作业。这组箱式流动货架有60列×6层360间口,此外还有整条烟的流动货架,这个流动货架有120列×5层600间口。

4. 装箱机:在计算机控制下自动拣货,来自流动货架的一条条香烟,以0.11s速度进入各自相应的输送带,一条条香烟在输送带前端排成一列,在塑料箱上,贴有零售店的名称和有关配送信息的标签。

5. 装托盘机:把装满香烟的塑料箱按6箱×6层3的堆积方式自动堆放在托盘上。为了配送时取下方便,塑料箱的放置顺序是按用户远近来堆放,远的在下,近的在上。

6. 自动拣货线:用机械手把整箱香烟自动拣取后并堆放在托盘上以备发货。

(资料来源:中国叉车网)

（三）日本政府在物流中心发展中的作用

物流中心的产生和演变最重要的关联因素是城市的建设和发展。或许是日本国土面积过于狭小,城市化问题日益严重,日本最先颁布了与物流中心有关的法规。

1966年(昭和41年),日本经济进入高速发展期。城市规模越来越大,人口越来越集中,商业群体聚集在城市中心,这就产生了交通拥挤、客货流通不畅、车辆尾气增加、噪声污染严重等问题。为了解决上述问题,日本政府制定了《流通业务市街地整治法》,要求将位于市区的商业及物流设施迁移到郊区。在此之前的1965年,政府制定了《日本汽车中段站株式会社法》。这些法律的主要目的是解决流通设施迁至郊区和交通枢纽区,能够增强流通功能,减少城市交通拥挤。东京都、大阪、名古屋、京都、横滨等大城市都被列为流通业务都市。

物流中心的外迁,必然涉及到土地批租、建设资金和税费收取三大问题。日本政府采取下列措施:一是政府出面做好物流中心用地的规划,选择交通便利、连接海运、陆运的枢纽地区作为物流中心用地;二是将土地以较低的价格卖给物流企业或物流企业集团;三是向物流企业提供低息和贴息的贷款,解决建设资金问题,日本开发银行、北海道东北开发公库等金融机构就是专向物流产业贷款的政府金融机构;四是商业银行出资参与物流基地的建设,成为该物流项目的出资方和股东。如东京都平和岛物流中心的股东就有株式会社东京三菱银行,株式会社日本长期信用银行、株式会社富士银行、株式会社第一劝业银行、株式会社日本兴业银行等五家银行；五是政府出资设立物流公司，出资兴建物流中心，待运营正常后再卖给私人资本。例如1965年设立日本汽车中转站股份有限公司，有计划地出资建设若干个卡车中转站，京滨卡车中转站是日本最大的公共卡车中转站，占地24万平方米，设423个车位，每日处理货物能力为1.2万吨。场内货物处理场、配送中心、集装箱堆场、停车场、加油站、办公、生活设施一应俱全。

1997年，日本政府制订了《综合物流施策大纲》，确定了本国物流产业发展的目标和措施，包括社会资本的配置，物流设施的规划与建设，物流技术的开发与使用，城市物流区域物流和国际物流发展等。

三、欧洲物流中心的发展模式

欧洲自1992年加快一体化进程以来，物流发展迅速，形成新的产业。欧盟各国政府对物流中心的发展给予高度重视。很多国家的物流中心的业务活动主要以运输货物为主，围绕着运输而进行货物的配送。

(一)欧洲物流中心的类型

欧洲各国的物流中心主要有以下几种类型：

1. 直属运输业的物流中心

在欧洲一些国家，物流中心的业务活动主要以运输货物为主，它是围绕着运输而进行物流活动的。这样的物流中心运输能力较强，可调动的运输设备比较多。但是，并非所有的运输车辆都是物流中心自备，有些物流中心拥有的运输设备很少，他们向用户配送货物主要是依靠租用社会上众多运输公司的车辆来完成的。

2. 批发业物流中心

这类物流中心主要向多家超市和商店配送各种货物，如加工食品、冷冻食品、服装、日用品、建材等，其库存能力强，配送规模大、速度快，各类设施比较完善，适应各种物流需求。

3. 零售业物流中心

这类物流中心是隶属于零售公司，及时提供物流服务的组织，同时又是商品销售中心。

4. 汽车制造业物流中心

随着汽车制造业不断发展和竞争加剧，能否最大可能地满足用户需求日益成为汽车业竞争的焦点，配件的及时供应和调配能力已成为保障一切市场策略顺利实现的至关重要一环。于是，在英、法等国家先后建立起了许多供应汽车配件的组织——配件中心。从职能上看，这些称作配件中心的组织，既负责向用于户供应和销售配件，又从事货物(配件)的存储、分拣、输送等物流活动，向用户提供系列化的后勤服务，起到物流中心的作用。

(二)欧洲物流中心的特点

1. 物流中心进一步集中化

由于有了一个共同的开放的欧洲市场，近年来欧洲物流发展呈现进一步集中化的趋势。许多跨国公司将过去分散在各国的多个物流中心、配送中心逐步削减和整合，甚至在欧洲只保留一个物流中心，以进一步减少库存，简化中间环节，加快配送速度，降低总成本，提高物流效益。

2. 从企业物流到社会物流

进入20世纪90年代以来,在经济全球化的推动下,许多产品在世界范围内协作生产与销售,使商品的经济圈越来越大,供应链越来越长,加上产品生命周期缩短、客户服务要求提高,以及在物流管理和物流技术中大量高科技的融入,使得物流管理越来越复杂。因此,许多企业在不同程度上采取“外购”物流服务。物流因此从企业物流走向社会物流,形成了社会化物流的需求市场和供给市场,促进物流服务业的发展。

3. 运输企业向物流中心转化

不论陆运、海运,还是空运企业,都从不同的运输方式向物流服务转化。例如,从事远洋运输的丹麦马士基、荷兰的铁行渣华,从事公路运输的英国EXEL公司、荷兰的TNT公司等等,这些世界级运输企业,在最近的10年里,都已经完成了向物流业的转化,成为各国物流发展的重要力量。

物流窗口1－8

宝马物流心脏－丁格芬的动态物流中心

位于丁格芬的dynamic centre(动态物流中心),是宝马集团投资1.45亿欧元,刚刚建成不久的中枢物流机构,2005年6月投入使用的。之所以称之为“动态中心”,因为所有的货物几乎每天都在运动之中。每天有300辆卡车从欧洲各地的配套商处开进这个中心,然后再有大约1万件(大到劳斯莱斯幻影的车身,小到一根铜管)被装进经得起远洋运输的标准纸箱的配件从这里走出去,坐上三列火车,奔赴汉堡港或是经由其他的中转站发往每一个业务神经的终端——它们多数去往美国,偶尔也能看到写着shenyang china的标签贴在上面。

在背后扶持着650个工人、300台插车和地板面积12.5万平方米的仓库的是精密而强大的IT物流系统,该系统联接所有生产基地、配件仓库、销售商、维修站、供货商与总部 来自全球1900家供应商的零件经由港口、火车最后变成300辆重型卡车的容量,驶入丁格芬配送中心,每件货品都要经过质量测试和检查,然后存储。接收到来自经销商或分部配送中心的订单后,相应的货品将被集合在一起,并在同一天内打包寄出,从而确保配件迅速送达全球3000多家经销商。

围绕宝马公司全球去年销售133万辆轿车的业绩,这样的工作流程每天都会重复约40000到45000次。500辆卡车每天进出运货。可以说,现在全球每一辆被售出的宝马车上都有零件曾在这里中转。

宝马很在乎及时性,他们知道让客户尽快得到质量可靠的备件和车正是宝马近年成功的诀窍,而这也正是他们保持现在竞争地位的关键,所以在这上面,他们不惜投入重金。这个占地57万平方米、拥有4万个仓位的巨型仓库目前使用的空间只有一半,而现有的工人也完全可以满足宝马公司十年的快速增长之所需。他们可以在24小时之内供应到所有欧洲的客户,48小时内满足中国客户的需求,72小时之内完美响应全球任何一处的紧急定单。

(资料来源:中国汽车采购物流网)

(三)欧洲国家的政府在物流中心发展中的作用

欧洲各国政府都非常重视物流中心的发展。这里以德国为例进行分析说明。

德国政府在促进和引导物流中心发展中做了大量的工作。第一是做好物流中心的发展规划、建设和协调工作,在全国规划了40个物流中心及货运中心。合理的规划,使物流中心形成网络,各州政府和地方政府围绕着规划中的物流中心,积极做好选址、征地工作,并负责物流中心地面以下的基础设施建设以及连通物流中心的道路、铁路的建设,同时,通过政策调整、引导企业从事专业物流业务,为物流企业提供一个良好的经营环境。第二是推动各种运输方式协调发展,形成综合运输网。由于德国的公路上车辆多、道路拥挤,公路运输的压力大,政府一方面通过增加燃油税,另一方面建立物流中心,并考虑环境保护问题,将一部分货源从公路引向铁路,使铁路运输为公路运输分流。所以,在促进物流发展的过程中,货物的位移要合理地通过各种运输方式进行,充分发挥综合运输的作用。第三是加强公路、铁路、港口的基础建设,所有的运输基础设施均由政府投资建设,政府的资金一方面通过税收转为投入,另一方面通过土地的置换来获得。德国的高速公路成网,又与欧洲的高速公路连通,水运资源丰富,河流交叉,又与国际大港相联;铁路网密集,通达欧洲各大城市,优越的交通运输环境是物流发展的先决条件。第四是政府监督物流中心的建设,引导有条件的企业进入物流中心,吸引大企业和国际性的物流企业进入物流中心。不来梅市政府为推动当地的经济发展,促进物流的发展,由政府出面进行招商,如争取不来梅港、不来梅物流中心成为韩国大宇汽车公司在欧洲的大宇汽车转运中心,在南非新鲜水果在欧洲的分销批发中心的招商引资过程中,政府做了大量的工作。

德国政府对物流中心的选址和功能很重视,要求物流中心紧临港口,靠近铁路编组站,周围有高速公路网,中心内至少有 2 种以上运输方式相连;该区域内有许多大型的工业和商业企业,工、商企业是物流中心生存的基础;附近有从事运输、仓储的物流企业,特别是国际著名的大型物流企业,有银行、保险等机构;要远离闹市区,面积至少在 100 公顷以上,周围要有发展空间,为工业企业的发展留有余地。

第四节　我国物流中心的建设和发展

一、新中国物流中心的历史沿革

新中国建立之后,政府一方面接收了旧政府留下来的各类仓库、码头、货站,另一方面,在生产领域根据生产的布局和经济区划,建设一批仓库;在商业领域,建设了与商业批发体制相适应的一级批发、二级批发仓库,各省、市、县均有这样的商业仓库;在物资领域,设立了物资储备库和物资中转库;在外贸领域,国家兴建了一批外贸仓库;在粮食领域,国家兴建了大大小小的几万个粮库;此外还有军队仓库、企业仓库、农民仓库等。据估计,全国仓储用地面积达 3.5 亿平方米。

进入上个世纪 90 年代以后,我国的商业形式发生重大变化,徘徊了十年之久的超市突然之间被人们接受,大型超市、连锁店蜂拥而起,百货公司也在走向联合,并扩大自己营业规模,配送中心也就应运而生。

运输方式也在发生巨大变化,集装箱运输每年以超过 20% 的速度递增。2001 年,全国港口集装箱吞吐量达到 2748 万标箱,其中上海 634 万标箱,集装箱运输业的发展,必然产生大量的集装箱堆场和中转中心,新式的物流中心开始在我国兴起。

大型生产企业也基本上拥有自己的物流中心,为本企业的生产和销售服务,一般建在生产基地的附近。例如海尔集团新建的物流中心设有采购件库和制成品库两个自动立体仓库区。

在邮政系统,邮件分拣中心本身就是一个物流中心,邮政部门向企业转化后,将成为中国最大的包裹快件速递企业。

王之泰教授呼吁注重综合物流中心建设,这是一种将铁路、公路、水路、航空货站集约在一起的大型的、功能更加综合化的物流中心。这是一种国家级的物流中心,它能使不同运输工具实现有效衔接,减少了货物搬倒次数,降低了货损货差,提高了物流的效率,缩短了物流的时间,是理想的物流中心。

二、中国物流中心发展的机遇

(一)政府对物流中心建设和发展的支持力度增加

鉴于物流发展对经济发展的巨大推动作用,目前我国各级政府部门对物流中心建设和发展的关注程度越来越高,一些具有先天发展条件的城市,当地政府在政策上对物流中心的建设发展给予了大力扶持。如:深圳将物流列三大支柱产业之一;天津欲成北方最大物流中心;上海早在1997年国务院就已经明确提出要将其建成一个国际航运中心;北京则在构建亚太地区物流枢纽。

政府的支持为物流中心的发展创造了优越的政策条件,政府对当地物流业和物流中心发展的规划为物流中心的合理、有序发展提供了重要依据。

(二)制造业市场的迅速发展呼唤现代化物流中心

物流的核心是以制造商为中心,以产品为主线,通过加强供应链中各主体间的信息交流和协调,使整体供应链上的物流、信息流和资金流合理化,以提高整条产品"链"对市场的快速反应能力,从而增强产品的竞争能力。

近年来,我国制造业市场发展迅速,工业增长在过去10年中平均达到12%,是世界上增长最快的国家。一些工业产品如电视机等的产量已经成为全球第一。

21世纪,现代物流业将成为经济全球化的重要推动力,对原有制造业的发展趋势、对新型产业体系的建立,都将带来新的变革。

我国制造业具有规模庞大的基础,加入WTO后,尽管具有劳动力成本低和市场广阔的优势,但我国制造业未能全面推广先进的制造技术和组织形式,在专业分工基础上如何进一步降低成本,保持对市场的快速反应能力,仍然是一个严峻的课题。面对这种形势,迫切需要将现代物流业与我国的制造业结合起来,使二者相互促进和发展。

同时,今天的市场竞争不再是单个企业的产品竞争,而是核心企业产品供应链同其他企业产品供应链的整体竞争。物流供应链管理成为提高企业产品竞争力的核心。我国的制造业如果能够与现代物流更为紧密地结合,必将使制造业的整体效益提高,增强国际竞争力。

改善采购与生产物流是制造业竞争的基础。企业生产原材料采购物流费用的高低,生产物料、半成品的通畅程度,数量、质量、效率是否符合生产经营要求,直接影响企业销售产品的数量、质量、交货期,制约着销售竞争能力。

有资料表明,当前我国企业生产过程中只有5%的时间用于加工制造,95%的时间用于搬运储存等物流作业活动。而在美国企业的产品制造成本中,采购与生产物流费用为25%。因此,加强采购物流管理,是降低生产成本、保证产品质量的关键。

高效的销售物流服务是企业竞争的有力手段。随着社会经济的高速增长和科技进步,商品质量日趋均等化,商品价格差距缩小,企业的物流服务已经在竞争力提升占据重要位置。目前我国制造业的市场缺少对市场需求的快速灵活反应,主要原因之一就是缺少相应的高效物流服务。

（三）亚洲物流中心向中国转移

首先，国际间的物流项目合作使亚洲物流中心向中国转移。

许多国家都将目光投向这个商机蓬勃的市场，积极与我国合作建立现代物流中心。2005年1月，西班牙巴塞罗那港与宁波签订协议，投资5亿美元在宁波建设现代国际物流中心。4月，阿根廷一企业与武汉签订总额1.5亿元人民币的投资合同，建设物流中心。

其次，很多国家的企业纷纷将中国作为新的原材料生产和产品加工基地，这必然带动这些企业的物流中心向中国转移。

到2002年初为止，中国共使用外商投资3955亿美元，其中2/3投入到制造业之中。联合国贸易发展会议发布的《2001世界投资报告》中说，全球500强中已有400多家在中国投资了2000多个项目。世界上最主要的电脑、电子产品、电信设备和发电设备等制造厂家已将他们的生产网络扩大到中国。

日本经济新闻社和日经研究所的调查显示，日本制造业有一半以上的企业准备在今后3年内将生产线移往海外，而其中71%的企业将中国作为首选基地。

同时，韩国企业纷纷看好中国，新加坡也已制定了新世纪中国策略，以加强与中国企业的联系。

此外，欧美等西方国家的跨国大企业也在中国积极寻求投资合作的机会。

统计数字表明，中国是世界上最大的数码转换器市场、亚洲第二大个人微机市场；中国已成为继美、日之后的世界第三大信息产品生产地。

再次，我国内地港口的物流中心地位逐渐确立。

近年来，我国集装箱吞吐量增长迅速。1995年我国内地港口首次进入世界前20位；1996年上海集装箱吞吐量达197万TEU，位列世界第17位；1998年上海进入世界前10强；2001年深圳和青岛也跻身世界港口前20位。其中上海港位居世界第五，当年吞吐量增长12.8%，高达633万TEU；深圳港的集装箱吞吐量也高达507万TEU，比上年增长27.1%，居世界第八；青岛港由2000年的世界第25位攀升到2001年的第19位，年增长率达24.5%。

2001年世界大港的吞吐量都呈下滑的趋势，惟独我国港口集装箱吞吐量年增长率高达25.1%。而同时，我国内地港口集装箱吞吐量占亚洲的比重越来越高，已经由1986年的6.6%上升到2000年的37.4%。

据国际海事研究机构预测，未来15年内，中国港口集装箱吞吐量将跃居亚洲首位。

三、我国物流中心建设中的问题

（一）物流中心规划中的问题

由于我国物流行业发展才刚刚起步，物流规划还处在初期摸索阶段，纵观目前的各种规划工作及规划报告，或多或少存在一些普遍意义上的问题，主要包括以下几个方面：

1. 物流规划工作流于形式，未能起到真正的约束和指导作用。由于我国早期实行计划经济体制，后来由计划经济向市场经济转轨，目前这方面的工作还未能完善，仍然处在一个过渡时期。物流中心的规划往往是政府出面，盲目地追从“物流热”，未经过严格的实地考察、研究认证，只是凭着领导人的意识，就圈出一块地搞起物流中心建设，对物流中心的选址没有经过科学的论证。圈地以后再规划论证建设，使得规划工作处于被动，受到已有的政府指令的限制，未能真正地发挥物流中心规划的约束和指导作用，同时也使得物流中心未能真正发挥其应有的作用,导致投资的损失。

2. 物流中心规划缺乏系统性。规划的过程中没能对整个物流中心的规划形成系统的观点,孤立地去看待某个问题对物流中心规划工作的影响。比如:在对物流中心所在地的经营环境分析过程中,只是简单地罗列一些当地的经济发展指标、交通的现状、当地企业的情况等,而没有把它们联系起来看作是对整个物流中心系统的影响因素,找到它们之间的联系,综合起来评价它们对该物流中心的经营环境的好坏,为后续规划提供可靠的依据。同时在物流系统的规划建设过程中,未能考虑它与其他系统的紧密联系。对于物流系统建设应该是依托综合运输体系、商业系统和信息系统等建设的综合性,各系统互相联系、相辅相成,应该统一规划,系统之间达到协调一致。

3. 物流规划大多是从行政区域出发,而不是经济区域,没有考虑物流中心的辐射效用。对物流规划还是各地为政、条块分割,仅仅从本地区的角度,没有考虑到对可能会辐射到的经济区域的相互影响,导致在整个国家范围内基础设施投资的重复建设。

4. 物流规划大多停留在定性分析的基础上,缺少定量分析。规划过程中只知其然不知其所以然,使得各种结论缺少说服力。对物流中心的预期达到的目标未形成量化,使得后续评价工作无法展开。

5. 物流中心规划的定位模糊,未能明确今后该物流中心何去何从。对于物流中心的定位可以有三种:区域性物流中心、全国性物流中心和国际性物流中心。在规划中没有很好地分析和挖掘该物流中心所具备的潜力,过低或过高地估计了它的前景,限制或夸大了物流中心的发展步伐。

6. 物流规划的可操作性不强,趋同化。对于整个规划的实施,没有提出能有效落到实处的合理实施步骤和政策建议,可操作性不强。同时往往物流中心规划是"模板式",所有的物流规划都千篇一律、毫无变数,没能依据实际情况合理分析、实事求是地进行规划,使得规划工作犹如走过场,毫无实际意义。

(二)产生问题的原因

通过对以上问题的分析,可以挖掘出其深层次上的根源,综合表现在以下几个方面:

1. 体制弊端和政府的管制

计划经济遗留下来的影响使得在地方物流中心规划中都或多或少带有政府色彩,存在着过多的政府干预。我国经济领域中,部门分割、地区分割以及地区间市场封锁的问题,阻碍了物流中心大系统规划和建设工作。比如,我国重要的大城市在制定下一个世纪的发展规划时,公路交通领域在规划自己的各级枢纽和物流中心,铁路部门也在规划自己的货运站、场及线路、编组站,而很少有统筹几个方面的综合规划。值得重视的是,如果交通、铁道都按各自的规划,投入巨资建成了独立运行的物流中心,而不事先综合规划,一旦建成之后,就会更加促使不同运输方式的分割,使不同运输方式的有效衔接更加困难。届时,再提出综合物流中心这样的"综合设施"或"综合枢纽"的问题便为时已晚。虽然,经济发展的要求会逐步解决这个问题,但是走弯路、贻误了时间、浪费了大量的投资等问题是不可避免的。

革除这个制度的缺陷,需要在物流领域采取更高层次的计划手段,解决过分分散和部门分割的问题。

2. 物流理论研究的滞后以及方法论的缺乏

由于我国物流才刚刚起步,物流理论方面的研究还处在一个学习的阶段,研究性的成果相对不多,方法论缺乏,可供借鉴的成果也很少。我国至今尚未建立物流产业的行业构成规范和统计指标体系,物流业的“量化”也就成为物流规划工作的一大难题。泛泛地谈物流规划要受区域经济、产业带发展、运输量、贸易量等的影响,很难解决实际问题,要落实到可操作的方案,就要深入到定量分析和数学模型的层次才行。例如物流枢纽城市的确定,其确立标准、评估指标体系,要有科学方法论的指导。

3. 缺乏基础数据

我国的统计工作出现较晚,同时本身存在着一些不足,还未能完善,导致统计数据大多有偏差。另外由于物流这一概念较新,与物流方面的相关指标体系还未能建立,使得在物流规划中很难获得与物流相关指标体系的往年统计数据。缺乏基础数据,即使有了理论指导,甚至有了评价体系,也可能会因缺乏系统、准确的数据而无用武之地。不过对此只要有了方法论的指导,采集数据也还有许多补救办法的。

4. 物流规划方面的机构和人才匮乏

目前,我国从事物流研究的机构较少,现有的不少部门和大专院校设立的专门物流研究机构或科研项目大多是分散、独立的,不能发挥群体优势。在师资方面,尽管从事物流教育具体工作的队伍非常庞大,但真正接受过系统教育的并不多,大多是“半路出家”。从教育系统情况看,国家教育部还没有设立物流这个项目,物流人才供给远远小于市场需求,对于高层的战略管理人才更是匮乏。

(三)物流中心科学规划的对策

为了更好地合理规划目前我国仍不完善的物流行业,使规划工作能起到应有的效用,在具体的物流中心规划中应该抓住以下问题:

1. 加强政府对物流中心的统筹规划、组织引导、政策扶持作用

首先,物流中心是国家、区域、城市物流体系的重要组成部分,必须发挥政府的总体规划和协调的作用,由政府做好统筹规划,这个规划要与道路运输规划、城市发展规划、工业布局规划、港口发展规划结合起来考虑。

对于地方政府纷纷规划物流中心的行为,中央政府要加以引导。大型的综合物流中心关系国计民生,应由中央政府确定和审批;区域性的物流中心由地方政府审批,但应注意与国家级物流中心的配套。

其次,物流中心是国家发展物流产业所必须的基础性设施,政府应在政策方面予以支持。一是税收支持。物流中心的建设和运营涉及城建税、配套费、土地使用税、营业税、土地出让金、土地增值税和所得税。物流企业是微利企业,那种认为物流企业是暴利企业的看法是不正确的。物流中心投资巨大,使其净资产利润率比运营公司更低。据测算,建设一个面积为5000 平方米的自动化立体仓库,总投资需 2 亿 ~2.5 亿元人民币,每年的折旧费就是 1000 万元,加上运营费、人工费等,收支平衡点应在 4000 万元左右,这就意味着每平方米的收入应在8000 元/年左右,而事实上,中国物流市场的价格约为 4 ~20 元/m^2 · 天,每年约为 1460 ~7300 元/m^2。因此,政府应考虑给予税收减免,包括土地出让金的减免。二是放宽行业准入和公平竞争。主管部门都有自己的行业准入政策,不放宽这些政策,物流中心的多功能特色便不能发挥。三是制定物流产业的国家标准和行业标准。没有这些标准,物流企业之间与货主之间缺乏共同的语言和设备的通用。

再次,加快形成统一的核定指标体系以及执行标准。为实现物流设备的标准化、通用化、

国际化,便于货物的换载和装卸保管工具的使用,使单证及数据的交换和计算机语言相统一,政府应该联合目前国内物流方面的专家进行研讨,早日制定出一套符合物流规划方面的各种测算和核定的指标体系,同时统计部门在统计过程中也应该对相应指标的统计给予足够的重视。

最后,研究、制定物流中心和物流产业的发展战略。各国政府对物流中心建设的具体政策多寡不一,但对于与运输有关及码头场站建设的法规都比较详尽。对涉及国际物流中心区的问题非常敏感。如:日本政府花了很大气力,希望保住亚洲物流中心港的位置,但难以克服的困难是可以用于物流中心建设的土地狭小。一旦亚洲物流中心港的地位丧失,对以物流产业为支柱的日本经济来说是致命一击。可见物流中心的作用是何等重要。

2. 物流中心的建设要做好充分的可行性论证

在建设物流中心之前,必须做好可行性论证。

一是论证物流中心的建设和运营是否有盈利,无盈利的物流中心无法长期存续。决定能否盈利的关键在于物流的供给与需求,如果需求量大,价格便会维持较高水平。如果供给过大,物流价格便可能下降。同时还取决于物流运营的成本,成本过大,便有可能难以维持。

二是物流中心建设要因地制宜,不可一味追求最先进的物流装备。使用人力和使用机械的最基本原则是机械能够节约成本。自动化立体高架库是高新技术最集中的,但这种仓库并非适用所有物品,也并非适用所有的企业。如林德公司物流中心的小件区采用的是最先进的巷道取送机,而大件区仍然使用货架、托盘、叉车配置。

三是物流中心的规模和服务对象,既要考虑当前需要,又要兼顾长远发展。从物流中心的发展趋势看,单个物流中心规模有大型化倾向,这主要是由于规模经营集中配载能够降低成本、道路交通条件的改善使网点趋于集中、集约化经营能够采用先进的设备等原因造成的。所以新建城市物流中心规模不宜过小。同时,选用的设施设备通用性要强,以适应众多货物的需要。因为目前中国的市场经济是在逐步成熟时期,生产企业和流通企业的不确定性很大,昨天还是红红火火,明天就可能宣布停产,如果物流中心的设施设备只适用于该企业,便会造成闲置。

四是物流中心的布局要形成网络。生产的集中使中国的企业规模越来越大,其产品行销全国乃至全球,这就需要有一个能承担其全国物流业务的企业和合理分布的物流中心。物流网络的优势在于实行统一的业务流程,统一的信息系统,统一的服务贸易,极大地方便了客户对货流的管理,同时物流网络能降低运输和配送成本,调剂余缺保证市场需求。

3. 物流中心规划工作要做到规范化

在规划物流中心的初步可行性研究得到认可后,成立专门的物流中心规划项目组,同时进行立项申报审批工作。

在物流中心的建设过程中,对分阶段的目标进行评估审核,以确保分阶段目标的实现。同时在这个过程中可以考虑对物流中心的滚动发展,以对物流中心做进一步的规划工作。

4. 注重物流中心所需的软件和人才的建设

在我国建立和发展现代物流中心,不仅仅是一种硬件设施的建设,更是一种软件的建设和创新。目前,有很多企业认为建立现代化的物流中心,必然需要大规模地投资先进的物流设施,似乎没有现代化、世界一流的设备和硬件就不能成为现代化的物流中心,这是有失偏颇的。事实上,就是发达国家的物流中心,也并不完全都是自动化、高度机械化的设备和系统,而是根据实际需要来实现机械化,如日本资生堂公司就提出了“弹性机械化”的概念。由此看出,一个现代化的物流中心的根本特点应表现在高度现代化的流程设计和流程管理,这种软性的建设往往要比硬件的建设更为重要。例如一个企业物流中心内的订发货业务、商品检验、保管装卸作业、场所管理、配货作业、分拣作业以及成本管理等都直接决定了物流中心内的经营效率。物流中心如何与外部产业中的相关环节有机相连、相互协调,以促进产业的发展也决定了物流中心的效率,所有这些才是目前我国发展物流中心应当充分关注的问题。

此外,中国物流中心要有巨大的发展,还需要从事物流管理和作业的从业人员具备高度的物流专业知识和管理经验,发达国家为此建立了一整套物流教育和培训制度,而我国要想真正使物流中心在国民经济中发挥巨大的作用,物流的教育和培训也应当是目前一个亟待解决的问题,必须应该加强对物流高级人才的培养,以使我国物流业的发展迈向一个新的台阶。

第五节　物流中心设计概述

一、物流中心设计的原则

物流中心的建设是一项规模大、投资额高、涉及面广的系统工程,而且一旦建成就很难再改变,所以,在规划设计时,必须遵循以下一些原则:

(一)系统工程的原则

物流中心的层次、数量、布局是与生产力布局、与消费布局等密切相关的、互相交织且互相促进的。设计一个非常合理的物流中心,必须统筹兼顾,全面安排,既要做微观的考虑,又要做宏观的考虑。

(二)价值工程的原则

在激烈的市场竞争中,物流服务的准点及时和缺货率低等方面的要求越来越高;在满足服务高质量的同时,又必须考虑物流成本,特别是建造物流中心耗资巨大,必须对建设项目进行可行性研究,并作多个方案的技术、经济比较,以求最大的企业效益和社会效益。

(三)发展的原则

在物流中心设计时,应在详细分析现状及对未来变化做出预期的基础上进行,而且要有相当的柔性,有较强的应变能力,以在一定范围内能适应数量、用户、成本等多方面的变化。

(四)竞争的原则

物流活动是服务性、竞争性非常强的活动,如果不考虑市场机制,而单纯从路线最短、成本最低、速度最快等角度考虑问题,一旦设计完成,便会导致垄断的形成和服务质量的下降,甚至由于服务性不够而在竞争中失败。因此,物流中心的布局应体现多家竞争。这一条原则对于政府部门进行建设规划尤其重要。

(五)低运费的原则

物流中心必须组织运输与配送活动,因而运费原则具有特殊性。由于运费和运距、运量有关,所以低运费原则常简化成最短距离和运量的问题,通过数学方法求解,以作为物流中心设计的参考。

(六)交通便利原则

物流中心的运输配送活动领域在中心之外,这一活动需依赖于交通条件。设计物流中心时，一方面要考虑现有交通条件，另一方面必须把交通作为同时设计与布局的内容来处理，只布局物流中心而不布局交通，有可能会使物流中心的布局失败。

物流窗口1－9

华南国际物流中心

华南国际物流中心是深圳市龙华物流园区的主体工程，由深圳市华南国际物流有限公司负责建设和经营，占地面积67万平方米，其中作业面积55万平方米，项目投资9亿元人民币。基于深港两地拖车运输的特殊性和港口的密集性，根据市场需求，凭借地缘和资讯优势，推出全新的内陆国际集装箱码头的经营模式，以改变香港及深圳东西部港区长期相对独立的传统格局，构筑一个进出境集装箱运输网络。华南国际物流中心在该网络中将发挥桥梁和纽带作用，重在调节和平衡运输网络中的货流、车流、箱流和信息流，旨在成为货物通关最畅捷、综合成本最低廉、服务配套最完善、管理运作最规范的物流中心。

华南国际物流中心位于深圳市梅观高速公路梅林起点处东侧，距我国最大的陆路口岸皇岗口岸仅6公里，距盐田港25公里，距蛇口港20公里。通过平南铁路与全国铁路运输网相连，以高速公路和快速路为主干的公路网四通八达，方便快捷，经济腹地极为广阔。

（资料来源：中国物流网 http://www.china－logisticsnet.com:88）

二、物流中心设计的程序及内容

物流中心筹划、设计、建设及运营，是一项复杂的系统工程，需要众多的专业组织和人才共同完成，因此，在明确物流中心建设的目标后，应该成立物流中心筹建小组或筹建委员会进行具体设计。设计程序如图1－1所示，包括筹建准备、总体设计和方案评估三个阶段。

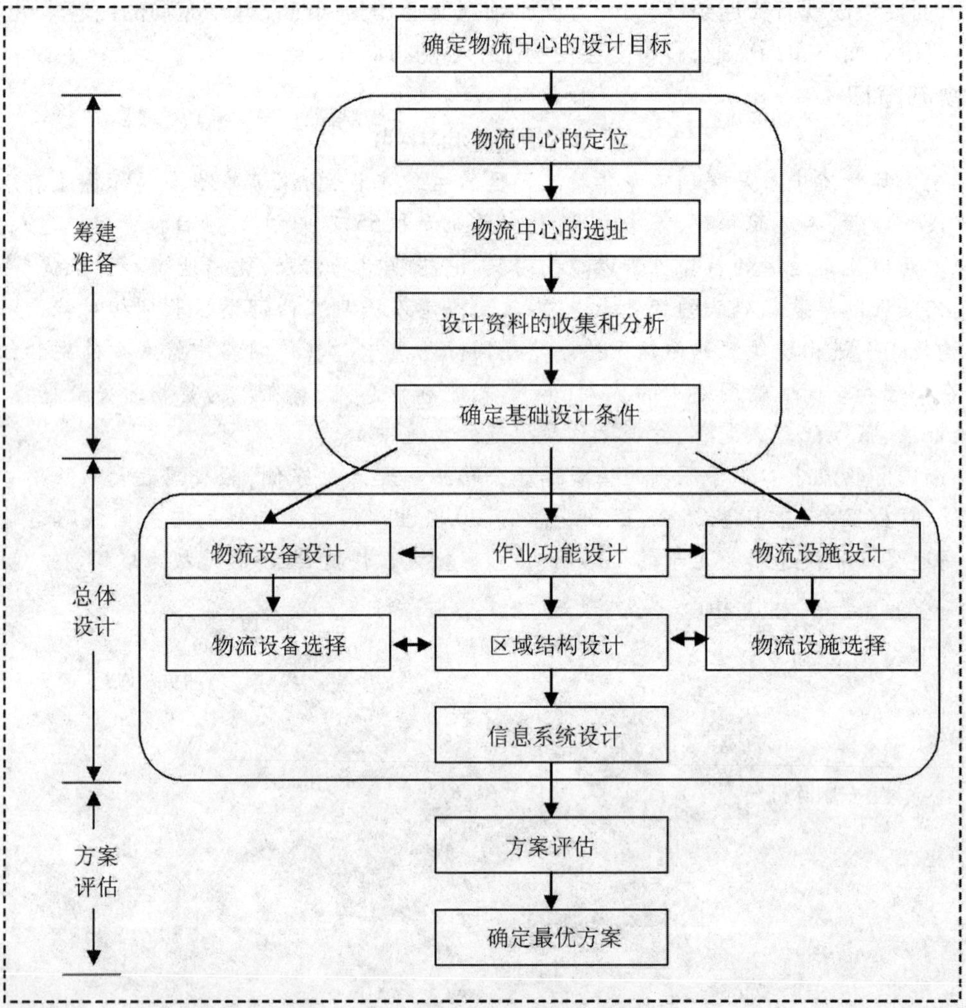

图 1－1　物流中心设计程序

(一)筹建准备

筹建小组进一步确认物流中心建设的必要性后,开始筹建准备工作,主要内容包括:

1. 确定物流中心的定位,确认物流系统的背景条件以及物流服务对象的地点和数量;
2. 选择物流中心的位置;
3. 收集基础设计资料并对其进行详细分析;
4. 在资料分析的基础之上,确定基本设计条件。

(二)总体设计

物流中心总体设计是在对物流中心的基础资料进行详细的分析、确定物流中心设计条件的基础上进行的。主要内容包括:

1. 作业功能设计

作业功能设计是将物流中心作为一个整体的物流系统来考虑,依据确定的目标,设计物流中心为完成业务而应该具备的物流功能。物流中心的作业功能设计包括三个方面:首先针对物流中心的类型特点设计相应的作业流程,进而完成作业区域的功能设计,最后对工作区域的作业能力进行设计。

2. 区域结构设计

在完成作业功能的设计并确定主要物流设备与外围设施的基本要求后,就可以进行物流中心的区域结构规划设计。物流中心的区域结构设计有区域布置设计、库房设计、装卸平台设计、货场及道路设计和其他建筑公用设施设计等组成。区域结构设计是作业功能设计的具体落实,设计的成果是产生作业区域的布置图,设定各个作业区域的面积和界限范围,完成库房、装卸平台、货场及道路等建筑与环境的结构规划与设计。

3. 设施设备设计

物流中心的设施设备是保证物流中心正常运作的必要条件。设施设备的规划设计与选用涉及到建筑模式、空间布局、设备安置等多方面的问题,需要运用系统分析的方法求得整体最优化,以有效地利用空间、设备、人员和能源,最大限度地减少物料搬运,简化作业流程,缩短作业周期,为职工创造方便、安全、卫生和舒适的工作环境。物流中心设施设计一般包括以下工作:原有设施设备分析(改造型物流中心)、物流中心的功能分区、设施的内部布局、设备规划设计、公用设施设计。

4. 信息系统设计

信息化、网络化、自动化是物流中心的发展趋势,信息系统设计是物流中心设计的重要组成部分。物流中心的信息系统设计,既要考虑满足物流中心内部作业的要求,有助于提高物流作业的效率,也要考虑同物流中心外部的信息系统相连,方便物流中心及时获取和处理各种经营信息。一般来讲,物流中心信息系统设计包括两部分:物流中心管理息系系统的功能设计和物流管理信息系统的关键技术与应用。

根据我国的实际情况,对于物流中心的建设,应贯彻软件先行、硬件适度的原则。也就是说,计算机管理信息系统、管理与控制软件的开发,应瞄准国际先进水平;而机械设备等建设设施则要根据我国资金不足、人工费用便宜、空间利用要求不严格等特点,在满足作业要求的前提下,更多选用一般机械化、半机械化的装备。

(三)方案评估

经过周详的规划与设计之后,设计者可能拥有两个或两个以上的可行设计方案。设计者必须对各个方案进行评估,以供决策者参考。方案的评估方法大体上有两种:

1. 程序评估法

程序评估法的目的在于了解整个设计过程是否合理,从而避免设计方案有不合乎设计理念或业主需求的情况发生。它是针对物流中心设计的各个阶段,利用程序检核表的方式进行评估,如对资料收集与分析阶段,可设计如下所示程序检核表。其他各阶段也可以设计类似的检核表。

表 1－1　程序检核表

阶段	检核项目	是	否	改善措施
资料收集与分析阶段	收集资料是否具有代表性			
	收集资料是否具有完整性			
	对客户需求认知和需求量预估是否准确			
	是否进行 EIQ 分析及结果是否明确			
	作业流程是否划分清楚			
	实体作业与信息作业是否相互配合、支援			
	实体作业间能否进行整合			
	是否能为后续的设计提供相应的估计信息			

2. 因素评估法

因素评估法是针对各可行方案的外在表现，例如设施建造成本、设备购置成本、运作维修成本、空间使用效率、运线流畅程度、未来扩充弹性、现场环境安全、车辆进出难易等因素，衡量各方案在不同因素的表现优劣，进而将衡量结果整理成为评估分数，提供给决策者作为方案选择之用。常用的因素评估法有权重评估法和 AHP 法。

【本章小结】

凡从事大规模、多功能物流活动的场所即可称为物流中心。物流中心是综合性、地域性、大批量的物资实现物理位移的集中地，它把商流、物流、信息流和资金流融为一体，成为产销企业之间的中介。

物流中心是随着社会生产的发展和社会分工的细化而产生的，这主要基于以下条件：货运量的迅速增加、运输方式的多样化和运输工具的发展、道路交通发展的因素、物流成本降低因素、城市经济发展的因素、科学技术发展的因素以及贸易形式变化的因素。

物流中心的主要功能包括运输、储存、装卸搬运、包装、流通加工和物流信息处理等核心功能以及结算、需求预测、物流系统设计咨询、物流教育培训等增值性功能。

根据不同的分类方式，物流中心可以分为不同的类别：依据隶属关系的不同可将物流中心分为生产企业自办的物流中心，流通企业自办的物流中心，仓储、运输企业设立的物流中心和社会化的物流中心；依据作业特点的不同可分为供应型物流中心、销售型物流中心、储存型物流中心、流通型物流中心和加工型物流中心；依据服务区域的不同可分为城市物流中心和区域物流中心；依据服务的适应性可分为专业物流中心和柔性物流中心。

发达国家的物流中心建设和运作，一方面体现了时代特色，另一方面也融入了各自的社会文化特点。纵观欧美和日本的物流中心，都具有规模较大、功能齐全、设施先进和管理手段的高科技化等特点，各国政府都在物流中心的布局规划和建设投资等方面做了大量工作。

我国物流中心虽然起步较晚，虽然在发展过程中遇到了各种各样的问题，但发展的前景很好。今后的工作中应加强对物流中心的科学规划，发挥政府的政策指导作用，做好人才培养工作。

物流中心的建设是一项规模大、投资额高、涉及面广的系统工程，在规划设计时，必须遵循系统工程的原则、价值工程的原则、发展的原则、竞争的原则、低运费的原则和交通便利原则。

物流中心的设计程序包括筹建准备、总体设计和方案评估三个阶段。筹建准备阶段的工作包括：确定物流中心的定位，确认物流系统的背景条件以及物流服务对象的地点和数量；选择物流中心的位置；收集基础设计资料并对其进行详细分析；在资料分析的基础之上，确定基本设计条件。总体设计阶段的工作包括：作业功能设计、设施设备设计、区域结构设计和信息系统设计。方案评估是运用一定的评估方法对每一个设计方案进行评估，供决策者选择。

【关键术语】

- 物流中心
- 生产企业自办的物流中心
- 流通企业自办的物流中心
- 仓储、运输企业设立的物流中心
- 社会化的物流中心
- 供应型物流中心
- 销售型物流中心
- 储存型物流中心
- 流通型物流中心
- 加工型物流中心
- 城市物流中心
- 区域物流中心
- 专业物流中心
- 柔性物流中心
- 综合物流中心

【思考题】

1. 如何理解物流中心的概念？
2. 物流中心有哪些功能？
3. 物流中心系统的构成要素有哪些？
4. 物流中心有哪些类型？
5. 发达国家物流中心的发展有哪些特点？
6. 我国物流中心建设中的问题和产生问题的原因有哪些？
7. 物流中心的设计应遵循哪些原则？
8. 通过网络或其他途径搜集有关“综合物流中心”的相关资料。

【课堂讨论】

1. 发达国家物流中心的发展对我们有什么启示？
2. 我国物流中心建设发展的对策是什么？

【参考阅读材料】

1. 冯耕中,《物流配送中心规划与设计》,西安交通大学出版社,2004
2. 贾争现、刘康,《物流配送中心规划与设计》,机械工业出版社,2004
3. 吕军伟,《 物流配送业务管理模版与岗位操作流程》,中国经济出版社 ,2005
4. 刘志学,《 现代物流手册》,中国物资出版社,2001
5. 丁立言、张铎,《 物流配送》, 清华大学出版社,2002
6. 汝宜红、田源、徐杰 ,《 配送中心规划》,北方交通大学出版社,2002

【案例讨论】

德国不来梅物流中心

1. 投资建设

德国运输与物流研究所艾克斯坦因教授提出了物流中心的建设方案,并获得不来梅州政府的同意,于 1985 年开始物流中心的建设。不来梅州政府通过直接投资和土地置换的方式对物流中心投资。物流中心的原址是一片盐碱地,州政府从当地农、牧民手中以每平方米 6 – 8 马克的价格征用土地 200 公顷,由"经济促进公司"负责物流中心的基建工作,经济促进公司是由不来梅州政府的经济部、交通部、海关、工商部等部门的人员组成,是私营的事业单位,进入经济促进公司的人员失去公务员身份。经济促进公司主要负责物流中心的"三通一平"和与物流中心相联的公路、铁路的基础设施的建设工作;还代表州政府负责物流中心的招商工作,进入物流中心的企业承担地面以上的建筑、设施的建设。经过"三通一平"的土地变卖和租用给进入物流中心的企业,第一阶段,每平方米土地卖 30 马克,每平方米土地租金 4.29 马克(租用 30 年后再签协议);第二阶段,只卖不租,每平方米土地卖 50 马克;第三阶段,每平方米土地卖 70 马克;现有的 200 公顷土地全部卖出或租出。利用土地的置换及卖土地的差价和政府的税收,不来梅州政府投资 5 亿马克,进入物流中心的企业也投资 5 亿马克,第一期共投资 10 亿马克。政府从租用土地的租金中和装卸费中收回投资,如集装箱装卸费每 TEU30 马克,政府收取 5 马克,收回的租金又投放到物流中心的其他基础设施建设中。

2. 选址

不来梅市是欧洲的棉花交易中心,物流中心有多家从事棉花业务的物流企业;不来梅外港是奔驰汽车在德国北部的销售集散中心,港口堆场有成片的汽车堆放地,有多家从事奔驰汽车零部件的物流企业。

不来梅物流中心临近不莱梅内港及内河港口,距港口约 20 多公里,靠近不来梅铁路编组站。中心内有公铁联运装卸站,周围高速公路网发达,紧临的联邦 27 号高速公路,距不来梅市 5 公里,交通十分便利。流经不来梅市的威悉河两岸有 242 家物流企业,不来梅新港至不来梅市的沿途有 1400 多家运输、仓储和物流企业,其中从事航运的占 3%,港口的占 10%,公路运输的占 45%,铁路运输的占 1%,物流企业占 38%。物流中心自 1985 年开始建设,设计要求建成后 8 年内年吞吐量达到 1000 – 1200 万吨。物流中心分 5 个区域,用不同的颜色进行标记,如公铁联运装卸站占地 20 公顷,有 9 条铁路线,每条 750 米,中心内铁路线长 8 公里多。

3. 组织形式

不来梅物流中心的组织形式与德国其他物流中心的组织形式不同,有些值得我们借鉴。

不来梅物流中心现有52家物流企业，其中较大的企业有14家，由这些物流企业按资产组成物流中心股东大会，股东大会下设物流中心发展公司，发展公司共3人，公司总经理由股东大会聘任，候选人一般是10来家大物流企业的经理，其他人员由发展公司聘用。发展公司负责物流中心的对外联系、招商，统一安排、解决供电、供水、电话等共用的资源问题，负责中心内的加油、车辆维修、洗车，并解决食堂等后勤问题；发展公司的费用一方面来自会费，会费按企业的人数来交，大企业一年最多交600马克，另一方面从加油、车辆维修、食堂的服务中获得一些盈利。发展公司不以盈利为目的，以服务为主，再一方面由州政府补贴一点。另外，物流中心还成立监事会，监事会由企业和政府有关部门组成，包括若干家企业代表、州交通部、经济部、经济促进公司、研究机构的代表、有关专家，监事会负责监督股东大会。

不来梅州政府不干预物流中心的经营，物流中心发展公司也不介入企业的经营活动，但从节约能源、充分利用资源出发，发展公司进行协调，由25家企业合建汽车清洗车间，清洗车间利用雨水（不来梅地区雨量大），建造了250吨的雨水集中罐，并采用循环水技术，清洗车间符合德国环境保护标准。同一类的企业相互合作，2家从事冷藏运输的运输企业共用一个冷冻库，提高冷库的利用率。

4. 物流协会

德国的物流中心协会是1993年成立，由不来梅物流中心牵头组建，现有协会成员15个，德国联邦政府交通部赋予物流中心协会负责物流方面经验交流的任务。物流中心协会成立后，担负起物流中心建设的咨询服务、对外联系与宣传、民间与官方的联系、负责寻求国外的合作伙伴，在因特网上有了物流中心协会的网页，并于1999年加入了欧洲物流协会。德国的物流中心是由民间或私营企业负责建设，物流中心协会向企业收取少量的会员费。而丹麦、法国、意大利、西班牙等国家的物流中心由国家出资建设，因而向企业收取租金，从租金中拿出一部分作为协会经费。

讨论题：

1. 德国政府在物流中心建设中发挥了什么作用？
2. 试分析不来梅物流中心的选址策略。
3. 不来梅物流中心的组织形式有什么值得我们借鉴？
4. 物流协会有何作用？

◆——第二章　物流中心筹建准备

＊本章主要内容

- 物流中心的定位
- 物流中心的选址
- 收集和分析基础信息
- 确定基本设计条件

＊

沃尔玛中国西部物流中心花落谁家?

2005 年 11 月 4 日设在南坪的沃尔玛重庆二店正式签约。随着沃尔玛加速扩张,何时在西部设立物流中心成为热门话题。更令业界关注的是,物流中心到底花落谁家,重庆或是成都?

沃尔玛高层访问成都或重庆,当地政府领导往往会提出两个邀请:一是开设更多沃尔玛单店,二是设置物流中心。

物流中心的作用,对所在地而言,一方面,可以将当地产品纳入沃尔玛全球采购链条,盘活单品所在的整个产业体系;另一方面,物流中心周边会相应滋生更多的沃尔玛,形成庞大的超市群。

为了吸引沃尔玛,各方都在暗暗较力。业内人士透露,为了吸引沃尔玛进驻南坪和杨家坪,两处开出的租金不到解放碑地区的一半。在目前敲定的成都、绵阳 2 家店中,沃尔玛的租金也不高——单店尚且如此,区域物流中心更不必说。双方除了摆出低租金诱人,更试图"以理服人"。

重庆方面持有的是"数量说"。今年内,沃尔玛要在杨家坪和南坪连开两店,第三家店也有望年内敲定。按照沃尔玛重庆方面的说法,"希望在主城九区都开店",也就是说,在这个范围内,重庆有可能至少出现 9 家沃尔玛。而沃尔玛在成都目前还是一片空白。

成都方面的说法是,成都的消费功能、陆路交通的便捷性都优于重庆,像私家车拥有比率在全国都位于前列,因此成都更适宜购物广场、山姆会员商店、社区店三种形式的综合扩张。沃尔玛重庆方面也向记者证实,沃尔玛在重庆目前还没有考虑拓展会员店。

物流中心究竟花落谁家?沃尔玛重庆方负责人欧国明介绍说,公司高层还没有决定。

目前,沃尔玛在大陆只有深圳、天津设置了物流中心,这是因为这两个城市沃尔玛门店相对较多,物流中心可以达到一定规模,如深圳中心为周边30多家不同业态沃尔玛店配送。在西部,沃尔玛只有8家店,从数量上讲,建立物流中心为时尚早。欧国明说,沃尔玛并不是简单考虑招商的“优惠条件”,而是考虑区域内成功一家便再开一家,“只有单店达到一定数量,才会考虑设置物流中心。”

问题是,以“天天平价”为口号的沃尔玛,在近距离物流中心缺位的情况下,维持“最低价”的压力不小。至少在超市生鲜一块,沃尔玛依靠远距离配送和商品调度,难与数量庞大的新世纪超市抗衡。

事实上,也正是受到物流中心限制,沃尔玛在国内布点的时候,多采用购物广场模式,弱化了其他业态,也限制了沃尔玛全面扩张。截至上半年,沃尔玛在中国有41家购物广场,只有3家山姆会员店、2家社区店。

(资料来源:中国物流行业协会山西中心,http://www.clasx.org/news)

想一想:

1. 沃尔玛尚未在中国西部建设物流中心,是出于什么考虑?
2. 如果沃尔玛在西部建设物流中心,应该做哪些准备工作?

物流中心的建设,是一项庞大的、复杂的系统工程,因此在设计初始,必须进行周密的筹建准备工作。筹建准备工作的主要内容包括:物流中心的定位、物流中心的选址、收集和分析基础信息、确定基本设计条件。

第一节　物流中心的定位

物流中心的定位将决定物流中心的类型、功能、规模以及结构和布局等等,因此,规划设计物流中心,必须首先确定物流中心的定位。物流中心的定位需要从市场定位、功能定位、服务区域定位和系统整合定位多个角度分析。

一、物流中心的市场定位

现在国内许多地方在建物流中心前,都没有做好市场定位。其实物流中心也是一个商品,只有先定位,找准客户,抓住客户需求,然后再投入物流中心的建设,这样才会有较好的发展。没有好的定位,设计首先就有问题,设计做不好会出现很多后遗症。

> 物流中心的市场定位就是通过强调自身物流服务的差异性,将自己与竞争对手区分开来,以在客户心目中确立起不可替代的地位与印象,最终在竞争中获得优势。物流中心的目标市场及客户群是物流中心市场定位的依据。

不同类型的物流中心其设计的重点和方法会有很大区别,在进行物流中心的设计时,首先需要明确以下几个问题:

(一)服务行业的定位

中国古代就有360行之说,发展到现代社会,市场上的行业恐怕数也数不清。但有一点是可以肯定的,就是行业不同,经营的商品和服务不同,目标市场及分销渠道也就不同,“隔行如隔山”的说法是很有道理的。自然而然,不同的行业,对为其提供物流服务的物流中心的要求也就不同。

目前一般有服务于电子、医药、出版、汽车、百货等不同行业的物流中心，无论是物流服务的类型、设施设备、作业场地，还是作业流程、对流通加工的要求直至对物流从业人员的要求，服务于不同行业的物流中心都各不同。比如，就汽车行业来说，其物流主要分为整车物流和零配件物流，零配件物流又分零配件入厂物流、零配件售后服务物流。以为汽车整车销售提供物流服务为例，要求物流中心的经营场地不仅要有充足的汽车展位，还要有试车的场地，在设施设备方面要求必须具备整车的装卸设备和装卸平台等，投资额度将非常之大。再针对医药行业来说，医药精密器械、液态针剂、血制品、低温保存制剂等对物流中心的运输和仓储保管的要求非常专业及苛刻；另一方面，由于医药物流对相关人才的要求是具有交叉跨越医药业、物流业两个领域的经验，要求物流从业人员既具有医药学专业的相关知识，又精通物流领域和相关管理经验的复合型人才。而食品行业对物流服务的保鲜设施和技术以及输送的快捷程度有很高的要求，并需要配备一定的流通加工设备。

物流窗口 2－1

泉州国际汽车物流中心

泉州国际汽车物流中心位于江南新区 324 国道北侧登峰片区，投资 10 亿元，市场定位为 4S(整车销售、售后服务、信息反馈、汽车备件)中心模式，建设具有国际先进水平的集汽车展览、销售、维修、美容等多功能为一体的汽车商贸城，在汽车城里既可购车、试车、学车、租车、看车，又可娱乐、观赏、运动、美容、购物，满足不同客户群体的需求，为消费者提供便捷的一站式服务。

(资料来源：福建泉州鲤城投资指南网，http://www.lctz.com)

因此，建设一个物流中心，必须明确该物流中心重点为哪类行业提供物流服务，才能有针对性地规划设计物流中心的规模以及工作区域、装卸平台、设施设备、信息管理系统等相关要素。

(二)物品种类的定位

即使是同一个行业，生产经营的物品种类也是千差万别的。比如目前食品行业所生产的产品就可以分为二十个大类，分别是：粮食及制品、食用油、肉及其制品、消毒鲜乳、乳制品、水产类、罐头、食糖、冷食、饮料、蒸馏酒和配制酒、发酵酒、调味品、豆制品、糕点、糖果蜜饯、酱腌菜、保健食品、新资源食品、其他食品。

物品种类不同，其物流中心的设计思路和要点就不同。一般物流中心能处理的商品种类是有一定限制的，有的物流中心甚至只专门处理某一种类别商品的物流服务。不同的商品，物流服务所需的作业场地、设施设备是不一样的，作业流程也有很大区别，因此，试图建立一个满足所有商品的物流需要的物流中心是不实际的。一个物流中心没有必要也不可能配备能处理所有商品的物流设施和设备。

大多数情况下，物流中心的商品定位主要是根据企业使命、市场需求来确定的。比如，对于生产企业自办的物流中心，主要负责本企业生产所需的原材料等的采购与供应，以及本企业产成品的销售物流；对于一般商业连锁体系来说，通常经营一般消费品为主，其物流中心主要是负责连锁体系内大部分商品的内部供应和配送，并以统一采购、统一库存、统一配送形成规模效应，获得规模经济，最终形成销售商品的低价优势；一些由传统批发机构改组而形成的物流中心，通常以其批发经营的传统商品为主，开展物流业务，其品种较为单一，批量较大。

总之，经营物品的种类不同，物流中心的规模、物流中心的选址以及物流中心的总体规划设计都会受到影响，因此，设计工作开始前，必须对物流中心的商品类别进行明确的定位。

（三）客户群的定位

同一个行业，同一类别的物品，其客户群的特点不同，需求不同，也会使物流流程产生很大差别。如食品行业中的生鲜食品，客户群包括食品加工厂、生鲜食品超市或大型综合超市、宾馆饭店、一般消费者等等，除运输、储存过程中的保鲜要求外，不同的客户群对物流服务的要求不尽相同，如在配送服务方面，食品加工厂如饮料厂大多要求物流中心能够提供少品种大批量配送，超级市场和宾馆饭店则需要多品种小批量配送，且基本上要求“日配”；在包装方面，食品加工厂和宾馆酒店对生鲜食品大多不要求物流中心提供销售包装服务，而超级市场则要求物流中心能够提供销售分装服务。此外，在流通加工等其他方面的要求也各有不同。

从另一个角度分析，不同的客户群所要求的服务水平也不一样。一般客户可能较关切的物流服务项目主要以服务内容、时效、品质、成本、弹性、付款方式等项目为主，包括接单后的处理时间、及时送货能力、可接受送货的频率、送货内容的正确性、是否可配合上架作业、客户抱怨的响应、商品信息的提供等。以接单后的处理时间为例，如 90% 的订单必须在一天完成发货、或所有订单须在 5 天内完成发货、重要客户的紧急订单必须在 12 小时内完成等目标。以一家物流从业者对客户满意程度的调查为例，其部分地区客户在下单 1 ~ 3 天内可收到货品，而另外部分地区客户则较固定为下单 4 天内可收到货品，经调查客户满意程度后，以后者较高，因为稳定的订货前置期给予客户事前规划的机会，反之时间虽短但确不一定来得可靠。可见，掌握客户实际需求来提高该项服务水准，要比盲目改善效率来得有意义。

服务水平与成本成正比。若要满足所有客户的需求将是一项高成本的服务水平，而物流策略的最终目标是在合理的成本下提高顾客的满意度，以达到具竞争力的水平。因此在制定物流中心顾客服务水准的策略目标时，应把握主要的客户群，以其物流服务需求水准为目标，若为中、小量的需求则可考虑折衷方案或以部分外包方式作业，以取得物流成本与服务水准的平衡，而其主要关键则是客户及产品资料的有效分类。

由此可见，客户群不同，将影响到物流中心的布局规划设计、物流中心设施设备的设计、物流中心的作业内容和作业流程的设计等。因此，明确客户群对物流中心的设计至关重要。

二、物流中心的功能定位

物流中心的功能定位是指依据物流中心市场定位的要求，确定物流中心为完成物流业务而应该具备的物流功能。物流中心的市场定位是通过物流中心的功能定位得以实现的。

（一）影响物流中心功能定位的主要因素

虽然说在建设一个物流中心之前，可以去参观并借鉴国内外各种各样的物流中心，但我们很难看到两个物流中心的功能完全相同。在没有弄清是怎么回事儿之前盲目模仿，甚至全盘照搬，必定会付出巨大代价。目前国内的物流中心建设就有这种倾向，值得引起注意。要建设物流中心，必须明确回答以下几个问题：

1. 物流中心在供应链中处于什么位置？

“供应链（Supply chain）是生产及流通过程中，涉及将产品或服务提供给最终用户活动的上游与下游企业，所形成的网链结构。”——国家标准《物流术语》对供应链的定义为了提高效率、降低成本,供应链中的物流活动应该按照专业化原则进行组织,以物流中心为基础组织物流就是这种专业化要求的具体体现。

原材料供应商、制造商、分销商、零售商、专业物流业者都需要物流中心,他们也都可以自己建设物流中心,由于在供应链中所处的位置不同,他们所需要的物流中心的功能不完全相同:

原材料供应商需要物流中心将原材料配送给工厂,物流中心的客户主要是工厂,物流中心处理的对象主要是生产商品所需的原材料、零部件,原材料与零部件的数量之间有固定的比例关系,原材料与零部件的品种数会随着产品种类的增加而增加,物流中心的功能应该强调原材料的配套储存、分拣、及时配送、加工和预处理等方面。

制造商需要的物流中心有两种,一种是为制造活动提供支持的物流中心,它的功能要求与原材料供应商需要的物流中心相同;另一类是为制造商的产品分销提供支持的物流中心。国内外的例子都表明,制造商自己直接建立分销网络的情况越来越普遍,大的制造商还建立NDC——RDC 结构,这类物流中心的市场覆盖面要广、分销能力要强。市场信息的收集与传递要及时,因此在短时间内在区域市场上运输和配送商品的能力要很强、需求预测及订单处理功能要完善。在我国,外资一直被限制进入流通领域,因此,外商投资的物流中心很少见,但在制造领域,外资企业进入得很早,他们的制造系统很先进,但分销和物流系统却十分落后,只能委托国内企业来做,国内的物流状况必然不会让他们满意,看来,建立与国际接轨、满足这些外资制造企业物流需求的物流中心是很有前途的。

分销商一般从事专业批发业务,物流作业具有大进大出、快进快出的特点,它强调的是批量采购、大量储存、大量运输的能力,大型分销商需要大型的仓储、运输设施。另外,分销商属于中间商,需要与上游、下游进行频繁的信息交换,因此,需要有与上游、下游具有良好信息接口的高效信息网络。

零售商需要的多为配送中心,作为供应链的末端机构,零售商尤其是采用连锁组织形式的零售商需要配送中心提供订单处理、采购、分拣、选拣、配送、包装、加工、退货等全方位的服务,其功能要求比较复杂。

第三方物流业者利用物流中心这一载体向客户提供物流服务,它所需要的物流中心可以是具有某一方面功能(如仓储、运输、配送)的专业物流组织,也可以是具有综合功能的物流中心,还可以是具备集商流、物流、信息流及其他延伸的增值服务于一体的物流组织。它提供的物流服务必须高度专业化。

一条供应链可能由几个物流中心组成,因此必须清楚要建设的物流中心在供应链中处于哪个环节,进而才能决定到底需要哪些功能才能满足目标客户的需求。

2. 是公共型物流中心还是自用型物流中心?

与自用型物流中心相比,公共型物流中心面对的客户更加广泛,供应链中的任何成员均可成为客户,而我们知道,不同的供应链成员的物流服务需求是很不相同的,并且无论从物流服务需求方来说还是从提供方来说,对提供的每一项物流服务都要用专业水准来衡量,这就决定了公共型物流中心经营管理的复杂性。

公共型物流中心需要的物流设施一般应有一定规模,从功能设计上可以只提供一种或少数几种具有明显竞争优势的主要物流服务,也可以提供综合性的配套物流服务,大型物流中心的功能必须具有综合性和配套性的特点。我国非常需要公共型的物流中心,它不仅可以提高物流服务的专业化水平，而且有利于提高物流行业的资源利用效率。

目前的实际情况是，原材料供应商、制造商、分销商、零售商纷纷建立自用型物流中心，造成了重复建设和资源浪费。另外需要承认的是，在我国，最好的物流中心并不是公共型的物流中心而是自用型的物流中心，这说明，在我国建设公共型物流中心具有广泛的市场潜力。

3. 物流中心采取何种经营管理模式？

公共型物流中心可以按照如下模式建设、经营和管理：

①由一家公司（项目发展商）对物流中心项目进行总体策划，由该公司聘请专家进行可行性论证和功能、作业流程、管理制度设计，请专业设计公司进行工程设计并编制项目总体设计方案，发展商按专业设计公司提交的总体设计方案组织项目建设的招标。

②从投标的公司中选择一家或几家公司进行项目的基础设施建设，可以采取 BOT 方式。

> BOT 是英文 Build - Operate - Transfer 的缩写，即建设 - 经营 - 转让方式，是政府将一个基础设施项目的特许权授予承包商（一般为国际财团）。承包商在特许期内负责项目设计、融资、建设和运营，并回收成本、偿还债务、赚取利润，特许期结束后将项目所有权移交政府。实质上，BOT 融资方式是政府与承包商合作经营基础设施项目的一种特殊运作模式。

③选择专业的物业管理公司对物流中心的设施设备进行管理。

④由项目发展商组织招商，重点引进具有国际品牌的国内外大客户，他们具有较大的物流业务需求。招商是项目发展成败的关键，但招商是否成功与物流中心本身的条件有关。

⑤选择一家专业物流管理公司对物流中心的物流业务进行管理。

以上模型体现了一种供应链合作关系，充分发挥了各参与公司专业化分工的优势，采用上述模式建立物流中心，如果发展商的策划能力、协调能力及管理水平比较高，则物流中心的功能应该尽可能地完备。

（二）不同类型物流中心的功能定位

一般来说，物流中心的功能定位是根据其开展的物流服务的内容和相应的物流作业环节为基础来进行的，根据物流作业的基本环节和作业流程，物流中心具有运输、储存、装卸搬运、包装、流通加工、信息处理等基本核心功能和结算、需求预算等增值性功能。但不同的物流中心其核心功能也有所不同，因此，在物流中心的建设和设计中，从设施建设到平面布局，以及组织管理等方面也会产生差异。

1. 储存型物流中心的功能定位

对于储存型物流中心来说，其功能以储存为主，以尽可能降低其服务对象的库存为主要目标，须具有较强的库存调节能力，因此，在建设中应设计大规模的仓储空间和设施。

2. 流通型物流中心的功能定位

流通型物流中心以快速转运为核心，大批进货，快速分装或组配，并及时地分发到各客户指定的地点，所以在建设中应配备适应货物高速流转的设施。

3. 加工型物流中心的功能定位

加工型物流中心以对商品进行如拆包、分解、整理、再包装等流通加工为主，在设计建设中应适应加工的需要，配备必要的加工设施、场地，引进相应的加工技术。

4. 专业物流中心的功能定位

专业物流中心主要针对商品特性、体现处理专项商品的技术与特色，因此在建设中必须配置特定商品的处理设施，开发适用于特定商品的物流技术。

因此，在进行物流中心系统设计时，应根据物流服务的需求，科学决策物流中心类型，做好物流中心建设前的功能定位工作，以便以后物流业务的正常开展。可以说，物流中心的功能定位基本上确定了物流中心的业务市场范围。

三、物流中心的服务区域定位

> 物流中心的服务区域是指物流中心的辐射范围，即以某一点为核心建立物流中心，其服务的距离和区域的大小。

物流中心的服务区域不仅关系到物流中心的投资规模，也影响到物流中心的运作方式、实际运营的效率和成本，以及规模的扩充和发展。

（一）不同体系物流中心的服务区域定位

通常对于连锁商业体系来说，物流中心的辐射范围和服务能力取决于其零售店铺的分布范围和数量的多少。连锁商业体系组建物流中心的方法，可以按照适当的比例，即根据商圈范围内顾客分布、分店数量与物流中心的适当比例，来确定物流中心的位置、规模与数量。

连锁体系的物流中心以末端消费的通路为主，由于距离与配送量分散，使协调困难度增加，反应速率降低，因此当各区营运量达足够规模时，则可考虑是否分区建置物流据点以提高储运效率，但是若据点太过分散使各区均无足够之营运规模，则效率又将递减。在评估整个配送网络成本时，于各种成本与效益组合的方案中，配送网络的分布与据点配置之间必须取得平衡，并决定主要的区位与范围，以发挥最大的效益。

物流窗口 2－2

华联超市的区域物流中心

为了达到整体现代化，华联超市加强了区域性物流中心的构筑。改造了原南京的中型配送中心，建成了10000平方米的区域性物流基地，库存量达20万箱、日均配送量8000箱，为位于南京以外的江苏、安徽两省直营店和加盟店配货。根据公司全力开拓北京大市场的战略，又在北京选址，与中国第三方物流的龙头公司之一——中远集装箱运输有限公司共同开发了华联超市的北京配送中心。北京配送中心拥有4000平方米的库房、1000平方米理货场，日均配送能力4000箱，库存量8万箱。随着公司加大对北京市场的开发力度，已开始第二期扩展计划，库存将扩大到20万箱，承担北京和天津地区100家门店的供货任务。

对于生产企业的自营供应物流，则物流中心数量有限，一般服务区域也主要在生产厂区；生产企业的销售物流首先要根据客户分布的远近、销售量的大小及其运行的成本来综合考虑是自营还是外包，如果是自办物流中心，再考虑服务区域的大小，分别决策物流中心的级别与规模。

物流中心的服务对象所形成的区域是选择一种物流中心区位的前提和基础。一般物流中心建设规模越大，经营能力越强，其辐射范围越广，服务的范围也就越大。在物流中心的区位选择中，除了考虑商品种类与数量外，交通运输条件、用地条件等问题也应该详细分析和论证，以确定物流服务的区域和范围。

（二）物流中心的规模定位

物流中心服务区域的定位与物流中心的规模是相辅相成的，服务区域的定位思路是物流中心规模设计的基础，而物流中心的规模又反过来影响物流中心的服务区域范围。因此，应根据市场总容量、发展趋势以及竞争对手的状况，决定物流中心的服务区域并进一步确定其规模。应注意两方面的问题：第一是要充分了解社会经济发展的大趋势，地区、全国乃至世界经济发展的预测，预测范围包含中、长期内容。第二是要充分了解竞争对手的状况，如：生产能力、市场占有份额、经营特点、发展规划等。因为市场总容量是相对固定的，不能正确地分析竞争形势就不能正确地估计出自身能占有的市场份额。如果预测发生大的偏差，将导致服务区域及设计规模过大或过小。估计偏低，将失去市场机遇或不能产生规模效益；估计偏高，将造成多余投资，从而使企业效率低下，运营困难。

目前国际上还没有一套较为成熟的物流中心规模确定方法，一般是通过横向对比国内外已有的物流中心建设规模的方法来确定新建物流中心的建设规模。日本是最早建立物流中心的国家，自1965年至今已建成20个大规模的物流中心，平均占地约74公顷；韩国于1995年－1996年分别在富谷和梁山建立了两个物流中心，占地规模都是33公顷，荷兰统计的14个物流中心，平均占地44.8公顷；比利时的Cargovil物流中心占地75公顷；相比英国的物流中心的规模则小得多，1988年建设的第一个物流中心占地不到1公顷。相反，德国一些货运中心的占地规模较大，如不来梅的货运中心占地在100公顷以上。总的来说，国外物流中心用地多在7公顷以上，最大不超过1平方公里。

根据国外已有的物流中心建设规模来看，就单个物流中心而言一般用地规模均在5公顷以内。地方性物流中心多在5公顷以下；区域性物流中心用地规模多在1－11.5公顷之间，最大不超过50公顷。

从产品类型来看，大宗生产资料的物流中心用地规模较大，多在5公顷以上。不过，国外物流中心的占地规模并无特别严格和统一的标准，是由其所服务市场的需求量的大小、运输距离与费用，以及物流中心的规模经济等因素综合决定的；也可以说与每个物流中心的空间服务范围、在商品配送网络中的地位、经营的产品类型等有关。近年来发达国家的物流中心建设有一种朝集中化和大型化发展的趋势。

四、物流中心的系统整合定位

物流中心的系统整合定位是指一个现代化的物流中心，在对供应商与客户的流通服务过程中，其信息科技的应用与系统整合的层次及范围。

物流中心所提供的是面对下游客户与上游供应源的流通服务过程，如果只是单纯作为储运接驳的角色，则失去了整合功能。信息科技的应用与系统整合，应该是一个现代化的物流中心最重要的关键。因此，设置物流中心时须对系统整合的层次及范围作一界定，包括作业层次、作业管理层次、决策支持层次以及经营管理层次。

（一）作业层次的系统整合定位

如储运作业的整合与标准化（托盘、储运箱与容器共同化）、配送运输作业整合（车辆共同化）、作业信息输入整合（条形码化）、采购作业与订单信息传递（EDI、EOS）等。

(二)作业管理层次的系统整合定位

如库存管理、存货管理(MRP、ABC 分级)、行销信息回馈(POS)与分析、发货订单排程、拣货工作指派等作业的规划管理。

(三)决策支持层次的系统整合定位

如配派车系统、配送区域规划、物流成本分析与计费定价策略等。

(四)经营管理层次的系统整合定位

策略联盟、联合采购、共同配送等业者间的资源整合,可由产业垂直整合、水平整合,或异业间的整合方向进行。

一个物流中心除了内部管理系统的整合功能外,如能朝向整合客户及供货商的系统,并配合业务范围的整合,加强差异化及垂直化的服务功能(如部分代工、贴印条形码、分装、容器流通回收、联合促销、信息共享与销售信息实时回馈等),则将因流通附加价值而提高本身的竞争优势。而在企业整合与策略联盟过程,如能有效降低作业成本,提高业者间互惠互利的基础,亦能增加物流中心运转规模与经济效益,这也是在筹建物流中心前必须先把握的原则。

物流窗口 2-3

京唐港物流中心的定位

唐山市是国家级 45 个公路主枢纽城市之一。唐山公路主枢纽京唐港物流中心(以下简称京唐港物流中心)依据分析《唐山市国民经济和社会发展第十个五年计划纲要》得出的海港开发区、货运信息配载、集装箱物流和城市物流配送等 4 个方面对物流市场的需求,确定了自己的定位。

1. 市场定位

以唐山地区和华北、京、津广大地区为腹地,依托京唐港,重点服务于海港开发区;以适应市场需求为导向,分阶段满足客户物流需求,积极提供全过程、全方位的现代化物流服务并大力发展城市物流配送。

2. 功能定位

根据规划,应具备以下一些基本功能:

(1)运输组织功能——负责为客户选择适宜的运输方式,如快件运输、零担运输、集装箱运输等。

(2)中转换装功能——为集疏铁路、港口或满足公铁、公水联运方式提供便利的换装条件,合理组织不同运输方式的换装,实现各种运输方式间的无缝衔接。

(3)存储堆放功能——为客户提供必要的仓储,通过物流中心的高效率分拣、传递、拣选等设备,为客户减少存储成本,降低库存占用的资金。

(4)装卸搬运功能——加快产品在物流中心的流通速度,通过专业化装载、卸载、提升、运送、码垛等机械设备,提高装卸搬运效率,减少作业对产品的损坏。

(5)增值服务功能——通过对产品的分拣、分类、贴标签、检测及包装等一系列综合服务,以弥补流通过程中再生的服务部分。

(6)信息服务功能——通过信息网络,对各个作业中产生的物流信息进行实时采集、分析、处理和传递,并向客户提供物流服务的咨询信息。

3. 位置策略

京唐港物流中心位于唐山市海港开发区,符合国家及河北省对开发区建设的需求,而所选方案位于7号路和14号路交汇处的南侧，具有交通组织方便、环境影响小、扩展潜力大等优点。

4. 分析

物流中心的定位与策略是规划的重点。定位不准，策略失误，将导致重复建设，形成不当或过度竞争；定位准确，策略对位，物流中心就会得到快速发展，产生显著的经济和社会效益。解析京唐港物流中心的规划可以看出，其市场及功能定位准确、合理，策略到位，符合京唐港、海港开发区以及唐山市的物流业发展实际状况。它的建成，不仅可以提高企业的服务水平和市场竞争力，而且可以促进本地区社会物流的合理化，提高资源利用率，具有显着的经济和社会效益。

（资料来源：周在青，《物流中心的定位与策略分析》，集装箱化，2004(7)）

第二节　物流中心选址

物流中心选址，是指在一个具有若干供应点及若干需求点的经济区域内，选择一个地址设置物流中心的规划过程。较佳的物流中心选址方案是商品通过物流中心汇集、中转、分发，直至输送到需求点的全过程的总体效益最好。

物流中心位置的选择，将直接影响到实际运营的效率与成本，以及日后仓储规模的扩充与发展。因此，在决定物流中心的位置方案时，必须谨慎参考相关因素，并按适当步骤进行。一般来说，如果有预定地点或区位方案，可在系统设计进行之前提出，并作为设计过程的限制因素；如果事先没有预定的地点，则可在系统设计方案成形后，进行位置方案的选择，必要时须修正设计方案，以配合实际土地及区域面积的限制。

一、物流中心选址的原则和内容

物流中心布局与选址是很复杂的问题，涉及到法律、法规、规划、土地使用权、物流业务种类、物流设施、筹资能力、交通环境、自然条件等因素。物流中心一旦建成很难搬迁，如果选址不当，必将付出长远代价。因此，物流中心布局选址是物流中心初期设计中一个至关重要的问题，必须要遵循一定的原则和指导思想。

（一）选址的原则

1. 适应性原则

物流中心的选址应与国家或地区的经济发展方针、政策相适应，与我国物流资源分布和需求分布相适应。

2. 协调性原则

物流中心的选址应将国家或地区的物流网络作为一个大系统来考虑，使物流中心的设施设备在地域分布、物流作业生产力、技术水平等方面与整个物流系统协调发展。

3. 经济性原则

在物流中心的发展过程中，有关选址的费用，主要包括建设费用及物流费用（经营费用）两部分。物流中心的选址定在市区、近郊区或远郊区，其未来物流活动辅助设施的建设规模及建设费用，以及运费等物流费用是不同的，选址时应以总费用最低作为物流中心选址的原则。

4. 战略性原则

物流中心的选址，应有战略眼光。要考虑全局利益和长远利益。局部要服从全局，眼前利益要服从长远利益，既要考虑目前的实际需要，又要考虑日后发展的可能。

(二)指导思想

1. 选择经济发展中心地区或城市；
2. 选择各种交通方式重叠和交汇的地区；
3. 选择物流资源较优的地区；
4. 选择土地开发资源较好的地区；
5. 选择地区管理和人才资源较好的地区；
6. 支持产业发展需要；
7. 符合区域物流特点；
8. 有利于整个物流网络的优化；
9. 有利于各类节点的合理分工、协调配合。

(三)选址的内容

物流中心的选址包括两个方面的含义：地理区域的选择和具体地址的选择。

1. 地理区域的选择

物流中心的选址首先要选择合适的地理区域。对各地理区域进行慎重评估，选择一个适当范围作为考虑的区域，如华南地区、华北地区等，同时还需要配合物流中心物品特性、服务范围以及企业的运营策略而定。

2. 具体地址的选择

物流中心的地理区域确定后，还须确定具体的建置地点，如果是生产企业的物流中心，应以接近上游生产厂或进口港为宜；如果是经营日常消费品的物流中心，则以接近居民生活社区。一般应根据进货与发货产品类型特征以及交通运输的复杂度，来选择接近上游点或下游点的选址策略。

二、物流中心选址的影响因素

物流中心选址是物流中心设计的关键一步，而不论是地理区域还是具体位置的选择，都必须综合考虑各种相关因素，并统筹规划。

(一)经济环境因素

1. 货流量的大小

物流中心设立的根本目的是降低社会物流成本，如果没有足够的货流量，物流中心的规模效益便不能发挥。所以物流中心的建设一定要以足够的货流量为条件。

2. 货物的流向

货物的流向决定着物流中心的工作内容和设施设备的配备。对于供向物流来说，物流中心主要为生产企业提供原材料、零部件，应当选择靠近生产企业的地点，便于降低生产企业的库存，随时为生产企业提供服务。对于销向物流来说，物流中心的主要职能是将产品集结、分拣，配送到门店或用户手上，故应选择靠近客户的地方。

在货物的流向分析上要考虑客户的分布和供应商的分布：

①客户的分布。为了提高服务水准及降低物流成本，物流中心多建在城市边缘接近客户

分布的地区，如果物流中心的主要客户是超市和零售店，这些客户的大部分是分布在人口密集的地方或大城市，物流中心选址要接近这样的城市或区域。

②供应商的分布。供应商的分布地区也是物流中心选址应该考虑的重要因素。因为进入物流的商品全部是由供应商所供应的，如果物流中心接近供应商，则其商品的安全库存就可以控制在较低的水平上。但由于我国国内一般进货的输送成本是由供应商负担的，因此这个因素往往不受重视。

物流窗口 2－4

诺基亚的亚太区集成物流中心选址江苏的原因

2004 年 4 月 28 日，诺基亚的亚太区集成物流中心在苏州正式落成，这是诺基亚继欧洲之后的第三个全球性集成物流中心，将主要负责诺基亚在中国和亚太地区客户整套网络产品的物流服务。它可以把以往一至两个月的交付周期缩短至一周，加速现金流，使诺基亚苏州工厂未来的年销售额增长 30% 以上。此前的一季度，诺基亚在苏州工厂设立了全球资源部的分支机构，进一步加大在当地的采购力度。

这是一个深具意义的事件：诺基亚 4 月发布的 2004 年首季度业绩说，它的全球销售额和营业利润同比分别下降了 2% 和 21.4%。在整张年报表暗淡的盈利数字之间，网络部的销售额和经营利润却得到了 16% 和 114% 的高增长。

2001 年在建立星网工业园时，诺基亚选址在北京，再强势邀请其他 20 个供应商入园建厂已完成配套生产，实现 1 天时间内制造——组装——出货的零库存效应。

目前，诺基亚网络已经有了 20 多家省市运营商客户。诺基亚在华采购额达到 10 亿元，在其 44 个中国本地供应商中，有 19 个位于江苏境内，这就是本次给亚太区配件采购中心以及集成物流中心选址时，选择江苏的原因。

（资料来源：财经时报，2004(564)）

3. 城市的扩张与发展

城市物流中心的选址，既要考虑城市扩张的速度和方向，又要考虑节省分拨费用和减少装卸次数。中国物资储运总公司的许多仓库，20 世纪 70 年代以前处于城乡结合部，不对城市产生交通压力，但随着城市的发展，这些仓库现处于闹市区，大型货车的进出受到管制，专用线的使用也受到限制，不得不选择外迁。大凡道路通达之后，立即就有住宅和工商企业进驻，城市实际上沿着道路一块一块发展着、迁徙着，物流中心也不是固守一地的。

4. 交通条件

交通条件是影响物流成本及效率的重要因素之一，交通运输的不便将直接影响车辆运输的效率。为了确保物流运输作业的顺利进行，物流中心选址宜紧邻重要的运输线路。考核交通方便程度的条件有：高速公路、国道、铁路、快速道路、港口、交通限制规定等几种。一般物流中心应尽量选择在交通方便的高速公路、国道及快速道路附近；如果以铁路或轮船作为交通工具，则要考虑靠近火车编组站、港口等。对于综合型物流中心，一定要选择在两种以上运输方式的交汇地，如港口水运、公路运输、铁路运输、航空运输的两种组合。对于港口物流中心，还要选择内河运输与海运的交汇地，既要满足吃水较深、能停靠大型货船的需要，又要克服内河泥沙淤积、河道疏通的困难。对于城市物流中心，要选择干线公路或高速公路与城市交通网络的交汇地，还要拥有铁路专用线或靠近铁路货运编组站。

5. 经济规模的要求

以铁路运输为重要手段的物流中心，其规模应达到经济规模的要求。一般认为物资年吞吐量小于30万吨，设置铁路专用线不经济。当仓库距离铁路编组站附近，都能有较好的车源提供。仓库距编组站在2km以内不仅基建费用少，而且管理营运费用也少，营运方便。以公路运输为主的物流中心，一般是生活用品较多，应根据上下游客户的分布情况，考虑适当位置，减少服务半径，为便于物资吞吐，仓库应建于公路干线或高速公路附近。

(二)自然环境因素

1. 气象条件

物流中心选址过程中，必须考虑温度、风力、降水量、无霜期、冻土深度、年平均蒸发量等气象指标。如选址时要避开风口，因为在风口建设会加速露天堆放的商品老化。

2. 地质条件

物流中心是大量商品的集结地。某些容重很大的建筑材料堆码起来会对地面造成很大压力。如果物流中心地面以下存在着淤泥层、流砂层、松土层等不良地质条件，会在受压地段造成沉陷、翻浆等严重后果，为此，土壤承载力要高。

3. 水文条件

物流中心选址需远离容易泛滥的河川流域与上溢的地下水区域。要认真考察近年的水文资料，地下水位不能过高，洪泛区、内涝区、故河道、干河滩等区域绝对禁止。

4. 地形条件

物流中心所在位置应地势高、地形平坦，且应具有适当的面积与外形。若选在完全平坦的地形上是最理想的；其次选择稍有坡度或起伏的地方；对于山区陡坡地区则应该完全避开；在外形上可选长方形，不宜选择狭长或不规则形状。

(三)政策环境因素

政策环境条件也是物流中心选址评估的重点之一，尤其是物流用地取得困难的现在，如果有政府政策的支持，则更有助于物流业者的发展。政策环境条件包括企业优惠措施(土地提供、减税)、城市规划(土地开发、道路建设计划)、地区产业政策等。目前，许多城市建立了现代物流园区，其中除了提供物流用地外，也有关于税赋方面的减免，有助于降低物流业者的运营成本。另外，还要考虑土地大小与地价，在考虑现有地价及未来增值状况下，配合未来可能扩充的需求程度，决定最合适的用地面积大小。

(四)劳动力条件

在物流作业中，最主要的资源需求为劳动力资源。由于一般物流作业仍属于劳动密集的作业形态，在物流中心内部必须要有足够的作业人力，因此在决定物流中心位置时必须考虑工人的来源、技术水平、工作习惯、交通条件、工资水平等因素。如果物流中心的选址位置附近人口不多且交通不便时，则基层的作业人员不容易招募；另外，因为一般物流的作业是属于服务行业，工资水平低且辛苦，所以如果附近地区的工资水平太高，也会影响到基层作业人员的招募，因此在进行系统设计前，必须做周密的调查工作。

三、物流中心选址的程序

物流中心选址规划的程序如图 2－1 所示。

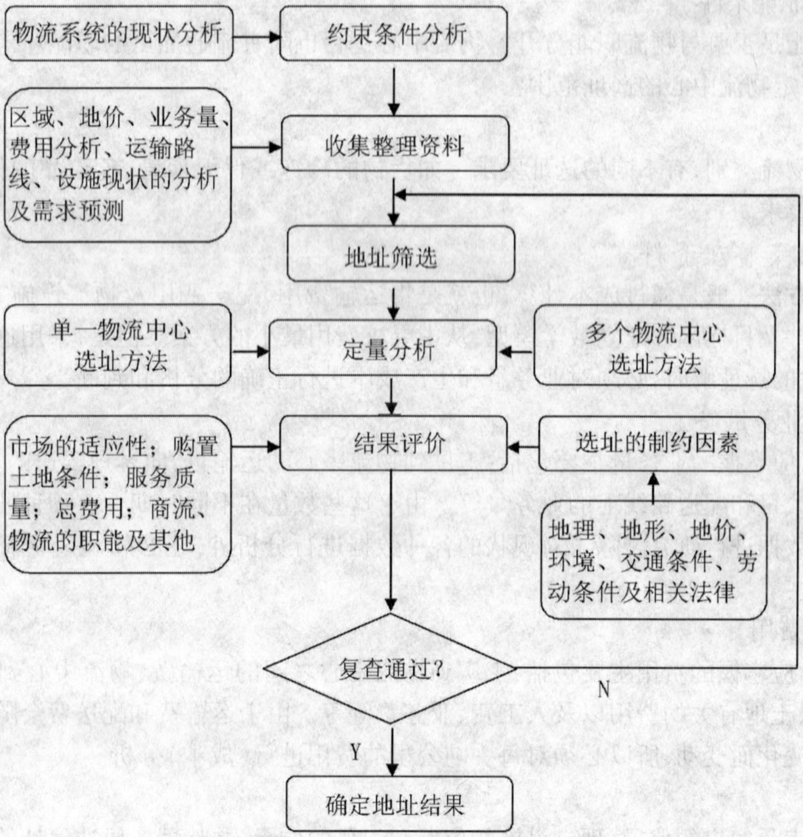

图 2－1　物流中心选址的程序

(一)分析选址的约束条件

选址规划时,首先要明确建立物流中心的必要性、目的和意义。然后根据物流系统的现状进行分析,制定物流系统的基本计划,确定所需要了解的基本条件,以便大大缩小选址的范围。需要分析的约束条件包括:

1. 需求条件

主要分析物流中心的服务对象——客户的现在分布情况,并对其未来分布情况进行预测,分析货物作业量的增长率以及物流配送作业的区域范围。

2. 运输条件

应靠近铁路货运站、港口和公共汽车终点站等运输节点,同时也应靠近运输业者的办公地点。

3. 配送服务的条件

根据客户要求的到货时间、发送频率等计算从物流中心到客户的距离和服务范围。

4. 用地条件

是利用现有土地还是重新征用土地?重新征用土地的成本有多大?地价允许范围内的用

地分布情况如何?

5. 区域规划

根据区域规划的要求,了解选定区域的用地性质,是否允许建立物流中心?

6. 流通职能条件

商流职能是否要与物流职能分开?物流中心是否也附有流通加工的职能?考虑到通行方便,是否要限定物流中心的选址范围?

7. 其他

不同的物流类别,有不同的选址要求。如货物的冷冻或保温保管、危险品的保管等,对选址都有特殊要求。

(二)收集整理资料

选址的方法一般是通过成本计算,也就是将运输费用、配送费用及物流设施费用模型化,根据约束条件及目标函数建立数学模型,从中寻求费用最小的方案。但是,采用这样的选址方法,寻求最优的选址解时,必须对业务量和生产成本进行正确的分析和判断。

1. 掌握业务量

选址时,应掌握的业务量主要包括:工厂到物流中心的运输量、向客户配送的货物量、物流中心保管的数量和配送路线上的业务量等。由于这些数量在不同时期会有种种波动,因此,要对所采用的数据进行研究。除了对现状的各种数据进行分析外,还必须确定物流中心运行后的预测数据。

2. 掌握费用

选址时,应掌握的费用主要包括:工厂到物流中心之间的运输费、物流中心到客户的配送费和与设施、土地有关的费用以及人工费、业务费等等。由于运输费和配送费会随着业务量和运送距离的变化而变动,所以必须对每一吨公里的费用进行(成本)分析。

3. 其他

用地图表示客户的位置、现有设施的位置和工厂的位置,并整理各候选地址的配送路线及距离等资料,与成本分析结合起来,综合考虑必备车辆数、作业人员数、装卸方式、装卸费用等。

(三)地址筛选

在对所取得的上述资料进行充分的整理和分析、考虑各种因素的影响并对需求进行预测后,就可以初步确定选址范围,即确定初始候选地点。

(四)定量分析

针对不同情况运用运筹学的原理,选用不同的模型进行计算,得出结果。如对单一物流中心进行选址,可以采用重心法等;如对多个物流中心进行选址,可以采用鲍摩-瓦尔夫模型、CFLP 法等。

(五)结果评价

结合适应性、购置土地条件、服务质量等,对计算所得结果进行评价,看其是否具有现实意义及可行性。

(六)复查

分析其他影响因素对计算结果的相对影响程度,分别赋予它们一定的权重,采用加权法对计算结果进行复查。如果复查通过,则计算结果即为最终结果;如果复查发现原计算结果不适用,则返回地址筛选阶段,重新分析,直至得到最终结果为止。

（七）确定选址结果

再用加权法复查通过后，则计算所得的结果即可作为最终的选址结果。但是所得解不一定为最优解，可能只是符合条件的满意解。

四、物流中心选址的注意事项

大中城市的物流中心应采取集中与分散相结合的方式选址；在中小城镇中，因物流中心的数目有限且不宜过于分散，宜选择独立地段；在河道（江）较多的城镇，商品集散大多利用船运，物流中心可选择沿河（江）地段。应当引起注意的是，在城镇中要防止将那些占地面积大的综合性物流中心放在城镇中心地带，否则会带来交通不便等诸多不良影响。

（一）不同类型物流中心选址时的注意事项

1. 流通型物流中心

这类物流中心大多经营倒装、装载或短期储存的周转类商品，而且大都使用多式联运方式，因此，一般应选择在城市边缘地区的交通便利地段，以方便转运和减少短途运输。

2. 储备型物流中心

这类物流中心主要经营国家或所在地区中、长期储备物品，一般应设置在城市边缘或城市郊区的平整地段，且具备直接而方便的水陆运输条件。

3. 综合型物流中心

这类物流中心经营的商品种类繁多，可根据商品类别和物流量，选择设置在不同的地段。例如，与居民生活关系密切的生活型物流中心，若物流量不大又没有环境污染问题，可选择靠近服务对象的地段，但应具备方便的交通运输条件。

（二）经营不同商品的物流中心选址时的注意事项

经营不同商品的物流中心对选址的要求不同，应分别加以注意。

1. 果蔬食品物流中心

果蔬食品物流中心应选择入城干道处，以免运输距离拉得过长，商品损耗过大。

2. 冷藏品物流中心

冷藏品物流中心往往选择在屠宰场、加工厂、毛皮处理厂等附近。因为有些冷藏品物流中心会产生特殊气味、污水、污物，而且设备及运输噪音较大，可能会对所在地环境造成不良影响，故多选择城郊。

3. 建筑材料物流中心

通常建筑材料物流中心的物流量大、占地多，还可能会产生某些环境污染问题，有严禁烟火等安全要求，应选择城市边缘、交通运输干线附近。

4. 燃料及易燃材料物流中心

石油、煤炭及其他易燃物品物流中心应满足防火要求，选择城郊的独立地段。在气候干燥、风速较大的城镇，还必须选择大风季节的下风位或侧风位。特别是油品物流中心，选址应远离居住区和其他重要设施，最好选在城镇外围的地形低洼处。

第三节 收集和分析基础信息

客户类型、商品种类及交货时间等基础信息资料及其分析结果，是物流中心作业功能设计以及总体设计的依据，因此，在规划和设计物流中心时，必须先收集相关的基础信息资料并对这些信息资料进行定量和定性分析。

一、基础信息的收集

物流中心的基础规划信息主要包括如下几个方面：

E－Entry：指物流服务的对象或客户；

I－Item：指配送货品的种类；

Q－Quantity：指货品的数量或库存量；

R－Route：指物流的通路；

S－Service：指物流服务水平；

T－Time：指物流的交货时间；

C－Cost：指配送货品的价值或建造的预算。

（一）物流服务的对象或客户－E

物流中心的服务对象或客户不同，物流中心的订单形态和发货形态就会有很大不同。例如为生产线提供JIT配送服务的物流中心和为分销商提供服务的物流中心，其分拣作业的计划、订单传输方式、配送过程的组织将会有很大的区别；而同是销售领域的物流中心，面向批发商的配送和面向零售商的配送，其发货量的多少和发货的形态也有很大不同。

表2－1 零售商型物流中心的配送对象分析

	批发店	超市	便利店
P－＞P	40%	10%	
P－＞C	60%	60%	30%
C－＞B		30%	70%

注：P为托盘（pallet）；C为箱（case）；B为单品（board case）

（二）配送的货品种类－I

在物流中心所处理的货品品项数差异性非常大，多则上万种以上，如书籍、医药及汽车零件等物流中心；少则数百种甚至数十种，如制造商型的物流中心。由于品项数的不同，则其复杂性与困难性也有所不同，例如所处理的货品品项数为一万种的物流中心与处理货品品项数一千种的物流中心是完全不同的，其货品储放的储位安排也完全不同。

另外在物流中心所处理的货品种类不同，其特性也完全不同。如目前比较常见的配送货品有：食品、日用品、药品、家电品、3C货物、服饰货物、录音带货物、化妆品、汽车零件及书籍货物等。它们分别有其货品的特性，物流中心的厂房硬件及物流设备的选择也完全不同。例如食品及日用品的进发货量较大，而3C货物的货品尺寸大小差异性非常大，家电货物的尺寸较大。

（三）货品的配送数量或库存量－Q

这里Q包含两个方面的含义：一是物流中心的发货数量，二是物流中心的库存量。

货品的发货数量的多少和随时间的变化趋势会直接影响到物流中心的作业能力和设备的配置。例如一些季节性波动、年节的高峰等问题，都会引起发货量的变动。

物流中心的库存量和库存周期将影响到物流中心的面积和空间的需求。因此应对库存量和库存周期进行详细的分析。一般进口商型的物流中心因进口船期的原因，必须拥有较长的库存量（约 2 个月以上）；而流通型的物流中心，则完全不需要考虑库存量但必须注意分货的空间及效率。

（四）物流通路 – R

物流通路是指产品实体从制造商转移到最终顾客所经历的过程。物流通路与物流中心的设计也有很大的关系。常见的几种通路模式如下：

1. 工厂→物流中心→经销商→零售商→消费者
2. 工厂→经销商→物流中心→零售商→消费者
3. 工厂→物流中心→零售店→消费者
4. 工厂→物流中心→消费者

设计物流中心之前首先必须了解物流通路的类型，然后根据物流中心在物流通路中的位置和上下游客户的特点进行设计。

（五）物流的服务水平 – S

一般企业建设物流中心的一个重要的目的就是提高企业的物流服务水平，但物流服务水平的高低恰恰与物流成本成正比，也就是物流服务品质愈高则其成本也愈高。但是站在客户的立场而言，希望以最经济的成本得到最佳的服务。所以原则上物流的服务水准，应该是合理的物流成本下的服务品质，也就是物流成本不会比竞争对手高，而物流的服务水准比他高一点即可。

物流服务水平的主要指标包括：订货交货时间、货品缺货率、增值服务能力等。应该针对客户的需求，制定一个合理的服务水准。

（六）物流的交货时间 – T

在物流服务品质中物流的交货时间非常重要，因为交货时间太长或不准时都会严重影响零售商的业务，因此交货时间的长短与守时成为物流业者的重要评估项目。

所谓物流的交货时间是指从客户下订单开始，订单处理、库存检查、理货、流通加工、装车、及卡车配送到达客户手上的这一段时间。物流的交货时间依厂商的服务水准的不同，可分为 2 小时、12 小时、24 小时、2 天、3 天、1 星期送达等几种。同样的物流，交货时间愈短则其成本也会愈高，因此最好的水准约为 12 小时 ~24 小时左右，稍微比竞争对手好一点，但成本又不会增加。

（七）配送货品的价值或建造的预算 – C

在物流中心设计时除了考虑以上的基本要素外，还应该注意研究配送货品的价值和建造预算。

首先，配送货品的价值与物流成本有很密切的关系，因为在物流的成本计算方法中，往往会计算它所占货品的比例，因此如果货品的单价高则其百分比相对会比较低，则客户比较能够负担得起；如果货品的单价低则其百分比相对会比较高，则客户负担感觉会比较高。

其次，物流中心的建造费用预算也会直接影响到物流中心的规模和自动化水准，没有足够的建设投资，所有理想的设计都是无法实现的。

二、基础设计资料的分析

基础设计资料的分析，就是将收集到的原始资料，作进一步的整理分析，以作为规划设计的依据。包括定量化的分析，如：储运单位分析、物品特性分析、品项数量分析、订单变动趋势分析；以及一些定性的分析，如：作业时序分析、作业功能需求分析、人力资源需求分析、作业流程分析、事务流程分析。

各项分析与规划设计的联系如图 2－2 所示：

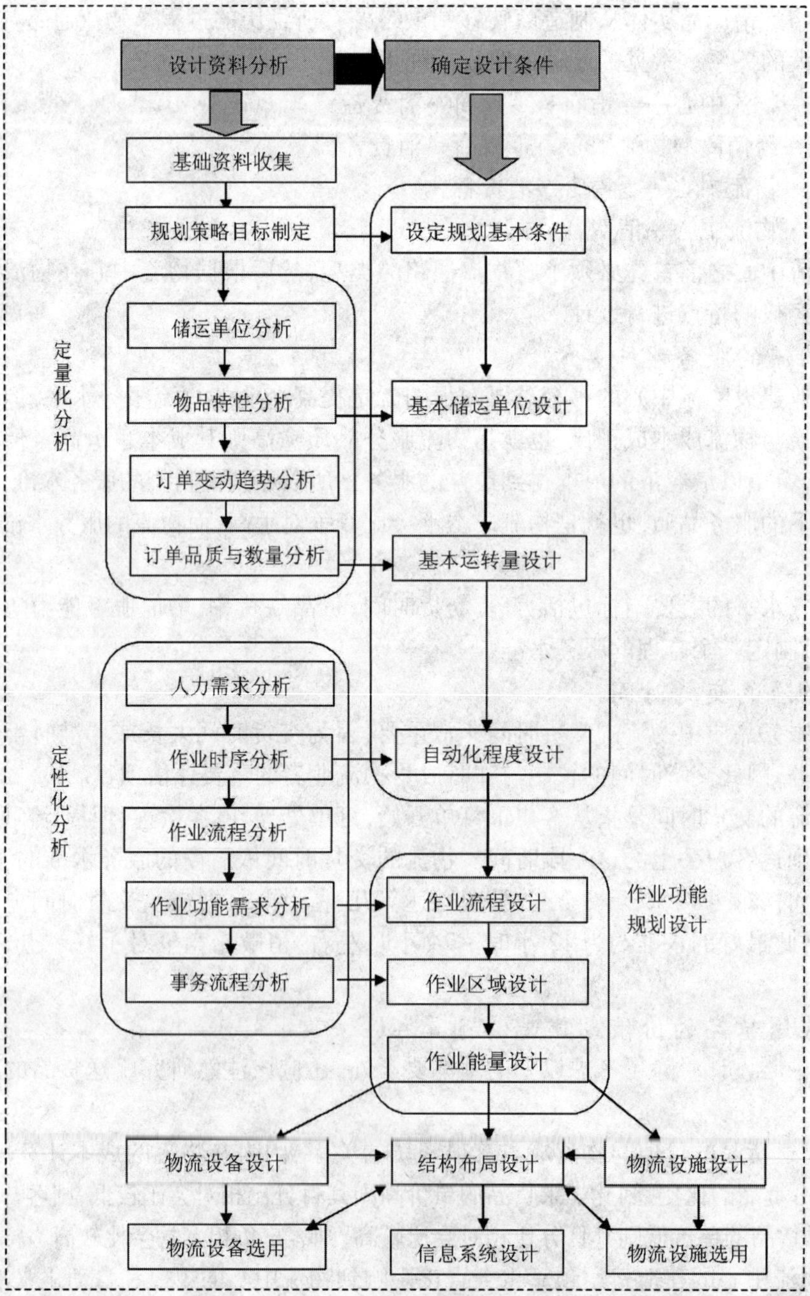

图 2－2　基础数据分析与规划的联系

（一）储运单位分析

储运单位分析就是考察物流中心各个主要作业（进货、拣货、发货）环节的基本储运单位。一般物流中心的储运单位包括P－托盘、C－箱子和B－单品，而不同的储运单位，其配备的储存和搬运设备也不同。因此掌握物流过程中的单位转换相当重要，需要将这些包装单位（P、C、B）进行分析，即所谓的PCB分析。

常见的例子为企业的订单资料中同时含有各类发货型态，包括订单中整箱与零散两种类型同时发货，以及订单中仅有整箱发货或仅有零星发货。为使仓储与拣货区得到合理的设计，必须将订单资料按发货单位类型加以分析，以正确计算各区实际的需求。物流中心物流系统的储运单位组合形式如表2－2所示。

表2－2　物流中心包装单位分析表

入库单位	储存单位	拣货单位
P	P	P
P	P、C	P、C
P	P、C、B	P、C、B
P、C	P、C	C
P、C	P、C、B	C、B
C、B	C、B	B

P:托盘　C:箱　B:单品

（二）物品特性分析

物品特性是货物分类的参考因素，如按储存保管特性可分为干货区、冷冻区及冷藏区；按货物重量可分为重物区、轻物区；按货物价值可分出贵重物品区及一般物品区等。物品特性是进行区域设计和布置的基本依据，因此物流中心设计时首先需要对货物进行物品特性分析，以划分不同的储存和作业区域。一般物流中心物品特性分析可参考附件“物品特性分析表”。

（三）EIQ分析

EIQ分析就是利用“E”、“I”、“Q”这三个物流关键要素，来研究物流中心的需求特性，为物流中心提供设计依据。它是从客户订单的品项、数量与订购次数等出发，进行发货特性的分析。分析的内容包括：

1. 订单量（EQ）分析：单张订单发货数量的分析。
2. 订货品项数（EN）分析：单张订单发货品项数的分析。
3. 品项数量（IQ）分析：每单一品项发货总数量的分析。
4. 品项受订次数（IK）分析：每单一品项发货次数的分析。

EIQ分析步骤：

①订单发货资料的取样

EIQ分析资料，可依不同的用途分别以1日、1周、1月甚至1季为收集范围。一般取1周或1月的资料，这样就容易了解物流中心在周期间的作业变化情形。若EIQ资料量过大，不易处理时，可依商品特性或客户类别分为数个群组，针对不同的群组进行个别的EIQ分析。

②订单发货资料的分解

将订单发货资料，按表2－3进行分解，可借用计算机进行。

表 2－3　订单发货资料分解表

发货订单	发货品项				单张发货数 EQ	单张发货品项 EN
	I1	I2	I3	…		
E1	Q11	Q12	Q13	…	EQ1	N1
E2	Q21	Q22	Q23	…	EQ2	N2
E3	Q31	Q32	Q33	…	EQ3	N3
…	…	…	…	…	…	…
单品发货量 IQ	Q1	Q2	Q3	…		
单品发货次数 IK	K1	K2	K3	…		

其中：

Q1＝Q11＋Q21＋Q31＋…

EQ1＝Q11＋Q12＋Q13＋…

K1＝计数（Q11，Q21，Q31，…）＞0

N1＝计数（Q11，Q12，Q13，…）＞0

③EIQ 统计分析

将得到的资料，利用统计方法进行 EQ、EN、IQ、IK 等种类资料分析。EIQ 分析常用的统计方法如表 2－4 所示：

表 2－4　EIQ 分析法的统计方法

方法	目的
算术平均值	取 1 个平均值
最大、最小值	取上、下限
总数	取总数
全距	取最大最小值的差距
众数	出现次数最多的数值
次数分布	各级各组资料出现次数统计
相对百分比	将个别值加以排列计算其百分比
ABC 分析法	将数值按大小排列，求其累计百分比
总图	EIQ 统计表
分析表	EN、EQ、IQ、IK 等
分析图	EN、EQ、IQ、IK 等

④图表数据分析（量化资料分析过程中最重要的步骤）。

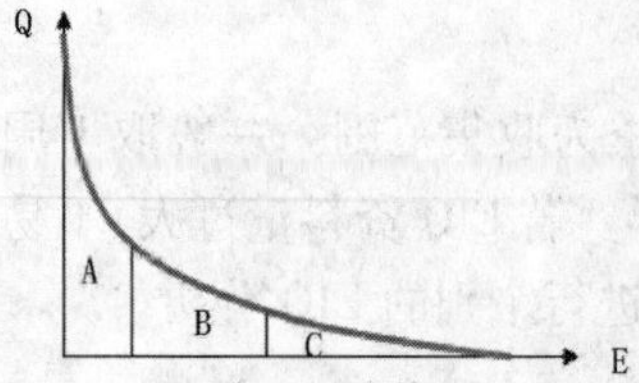

图2-3 EQ分析

a. EQ 分析（图 2－3）：主要可了解单张订单发货量的分布情形，可用于决定订单处理的原则、拣货系统的设计，并将影响发货方式及发货区的设计。

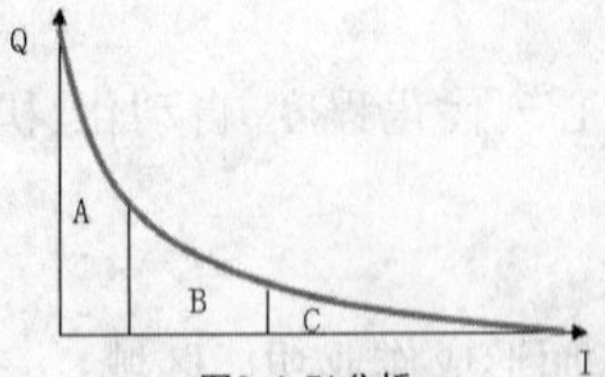

图2-4 EI分析

b. 品项数量(IQ)分析:主要了解各类货品发货量的分布状况,分析货品的重要程度与运量规模。可用于仓储系统的设计选用、储位空间的估算,并将影响拣货方式及拣货区的设计,IQ 分布图如图 2-4 所示。

c. 订单品项数(EN)分析:主要了解订单别订购品项数的分布,对于订单处理的原则及拣货系统的设计有很大的影响,并将影响发货方式及发货区的设计。通常需配合总发货品项数、订单发货品项累计数及总品项数三项指针综合考虑。

d. 品项受订次数(IK)分析:主要分析各类货品发货次数的分布,对于了解货品别的发货频率有很大的帮助,主要功能可配合 IQ 分析决定仓储与拣货系统的选择。

(四)订单变动趋势分析

物流中心作业能力的设计目标,需利用过去的经验值来预估未来趋势的变化。因此在物流中心的设计时,首先须针对历史销售资料或发货资料进行分析,以了解发货量的变化特征与规律。常见的变动趋势有:

1. 长期趋势有持续递增的趋向。设计时应以中期的需求量为规模依据,若需考虑长期递增的需求,则可以预留空间或考虑设备扩充的弹性,以分阶段投资方式设置。

2. 有季节性变动的明显趋势。设计时可考虑以部份外包或租用设备方式,以避免设施过多的投资造成平时的闲置;另外在淡季时应争取互补性的货品业务以增加仓储设施利用率。

3. 有以一季为单位的周期性变动趋势。如果高低峰差值不大且周期较短,可以周期变动内的最大值设计,后续资料分析可缩至某一周期为单位以简化分析作业。

4. 无明显规则的变动趋势。系统较难设计,宜设计通用型的设施,以增加运用的弹性,仓储货位也以容易调整及扩充为宜,以应付可能突增的作业需求量。

(五)作业流程分析

物流中心的主要作业活动可分为一般性作业与非常态性作业。一般性作业包括入库、仓储、拣取、配货、发货、配送等,非常态性作业包括贴标签、包装、换货、退货等作业。由于产业与产品的不同,物流中心的作业流程不尽相同。在作业流程分析时,应找出其中不合理、甚至是无效作业,减少重复作业。为了提高效率,应采用集装单元化的理念,尽量简化储运单位。在作业流程分析的基础上,将具有相同流程的货物作为一类(如 A、B、C、D……),分析每类物料的作业流程,做出物流中心作业流程图(表)。一般物流中心作业流程内容的分析项目可参考附件“物流中心作业内容分析表”。

(六)事务流程分析

与物流作业流程相对应的是事务流程分析。可在物流中心作业流程分析的基础上,对各项流程的输入、转换、输出及流程接口传递所需的各种事务进行归纳、整理,形成事务流程。一般物流中心相关事务流程内容的分析可参考附件“物流中心事务流程内容分析表”。

(七)作业时序分析

作业时序分析是了解各项作业在时间上的分布。应根据过去的经验,结合市场的特点,合理安排各项作业的时间分布。比如,理货时间应在晚上或货流量较少的时间段;配送时间应根据客户要求,选择合理的时间以避开车流、人流高峰期。

(八)人力资源分析

人力资源分析是对使用人数、背景、层级进行分析,作为物流中心现代化程度、自动化、机械化程度分析、设计的参考。

(九)作业需求功能分析

根据作业流程分析的结果,我们对作业需求的功能进行分析,从而形成作业功能区域。一般可分为:进货区、理货区、分拣区、流通加工区、存储区、特殊作业区、办公事务区、计算机作业区、其它辅助区。

第四节　确定基本设计条件

基本设计条件是指进行物流中心规划设计的基本参数或要求,主要包括基本储运单位的设计、基本转运能力的设计、自动化程度的设计以及信息化程度的设计。

一、基本储运单位的设计

经过 EIQ－PCB 的物性分析,应可决定物流中心内基本储运的单元负载单位,其目标即在储运单位易于量化及转换,并且使不同作业阶段的装载单位逐一确认。通常各区域的储运单位不尽相同,如进货时为托盘进货、储存时以箱储存、发货时则以箱或单品发货等。在此须强调在进行后续分析及物流中心各项设备规划设计时,必须先确定基本储运单位的设计。

二、基本运转能力的设计

包括进货区、仓储区、拣货区的基本运转能力的估计及设计规划。除需考虑基本作业需求量以外,也许配合作业弹性及未来成长趋势,而在此处所估计的运转能力为一个初估的参考值,当进入各区域的详细规划时,则将进一步修正至一个比较实际的数值。

三、自动化程度的设计

在对自动化需求、作业时序及基本运转能力分析的基础上,确定物流中心各类设备的自动化策略。应该根据实际需求及改善效益而引入自动化设备,才能发挥自动化整合的效果。因此,在制定物流中心未来设置的自动化水平时,应慎重考虑,以利后续物流设备系统的选用。

四、信息化程度的设计

物流作为这个社会供应链上的不可缺少的实物流,应该与其他流通环节的高效率高速度相对应,对于一个现代化的物流中心来说,建立一个完善的信息系统是必不可少的。在信息化系统设计中,应重点考虑以下几个方面:电子订货系统(EOS)、电子数据交换(EDI)、全球定位系统(GPS)的应用、物流标识与条码技术、无线射频系统、电子标签技术、互联网络设备、物流中心管理系统。

一个现代化的物流中心的信息系统应包括:采购入库管理系统、销售出库管理系统,财务会计和运营成绩管理四大主系统,每个主管理系统下又有很多子系统,每个子系统能实现许多功能,这样才能使一个现代化的物流中心高效有序地运行。

【本章小结】

物流中心筹建准备阶段的工作共有四项：

第一项工作是对物流中心进行定位，包括市场定位、功能定位、服务区域定位和系统整合定位。

物流中心筹建准备的第二项工作是选择物流中心的位置，即物流中心选址。物流中心选址是指在一个具有若干供应点及若干需求点的经济区域内，选择一个地址设置物流中心的规划过程。较佳的物流中心选址方案是商品通过物流中心汇集、中转、分发，直至输送到需求点的全过程的总体效益最好。

物流中心选址包括两个方面的工作：地理区域的选择和具体地址的选择，在选址过程中应遵循适应性原则、协调性原则、经济性原则、战略性原则。选址必须综合考虑经济环境、自然环境、政策环境和劳动力条件等主要因素并统筹规划。选址工作包括分析选址的约束条件、收集整理资料、地址筛选、定量分析、结果评价、复查、确定选址结果7个程序。

物流中心筹建准备的第三项工作是对基础资料的收集和分析。物流中心的基础信息主要包括物流服务的对象或客户E、配送货品的种类I、货品的数量或库存量Q、物流的通路R、物流服务水平S、物流的交货时间T、配送货品的价值或建造的预算C；基础设计资料的分析，就是将收集到的原始资料，作进一步的整理分析，以作为规划设计的依据，包括定量化的分析，如：储运单位分析、物品特性分析、品项数量分析、订单变动趋势分析；以及一些定性的分析，如：作业时序分析、作业功能需求分析、人力资源需求分析、作业流程分析、事务流程分析。

物流中心筹建准备的第四项工作是确定物流中心的基本设计条件。基本设计条件是指进行物流中心规划设计的基本参数或要求，主要包括基本储运单位的设计、基本转运能力的设计、自动化程度的设计以及信息化程度的设计。

【关键术语】

- 物流中心的市场定位
- 物流中心的功能定位
- 供应链
- 物流中心的服务区域定位
- 物流中心的系统整合定位
- 物流中心选址
- 物流通路
- 物流服务水平
- 物流交货时间
- PCB 分析
- EIQ 分析
- 物流中心的基本设计条件

【思考题】

1. 物流中心的筹建准备包括哪些工作？

2. 通过哪些方面对物流中心进行定位?
3. 如何选择物流中心的位置?
4. 物流中心的设计须收集哪些基础资料?
5. 基础资料的分析包括哪些内容?
6. 物流中心的基本设计条件是什么?

【课堂讨论】

1. 物流中心的定位对物流中心的筹划建设有什么意义?
2. 物流中心的选址在物流中心的设计中处于什么地位?

【参考阅读材料】

1. 冯耕中,《物流配送中心规划与设计》,西安交通大学出版社,2004
2. 贾争现、刘康,《物流配送中心规划与设计》,机械工业出版社,2004
3. 吕军伟,《物流配送业务管理模版与岗位操作流程》,中国经济出版社 ,2005
4. 刘志学,《现代物流手册》,中国物资出版社,2001
5. 丁立言、张铎,《物流配送》, 清华大学出版社, 2002
6. 汝宜红、田源、徐杰 ,《配送中心规划》,北方交通大学出版社,2002

【案例讨论】

深圳平湖物流基地

平湖物流基地是深圳市在21世纪第一个五年重点开发的基础性建设项目之一,是中国物资流通协会认定的第一个全国性"物流实验基地",在国内物流界具有较大的知名度和影响力。

平湖物流基地位于深圳市龙岗区平湖镇和布吉镇,居深圳市北部,东邻龙岗新城,南靠布吉海关,北面和东北面与东莞市接壤,西北与宝安区交界,是深圳至东莞、宝安至龙岗的交汇点,处于珠江三角洲经济辐射带的"中心极"。交通十分便利,铁路方面:京九线、广九线穿基地而过,平盐线、平南线在基地内与京九线接轨,盐田国际中转港、蛇口集装箱港经此两线辐射国内外,已投入使用的日编组能力8000车次的平湖南铁路编组站位于基地中心。公路方面:平深、平蛇、平樟、机荷高速公路等在基地周围纵横交错,东接惠盐、深汕高速公路至惠州、汕头,西至宝安、观澜、龙华直通广深高速公路,南接深圳市区,北连东莞,把基地与港口、机场紧紧连在一起,形成畅通的海陆空立体交通网络。基地内的供水、供电、通讯等基础设施业已形成。

按照立足深圳、辐射周边的规划定位,基地16.25平方公里的总控制范围将分步建设,首期开发区分国内综合物流园区和国际中转物流园区两部分。国内综合物流园区占地2.6平方公里,以市场信息、产品配送、现代仓储、多式联运、商品交易五位一体的功能模式发展国内物流。国际中转物流园区占地1.8平方公里,以海铁联运的模式发展国际物流。

目前,国内综合物流园区已吸引了万佳百货配送中心、深圳商品配送中心、民润农产品配送中心、华益建材批发市场、华龙土特产批发市场等企业在基地落户;国际中转物流园区也吸引了德国西门子、香港九广铁路等企业前来调研和洽谈。

平湖物流基地的开发建设，是深圳市扩大经济辐射半径的战略需求，也是国家大京九、大西北发展战略的宏观要求，是新形势下，深圳市面对即将发生的制造业中心北移做出的必然抉择。

平湖物流基地将以更加良好的基础设施条件和海陆空、"天地通"环境为国内外客商提供创业的天地、发展的舞台。

讨论问题：

1. 从功能、服务范围方面探讨平湖物流基地的定位？
2. 平湖物流基地的选址策略是什么？
3. 通过互联网等渠道查阅平湖物流基地规划、建设和发展的相关资料，进行分析。

【附件】

（一）物品特性分析表

特　性	资料项目	资料内容
物料性质	1. 物态	□气体　□液体　□半液体　□固体
	2. 气味特性	□中性　□散发气体　□吸收气体　□其他
	3. 储存保管特性	□干货　□冷冻　□冷藏
	4. 温湿度需求特性	____℃，____%
	5. 内容物特性	□坚硬　□易碎　□松软
	6. 装填特性	□规则　□不规则
	7. 可压缩性	□可　□否
	8. 有无磁性	□有　□无
	9. 单品外观	□方形　□长条形　□圆筒　□不规则形　□其他
单品规格	1. 重量	____（单位：）
	2. 体积	____（单位：）
	3. 尺寸	长×宽×高（单位：）
	4. 物品基本单位	□个　□包　□条　□瓶　□其他
基本包装单位规格	1. 重量	____（单位：）
	2. 体积	____（单位：）
	3. 外部尺寸	长×宽×高（单位：）
	4. 基本包装单位	□个　□包　□条　□瓶　□其他
	5. 包装单位个数	____（个/包装单位）
	6. 包装材料	□纸箱　□捆包　□金属容器　□塑料容器　□袋　□其他
外包装单位规格	1. 重量	____（单位：）
	2. 体积	____（单位：）
	3. 外部尺寸	长×宽×高（单位：）
	4. 基本包装单位	□托盘　□箱　□包　□其他
	5. 包装单位个数	____（个/包装单位）
	6. 包装材料	□包膜　□纸箱　□金属容器　□塑料容器　□袋　□其他

(二)物流中心作业内容分析表

作业性质	作业分类	作业内容
一般常态性物流作业	1. 进货作业	□车辆进货 □进货卸载 □进货点收 □理货
	2. 储存保管作业	□入库 □调拨补充
	3. 拣货作业	□订单拣取 □拣货分类 □集货
	4. 发货作业	□流通加工 □品检作业 □发货点收 □发货装载
	5. 运输配送作业	□车辆调度指派 □路线安排 □车辆运送 □交递货物
	6. 仓储管理作业	□定期盘点 □不定期抽盘 □到期物品处理 □即将到期物品处理 □移仓与储位调整
非常态性物流作业	1. 退货作业	□退货 □退货卸载 □退货点收 □退货责任确认 □退货良品处理 □退货瑕疵品处理 □退货废品处理 □其他________
	2. 换货补货作业	□退货后换货作业 □误差责任确认 □零星补货拣取 □零星补货包装 □零星补货运送 □其他________
	3. 物流配合作业	□车辆货物发货管制 □装卸车辆停泊 □容器回收 □空容器暂存 □废料回收处理

(三)物流中心事务流程内容分析表

作业性质	作业分类	作业内容
物流支持作业	1. 接单作业	□客户资料维护 □订单数据处理 □货量分配计算 □订单资料维护 □订单资料异动 □退货数据处理 □客户咨询服务 □交易分析查询 □其他＿＿＿
	2. 发货作业	□发货数据处理 □发货资料维护 □发货与定购差异处理 □换货补货处理 □紧急发货处理 □其他＿＿＿
	3. 采购作业	□厂商资料维护 □采购数据处理 □采购资料维护 □采购资料异动 □货源规划 □其他＿＿＿
	4. 进货作业	□进货数据处理 □进货资料维护 □进货与采购差异处理 □进货时程管制 □其他＿＿＿
	5. 库存管理作业	□产品资料维护 □储位管理作业 □库存数据处理 □到期日管理 □盘点数据处理 □移仓数据处理 □其他＿＿＿
	6. 订单拣取作业	□配送计划制作 □拣取作业指示处理 □配送券标打印处理 □分类条形码打印处理 □其他＿＿＿
	7. 运输配送作业	□运输计划制作 □车辆调度管理 □配送路径规划 □配送点管理 □货运行基本资料维护 □运输费用数据处理
一般事务性作业	1. 财务会计作业	□一般进销存账务处理作业 □成本会计作业 □相关财务报表作业 □其他＿＿＿
	2. 人事薪资管理	□差勤数据处理 □人事考核作业 □薪资发放作业 □员工福利 □教育训练 □绩效管理 □其他＿＿＿
	3. 厂务管理作业	□门禁管制作业 □公共安全措施 □厂区整洁维护 □一般物料订购发送 □设备财产管理 □其他＿＿＿
决策支持作业	1. 效益分析	□物流成本分析 □营运绩效分析
	2. 决策支持管理	□车辆指派系统 □配送点与道路网络分析

（四）人力配置分析表（范本）

部门名称	人力		小计
1. 总经理室	总经理	1	正式2人
	助理	1	
2. 管理科	科长	1	正式6人
（1）管理	成员	2	
（2）会计	成员	1	
（3）信息	成员	2	
3. 业务科	科长	1	正式5人
（1）订单处理	成员	3	
（2）客户服务	成员	1	
4. 运输科	科长	1	正式8人 司机47人（约聘）
（1）配送	成员	3	
	司机	47	
（2）车辆维修	成员	2	
（3）回单处理	成员	2	
5. 商品仓储科	科长	1	正式20人 拣货26人（临时）
（1）仓储管理	成员	2	
（2）进发货	成员	4	
（3）理货	成员	4	
	拣货	26	
（4）流通加工	成员	6	
（5）退货处理	成员	3	
（6）盘点	成员	9	外包
		需要员工123人，实聘114人	正式41人 司机47人（约聘） 盘点9人（外包） 拣货26人（临时）

（五）物流作业规范与人力需求分析表（范本）

作业名称	作业内容	作业人员	人力规划
1. 订单处理	接收客户订单 商情反应	业务科订单处理员	
2. 派车	配送车辆安排 车辆调度	运输科配送车辆调度员	
3. 理货	发货拣货、集货 储位补货 缺货报告	商品仓储科理货员	
4. 物流加工	改包装 贴标签 外包加工 包装验收 加工计价	商品仓储科物流加工员	
5. 发货	商品复点、装车 单据验出 出厂检查	商品仓储科发货员 运输科司机 商品仓储科警卫	
6. 配送	商品运输、配送 退货载回 配送状况反应	运输科司机 配送点验收员	
7. 回库处理	配送货品退回处理 退货载回处理 单据验入	商品仓储科发货员 运输科司机	
8. 退货处理	损坏等级判定 良品入库 退回生产厂 折价出售 报废	商品仓储科退货处理员 商品仓储科进货员	
9. 进货验收	厂商进货验收 进货验收单据输入 安排入库上架	商品仓储科进货员	
10. 入库上架	商品入库上架	商品仓储科进货员	
11. 仓库管理	储位管理 库存盘查 托盘管理 厂区警卫	商品仓储科仓储管理员	
12. 库存反应资料上传	库存资料上传 发货资料上传 进货资料上传 退货资料上传	商品仓储科仓储管理员	

◆——第三章 物流中心作业功能设计

＊本章主要内容

- 作业流程的设计
- 作业区域的功能设计
- 作业区的作业能力设计

＊

沃尔玛在全美有25个规模很大的物流中心,一个物流中心要为100多家零售店服务,日处理量为20多万箱。

每个物流中心分为三个区域:收货区、拣货区和发货区。在收货区,用叉车卸货,先把货堆放在暂存区,工人用手持式扫描器识别运输单和货物上的条形码,确认匹配无误后才进一步处理,有的要入库,有的则要直接送到发货区,称为"直通作业",以节省时间和空间。

在拣货区,计算机在夜间打印出隔天需向零售店发运的纸箱上的条形码标签。白天,拣货员打开一只只空箱,并贴上标签,然后用手持式扫描器识读,根据标签上的信息,计算机随即发出拣货指令。

在货架的每个货位上都有指示灯,表示哪里需要拣货及其数量。当拣货员完成该货位的拣货作业后,按一下"完成"按钮,计算机就可以更新其数据库。

在发货区,装满货品的纸箱经封箱后运到自动分拣机,在全方位扫描器识别纸箱上的条形码后,计算机指令叉车把纸箱叉入相应的装车线,以便集中装车,运往指定的零售店。每个物流中心约有10万平方米的建筑面积,200辆车头,400节车厢,13条配送输送带,配送厂内设有170个接货口。每个物流中心都是24小时全天候运转。

沃尔玛的物流中心的商品有4万多个品种,主要是食品和日用品,旺季库存7000万美元,淡季库存4000万美元,年周转库存24次。畅销品占60%,库存超过180天为滞销。零售店库存为其销售量的10%。

(资料来源:胡松评编著《向沃尔玛学供应链管理》,北京大学出版社)

想一想:

1. 沃尔玛的物流中心的作业流程是怎样的?为什么要这样设计作业流程?
2. 沃尔玛的物流中心设置了哪些作业区域?这些作业区域具有哪些功能?

在经过定位、选址、基本资料分析和设定基本条件后，便可根据物流中心的特性制定设计合理的作业功能。物流中心的作业功能设计包括三个方面：一是作业流程的设计；二是作业区域的功能设计；三是作业区的能力设计。通常的步骤是：针对不同类别的物流中心的功能需求和典型的作业流程，设计适合该物流中心的作业流程，然后根据确定的作业流程设计不同功能的作业区域，最后确定各作业区的具体作业内容和作业能力。

第一节　作业流程的设计

物流中心的作用在于"化零为整"和"化整为零"，使产品通过它迅速流转。无论是以人工作业为主的物流系统，还是机械化的物流系统，或者是自动化智能化的物流系统，如果没有正确有效的作业方法相配合，那么不论多么先进的系统和设备，也未必能取得最佳的经济效益。

一、物流中心的基本作业流程

不同模式的物流中心作业内容有所不同，总体上讲，物流中心的基本作业流程如图 3－1 所示。综合归纳为 7 项作业活动：①客户及订单管理；②入库作业；③理货作业；④装卸搬运作业；⑤流通加工作业；⑥出库作业；⑦配送作业。

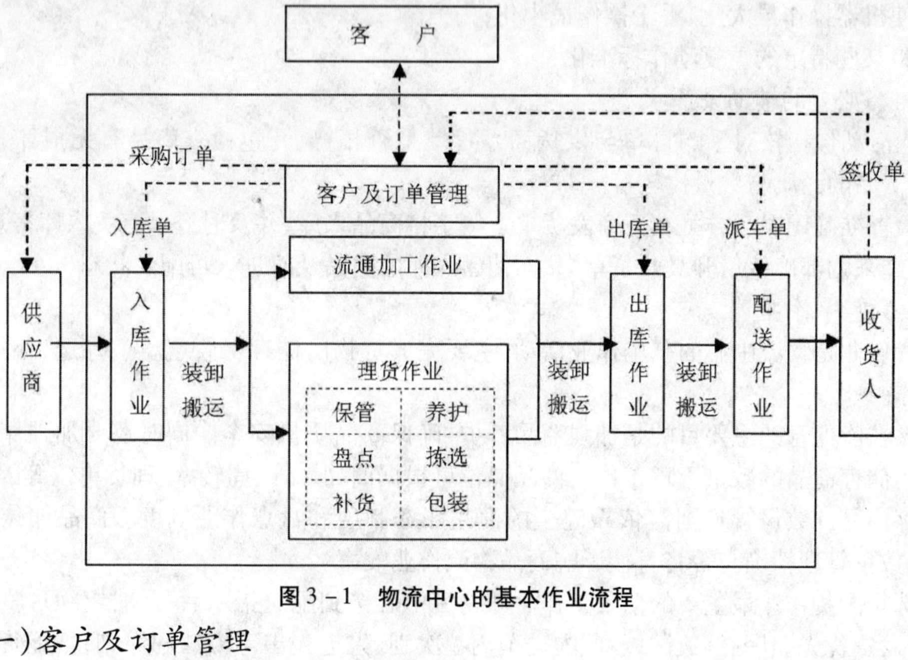

图 3－1　物流中心的基本作业流程

（一）客户及订单管理

物流管理的最终目标是满足客户需求，因此客户服务应该成为全局性的战略目标。通过良好的客户服务，不仅可以提高物流中心的信誉，增加物流送中心对客户的亲和力并留住客户，而且可以通过客户服务获得第一手市场信息和客户需求信息，为物流中心的进一步发展打下基础。

伴随着客户服务，订单的管理与处理是一项重要的作业内容。订单处理涉及物流中心作业的全过程,其中包括有关客户和订单的资料确认、存货查询和单据处理等内容。

订单处理有人工和计算机两种形式。订单处理方式的设计和选择将影响到今后物流中心运作的效率、成本和可靠性的高低,也决定了物流信息系统设计的思路。目前主要使用计算机处理。这样不但速度快、效率高、准确可靠,而且成本低。条码和扫描技术的发展对于准确、快速、低成本地录入订单信息尤为重要。

订单处理与其他作业环节密切相关。例如,在接到订单后并不立即履行订单、发运货物,而是压后一段时间以集中货物的运量,降低单位运输成本,这种决策需要制定周详的订单处理程序。只有与送货计划妥善协调,才能全面提高订单处理、交货作业的效率。因此在设计订单处理流程时应注意与其他作业环节的协调处理。

(二)入库作业

入库作业是指货物到达仓储区,经过接运、验收、码放至相应的货位,并完成交割手续的过程。

进货入库作业主要包括收货、检验和入库三个流程。收货是指用户的进货指令向供货厂商发出后,物流中心对运送的货物进行接收。收货检验工作一定要慎之又慎,因为一旦商品入库,物流中心就要担负起商品完整的责任。

设计收货环节的工作应考虑:

1. 使所有货物直线移动,避免出现反方向移动;
2. 使所有货物移动距离尽可能短,动作尽可能减少;
3. 使机器操作最大化、手工操作最小化;
4. 将某些特定的重复动作标准化;
5. 准备必要的辅助设备。

检验活动包括核对采购订单与供货商发货单是否相符、开包检查商品有无损坏、商品分类、所购商品的品质与数量比较等。

经检查准确无误后方可在厂商发货单上签字将商品入库,并及时登录有关入库信息,转达采购部,经采购部确认后开具收货单,从而使已入库的商品及时进入可配送状态。

(三)理货作业

理货作业是物流中心的基本作业活动,主要完成货物的储存保管、盘点、拣选、补货、再包装等工作。

商品在库保管的主要目的是加强商品养护,确保商品质量安全。同时还要加强储位合理化工作和储存商品的数量管理工作。商品储位可根据商品属性、周转率、理货单位等因素来确定。储存商品的数量管理则需依靠健全的商品账务制度和盘点作业制度。商品储位合理与否、商品数量管理精确与否将直接影响商品物流作业效率。

拣选是配货作业最主要的前置工作。即物流中心接到配送指示后,及时组织理货作业人员,按照发货优先顺序、储位区域别、配送车辆趟次别、先进先出等方法和原则,把配货商品整理出来,经复核人员确认无误后,放置到暂存区,准备装货上车。

补货作业是从保管区把货物运到另一个拣选区的工作。补货作业的目的是确保货物能保质保量按时送到指定的拣选区。补货的单位一般是托盘。拣选区存货量的多少是决定补货的重要因素。

可见,理货作业包含的作业项目较多,理货作业程序的设计将影响拣选、补货等多个作业系统的设计规划、作业区域的布局以及设施设备的选择。

（四）装卸搬运作业

装卸搬运作业是指装货、卸货、实现货物在物流中心不同地点之间的转移等活动。装卸、搬运是物流各环节连接成一体的接口，是配送运输、保管、包装等物流作业得以顺利实现的根本保证。

装卸搬运作业活动的基本动作包括装车（船）、卸车（船）、堆垛、入库、出库以及连接上述各项动作的短程输送，是随运输和保管活动而产生的必要活动。物流作业流程中，从进货入库开始，储存保管、拣货、流通加工、出库、卡车装载直到配送到客户手上，装卸搬运活动是不断出现和反复进行的，它出现的频率高于其他各项物流配送活动，每次装卸搬运活动都要花费一定时间，因此，往往成为决定物流速度的关键。装卸搬运活动所消耗的人力也很多，所以装卸搬运费用在物流成本中所占的比重也较高。此外，进行装卸搬运操作时，往往需要接触货物，因此装卸搬运是在物流过程中造成货物破损、散失、损耗、混合等损失的主要环节。

由此可见，装卸搬运活动是影响物流效率、决定物流技术经济效果的重要环节。装卸搬运系统的设计还将影响到物流中心设施设备的规划和选用。因此，必须对物流中心的装卸搬运系统进行周密细致的规划设计。

（五）流通加工作业

主要是指对即将配送的产品或半成品按销售要求进行再加工，包括：①分割加工，如对大尺寸产品按不同用途进行切割；②分装加工，如将散装或大包装的产品按零售要求进行重新包装；③分选加工，如对农副产品按质量、规格进行分选，并分别包装；④促销包装，如促销赠品搭配；⑤贴标加工，如粘贴价格标签，打制条形码。加工作业完成后，商品即进入可配送状态。

流通加工是物流作业过程中一个比较特殊的环节，通过流通加工，解决了产品标准化与消费个性化之间的矛盾和供需矛盾。实践证明，有的流通加工通过改变装潢便使商品档次跃升而充分实现其价值，有的流通加工可使产品利用率提高 20% ~50%。流通加工在物流中的地位是必不可少的，属于增值服务范围。

流通加工作业环节的设计将决定流通加工设施设备的规划设计和选用以及流通加工区域的布局。

（六）出库作业

出库是指货物离开货位，经过备货、包装和复核，装载至发货准备区，同时办理完交割手续的过程。

货物发运质量直接影响到货物流通的速度和货物安全运输。设计出库流程要注意“及时、准确、安全、经济”的货物发运原则，除明确规定货物交接手续和责任外，还要注意出库货物的包装（包括牢固性，符合运输要求，包装标识和发货标志鲜明清楚）以及出库单证的制定。

（七）配送作业

配送作业就是利用车辆把客户订购的货物从物流中心送到客户手中的工作。包括计划、实施、评价三个阶段。

配送作业内容的设计包括：决定配送时间，选定配送车辆，规定装车货物的比例和最佳配送路线、配送频率。

设计配送环节的作业内容时应考虑以下几个要素：客户的远近及订货要求，如品种、规格、数量及送货时间、地点等；配送的性质和特点以及由此决定的运输方式、车辆种类；现有库存的保证能力;现时的交通条件等。

二、物流中心的典型作业流程

在设计物流中心的作业流程时,首先应考虑物流中心属于何种类型。不同类型的物流中心,其作业流程也各不相同。下面介绍几种典型的物流中心的作业流程作为设计参考。

(一)储存型物流中心的作业流程

这类物流中心对理货、分类、配货、配装功能要求较强,很少有流通加工的功能。这一类型的物流中心的作业流程如图3-2所示。这种流程也可以说是物流中心的典型流程,其主要特点是有较大的储存、分货拣选、配货场所,作业装备也较大。

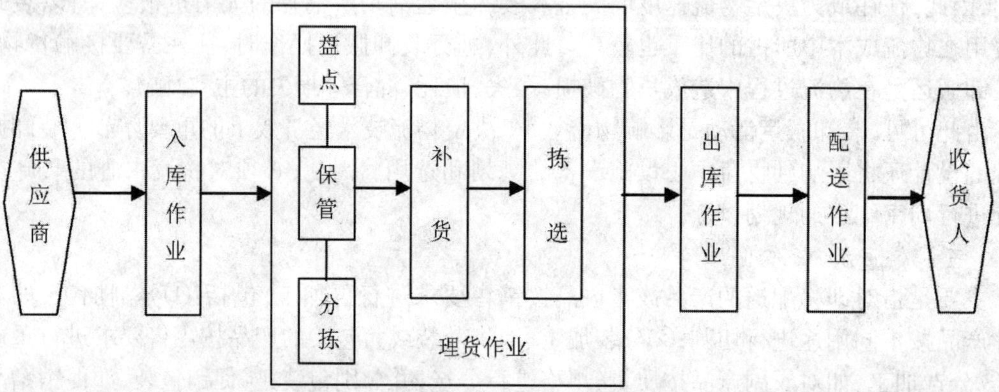

图3-2 储存型物流中心的作业流程

(二)流通型物流中心的作业流程

在这种流程中,专以配送为职能,只有为一时配送备货的暂存,而无大量储存。暂存区设在配货场地中,物流中心不单设储存区。其作业流程如图3-3所示。它的主要场所都用于理货和配货。

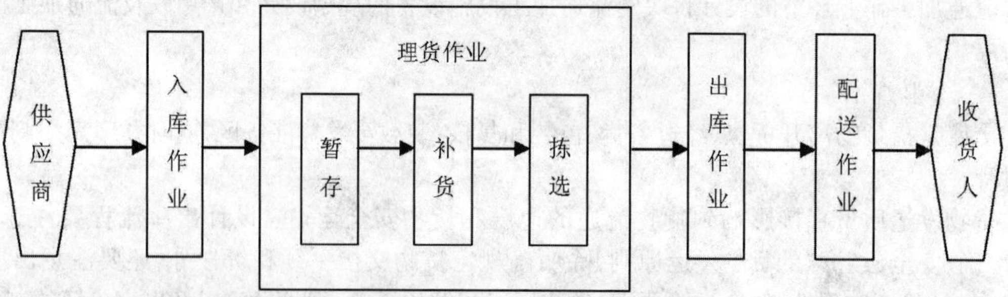

图3-3 流通型物流中心的作业流程

(三)加工型物流中心的作业流程

加工型物流中心有多个模式,随加工方式不同而有所区别。典型的加工物流中心的作业流程如图3-4所示。在这种流程中,货物按少品种或单一品种、大批量进货,货物很少或无需分类存放。加工一般是按客户要求进行,加工后便直接按客户要求配货。所以,这种物流中心有时不单设分货、配货或拣选环节,而加工部分及加工后分放部分是主要作业内容,占较多空间。

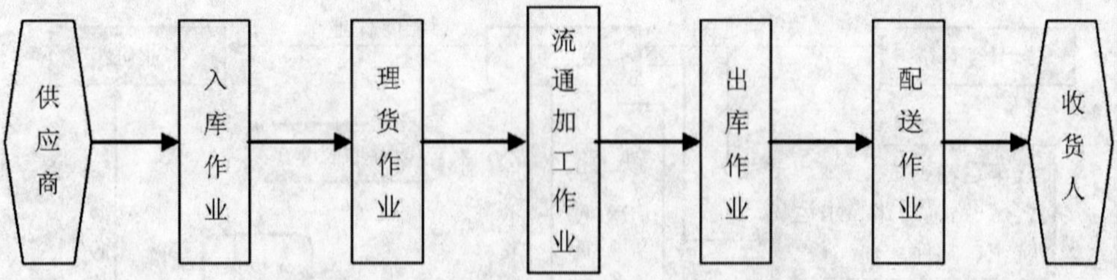

图 3 -4　加工型物流中心的作业流程

（四）批量转换型物流中心的作业流程

在这种物流中心，货物以单一品种、大批量方式进货，在物流中心转换成小批量。如图 3 -5 所示。这种物流中心的流程十分简单，基本上不存在分类、拣选、分货配货、配装等工序。但是，由于是大量进货，储存能力较强，所以储存及装货作业最为重要。

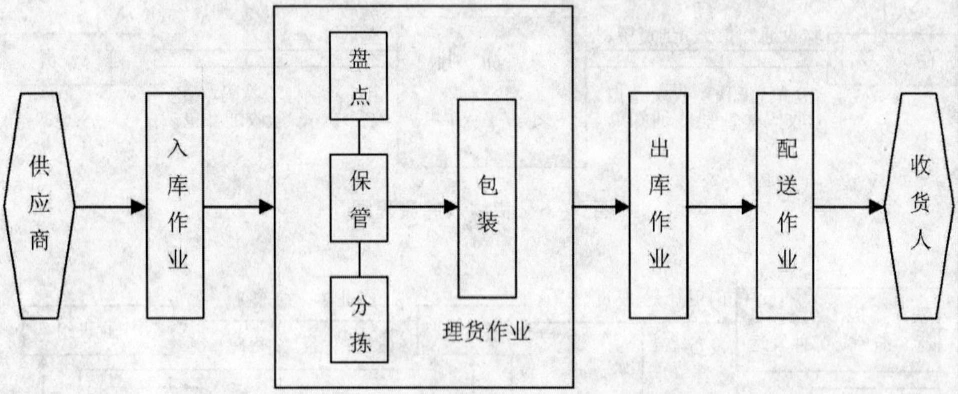

图 3 -5　批量转换型物流中心的作业流程

物流窗口 3 -1

中国物资储运总公司沈阳虎石台三库物流中心作业流程

中国物资储运总公司沈阳虎石台物流中心的作业流程是按照中储公司的统一业务流程进行规范运作的。在执行总公司标准的业务流程中，结合该物流中心客户的需求对某些环节进行了适当的优化和调整，以利于更好地为客户提供个性化物流服务。其作业流程包括：客户与合同管理、到货与接受、货物验收入库、货物储存保管、出库受理、自提出库、配送出库、焰火出库、业务费用结算等。其货物入库、出库如图 3 -6、3 -7 所示。

（资料来源：http://www.cmsthstsk.com，中国物资储运总公司沈阳虎石台三库主页。）

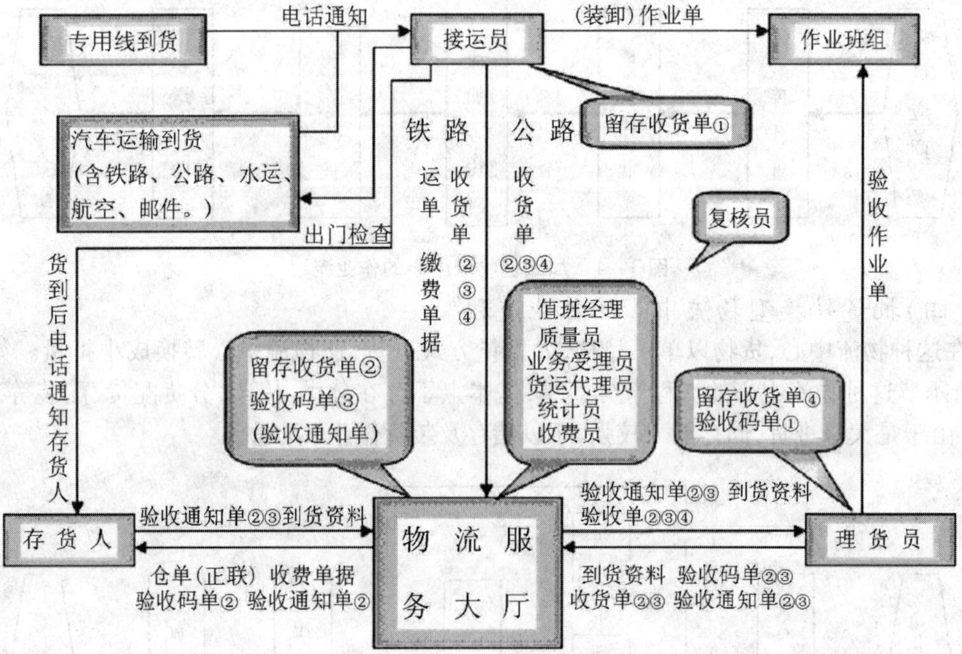

图 3－6　货物入库流程图

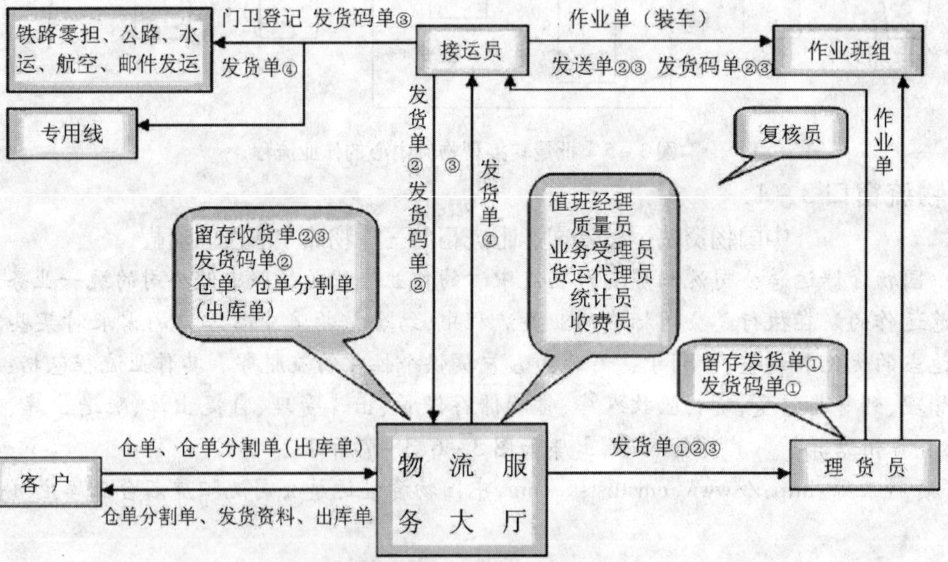

图 3－7　货物出库流程图

第二节　作业区域的功能设计

经作业流程设计后即可针对物流中心的营运特性对所需作业区域进行设计,主要包括物流作业区及外围辅助活动区的功能设计。

一、物流作业区的功能设计

物流作业区是从事物流作业的区域,如装卸货、入库、订单拣取、出库、发货等,各项作业通常具有流程性的前后关系,设计物流作业区的功能时须充分考虑到这一点,设计步骤如下:

(一)作业类别的确定

首先确定物流中心开展完善的物流服务所需的作业类别。一般物流中心的物流作业主要包括以下六类:一般性物流作业、退货物流作业、换货补货作业、流通加工作业、物流配合作业和仓储管理作业。

(二)作业项目及其作业区域的确定

对完成每一类作业所需的作业项目进行设计,对其作业性质进行分析,对其所需作业区域进行设计。每一类作业都需要若干作业项目才能完成,这一项工作实际上是细部流程的设计。如表 3 – 1 所示。

(三)完成作业区域的功能设计

确认每一项作业所需的作业区域后,建立完整的作业区域汇总表,并依据各项基础需求分析资料,考虑各区域设计的要点因素,据以设定各区域所需功能,完成作业区域的基本需求设计。如表 3 – 2 所示。

表 3 – 1　物流中心作业区域分析表

作业类别	典型作业项目	作业性质说明	作业区域设计	
一般物流作业	1. 车辆进货	物品由运输车辆送入物流中心并停靠于卸货区域	□进货口 □其他	□进发货口
	2. 进货卸载	物品由运输车辆卸下	□装卸货平台	□其他
	3. 进货验收	进货物品清点数量、品质检查	□进货暂存区 □其他	□理货区
	4. 分拣	进货物品拆柜拆箱或堆栈以便入库	□进货暂存区 □其他	□理货区
	5. 入库保管	物品搬运送入仓储设备区域储存	□库存区 □其他	□拣货区

作业类别	典型作业项目	作业性质说明	作业区域设计	
一般物流作业	6. 补货	配合拣取作业把物品移至拣货区域或调整储存位置	□库存区 □其他	□补货区
	7. 拣选	依据订单内容或数量拣取发货物品	□库存区 □散装拣货区	□拣货区
	8. 分类	在批次拣取作业下依客户需求将物品分类输送	□分类区 □其他	□拣货区
	9. 集货	在订单分割拣取后集中配送的货物	□分类区 □发货暂存区	□暂存区
	10. 流通加工	根据客户需求另行处理的加工作业	□分类区 □流通加工区	□集货区
	11. 出库复核	检查发货物品品质、清点数量	□集货区 □流通加工区	□发货暂存区 □其他
	12. 发货装载	发货物品装上运输车辆	□装卸货平台	□其他
	13. 货物运输配送	车辆离开物流中心进行配送	□发货区 □其他	□进发货口
退货物流作业	1. 退货	客户退回物品至物流中心	□进货口 □其他	□退货卸货区
	2. 退货装卸	退货物品自车辆卸下	□卸货平台 □其他	□退卸货平台
	3. 退货点收	退货物品品项数量清点	□退货卸货区 □其他	□退货处理区
	4. 退货责任确认	退货原因与物品可用程度确认	□退货处理区 □其他	□办公区
	5. 退货良品处理	退货中属于良品的处理作业	□退货良品暂存区 □其他	□退货处理区
	6. 退货瑕疵品处理	退货中有瑕疵但仍可用之物品的处理作业	□瑕疵品暂存区	□退货处理区
	7. 退货废品处理	退货中属于报废物品的处理作业	□退货处理区	□废品暂存区
换货补货作业	1. 退货后换货作业	客户退货后换货或补货的处理作业	□办公区	□其他
	2. 误差责任确认	物品送至客户产生误差短少的处理	□办公区	□其他
	3. 零星补货拣取	对少量需求或零星补货的拣取作业	□散装拣货区 □其他	□拣货区
	4. 零星补货包装	对少量需求或零星补货所需的另行包装的作业	□流通加工区 □其他	□装拣货区
	5. 零星补货运送	对少量需求或零星补货所需另行配送的作业	□发货暂存区 □其他	□装卸平台

作业类别	典型作业项目	作业性质说明	作业区域设计	
流通加工作业	1. 拆箱作业	根据单品拣货需求的拆箱割箱作业	□流通加工区 □其他	□散装拣货区
	2. 裹包	根据客户要求将物品另行裹包	□流通加工区 □其他	□集货区
	3. 多种物品集包	根据客户要求将数件数种物品集成小包装或附赠品包装	□流通加工区	□集货区
	4. 外部外箱包装	根据运输配送需求将物品装箱或以其他方式外部包装	□流通加工区 □其他	□集货区
	5. 发货物品称重	根据运输配送需求或运费计算时所需发货物品称重作业	□流通加工区 □称重作业区	□发货暂存区 □其他
	6. 附印条码文字	根据客户要求在发货物品外箱或外包装物印刷有关条码文字	□流通加工区 □其他	□分类区
	7. 印贴标签	根据客户要求印刷条码文字标签并贴附在物品外部	□流通加工区 □其他	□分类区
物流配合作业	1. 车辆货物出入管理	进货或发货车辆进出物流中心的管制作业	□厂区大门	□其他
	2. 装卸车辆停泊	进发货车辆在没有装卸码头可用临时停车与回车的作业	□运输车辆停车场 □其他	□一般停车场
	3. 容器回收	配合储运箱或托盘等容器流通使用作业	□卸货平台 □容器回收区	□理货区 □其他
	4. 空容器暂存	空置容器暂存及存取使用作业	□容器暂存区 □其他	□容器使用区
	5. 废料回收处理	拣取配送与流通加工过程产生废料空纸箱的处理	□废料暂存区	□废料处理区
仓储管理作业	1. 定期盘点	定期对整个物流中心物品盘点	□库存区 □散装件货区	□补货区
	2. 不定期抽查	不定期依物品种类轮流抽盘	□库存区	□其他
	3. 到期物品处理	对超过使用期限物品的处理作业	□库存区 □其他	□废料暂存区
	4. 即将到期物品处理	对即将到期物品的分类标示或处理作业	□库存区	□其他
	5. 移仓与储位调整	配合需求变动与品项变化调整仓储区域与储位分配	□库存区 □其他	□调拨仓储区

表 3－2　物流中心作业区域的功能设计

项目	作业区域	设计要点
1	装卸货平台	□进发货口共享与否　□进发货口相邻与否　□装卸货车辆形式 □装卸货车辆进出频率　□物品装载特性　□供货厂商数量 □有无装卸货物配合设施　□每车装卸货所需时间　□进货时段 □装卸货车辆回车空间　□配送客户数量　□配送时段
2	进货暂存区	□每日进货数量　□托盘使用规格　□容器流通程度 □进货验收作业内容　□进货等待入库时间
3	理货区	□理货作业时间　□进货验收作业内容　□容器流通程度 □品检作业时间　□有无拆码盘配合设施
4	库存区	□最大库存量需求　□物品特性基本资料　□产品品项 □储区划分原则　□储位指派原则　□存货管制方法 □自动化程度需求　□产品使用期限　□储存环境需求 □盘点作业方式　□物品周转效率　□未来需求变动趋势
5	拣货区	□物品特性基本资料　□配送品项　□每日拣出量 □订单处理原则　□订单分割条件　□订单汇总条件 □客户订单数量资料　□订单拣取方式　□自动化程度需求 □有无流通加工作业需求　□未来需求变动趋势
6	补货区	□拣货区容量　□补货作业方式　□每日拣出量 □盘点作业方式　□拣取补充基准　□拣取补充基本量
7	散装拣货区	□物品特性基本资料　□单品拣货需求量　□每日拣出量
8	分类区	□发货频率　□客户配送资料　□每日拣出量 □平均配送客户数量　□配送点形式　□配送时段
9	集货区	□发货频率　□集货等待时间　□每日拣出量 □平均配送客户数量　□配送点形式　□配送时段
10	流通加工区	□流通加工作业项目　□流通加工作业时间　□流通加工作业数量
11	发货暂存区	□发货等待时间　□发货品检作业内容　□品检作业时间 □每日发货量　□配送对象　□平均配送客户数量 □配送点形式　□配送时段
12	秤重作业区	□秤重作业项目　□秤重作业单位　□秤重作业时间
13	退货卸货区	□退货送回方式　□退货车辆型式 □退货频率　□退货数量
14	退货处理区	□退货种类　□退货数量　□退货处理原则 □退货处理时间　□退货处理周期
15	退货良品暂存	□退货良品比例　□退货良品处理方式
16	瑕疵品暂存区	□退货瑕疵品比例　□退货瑕疵品处理方式
17	废品暂存区	□退货废品比例　□退货废品处理方式　□退货废品处理周期
18	容器回收区	□流通中容器使用量　□容器规格与种类 □容器回收处理时间　□容器流通程度
19	容器暂存区	□空容器存量　□每日进发货容器用量　□容器规格与种类
20	容器储存区	□容器总使用量　□流通中容器使用量 □空容器存量　□容器规格与种类
21	废纸箱暂存区	□每日废纸箱产生量　□废纸箱种类
22	废料处理区	□废料处理方法　□废料处理量
23	调拨仓储区	□调拨作业需求内容　□调拨品项与数量　□储区划分原则 □调拨作业周期　□盘点作业内容

二、外围辅助活动区的功能设计

物流中心外围辅助活动区是辅助物流作业顺利完成的工作区域，如办公室、计算机室、维修间等。对外围辅助活动区域进行功能设计时须考虑各工作区域之间作业上存在的关联性关系。

其功能设计的程序与物流作业区功能设计的程序基本上是同样的：首先设定辅助作业的类别。一般物流中心的辅助活动区分为以下几类：厂房使用配合作业区域、办公事务区域、计算机作业区域、劳务性质活动区域和厂区相关活动区域。然后设定每一类辅助作业的具体作业项目及所需的作业区域（见表 3－3）。最后建立外围辅助活动区域的汇总表，依据分析资料设定个区域设计的要点因素，完成外围辅助活动区的功能设计（如表 3－4 所示）。

表 3－3　物流中心外围辅助活动区域分析表

作业类别	典型作业项目	作业性质说明	作业区域设计	
厂房使用配合作业	1. 电气设备使用	电气设备机房的安装与使用	□变电室 □电话交换室	□配电室 □其他____
	2. 动力及空调设备使用	动力与空调设备机房的安装与使用	□空调机房 □空压机房	□动力间 □其他
	3. 安全消防设备使用	安全消防设施的安装与使用	□安全警报管理室 □其他	
	4. 设备维修工具器材存放	设备维修保养作业区域与一般作业所需工具及器材存放	□设备维修间 □器材室	□工具间 □其他
	5. 一般物料储存	一般消耗性物料文具品的储存	□物料存放间	□其他
	6. 人员出入	人员进出物流中心区域	□大厅 □走廊	□玄关
	7. 人员车辆通行	人员与搬运车辆在仓库区内通行的通道	□主要通道 □其他	□辅助通道
	8. 楼层间通行	人员与物料在楼层间通行或搬运活动	□电梯间	□楼梯间
	9. 机械搬运设备停放	机械搬运设备费使用时所需的停放空间	□搬运设备停放区 □其他	
办公事务	1. 办公活动	物流中心各项事务性的办公活动	□主管办公室 □一般办公室	□其他
	2. 会议讨论与人员训练	一般开会讨论的活动及内部人员进行教育训练的活动	□会议室 □其他	□训练室
	3. 资料储存管理	一般公文文件与资料档案的管理	□资料室	□收发室
	4. 电脑系统使用	电脑系统操作与处理的活动及相关电脑档案报表的存档与管理	□电脑室	□档案室

作业类别	典型作业项目	作业性质说明	作业区域设计
劳务活动	1. 盥洗	员工盥洗及厕所使用	□盥洗室 □其他
	2. 员工休息及娱乐活动	员工休息时间及提供员工一般娱乐健身休闲使用	□休息室 □其他
	3. 急救医疗	处理紧急工作伤害与基本救护	□医务室 □其他
	4. 接待厂商来宾	接待厂商来宾与客户	□接待室 □其他
	5. 员工膳食	提供员工用餐的区域	□餐厅 □厨房 □其他
	6. 厂商司机休息	厂商司机等待作业之临时休息区	□司机休息室 □其他
厂区相关活动	1. 警卫执勤	警卫执勤与负责门禁管理工作	□警卫室 □其他
	2. 员工车辆停放	提供员工一般车辆停放的区域	□一般停车场 □其他
	3. 厂区交通	厂区人员车辆进出与通行	□厂区通道 □厂区大门 □其他
	4. 厂区填充	厂区内预留扩充的预定地	□厂区扩充区域 □其他
	5. 环境美化	美化厂区环境的区域	□环境美化区域 □其他

表3-4 物流中心外围辅助活动区域的功能设计

项目	作业区域	设计要点	
1	厂区大门	□出入车辆形式 □厂区联外道路的方位 □对外出入口是否同处	□车辆进出频率 □门禁管制程度 □厂区出入口是否分开
2	警卫室	□警卫值勤项目 □员工差勤记录	□门禁管制作业内容 □保全需求
3	厂区通道	□出入车辆型式	□车辆进出频率
4	一般停车场	□员工机车位使用人数 □实际可用面积与长宽比例	□员工汽车位使用人数 □停车角度与形式
5	运输车辆停车场	□运输车辆临时停车需求数 □实际可用面积与长宽比例	□进出车辆频率 □进发货车辆形式
6	环境美化区域	□厂区营业规模 □厂区照明考虑	□企业标志与形象 □厂区建蔽率
7	厂房扩充区域	□厂商营业规模 □实际厂地可用面积	□未来成长趋势 □厂区配置的形式
8	厂房大门	□搬运设备形式 □物品保管与管制需求 □空调与通风的考虑	□搬运进出频率 □进发货月台布置形式
9	大厅	□通行人数	□外宾来访需求
10	走廊	□通行人数	□人员行走速度
11	电梯间	□楼层数 □行人与物料是否共享	□楼层通行人数
12	楼梯间	□楼层数	□楼层通行人数
13	主要通道	□每日进发货流量 □搬运物料种类	□搬运车辆形式 □进发货口之位置

项目	作业区域	设　计　要　点
14	辅助通道	□搬运车辆形式　□搬运物料种类 □作业特性　□通行人数　□人员行走速度
15	主管办公室	□主管级人数　□组织架构
16	一般办公室	□办公人员数　□办公桌椅排列形式　□组织架构与管理模式
17	总机室	□配合大厅入口位置
18	会议讨论室	□会议室使用人数　□演示文稿设备的需求程度
19	训练教室	□训练教室使用人数　□训练教室设备需求程度
20	计算机室	□计算机系统规模与功能　□网络与通讯界面需求功能 □计算机设备数量
21	档案室	□计算机档案储存量　□报表保管量 □计算机档案保存周期
22	资料室	□数据量　□数据存取频率
23	收发室	□文件收发数量　□收发作业时间
24	设备维修间	□维修设备的种类与数量　□维修保养的作业内容
25	工具室	□使用之工具形式与数量　□工具储存方法
26	器材室	□使用之器材形式与数量　□器材储存方法
27	物料存放间	□物料种类与存量　□办公事务用品种类与存量
28	搬运设备停放区	□搬运设备形式　□搬运设备数量　□作息时间的安排
29	机房与动力间	□压缩空气消耗量　□压缩空气需求位置分布 □压力管线口径需求　□动力使用形式　□动力需求量
30	配电室	□电压相位需求规格　□厂区供电总能量 □电力消耗量　□电力需求分布
31	空调机房	□温湿度需求范围　□设备发热量　□作业人数
32	电话交换室	□电话网络需求数量　□电话需求分布
33	安全警报管制室	□安全管制范围　□自动警报系统项目　□保全需求
34	盥洗室	□各区男女员工人数　□各区作息时间安排
35	休息室	□作息时段规划　□员工福利水准 □休闲康乐设施项目　□休息室使用人数
36	医务室	□紧急救护的项目
37	接待室	□接待厂商或客户之需求　□与主管办公室之配合
38	司机休息室	□厂商司机使用休息室人数　□是否需管制厂商司机进入仓库区
39	厨房	□员工福利水准　□作息时间安排　□用餐人数
40	餐厅	□员工福利水准　□作息时间安排　□用餐人数

第三节　作业区域的作业功能设计

在设定作业区域之后，根据其功能设定，进一步对其作业能力进行设计。一般设计物流中心各区域时，应以物流作业区为主，再延伸至相关外围区域。而就物流作业区的设计而言，可依流程进出顺序逐区设计。如相关的信息不够完备，而无法逐区进行分析设计时，建议可针对仓储及拣货区进行较详细的需求分析，再依仓储及拣货区设计的运转能量向前后作业进行设计。

一、仓储区的储运量设计

物流中心仓储区储运能力的设计，须视设计阶段及需求深度而异，可以采用周转率估计法或商品送货频率估计法。

（一）周转率估计法

利用周转率来进行储存区储存量的估计，为一简便而快速的初估方法，可适用于初步设计或储量概算的参考，并于后续设计过程再逐渐修正至较准确的需求规模。其程序如下：

1. 年运转量计算：将物流中心的各项进出产品依单元负载单位换算成相同单位（如托盘或标准箱等）的储存总量，此单位为现今或预期设计使用的仓储作业基本单位。经加总求出各品项的全年的总量后，可得到物流中心的年运转量。实际计算时如果产品物性差异很大（如干货与冷冻品）或基本储运单位不同（如箱发货与单品发货），可以分别加总计算。

2. 估计周转率：估计未来物流中心仓储存量周转率目标，目前一般食品零售业年周转次数约20～25，制造业约12～15。企业在设立物流中心时，可针对经营品项的特性、产品价值、附加利润、缺货成本等因素，决定仓储区的周转次数。

3. 估算仓容量：以年仓储运转量除以周转次数计算仓容量。

4. 估计安全系数：估计仓储运转的变动弹性，以估算之仓容量乘以宽放比，求出规划仓容量，以适应高峰时期的高运转量要求，如10%～25%。

$$包容量 = \frac{年运转量}{周转次数} \times 安全系数$$

实际在规划仓储空间时，可依商品类别分类计算年运转量，并依产品特性各别估计年周转次数及计算总仓容量后加总得之。

（二）商品送货频率估计法

在缺乏足够的分析信息时，可利用周转率来进行储存区储量的估计，如果能搜集产品别的年储运量及工作天数，针对上游厂商商品送货频率进行分析，或进一步订定送货间隔天数的上限，则可以此估算仓储量的需求。其程序如下：

1. 年运转量计算：将各类产品依单元负载单位换算成相同单位的年储运总量。

2. 估计工作天数（发货天数）：依各类产品别估计年发货天数。

3. 计算平均发货日的储运量：

$$平均日储运量 = \frac{各产品运转量}{年发货天数}$$

4. 估计送货频率：依产品别估计厂商送货频率。

5. 估算仓容量：以平均单日储运量乘以送货频率，

$$仓容量 = 平均日储运量 \times 送货频率$$

6. 估计安全系数：估计仓储运转的变动弹性，以估算的仓容量乘以安全系数，求出规划仓容量，以适应高峰时期的高运转需求。

在计算前须将物流中心的各项进出商品单元换算成相同单位的储存总量，如托盘或标准箱等，这种单位是现在或今后规划的仓储作业基本单位（在对拣货区进行规划时也与此相同）。

计算公式如下：

$$M = \sum M_i = \sum \lambda_i (N_i \cdot f_i) \qquad (3-1)$$

$$N_i = \frac{H_i}{T_i} \qquad (3-2)$$

式中：

M——仓储区储运量；

i——商品品项数；

N_i——第 i 类商品平均发货日的储运量；

H_i——第 i 类商品的年运转量；

T_i——第 i 类商品的年发货天数；

f_i——第 i 类商品的厂商送货频率（送货间隔天数）；

λ_i——第 i 类商品的仓容量放宽比，用以适应高峰时期的高运转需求。一般取放宽比为10% ~25%。

为了简化计算，可以将商品按送货频率进行 ABC 分类，则不同的商品群可设定不同的送货频率水准，分别计算各商品群所需的储运量，然后再予以求和，即可得到总的储运量。

在实际计算中需要注意以下几点：

（1）年发货天数的计算可采用两种基准，一为年工作天数，二为各商品的实际发货天数为单位，若有足够的信息反映各商品的实际发货天数，则以此计算平均日储运需求量较接近真实状况。

（2）确定放宽比时，如果物流中心商品进发货有周期性或季节性的明显趋势时，则须检讨整个仓储营运政策是否须涵盖最大需求，或者可经由采购或接单流程的改善，来达到需求平准化的程度，以避免安全系数过高增加仓储空间过剩的投资浪费。

（3）当部分商品发货天数很少并集中于少数几天出货时，易造成储运量计算偏高，从而导致储运空间闲置或库存积压的后果。因此建议对平均发货天数的发货量进行 ABC 分析，再与实际年发货量进行交叉分析，对于年发货量小但是单日发货量大者，基本上不适用上述估计法，可将其归纳为少量机动类商品，以弹性储位设计，而其订货时机应采用机动形式，当订单需求发生时再订货，以避免平时库存积压。

二、拣货区的储运量设计

设计物流中心拣货区的运转量，与仓储区估算方法类似，但是须注意仓储区的容量在维持一定期间（厂商送货期间）内的发货量需求，因此对进发货的特性及处理量均须加以考虑；而拣货区则以单日发货货品所需的拣货作业空间为主，故以品项数及作业面为主要考虑因素，一般拣货区的设计不须包含当日所有的发货量，在拣货区货品不足时则由仓储区进行补货。其规模计算的原则及方法说明如下：

1. 年发货量计算：将物流中心的各项进出产品换算成相同拣货单位的拣货量，并估计各产品的年发货量，如果产品物性差异很大（如干货与冷冻品）或基本储运单位不同（如箱发货与单品发货），可以分别加总计算。

2. 估计各产品别发货天数：依各类产品估计年发货天数。

3. 计算各产品平均发货天数的发货量：将各产品年发货量除以年发货天数。

计算方法：

$$N_i = \frac{H_i}{T_i} \tag{3-3}$$

式中：

H_i——第 i 类商品的年发货量。

T_i——第 i 类商品的年发货天数。

N_i——第 i 类商品平均发货天数的发货量。

i 为商品品项数。

4. ABC 分析：依各产品进行年发货量及平均发货天数的发货量 ABC 分析，并定出发货量高、中、低的等级及范围，在后续设计阶段，可针对高、中、低类的产品族群作进一步的物性分析，以适当的分类及分组。基本上若要求得初步的拣货区拣货单位估算，可依发货高、中、低类别，订定不同的拣货区存量水平，再乘以各类别的产品品项数，即可求得拣货区储运量的初估值。

5. ABC 交叉分析：如须进一步考虑产品发货的实际情形，须将年出货量配合单日发货量加以分析。针对年发货量及平均发货天数发货量的高、中、低分类，进行组合交叉分析，则可得到 9 组发货类型分类，依其发货特性作适当的归并，再作不同存量水准的设计，如表 3－5，由该 5 种产品分类建议采用的拣货区设计存量水准及补货频率如表 3－6。

表 3－5　产品发货量特性分类

年发货量 \ 平均发货天数的发货量	高	中	低
高	A	B	B
中	A	E	E
低	C	C	D

表 3－6　拣货区发货类型分类的设计原则

发货类型 \ 平均发货天数的发货量	拣货区储位设计	存量水平	补货频率
A	固定储位	高	高
B	固定储位	高	高
C	弹性储位	低	低
D	弹性储位	低	低
E	固定储位	中	中

6. ABC 组合交叉分析：发货特性的分析过程，如有足够的分析数据并配合计算机化的作业进行，可建议将各类产品发货天数加入平均单日发货量及年发货量三项因素综合考虑，进行交叉分析与综合判断，以更有效掌握产品发货特性。针对各类产品发货天数进行高、中、低的分类，再与上述年发货量及平均发货日发货量的 5 种产品群进行组合交叉分析，依其发货特性之不同作适当的归并后，再作不同存量水准的规划，见表 3－7。

假设一般物流中心年工作天数为 300 天，则定义发货天数范围由 200 天以上、30～200 天及 30 天以下三个等级，将各类产品依发货天数区分为高、中、低三群，实际上天数分类范围须视业者现况发货天数分布范围而定。

表 3－7　综合发货天数的产品发货量分类

发货天数 / 发货类型	高 200 天以上	中 30～200 天	低 30 天以下
A. 年发货量大，平均日发货量很大	1	1	5
B. 年发货量大，平均日发货量较小	2	8	–
C. 年发货量小，平均日发货量较大	–	–	6
D. 年发货量小，平均日发货量较小	3	8	6
E. 年发货量中，平均日发货量较小	4	8	7

在表 3－7 中有 8 个分类，分别说明如下：

（1）分类 1：年发货量及平均发货日发货量均很大，且发货天数很高，为发货最多的主力产品群，仓储拣货系统的规划应有固定储位，并有较大的存量水平。

（2）分类 2：年发货量大、平均发货日发货量较小，但是发货天数却很多，因此虽然单日发货量不大，但因发货日数频繁仍须妥善设计，以固定储位方式为主，但存量水平可较低。

（3）分类 3：年发货量小、平均发货日发货量亦小，虽发货量不高，但是发货天数超过 200 天以上，是处理最繁琐的少量产品，通常可能为单品发货。

（4）分类 4：年发货量中等、平均发货日发货量较小，但是发货天数却很多，与第 3 类相似，处理上较繁琐。

（5）分类 5：年发货量及平均发货日发货量均很大，但发货天数很少，可能集中于少数几天内发货，可视为发货特例，应以临时储位方式处理，避免全年占据储位。

（6）分类 6：年发货量小而发货天数亦很少，通常品项数很多，可以临时储位或弹性储位方式处理，避免占据过多储位。

（7）分类 7：年发货量中等、平均发货日发货量较小，发货天数也很少，可视为特例以临时储位方式处理，避免全年占据储位。

（8）分类 8：发货天数在 30～200 天，发货量亦为中等，以固定储位方式为主，但存量水平亦为中等。

以上所述分类为参考性的指针，实际设计过程应根据物流中心及发货特性，来调整分类范围及类型的分组，以掌握实际发货的动态特性。

对于年发货量较小的商品，在规划中拣货区往往予以省略，并与仓储区一并设计，即仓储区兼拣货的作业方式，因此可配合仓储区的储存量需求模式进行估算。

三、能力平衡分析

在完成相关作业程序、需求功能及其需求能量的规划后，可依作业流程的顺序，整理各程序的作业物量大小，将物流中心内由进货到发货各阶段的物品动态特性、数量及单位表示出来。因作业时序安排、批次作业的处理周期等因素，可能产生作业高峰及瓶颈，因此须调整原先设计的需求量。由于主要物流作业均具有程序性的关系，因此亦须考虑前后作业的平衡性，以避免因需求能量设计不当而产生作业的瓶颈。因此应进一步进行物量平衡分析，定义各作业的调整值，来修正实际的合理需求量，确保物流作业畅通。

【本章小结】

物流中心的作业功能设计包括三个方面:一是作业流程的设计;二是作业区域的功能设计;三是作业区的能力设计。

不同模式的物流中心作业内容有所不同,总体上讲,物流中心的基本作业流程综合归纳为7项作业活动:①客户及订单管理;②入库作业;③理货作业;④装卸搬运作业;⑤流通加工作业;⑥出库作业;⑦配送作业。

经作业流程设计后即可针对物流中心的营运特性对所需作业区域进行设计,主要包括物流作业区及外围辅助活动区。物流作业区是从事物流作业的区域,如装卸货、入库、订单拣取、出库、发货等,设计步骤如下:①作业类别的确定;②作业项目及其作业区域的确定;③完成作业区域的功能设计。物流中心外围辅助活动区是辅助物流作业顺利完成的工作区域,如办公室、计算机室、维修间等。对外围辅助活动区域进行功能设计时须考虑各工作区域之间作业上存在关联性的关系,其功能设计的程序与物流作业区功能设计的程序基本上是同样的。

在设定作业区域之后,根据其功能设定,进一步对其作业能力进行设计。一般设计物流中心各区域时,应以物流作业区为主,再延伸至相关外围区域。而就物流作业区的设计而言,可依流程进出顺序逐区设计。如相关的信息不够完备,而无法逐区进行分析设计时,建议可针对仓储及拣货区进行较详细的需求分析,再依仓储及拣货区规划的运转能量向前后作业进行规划。

物流中心仓储区储运能力的设计,须视设计阶段及需求深度而异,可以采用周转率估计法或商品送货频率估计法;拣货区的运转量,与仓储区估算方法类似。

由于主要物流作业均具有程序性的关系,因此亦须考虑前后作业的平衡性,以避免因需求能量设计不当而产生作业的瓶颈。因此应进一步进行物量平衡分析,定义各作业的调整值,来修正实际的合理需求量,确保物流作业畅通。

【关键术语】

- 物流中心的作业功能设计
- 物流作业区
- 外围辅助活动区
- 周转率估计法
- 商品送货频率估计法
- 年运转量
- 周转率
- 仓容量
- 安全系数
- 送货频率
- 发货天数

【思考题】

1. 物流中心作业功能设计的内容有哪些?

2. 物流中心的基本作业流程是怎样的？包括哪些基本作业活动？

3. 不同类型的物流中心的作业流程有什么区别？

4. 物流中心作业区域的功能设计包括哪些方面？

5. 如何进行作业区的作业能力设计？

【课堂讨论】

1. 如何针对不同的物流中心来设计作业流程？

2. 如何进行物流作业区和外围辅助活动区的功能设计？

3. 如何对仓储区和拣货区的作业能力进行设计？

【参考阅读材料】

1. 冯耕中,《物流配送中心规划与设计》,西安交通大学出版社,2004

2. 贾争现、刘康,《物流配送中心规划与设计》,机械工业出版社,2004

3. 吕军伟,《物流配送业务管理模版与岗位操作流程》,中国经济出版社, 2005

4. 刘志学,《现代物流手册》,中国物资出版社,2001

5. 丁立言、张铎,《物流配送》, 清华大学出版社 ,2002

6. 汝宜红、田源、徐杰 ,《配送中心规划》,北方交通大学出版社,2002

【案例讨论】

零售商品物流中心的设计(节选)

本例为一干货类批发、物流服务业务为主的销售公司,由传统批发商转型为物流公司,缺乏自有品牌商品及具组织约束力的连锁通路系统,因此朝向泛用型物流中心系统发展。由于现有经营仍属小规模经营,年营业额约 2 亿元,库位空间亦不足,因此有意针对未来需求进行整体规划设计,以争取通路规模及扩大营业额。

在完成订单、品项、数量及上、下游点数的分析,及相关物性与设备特性等基础资料的分析基础上,对该物流中心的作业功能做出新的规划设计:

1. 作业流程设计

(1)订单处理:将原有业务访客抄单方式,配合 H. T. 输入及 moden 将订单信息传回公司,对于一部分规模较大的客户点,则配合导入 EOS 系统,以掌握订单实时处理效率,避免重复输入的错误。

(2)采购作业:将人工下单模式改为由计算机库存系统依库存与需求预测发出采购建议量表,并依 JIT 观念逐步调整库存水准。

(3)进货作业:为争取供货商指派代送业务,故需增加随机处理进货作业之能力,并协调定时分批进货,以平均进货尖峰作业的压力。

(4)拣货作业:区分整箱出货与零散出货,零散出货以订单别拣货为主,并于集货区集中,拣货单须考虑注明集货顺序并配合配送路线及下货顺序。

(5)补货作业:依出货频率、作业时程及有无备货区,采取定时补货及人工巡补作业,定时补货由计算机系统依拣货单排程自动计算补货需求量,将整箱货品由整箱区移至补货备货区,再由人工巡补方式补充至零星拣货区。

(6)装车作业:依路线别、送货家数、现场集货量,产生路线别材积统计表,再依车辆大小,配派车辆及司机。货品集货后以笼车为集中单位并直接上车,减少重复搬运的作业。

2. 作业区域及设施规划

(1)规划限制条件:以使用现有设施为主,并配合一、二楼厂房空间及升降梯位置之限制。

(2)储区规划:储量大于100箱之货品,以整栈储放于栈板料架,储量在10~100箱之货品同时包括整箱及零散出货,故规划中型料架配合流力架设施。单品储量小于10箱之产品以轻型储架存放。

(3)储位规划:各储区内依周转率快慢以接近集货区为原则配置,并以同类货品或同厂商货为单位集中,以利进货及拣货作业进行。部分相同产品不同口味之品项须共享储位或相邻,但须分别标示并以颜色辨别。

(4)容量规划:栈板储区484栈板单位,中型储架1216栈板约60800箱单位,轻型储架56组约3360箱储位,另有流力架768道约3840箱储量及流力架补货区120栈约6000箱,合计有103040箱之储位空间。

(5)设施规划:(略)

讨论题:

1. 分析思考该物流中心的作业功能设计的主要内容。

2. 图示该物流中心所设计的作业流程,并分析其特点。

◆——第四章　物流中心的结构设计

＊本章主要内容

- 物流中心的区域设计
- 物流中心的库房设计
- 物流中心的区域平面设计
- 物流中心的货场及道路设计
- 物流中心的其他公用设施设计

＊

天津空港国际物流区于2000年10月25日，经天津市人民政府和民航华北管理局批准设立，由天津港保税区管委会和天津滨海国际机场共同规划、开发、建设和管理。空港国际物流区位于天津滨海国际机场西北端，紧靠"京哈"铁路大动脉，临靠"京津塘"、"津滨"高速公路和外环线，距市中心13公里，距天津港及开发区、保税区30余公里，距首都北京140公里。

空港国际物流区规划面积0.95平方公里，开发用地面积0.55平方公里。主要吸引企业从事国际、国内航空货物的仓储、分拨、配送、整理、加工、展示、展销等业务。按照总体规划方案，空港国际物流区分为六大功能区，即物流分拨区、仓储服务区、加工增值区、展览展销区、综合服务区和管理办公区。如图4－1所示。

(1)物流分拨区位于区域东侧，紧邻机场停机坪，占地面积16.55万平方米。主要吸引企业从事国际、国内航空货物的分拣、分拨、整理、配送、运输、报关等业务。

(2)仓储服务区位于区域中部，占地面积19.71万平方米。将建成以自动化仓库、立体仓库等综合物流设施及保鲜库、电子备件库、医药制品库等 存储高新技术、高附加值产品的专业库群，从事保税及非保税货物的仓储。

(3)加工增值区位于区域北部，占地面积20.93万平方米。主要吸引企业从事对空港有一定依赖关系的高新技术产品的加工，特别是软件开发、电子机械、化工医药、航空器材等产品。

天津空港国际物流区规划示意图

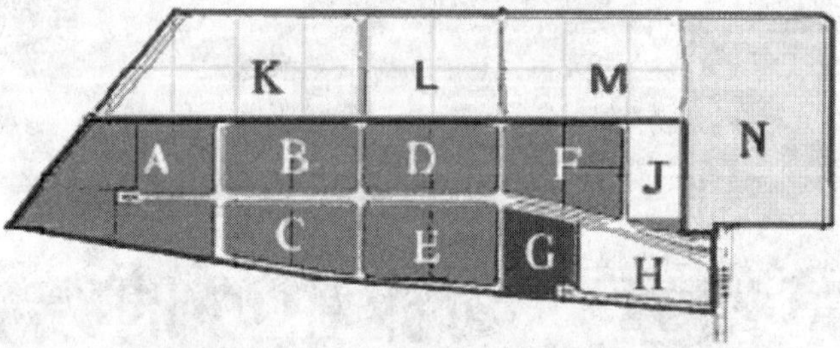

L、M:物流分拨区　　B、D、F:仓储服务区
A、C、E、K:加工增值区　　G:展览展销区
J:综合服务区　　H:管理办公区
N:国航现用地

图 4-1　天津空港国际物流区规划示意图

(4)展览展销区位于区域入口西侧,占地面积 1.45 万平方米。将逐步培育成为保税和非保税的生产资料、生活资料市场,并实现国内、国际两个市场的对接。

(5)管理办公区位于区域入口处,沿主干道西侧设置,占地面积 1.2 万平方米。主要设置政府职能部门、海关、"三检"等管理机构及联合办公机构。

(6)配套服务区与管理办公区毗邻,占地面积 1.45 万平方米。主要设置金融、保险、外汇、代理、会计师事务所、律师事务所、邮电通讯、交通运输等为企业和货主提供服务的机构,及为员工提供餐饮、娱乐就医等服务的设施。

天津空港国际物流区基础设施配备为:

道路——区内铺设道路总长 5597.425 米,路网密度为 11.89 千米/平方千米,区内外路桥畅通。

绿化——沿路绿化带,全区绿化面积 55126 平方米。

供电——10KV 开闭站和 10KV 电缆组成的环网供电系统可为用户提供高质量、可靠的电力供应。

供热——由热电厂提供稳定的热源。

通讯——安装有具国际水平的通讯设备,可提供国际国内电话、移动通讯、传真、数据传输等多项服务。

供水——采用多水环网供水,供水性能可靠安全,水量充足,水质保证。

排水——区内建有先进的雨污水泵站和完善的雨污水管道,可保证雨污水的及时排放。

燃气——区内设 φ300 中压煤气管道,管网压力为 0.02MPa。

(资料来源:http://www.ztb.org.cn)

想一想:天津空港国际物流区分为哪几部分?是如何设计的?

在完成了物流中心的作业功能规划之后,结合各区域作业空间大小,就可以对物流中心的结构进行规划与设计。物流中心结构设施设计是一项复杂的工作,包括区域布置规划、库房设计、作业区域面积设计、货场及道路设计和其他公用设施设计等内容(图 4-2)。物流中心的结构设计是作业功能规划的具体落实,不仅影响整个物流中心的作业效率,还将对生产运作成本、资金占用等多方面产生作用,直接关系到物流中心的利益。因此,在具体规划设计时我们应注意以下几点：

1. 贯彻系统的思想，运用系统分析的方法求得整体最优化。

2. 以流动的观点作为出发点，并贯穿在设施规划设计的始终。

3. 减少或消除不必要的作业流程，在时间上缩短作业周期，空间上少占有面积，物料上减少停留、搬运和库存，才能保证投入的资金最少、生产成本最低。

4. 作业地点的设计，实际是人－机－环境的综合设计，要考虑创造一个良好、舒适的工作环境。

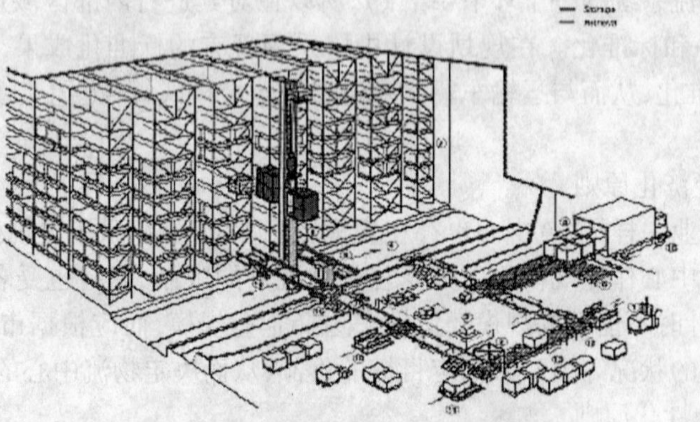

图4－2　物流中心结构规划图例

第一节　物流中心的区域设计

物流中心的工作区域布置和结构规划就是根据物流作业量和物流动线，确定各功能区域的面积和各功能区域的相对位置，最后得到物流中心的平面布置图，确定建筑的不同形式和标准。

一、区域设计的原则和目标

(一)物流中心区域设计的基本原则

建立物流中心的根本目的在于提高物流服务水平、降低物流成本和增加物流效益。为实现这一目标，就必须对物流中心内部区域规划与设计进行认真的分析研究，在进行物流中心内部区域规划设计时，应遵循以下基本原则。

1. 布局合理化原则

为了突出物流中心的主体功能，使内部布局设计合理，我们应该做到：

(1)功能区域的划分和作业区域设置要与装卸搬运、储存、流通加工、包装、运输等作业活动完全相适应。

(2)布局必须满足便于管理，能提高物流效益，对作业量的变化和商品形态的变化能灵活适应等要求。

(3)以系统工程的思想做指导，运用系统分析的方法求得内部布局整体优化。

(4)为保证内部布局合理化，应注重从宏观(总体方案)到微观(每个部门、库房、设施)，再从微观到宏观过程的协调。例如，布局应从总体布局开始，然后再进行详细布置；而详细布置方案又要反馈到总体方案中去评价，评价后再加以修正甚至重新布置。

(5)应注意减少或消除不必要的作业流程，这是提高物流中心生产率和减少消耗的最有效方法之一。只有作业周期缩短，即空间占有面积少，商品停留、搬运和库存时间减少，才能保证投入的资金量少、生产作业成本最低。

(6)要重视人的因素，创造一个良好、舒适的工作环境，物流中心作业地点的设计，实质上就是人、机械设备和环境的综合设计。

2. 作业标准化原则

物流中心是物流系统的一个环节(结点)，所以在对其进行内部区域规划设计时应考虑整个物流系统的统一和标准化。在规划设计中应采用现有的标准化成果，尽量使搬运方法、容器、托盘和设备标准化，从而与运输车辆、装卸机械、包装模式等社会上已形成的标准系统相匹配。

3. 作业规模经济化原则

和工业生产企业一样，物流中心也存在规模经济性的问题，采用大规模处理货物的手段可以降低成本。物流中心作业规模主要是受客观物流量的限制，同时也受各地交通运输等方面条件的限制，在设计时不能根据规模经济性来选择企业规模，而应根据市场容量、发展趋势以及该领域竞争对手的状况等因素来确定目标的份额，从而决定物流中心的规模设计。

4. 作业能力弹性化原则

设计物流中心各作业区域的作业能力时，必须要考虑到弹性化问题，其主要原因是物资流通相对于生产而言具有一定的被动性，由于市场变化、生产涨落，流通量也必然有较大波动，这种波动性往往高于生产企业的波动。在一般条件下，物流中心对于这种波动应该有一定的容纳能力，这就要求在方案设计时对物流中心各作业区域的作业能力做出一定的弹性安排。

5. 技术设施适用化原则

随着科学技术的不断发展，物流领域也产生了许多先进实用技术，如自动化仓库、自动分拣系统及自动导引搬运车等。在进行物流中心的技术设施设计时，是否采用某种先进技术，应从经济、技术、使用条件、成本等多方面进行综合论证，做出选择。要合理配置物流设施设备，以实用的设备、适当的投资规模，实现预定的物流作业功能，同时作业设备和作业方法要具有柔性，能适用于各种不同商品的储运工作。

(二)物流中心区域设计的目的

在对物流中心内部区域进行规划设计时，合理规划与布置各区域及设施设备的目的主要有以下几点：

1. 有效地利用空间、设备、人员和能源；
2. 最大限度地减少物料搬运量和搬运距离；
3. 尽量简化作业流程；
4. 提高作业效率，加快商品流通；
5. 力求建设与运营成本最低；
6. 为职工提供方便、舒适、安全和卫生的作业环境。

二、物流中心区域设计的程序和方法

物流中心区域布置规划的一般程序如图 4－3 所示。

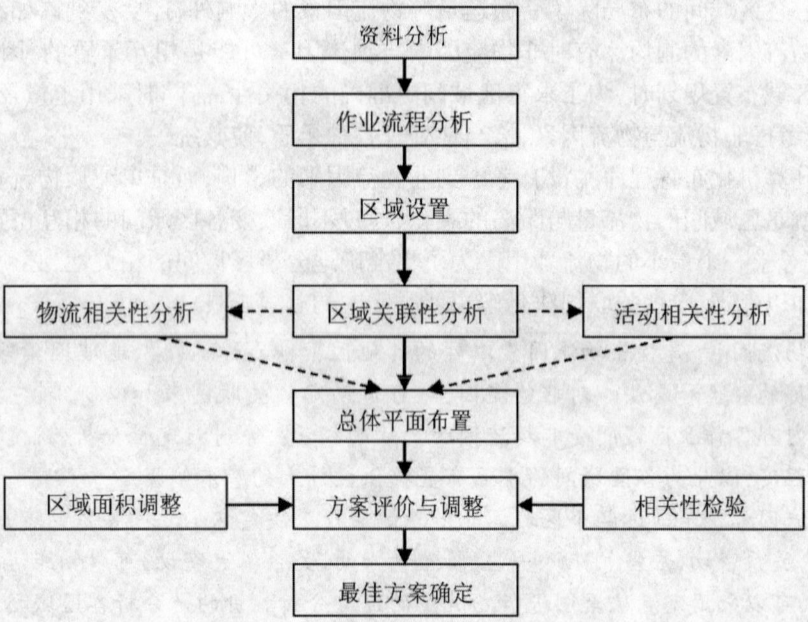

图 4－3　物流中心区域布置的一般程序

（一）资料分析

资料分析包括物品特性分析、储运单位分析、订单变动趋势分析等（详见第二章）。物流中心配送能力的规划目标，需利用过去的经验值来预估未来趋势的变化。因此，在物流中心规划时，首先需针对历史销售资料或出货资料进行分析，以了解出货量的变化特征与规律。

（二）流程分析

在作业功能规划及作业流程规划中已经明确了物流中心的主要物流活动及其程序。一般包括入库、保管、拣选、配送等活动。

（三）区域布置

在作业功能规划及作业区域功能规划中确定了作业区域的设置，一般包括物流作业区及外围辅助活动区两大部分。在此基础上，可以进行空间区域的布置规划和作业区域的区块布置工作以及标识各作业区域的面积和界限范围。

（四）作业区域关联性分析

物流中心不同作业区域之间在作业流程、组织结构等方面存在着一定的依存关系，在进行物流中心结构设计时，必须对这些关系进行相关性分析，这对区域的布局至关重要。主要是因为：

第一，两个不同的区域之间可能因相互存在着重要的活动相关性，而有相邻的必要，除了进货、储存、出货等区域因实体功能需求所形成的流程关系外，其他不同的活动相关性，还表现在：①程序上的关系，指建立在物料流和信息流之间的关系；②组织上的关系，即建立在各部门组织之间的关系；③功能上的关系，区域之间因功能需要而形成的关系；④环境上的关系，考虑到操作环境和安全需要而保持的关系。

第二，物流中心内部牵涉大量的搬运作业，商品类别不同，则其作业流程可能也不相同，因此各作业区域间的货物流量存在差异，通过对流量大小的分析可以避免长距离且大流量的搬运作业，从而省却许多人力及物力。

物流中心各区域间的布局除了受搬运量等物流因素的影响外,还要受到诸如组织关系、环境关系等非物流因素的制约。有时非物流因素与物流因素可能是相互矛盾的,因此在进行物流中心内部区域布置规划时,为了求得区域间更准确的相关性,需同时采用定量及定性两种分析方法,综合考虑非物流与物流因素,恰当地处理各种矛盾,使其统一。

传统的计算机化布置程序并没有考虑到非物流因素的影响,而是单纯从物流费用出发,根据物流费用就是区域间的物流量与距离的乘积,通过不断改变各区域间的相互位置,调整货物搬运距离,来寻求一个最小的物流费用。为了更准确地分析区域间的相关性,必须将非物流因素的影响也加以考虑,定性关联图法是解决此类问题的有效工具。

所谓非物流因素,是指除物流因素以外的其他因素,如社会因素、地理因素等,大多来自有关人员的经验和看法。对非物流因素,可借助定性关联图来加以研究,它主要是对物流中心内部各作业区域间受非物流因素影响的相互关系进行定性分析,确定两两区域间的关联程度,以此为各区域间的平面布置提供设计上的基本依据。

所谓物流因素就是通过两个区域间物流量的大小来决定它们之间关系的密切程度。物流量大的,关系密切,应当相距近一些;物流量小的,关系不太密切,可以相距远些。对于物流因素,可以采用定量从至图进行物流量的定量分析。目的是分析各区域之间的物料流动规模的大小,使设计者进行区域布置时,避免搬运流量大的作业需经过太长的搬运距离,减少人力、物力的浪费。

1. 定性关联图

定性关联图是以定性因素为基础,明确记录了各区域之间的关系,可从图中看出任意两区域间接近程度的重要性大小,并且有接近的理由以支持其需求,如图 4-4 所示。在决定两区域的关联时,关联图实为一合适分析工具。

关联图左边第一列的数字代表需要进行相关性分析的各个区域,有时为了提高设施的利用率,也可先将一些区域进行整合,之后再对整合后的区域进行相关性分析,如退货作业区与进货作业区合并,输配送作业区与出货作业区合并。

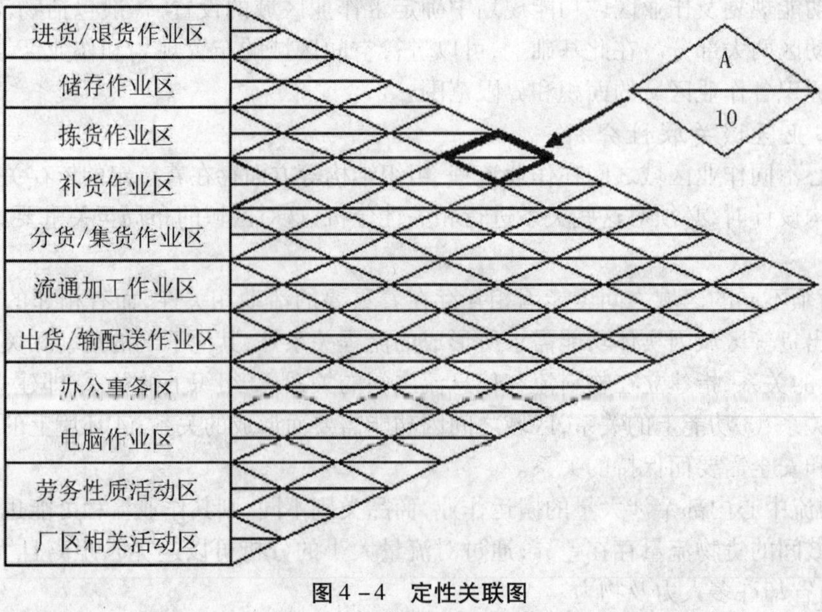

图 4-4　定性关联图

由于非物流因素对作业区域相关性的影响无法直接通过数字统计得到,所以必须对收集的资料进行认真的调查分析,并凭借以往的工作经验加以判断。为了保证所确定的区域间相关性等级的合理性,需要将划分相关性等级的所有原因列出,并填入编码表中,作为划分依据;区域间接近程度的重要性,一般以 A、E、I、O、U、X 表示,从绝对重要到不可接近,如表 4－1 所示。

表 4－1　关联因素程度等级表

相关程度等级		相关因素	
相关程度等级	接近程度	说明	编号接近理由
A	绝对重要	1	人员接触程度
E	特别重要	2	共用相同的人员
I	重要	3	文件往返程度或配合
O	一般		事务流程顺序
U	不重要	4	使用共同的记录
X	不可接近	5	共用设备
		6	共用相同的空间区域
		7	进行相似活动
		8	物料搬运次数的考虑
		9	作业安全的考虑
		10	提升工作效率的考虑
		11	改善工作环境的考虑

一般说来,在一个物流中心内部各区域间,A 级的关系,约占全部活动关系的 5% ~10%,E 级占 10% ~20%,I 级占 20% ~30%,O 级占 20% ~30%,U、X 的关系需视具体情况而定。

从图 4－4 中可以看到,任何两个区域之间都有将其联系在一起的一对三角形,首先逐个对任意两区域间的非物流因素进行分析,确定其相关性等级,然后在上三角中填入与相关性等级相对应的字母,在下三角中填入支持所确定相关性等级的理由编号,这样就完成了非物流因素的分析。

2. 定量从至图

采用定量从至图来对各区域之间的物流因素,即区域间的物流量进行计算,如图 4－5 所示。从至图的使用虽适用于拥有大量物品流动的物流中心,但对于建立一个全新的物流中心而言,收集主要物流作业区域间的流量值可能较难完成,可以用同类型或规模相等的物流中心的流量资料作参考。

从至图的制定过程如下:

(1)首先要依据物流中心的主要作业流程,将所有需进行相关性分析的区域分别以搬运起始区和搬运到达区按同一顺序列表。

(2)为了正确地表现各个物流量之间的关系,确保进入从至图中的物流流量具有可比性,需要统一各区域间的搬运单位,也可以采用当量物流,以便能够计算物流量的总和。

(3)根据各类商品的作业流程规划,确定每一类商品所要经过的区域,然后结合商品的数量、重量等资料,分别得出各类商品在物流中心各区域间的物流量。最后将任意两区域间的所有物流量相加,逐项填入从至图内。

至此,定量从至图编制完成。

作业区域		搬运到达区										
		1	2	3	4	5	6	7	8	9	10	合计
搬运起始区	1		2	8				4		2		16
	2			8								
	3		6									
	4											
	5		4									
	6											
	7											
	8											
	9											
	10											
	合计											

图 4－5　定量从至图

我们把对角线以上的物流量称为顺行物流量，对角线以下的物流量称为逆行物流量。对于任意两区域来说，它们之间的物流总量不需要考虑其方向性，为顺行物流量与逆行物流量之和，为此我们将每两个作业区域的顺行物流量与相应的逆行物流量相加，这样可以得到最终的作业区域间的物流总量。如图 4－5 中，区域 2 流向 3 的物流量为 8，区域 3 流向 2 的物流量为 6，因此区域 2、3 之间的物流总量为 14。

根据各区域之间的物流总量，可以确定其相互间的密切度。在这里我们将密切度分为 6 个等级，即 A、E、I、O、U、X（其含义见表 4－1）。这样就将物流因素的定量从至图转变为定性关联图，与非物流因素的定性关联图相对应。

3. 作业区域相关性的确定

通过前面对非物流因素与物流因素影响的分析，可以最终确定区域间的相关性。

定性关联图和定量从至图的使用，主要是针对设施中的作业或活动区域划分较多，作业和活动之间时常缺乏明确的从属关系等情况。若是某类型设施的作业活动区域划分并不复杂，或是作业流程存在某些常见形态时，则应用关联图和从至图所得到的结果就可能很相似。换言之，不同作业/活动的关联性在此类型设施中都为相似，而传统物流中心就属于此种类型设施之一。只有当物流中心各个作业模块的作业空间较大，使用设备较繁复时，虽然不同作业/活动的关联性可能可归纳为几种特定类型，其设计复杂度也会随而提高，此时关联图和从至图的应用则可提供较大效益。

（五）区域的布置设计方法

经过关联性分析之后，根据不同作业区之间的定性测量值（“接近程度”或定量测量值）即“物料流动密度”来配置各作业区的相对位置时，可以将整个平面布局的过程简化为算法方式的程序。通常有三种方法，即使用定性关联性资料的关联线图法，使用定量流量资料的图形建构法和使用流程动态的动线布置法。

1. 关联线图法

关联线图法以作业区域间接近的程度作为挑选作业区的原则。在绘制关联线图之前，首先需有各作业区的基本资料，如作业流程与面积需求等；接着制作各作业区的作业关联图，如图 4－6 所示，然后将关联图的基本资料转换成表 4－2 所示的“关联线图底稿表”，作为建构关联线图和布局的依据。

表4-2　关联线图底稿表

关联	作业区1	作业区2	作业区3	作业区4	作业区5	作业区6	作业区7
A					6	5	
E	2	1、4		2		7	6
I	4	5、6		1、5	2、4、7	2	5
O	3、5		1、6		1	3	
U	6、7	3、7	2、4、5、7	3、6、7	3	1、4	1、2、3、4
X							

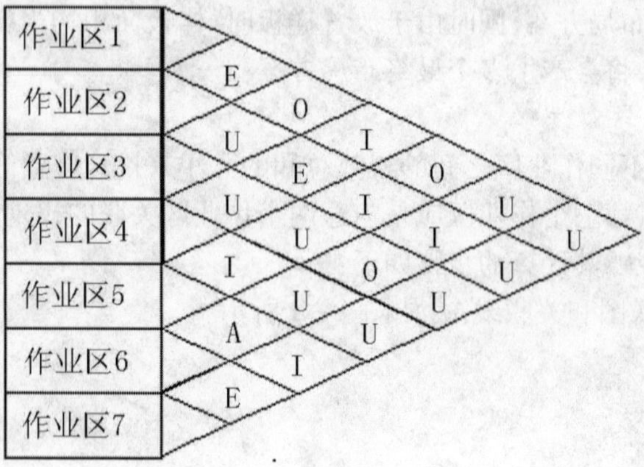

图4-6　作业关联线图

建构关联线图的步骤，如图4-7所示。

(1)选定第一个进入布局的作业区。选择具有最多"A"关联的作业区开始。若有多个作业区同时符合条件，则依下列顺序加以选定：最多"E"的关联，最多"I"的关联，最少"X"的关联；最后如果仍然无法选定，就在这些条件完全相同的作业区中，任意选定一个作业区。此步骤选定作业区6。

(2)选定第二个进入布局的作业区。第二个被选定的作业区，是与第一个作业区之间具有最高的接近程度("A"关联)，而且是在未被选定的作业区中具有最多"A"关联的作业区。若有多个作业区具有相同优先，仍依步骤1的优先顺序法则加以处理。此步骤选定作业区5。

(3)选定第三个进入布局的作业区。第三个被选定的作业区，应与前两个区域同时具有最高的接近程度，与前两个区域关系组合的优先顺序依次为AA、AE、AI、A＊、EE、EI、E＊、II及I＊，其中符号"＊"代表"O"或"U"的关联。若有多个作业区具有相同优先，仍依步骤1的优先顺序法则加以处理。此步骤选定作业区7。

(4)选定第四个进入布局的作业区。第四个作业区选定的逻辑与步骤3相同，被选定的作业区，应与前三个区域同时具有最高的接近组合关系。此时，组合的优先顺序为：AAA、AAE、AAI、AA＊、AEE、AEI、AE＊、AII、AI＊、A＊＊、EEE、EEI、EE＊、EII、EI＊、E＊＊、III、II＊、I＊＊。此步骤选定作业区2。

(5)根据步骤3和4的法则依照次序布局剩余的n-4个作业区。作业区1，2，…，n最后的布局相对位置可如图4-7所示；如遇优先次序相同的情形，都可以利用步骤1的优先顺序法则加以处理。

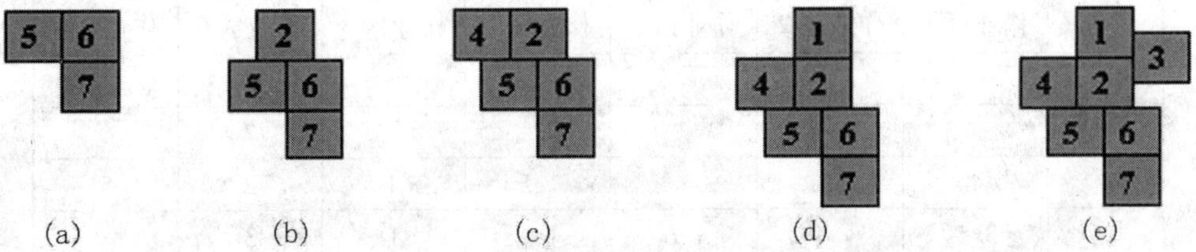

图 4－7　方块样板的相对位置图

(6)在发展关联线图时,可使用方块样板来代替每个作业区。在相对位置确定后,即可依照各作业区的实际尺寸,完成最终的实际布局。但由于放置样板的位置相当主观,因此最后可能会发展出数个样板布局方案,同时由于放置样板时,样板面积均为相同,因此,当加入各作业区的不同面积考虑时,将会产生多个最终布局方案。

2. 图形建构法

图形建构法是按不同作业区之间的权数总和的大小来挑选作业区。首先选择具有最大关联权重的两个作业区,第三个作业区应是与这两个作业区关联的权重总和最大的区域,依次类推,逐个选择作业区域。其计算的步骤如下:

(1)建构作业关联图和关联线图,如图 4－8 所示。

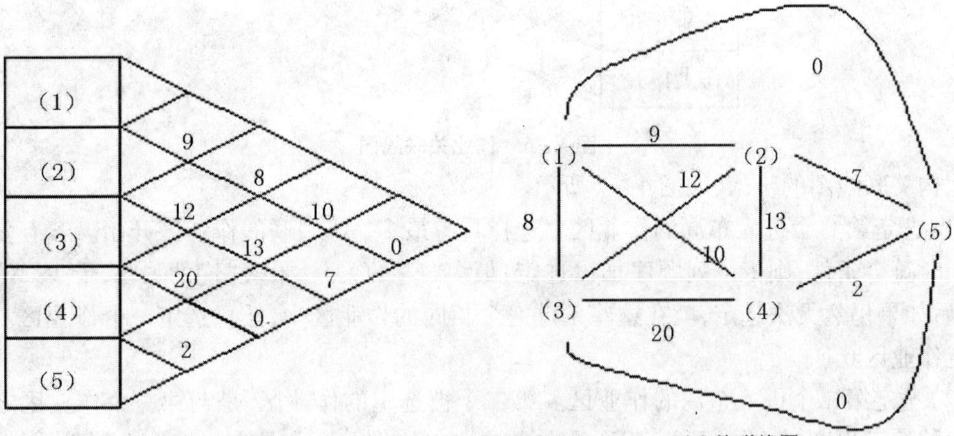

(a)作业关联图　　(b)关联线图

图 4－8　作业关联图和关联线图

(2)从图 4－8 的作业关联图中,选定具有最大权数的成对作业区。如(3)、(4)。

(3)接着选定第三个作业区,其根据是这个作业区与已选入的作业区(3)、(4)所具有的权数总和为最大;在图 4－9(a)中作业区(2)的权数总和为 25,所以入选。

(4)将尚未选定的作业区,以节点的形态加入图面上,并评估其值,以便选定第四个作业区。在图 4－9(a)中,弧线(2)～(3)、(3)～(4)和(4)～(2)就构成一个封闭的三角形图面,这个图面可以用符号(2)～(3)～(4)来表示。接着加入作业区(1)和作业区(5)的值分别为 27 和 9,因此作业区(1)被选定,布局于区域(2)～(3)～(4)的内部,如图 4－9(b)所示。

(5)作业区(5)的安排。作业区(5)可以插入(1)～(2)～(3)、(1)～(2)～(4)、(1)～(3)～(4)或(2)～(3)～(4)之内。作业区(5)加入图面(1)～(2)～(4),或加入图面(2)～

(3)～(4)都得到相同的值为9,所以任意选择加入其中的图面(1)～(2)～(4)。最后所得到的邻接图,如图4－9(c)所示。此为最佳解,弧线上的权数总和为81。

步骤2

作业区	3	4	合计
1	8	10	18
2	12	13	25(最佳)
5	0	2	2

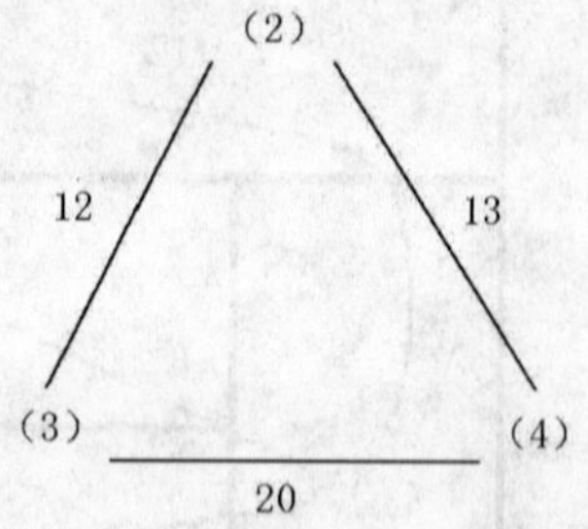

(a)

步骤3

作业区	2	3	4	合计
1	8	9	10	27(最佳)
5	7	0	2	9

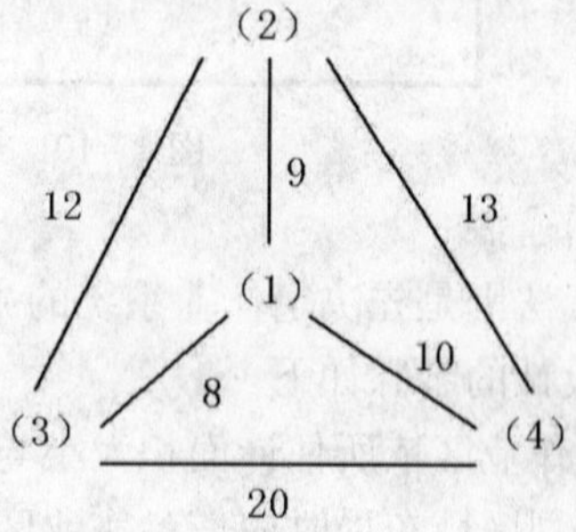

(b)

步骤4

作业区	1	2	3	4
5	0	7	0	2

图面	合计
1－2－3	7
1－2－4	9(最佳)
1－3－4	2
2－3－4	9(最佳)

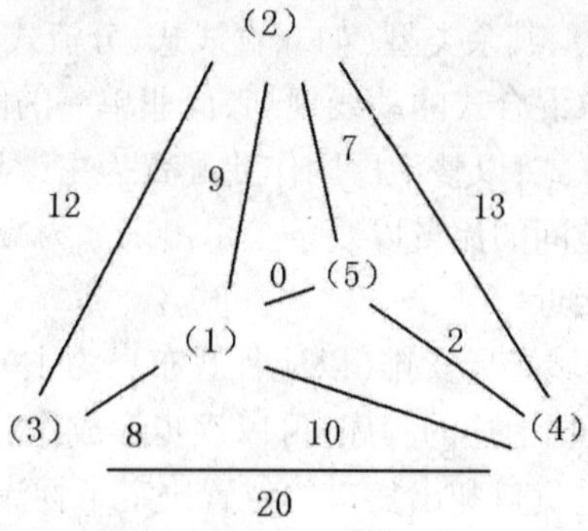

(c)

图4－9　图形建构法的程序步骤

(6)建构完成一个邻接图之后,最后的步骤是依此邻接图来重建区块布局,如图4－10所示。在建构区块布局时,各作业区的原始形状需明显地改变,以配合邻接图的要求。但在实际应用上,由于作业区形状需配合内部个别设备的几何外形,以及内部布局结构的限制,所以作业区的形状不易任意改变。在决定各作业空间的面积时,需要考虑下列因素:厂房本身的大小、设备的大小和设备的摆放位置等。

关联线图法和图形建构法是在完成各作业区域面积需求的计算及基本规划后,对物料流程与区域相关性的关系进行整合，以决定不同作业区域的可行位置。

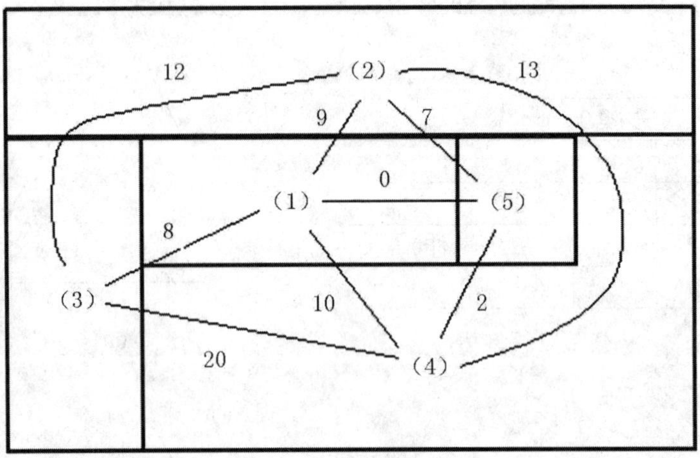

图 4-10　最终邻接图建立区块布局

3. 动线布置法

动线布置法则是先决定作业系统的主要动线进行方向，再依据流程性质或区域相关性进行配置。其设计的步骤如下：

(1)将各作业区依所估计面积大小与长宽比例制作成模块。

(2)在规划区域布局时应依各作业区域性质决定其配置程序，其方式有两种：流程式和关联式。

①流程式：物流中心的各作业区多半具有流程性的关系，在以模板进行配置时应考虑区域间物流动态的类型。作业区域间物流动态基本类型有 4 种，即 I 型（直线型）、L 型、U 型和 S 型（锯齿型），其余类型（如双直线式、分流式、集中式等）则为此 4 种类型的组合。在规划设计时可能采取混合式的动线规划，而非单一的固定模式。

②关联式：以整个厂区作业配置为主，经由活动关联分析得出各作业区域间的活动流量，可将两区域间的流量以线条表示出来。为减少流量大的区域间活动经过太长的距离，应将两区域尽量接近。

(3)区域布局安排（以流程式布局为主）。程序如图 4-11 所示。

(4)根据上述的程序，可以逐步形成作业区域配置图。

由于进货口和出货口的位置决定了物流中心的主要物流动线，对整体的作业有重要的影响，所以在区域平面布置规划时应首先确定进、出货口的位置。在配置各作业区位置时，应先布置面积较大且长宽比例不易变更的作业区域，如托盘货架区、分类输送区；再布置面积较大但长宽比例可变更调整的作业区域，如集货区、流动货架区；最后布置面积较小且长宽比例可变更调整的作业区域，如进货暂存区、出货暂存区等。同时根据各区域的作业空间，确定物流中心库房的空间范围、大小及长宽比例。

周边辅助作业区域与其他各作业区域的相关性等级均为 U 级，因此在规划进、出货办公室的位置时应将其分别靠近进、出货月台以及进、出货暂存区。

一般物流中心管理办公区采用集中式布置，并与仓储区相隔。由于目前仓储区采用立体化设备较多，其高度需求与办公区不同，为了有效地利用空间，可采用多楼层办公室规划、单独利用某一楼层、利用进出货区上层的空间等方式。

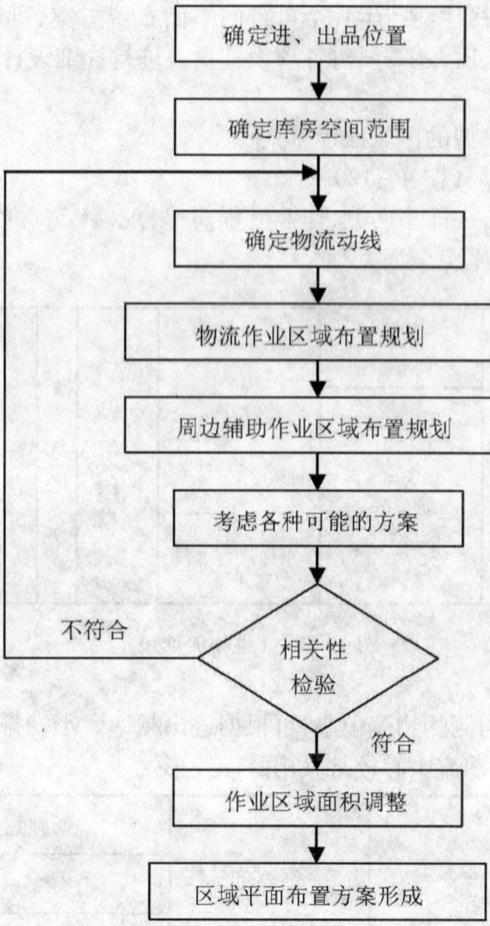

图 4－11　作业区域平面布置设计流程图

(六)区域平面布置的调整与确定

1. 相关性检验

在任何一种物流动线形式下,各区域间的布置方式都不是惟一的,在规划时,要根据作业流程和区域间的相关性,考虑相应物流动线形式下各种可能的区域布置组合。

按照各区域间的相关性,检查各种布置组合方式是否符合相关性原则,若有违反相关性原则者(如大流量的区域间活动经过太长的距离),则进行调整,直到动线形态、作业区域配置与区域间相关性取得一致为止。

2. 区域面积调整与确定

根据上述的步骤,可以逐步完成各区域的概略布置,然后再将各区域规划的作业面积置入相对位置,通过调整部分作业区域的面积或长宽比例,减少区域重叠或空隙,即得到最终确定的作业区域平面布置图。

需要注意的是,在对各区域进行平面布置时,当区域面积无法完全置入库房时,必须修改部分区域面积或长宽比例。若修改的幅度超过设备规划的底线,则必须进行设备规划的变更,再重新进行作业空间规划以及区域平面布置规划。

在作业区域平面布置规划阶段,我们按生产要求基本确定了各种设备的类型、性能,为保证物流中心物流动线的合理性和流畅性,还需要根据这些设备的性能逐一对各区域之间和区域内的物流动线进行分析。

区域布置规划完成后，往往会产生几个可行的平面布置方案，可以采用多种评价方法，从中选择一个最优的方案。之后，还需要对各项设施设备进行详细设计，最终完成物流中心内部各区域的详细布置规划。

以下是物流中心几种典型的区域设计方式。

例1 I型(直线型)布局(图4－12)。

此种方式适合于出入口在库房两侧，作业流程简单，规模较小的物流中心，无论订单大小和拣货品项多少，均要通过库房全程。

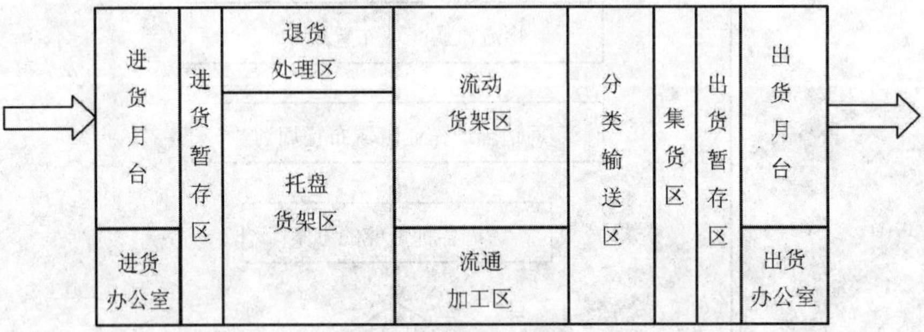

图4－12　I型物流动线

例2 U布局(图4－13)。

适合于出入口在库房同侧的物流中心，可根据进出频率大小安排靠近进出口端的储区，缩短拣货搬运路线，这是目前物流中心较常采用的动线形式。

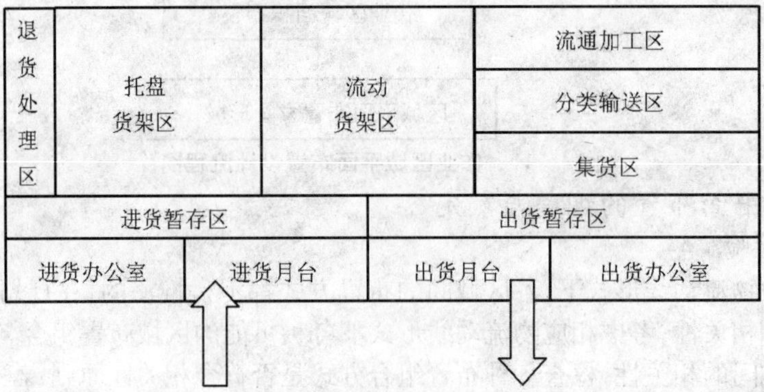

图4－13　U型物流动线

例3 S型(锯齿型)布局(图4－14)。通常适用于多排并列的库存货架区内。

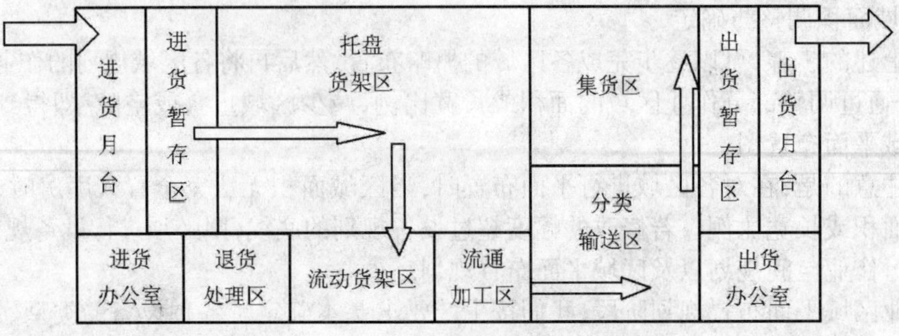

图4－14　S型物流动线

物流窗口4－1

山东省新华书店物流中心的区域布置

山东省新华书店物流中心坐落在南外环，交通相对较发达。物流中心的系统布置就是根据物流作业量和物流路线，确定各功能区域的面积和各功能区域的相对位置，最后得到物流中心的总平面布置图。

1. 物流相关性分析。物流分析，即对物流中心各功能区域间的物流量进行分析，用物流强度和物流相关表来表示各功能区域之间的物流关系强弱，确定各区域的物流相关程度。

物流量分析，即汇总各项物流作业活动从某区域至另一区域的物料流量，填写山东省新华书店物流中心图书流量表，作为分析各区域间图书流量大小的依据。若不同物流作业在各区域之间的图书搬运单位不同，则必须先转换为相同的单位后，再合并计算其物流流量的总和。

根据各区域间物流量的大小，将其分为五个级别，分别用A、E、I、O、U表示。其中A：超大；E：较高；I：一般；O：较小；U：可忽略。从而可以得到各区域物流相关表。

2. 物流活动关系分析。物流中心内除了与物流有关的功能区域外，还有许多与物流无关的管理或辅助性的功能区域。这些区域尽管本身没有物流活动，但却与其他区域有密切的业务关系，故还需要对所有区域进行业务活动的相关性分析，确定各区域之间的密切程度。

各作业区的活动相关关系主要有以下几个方面：

程序上的关系，即是建立在图书物流与信息之间的关系；

组织上的关系，即是建立在各部门组织之间的关系；

功能上的关系，即是因为区域之间因功能需要而形成的关系；

环境上的关系，即是考虑到操作环境和安全需要而形成的关系。

3. 区域布置。物流中心虽然是在一般中转仓库基础上演化和发展起来的，但物流中心内部结构和布局与一般仓库有较大不同。山东省新华书店物流中心的内部工作区域结构配置：

（1）接货区。在整个区域里完成接货及入库前的工作，如接货、卸货、清点、检验、分类及入库准备等。

（2）储存区。在这个区域里储存或分类储存所进的图书。由于这是个静态区域，进货要在这个区域中有一定时间的放置，所以和不断进出的接货区相比较，这个区域所占的面积较大。

（3）理货、备货区。在这个区域里进行分货、拣货、配货作业，为送货做准备。

（4）分放、配装区。在这个区域里，按用户需要，将配好的货暂放暂存等待外运，或根据每个用户货堆状况决定配车方式、配装方式，然后直接装车或运到发货站台装车。这一区域对图书是暂存，时间短、暂存周转快，所以占地面积相对较少。

（5）外运发货区。在这个地区将准备好的图书装入外运车辆发出。外运发货区结构和接货区类似，有站台、外运线路等设施。

（6）加工区。山东省新华书店物流中心还设置了流通加工区域，在这个区域进行分装、包装、图书并包等各种类型的流通加工。加工区在物流中心所占面积较大。

（资料来源：http://www.csyg.net）。

第二节　物流中心的库房设计

物流中心的库房设计包括厂房建筑，如业务综合楼、信息控制中心、仓储区、流通加工区、集装箱处理区等，以及与厂房建筑相关的交通、土建、水电、安全消防等周边设施。这些设施一般根据物流中心实际需要来选定。从装卸货物的效率看，建筑物最好是平房建筑。但由于城市土地紧张和地价的限制，一般采用多层建筑物。

一、库房类型

库房是任何物流中心必不可少的组成部分。物流中心的库房主要用于货物的保管、拣选、包装等。根据货物的形态和物流中心的主要功能不同，库房主要分为以下几类。

（一）平库

平库是指平面布局的仓库，是一层式库房，一般有钢筋混凝土结构、钢架金属屋面结构等。它主要包括基础、站台、骨架、柱、顶、墙、地面、门、窗、装卸平台、雨棚、通风装置、防潮、防火、电气、照明、保温等设施。在平库中进行收发保管，具有地面单位面积承载能力大、货物进出库作业方便等优点，但是平库占用土地面积大。

在平库中，货物可以堆码存放，也可以货架存放。使用货架存放的仓库，如果配备自动化存取分拣设施，又被称作自动化立体仓库，作业就更便捷。图 4－15 为南京威凯特瑞实业有限公司仓库外景。

图 4－15　南京威凯特瑞实业有限公司（仓库）外景

（二）楼库

楼库是立体布局的仓库即立体库，是多层式库房，多适用于土地紧缺地区。它利用仓库的高度，单位面积储存的货物量增大，可节省用地。由于楼库柱距较小，柱的数量增加，从而减少库房的储存面积，影响搬运车辆的行走。升降货梯常常是楼库物流的瓶颈，将影响货流速度，货梯增加又会减少储存面积。每楼层高度一般不超过 5m，随楼层增加地面负荷会逐层减少。楼库占用土地较少，但造价较平库高。

（三）保温库

常见的保温库为冷藏库、冷冻库以及恒温库。冷藏库的温度在 -5～10℃之间，冷冻库温度在 -5℃以下，恒温库温度在 15～20℃之间。保温库多用于储存食品、果蔬、粮食，要求有较好的封闭性，同时要有换气功能。在先进国家，以移动式货架为主导的冷冻、冷藏自动化立体仓库普遍采用。

低温库的土建工程与常温库是不一样的，尤其是配备有轨巷道堆垛机、高层货架的自动化立体仓库，库面地基除要防湿、防冻、地面要设保温层外，地基还需具备足够的承载能力，同时还必须考虑由于低温库在除霜、除水时产生水流的排放，库内要有排水通道，排水通道要根据库内设施位置确定。

物流窗口 4-2

海南永桂仓库

海南永桂仓库地处海口市金盘永桂开发区永桂路 9 号，曾经是海南中商期货交易所的咖啡、天然橡胶定点仓库。库区总占地面积为 38000m^2，草坪苗木绿化面积为 9000m^2，库房设计为二幢分割为四个仓库，采用符合消防布局规划的彩色轻钢建造，仓库总建筑面积为 18000m^2，设计橡胶等货物储存量为 20000t。永桂仓库具有完善的仓储基础设施，库房内安装了符合海口市一级防火安全设计要求的消防系统，以及以除温机为核心的除温系统。经海南省海口国家粮食专储库鉴定，永桂仓库符合存放粮食标准，同时达到存储橡胶等其它物品的要求。永桂仓库交通便利，紧靠公路交通干线和粤海铁路线，距港口秀英货运码头仅 9km 路程。

（资料来源：http://www.rubbernetchina.com）

二、库房建筑结构设计

（一）结构形式

库房的建设可根据实际要求，结合建筑设计规范，采用相应的结构形式。目前，随着现代物流的发展及要求，流行的库房结构形式为：门式钢架结构和拱型彩板结构。

1. 门式钢架结构：是一种建筑钢结构，因柱子与梁连在一起，形成一个门字形状，故称门式钢架结构。它具有强度高、自重轻、造价低、跨度大、抗震性能好、投资回收快、地基费用省、占用面积小、工业化程度高、维护费用低、施工污染环境少、外形美观、可拆迁等一系列优点。无论在结构性能、使用功能还是经济效益上，门式钢架结构都有一定的优越性，与混凝土结构相比，它是环保型和可再次利用的。其跨度一般在 18m～36m 之间比较经济，必要时可超出此范围。

2. 拱型彩板结构：即直接将彩板根据跨度及荷载的要求制成拱型，做成库房的屋顶，墙体可采用混凝土或砖墙。其主要技术特点是无梁无檩，空间开阔，跨度在 8m～42m 间，可任意选择；造价低，投资少；设计施工周期短，10000 平方米的屋顶建筑 25 天即可完成；使用彩色镀锌钢板，机械锁边连接，自然防水，没有渗漏。

（二）建筑层数及高度

1. 建筑层数：可采用单层或多层的形式，并与库房的结构相匹配。由于目前物流发展的方向为货架化和托盘化，考虑到方便理货、分拣等作业，宜采用单层的高架库房。

2. 建筑高度：建筑的高度与其结构形式以及存取的货物类型有关，主要考虑最下层货物所能承受到压力时，堆放货物的高度加上剩余空间的总高度。一般来说，单层高架库房的净高不应小于7m,以能存放4层托盘的货物为宜;若是两层建筑则二楼高度为5m左右,一楼与二楼高度总共约为13m;若是三层建筑时,则二、三楼高度约为5m左右,一楼、二楼与三楼高度总共约为18m。

(三)立柱跨度

立柱跨度是指从一根柱子的中线到另外一根柱子的中线之间的距离。立柱间的距离的选择是否合理,对物流中心的作业成本、作业效率和保管储存能力都有重要影响,合理的立柱跨度可以显著提高物流中心的储存能力和作业效率。在决定立柱跨度时,应充分考虑建筑物的构造与经济性、物流中心存储设备的类型和托盘的规格尺寸等因素,以求最适宜的立柱宽度。一般情况下,立柱跨度为7m~10m,且尽可能竖立在通道的外侧,以不阻挡人员通行及物料搬运为原则,以可以停放大型卡车两辆或者小型卡车三辆为宜。

物流窗口4-3

华润物流中心

华润物流中心仓库楼高8层,建筑面积75 000平方米,其结构采用半预应力工程方法,使仓库内柱与柱之间垮度达22米,而每平方英尺承受重量达400磅。地下及一层共18 000平方米,设62个40英尺货柜拖车泊位,其中自动升降货台34个,适合各种类型货车装卸。两旁宽敝的货台为货物装卸区。二至七层,层高4.85米,总面积56 000平方米,可储存货物90 000多容积吨。仓库设有承重3.5-5吨电动升降机18部,各层均设有先进的通风消防设备,内外通讯系统、闭路电视及防盗设施等,确保客户储存货物安全,是国际保险公会认可的一级仓库。C.F.S.(Container Freight Station)设于货仓大楼地下及一楼内,为班轮公司及货运代理等客户日夜提供装拆货柜服务。进出口散货之交收和装拆柜可在不同货台的五十个货柜车位内同时进行设于货仓大楼地下及一楼内,为班轮公司及货运代理等客户日夜提供装拆货柜服务。进出口散货之交收和装拆柜可在不同货台的五十个货柜车位内同时进行。

(资料来源:中国物流网 http://www.china-logistic snet.com)

(四)库房作业门与进出口设计

1. 库房作业门

库房作业门主要是将厂房与码头隔开,防止冷气、暖气外泄,隔绝噪音。设计时应考虑货物流量的大小以及作业机械和储存货物的外包装尺寸,以不妨碍堆高车的进出为原则(表4-3)。

表4-3 物流中心库房门参考尺寸表 单位:m

作业机械	铲车、汽车	手推车、电瓶车
门洞高	3.9~5.4	2.1~2.4
门洞宽	3.3~4.5	1.8~2.1

库房作业门有以下几种类型:

(1)摆动门。以铰链固定,开启是由堆高机前进推开,门需要足够宽度,以便堆高机顺利通过(图4-16)。由于是以推撞方式开门,故在底部常受撞击的区域,通常加钉一层橡皮以减低撞击力增长寿命。

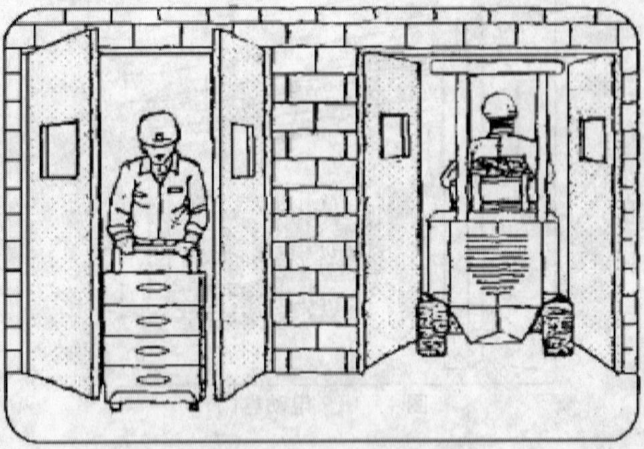

图 4－16　摆动门

（2）弹性片门。此种门是由细长透明的塑料片构成，由上方悬吊垂下，这些塑料片需保持干净，以得到最好的视线（图 4－17）。

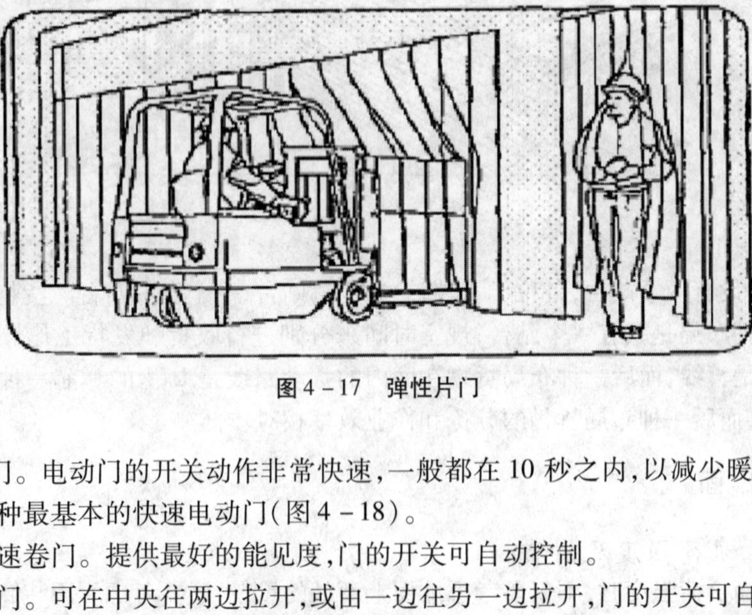

图 4－17　弹性片门

（3）电动门。电动门的开关动作非常快速，一般都在 10 秒之内，以减少暖气或冷气的流失。以下是两种最基本的快速电动门（图 4－18）。

①垂直快速卷门。提供最好的能见度，门的开关可自动控制。

②快速拉门。可在中央往两边拉开，或由一边往另一边拉开，门的开关可自动控制。电动门一般设定为自动模式，当堆高机通过电眼传感器时，即自动开关。另一种方式以手动无线电遥控器来控制。

（4）气密门。

安装气密门主要是为了节省能源，防止冷气外泄。并可隔绝风雨、灰尘，以避免湿滑对堆高机造成危险。气密门的尺寸必须配合货柜车，以得到应有的密闭效果。主要应用于各种冷气厂房，冷冻冷藏库及气候恶劣的地区（图 4－19）。

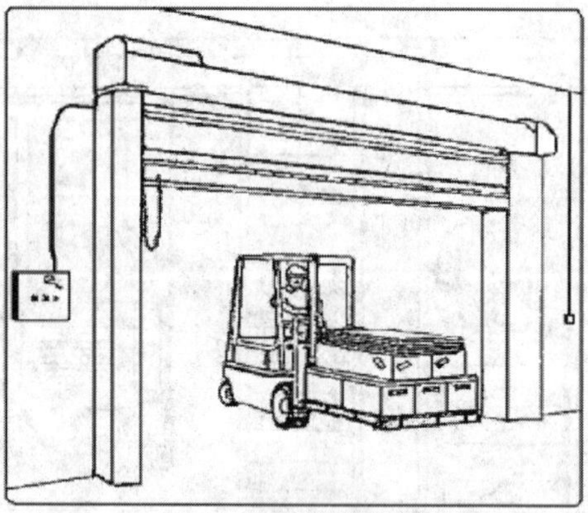

图 4－18　电动卷门

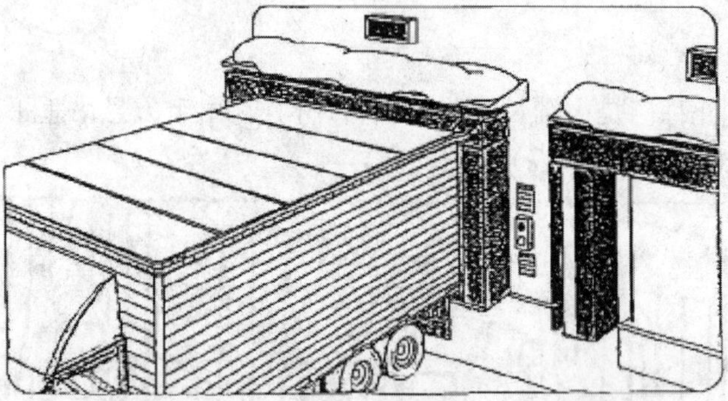

图 4－19　气密门

2. 库房进出口

通常，库房设有两个站台，各位于一端，一个收货站台，一个发货站台。货物在两个站台之间移动。另一种布局是只有一个站台，规定时间来分别进行收货和发货工作。前一种布局货物的移动路线是直线，而后一种布局货物在库内的移动路线是 U 型的。前一种布局多占用一个站台的空间，而后一种布局货物的分拣和作业效率相对较低。

三、库房地面

（一）地面负荷强度及材质

在确定地面负荷强度时，不仅要考虑地面上商品的重量，还要考虑所用装卸搬运机械的重量。通常，办公室要求的地面负荷强度为 300kg/m^2，服饰商品为 300kg ~ 500kg/m^2，杂货商品为 500kg ~ lt/m^2，而饮料商品则为 2t/m^2 以上，除此之外最好再考虑该层的楼层高度或储放商品的高度。

通常地面负荷强度规定为：

平房建筑物，平均每平方米负荷 2.5t ~ 3t。

多层建筑物，一层平均每平方米负荷为 2.5t ~ 3t；　二层平均每平方米负荷为 2.0t ~ 2.5t；三层及以上每平方米负荷 1.5t ~ 2t。

此外，地面材质的选用也非常重要。目前的地板表面材质种类很多，有水泥地板、金刚砂水泥地板、塑料地砖地板、无缝树脂地板等几种，在设计时应针对储放商品的特性选择较耐用的材质。目前使用最多的是金刚砂水泥地板，而且价格非常合理。

（二）地面平整度

地面平整度由堆高机作业对货物的稳定性要求和速度限制以及货架高度等因素决定。通常仓库地面水平误差为1%，直线测量每3m ± 3cm 的水平误差，通过表面处理可以维持较清洁的环境并给堆高机作业带来方便。

四、周边设施设计

物流中心周边设施的设计，一方面要满足设备运转的需要，另一方面也要满足企业文化、形象、员工福利的需要。现代化物流中心在企业形象、企业文化、标志以及整个环境规划方面都应呈现出干净、卫生、柔和、明朗、明快、清爽和高效的物流企业的独特风格。因此，在对物流中心进行规划设计时，除考虑流程、制度和作业需要之外，还要将企业形象具体化与厂房建筑设施和周边设施结合起来考虑。

对物流中心周边设施的设计主要表现在以下几个方面。

（一）采光和照明

现代化物流中心需要特别注重科学的采光和照明，能用日光的话，尽量采用自然光线，一方面是经济合理，另一方面也有利于健康。但是应避免阳光直射厂房而使温度增加太高，这样需要空调系统和排风系统，反而不经济。

厂房的自然采光方法有两种：①利用屋顶采光板；②利用门窗采光。利用屋顶采光板时，必须尽量把采光板规划在走道的上方。

依区域的不同，照明光度条件也不同，工作场所的光线应充足明亮一些，而休息、会客场所光线宜柔和一些。目前物流中心各区域的照明光度应该至少达到如下所列的光度：①进出货暂存区100～2001ux；②库存储存区100～2001ux；③拣货区200～3001ux；④检查区200～4001ux；⑤办公室200～3001ux以上的光度。

此外四周墙壁若采用反射率较高的颜色，则所需照明光度可略低一些。

（二）工作安全设施

在物流作业中，由于不当操作或忽视安全规程造成人员受伤、货物损坏的情况很多，为此应加强安全作业标识、警示灯及设置防撞设施。可以配合工业安全规程，用颜色标识出不同性质的设施；厂房内动态性的车辆、移动机具应采用黄色标识，以提醒人们注意安全。此外，按国际习惯，消防设施应采用红色标识。

（三）温湿度调节

温湿度调节的目的是为了保持仓库内与室外空气循环流通，可根据厂房高度、人员和车辆动线以及面积等因素来决定通风换气的方法。通常，对于物流中心的仓储区，因空间和面积较大，多采用自然通风法较为经济，如门窗自然换气、天窗自然换气等；若厂房高度不高，面积不大或处于工业区空气不佳地段时，多采用机械方法为宜，如强制性通风器、空调系统等。

第三节　物流中心区域平面设计

一、进出货区设计

物流中心的各项作业中，进出货作业是重要的作业项目之一，而码头的吞吐能力将是影响进出货作业的最大关键,因此完善的码头规划及设施兴建,可大幅提升进出货作业的顺畅性。

码头设施的设计规划,必须考虑到货物搬运的每一过程。从货车进入码头开始将货物搬运至码头上,一直到货车离开码头,设计者必须使车辆及货物有效率且安全的移动。在对进出货区进行详细设计前,必须尽量准确掌握以下资料,包括:进发货口是否共用、装卸货车辆进出频率、装卸货车辆形式、物品装载特性、每车装卸货所需时间、进货时段、配送时段等。为使整个作业达到安全、效率,须遵循以下设计原则。

(一)设计原则

由于进出货是物流中心的主要作业,因此其设计成为物流中心内部设计的关键决策之一。为使进出货作业达到安全高效的目的,在对进出货区进行设计时必须遵循以下原则:

1. 进出货区的位置能使车辆快速安全地进出物流中心,不产生交叉会车。
2. 码头的车位数应保证车辆在规定时间内完成货物装卸任务。
3. 码头尺寸须尽可能兼顾主要车辆的规格,以期提供最有效率的作业服务。
4. 选用适当的平台设备确保安全地装卸货物。
5. 规划码头内部暂存区,使物料能有效率地在厂内及码头间移动。

(二)进出货码头位置设计

为使商品在物流中心顺畅进出,进货平台与发货平台的相对位置是很重要的,将直接影响进出货效率。可根据作业性质、库房形式以及仓库内物流动线来决定码头位置的安排形式。一般来说,有如下几种位置关系。

1. 集中型:即进出货共用码头(图4-20)。

传统的仓库(或物流中心)只有一个码头区域,而且在较小的仓库(或物流中心),出库及进库是合并的。在较大的仓库(或物流中心),进货及出货就可能分开但相邻在一起。这种集中型的码头规划方式,最大的好处就是可降低监管成本及有效运用仓管人员及设备。但管理困难,特别是进出货高峰时间,容易造成进出货相互影响的不良效果,适合于进出货频率较低或进出货时间错开的物流中心。此类型码头外部货车作业空间,须以最大型的货车来规划。

2. 分散型:进出货区分别使用平台,两者不相邻(图4-21)。

这是进出货作业完全独立的两平台,不但空间分开而且设备也独立。优点是进出货与动线更加畅通迅速,但设备利用率较低,适用于厂房空间不足的情况。

此外,还可以规划多个进出货平台,分别分布于库房四周,每一个平台配合特定的产品线或作业区域,这适合于进出货频繁且空间足够的仓库(图4-22)。

分散型码头因及时库存管理(Just-in-time)的要求,有普遍发展的趋势。此种安排方式,是将好几个码头分散于厂房的四周,而每一个码头配合特定的产品线或作业区域。

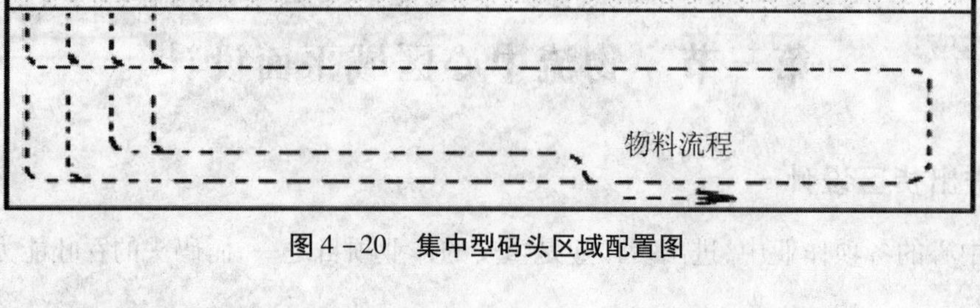

图4-20 集中型码头区域配置图

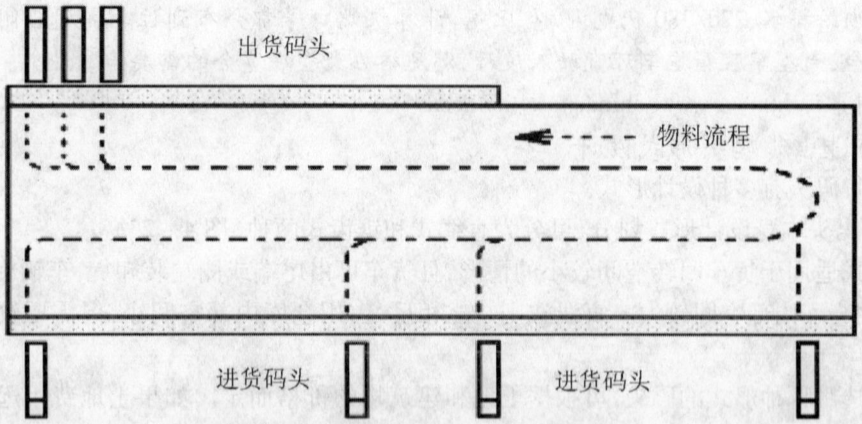

图 4－21　分散型码头区域配置图

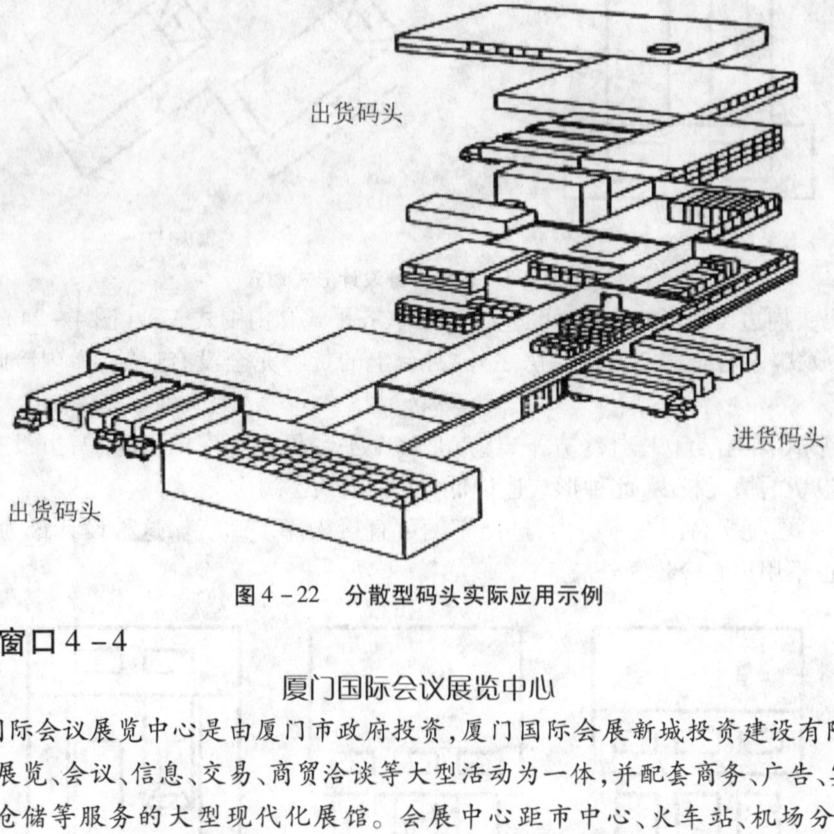

图 4－22　分散型码头实际应用示例

物流窗口 4－4

厦门国际会议展览中心

厦门国际会议展览中心是由厦门市政府投资，厦门国际会展新城投资建设有限公司建设经营的，集展览、会议、信息、交易、商贸洽谈等大型活动为一体，并配套商务、广告、宾馆、餐饮、娱乐、保税仓储等服务的大型现代化展馆。会展中心距市中心、火车站、机场分别为 5km、7km、10km、12km，城市主干道交汇于此，是厦门岛东部的交通枢纽，交通十分便利。

会展中心占地 470000m^2，总建筑面积 150000m^2，由主楼和辅楼组成。主楼长 432m、宽 105m、高 42.6m。位于展厅前的大堂及功能前区面积近 4500m^2，高 18.5m，可容纳 3000 人参加开幕式。展厅总面积 33000 m^2，皆设在主楼第一层，可设 2000 个标准摊位，展厅可同时使用，也可分隔为 A、B、C、D、E 五个展区单独使用；各展区面积均为 6560m^2，净高分别为 7.6m、

10m、15m，地面负载 1t/m^2 和 3.5/m^2，两翼各有跨度为 81m×81m 的无柱展区。

展厅内给排水、220/380 伏电源、空压气、计算机端口等都分布到位。展厅后侧均设有货物装卸平台，大型集装箱拖车可直驶入展厅，满足举办大型展览会的需要。

（资料来源 http://www.chinaexposition.com/）

（三）进出货码头形式设计

进出货码头有多种设计形式。

1. 按码头本身设计形式划分，可分为直线式和锯齿式两种（图 4－23）。

锯齿式适用于货车回转空间较小的情形，且货车可由尾端或侧端装卸货，车辆旋转纵深较浅，但占用仓库内部空间较大。直线式则与之相反，占用仓库内部空间小，但需要较大外部空间。

究竟选用哪种形式的码头，可根据土地和建筑物的价格而定。如果土地费用远低于仓库造价时，选取直线型为最佳。

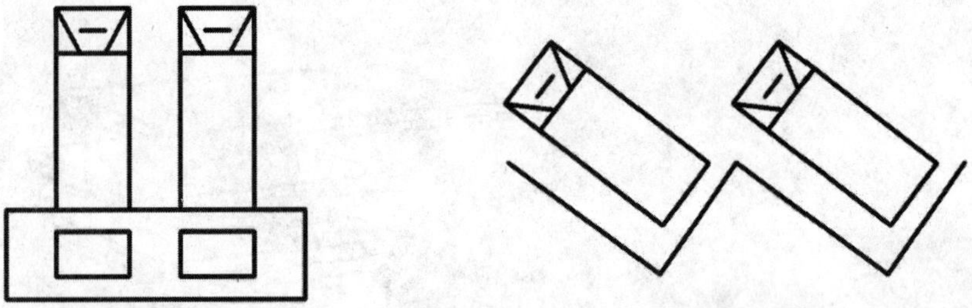

（a）直线式　　（b）锯齿式

图 4－23　码头本身设计形式划分

2. 按码头周边设计形式划分，可分为开放式、齐平式和内围式三种（图 4－24）。

（1）开放式：平台全部突出在库房之外，月台上的货物完全没有遮掩，库内冷暖气容易外泄。

（2）齐平式：平台与仓库外缘齐平，优点是整个平台仍在仓库内受保护，虽没有内围式安全，但能源浪费的情况较少，此种形式造价低，目前被广泛采用。

（3）内围式：把平台围在库房内，进出车辆可直接入库装卸货。这种设计最为安全，不怕风吹雨打，也不用担心冷暖气外溢。

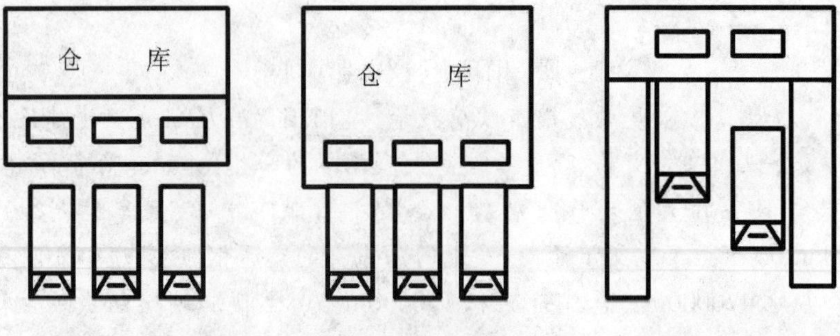

（a）开放式　　（b）齐平式　　（c）内围式

图 4－24　按平台周边设计形式划分

3. 按车辆的卸货位置,可分为尾端卸货和侧部卸货两种(图 4 – 25)。

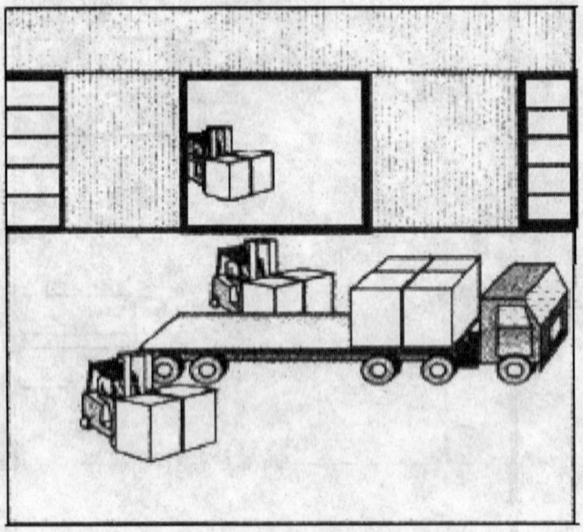

图 4 – 25　侧部卸货型平台示意图

尾端卸货型平台面位较小,适合标准集装箱和托盘装载作业。现在大部分平台都属于尾端卸货型。

侧部卸货型平台装卸货物的宽度可以比车辆门宽,且可同时从车辆两边卸货。

(四)码头规划项目及考虑因素

码头规划

- 货车尺寸规格
  - 货车长度
  - 货车宽度
  - 货车高度
  - 货车旋转半径
- 码头设施
  - 码头面积
  - 月台数
  - 码头高度
  - 月台宽度
  - 月台高度
  - 交通通道
  - 遮雨棚高度
  - 遮雨棚伸展长度
- 回转作业空间
  - 货车旋转半径
  - 停车坪面积
  - 排水设施
  - 车道坡度
- 进出道路
  - 安全迅速
  - 单向或双向
  - 道路宽度
  - 出入口位置
  - 逆时针动线
- 进出货暂存区
  - 作业管理控制程度
  - 进货暂存区
  - 货车装载容积
  - 出货暂存区
  - 尖峰出货量
- 码头设备
  - 码头高度调整板
  - 货车高度调整板
  - 车辆固定装置
  - 缓冲垫
  - 密封垫

图 4 – 26　码头规划项目及考虑因素

1. 回转作业空间

回转作业空间是指货车进出及停靠码头所需之活动空间,一般又称为停车坪。此空间大小与货车的长度及回转半径有绝对关系,并与月台的宽度及数目有关。依经验,以 40ft(呎)长的货柜车为例,从码头到最近的障碍物(围墙)的长度,至少要有两部货车的长度,才能使货车有足够作业回转空间(图 4 – 27)。

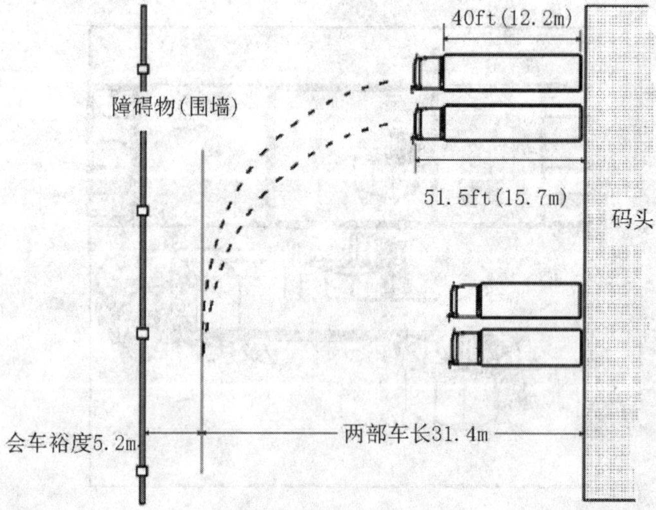

图 4-27　40ft(呎)长的货柜车作业回转空间

2. 码头高度

大部分码头高度调整板可满足多种规格货车高度的需求。依经验,如无使用码头高度调整板时(图 4-28),码头高度定在 50~52in(127~132cm)。如使用高度调整板时,因调整板有上下调整裕度,则码头高度只需定在 48in(122cm)。

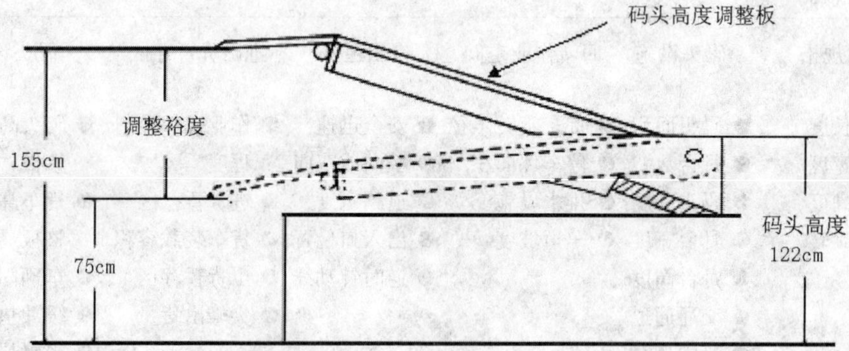

图 4-28　装有调整板之码头高度

一般标准的货柜车货台高度是 50~51in(127~130cm),冷冻货柜车是 54~60in(137~153cm),另外其他型式货柜车在 30~36in(76~92cm),这些尺寸受到胎压及负载的影响,会有一些变化。

对于床台高度较低的货车,要停靠 48in(122cm)高度的码头,可用以下三种方法加以解决:

(1)使用垫块,只能上升一固定高度,使用时需搬动,较麻烦也不太安全(图 4-29)。

(2)安装货车高度调整板,安全且有弹性,有些作业使用较长的调整板,可使货车以较小的倾斜度上下码头(图 4-30)。

(3)最后一个方法是指定一码头应作为较低货车专用码头,可用水泥做成永久式的垫块或是设计为较低的码头高度,以配合货车。

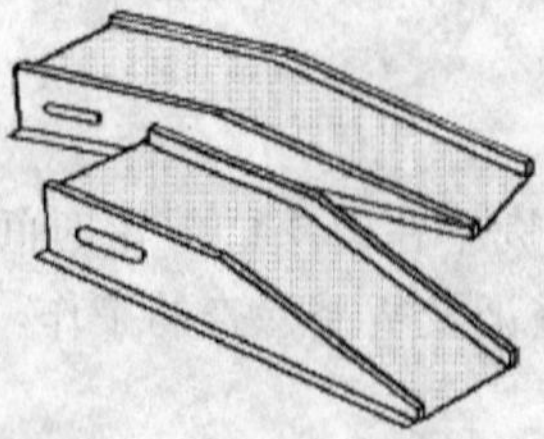

图 4－29　垫块

图 4－30　货车高度调整板

3. 月台宽度

一般标准货柜宽度 8ft(2.4m)，所以码头月台的宽度不能小于 10ft(3m)，有些则宽至 14ft(4.3m)，但大部分的设计是 12ft(3.7m)宽。

4. 月台间距(图 4－31)

平台月台中心线间的间距不能小于 3 米，通常取标准宽度为 4 米，若是锯齿式平台，间距要大于 5 米。

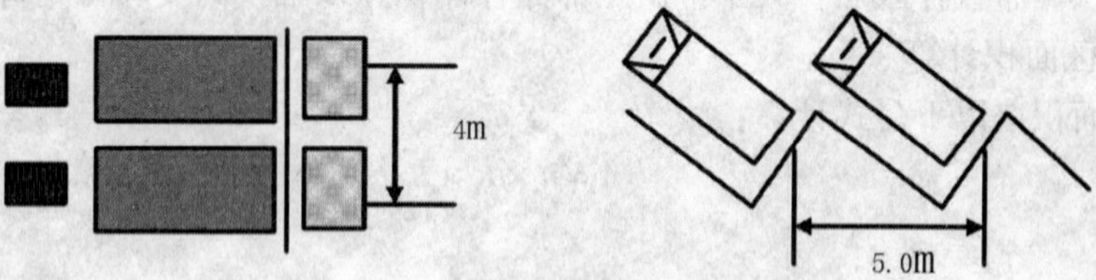

图 4－31　月台间距示意图

5. 作业空间(图 4－32)

在进出货码头的作业空间包含两部分：

(1)码头高度调整板的空间，以便能进出货车。码头高度调整板所需空间大小与其型式及码头高度与货车床台的高度差有关。一般暂时可携式调整板占 3～7ft(0.9～2.1m)的空间。永久式高度调整板占 4～10ft(1.2～3.0m)的空间。

(2)作业通道，以便能进出搬运车辆载货至暂存区。作业通道的宽度与装卸货使用的搬运车辆型式有关。使用手动托盘车所需的作业通道宽度大约是 6～8ft(1.8～2.4m)。动力堆高机所需之作业通道宽度大约是 8～15ft(2.4～4.5m)。此作业通道只限于装卸货使用，不能做仓库的主要通道。

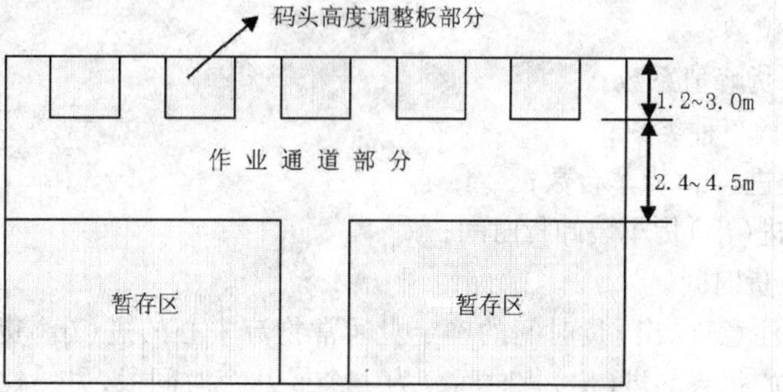

图 4－32　进出货作业空间尺寸

6. 进出货暂存区

进出货暂存区主要是用于仓库与货运公司（货车司机）对于物品控制转移的暂时管理位置，其包括下列两个区域。

（1）进货部分

在进货部分，此暂存区可允许物品的快速接收，减少货车在码头的停留时间，以提高货车停靠的数量。一旦货车卸货完成，可在此暂存区内办理登记及货品检查的工作。

（2）出货部分

在出货部分可在此暂存区内累积欲出货的物品，以确保正确的货品在出货货车到达时，快速地出货至所要的正确客户处。

充足的暂存区空间对于进出货有效率的作业非常重要。所以暂存区的大小与单元负载物品的特性，出货或进货量，以及对于进出货品到达及离开时间控制的程度有关。计算所需空间，须将拣取的物品转换成体积（材积），并建立转换系数，使单位重量可转换成多少体积。但并非所有物料都是很容易堆栈，因此必须提供额外的空间，使货品能以货车或配送区域来分隔分类存放，以方便存取。在一般的情况下，是将已完成的货品体积乘以 2.5～3 个系数，以得到所需要的总体积。而暂存区面积大小可由全部储存体积除以堆栈高度即得到暂存区面积。

7. 进出货区面积计算

进出货区面积按以下公式计算：

$$A = n \times K \times L \tag{4-1}$$

式中：

A——进出货区面积；

n——进出货车位数；

K——每个车位宽度（一般取 $K = 4\text{m}$，见图 4－31）；

L——站台宽度（一般取 $L = 3.5\text{m}$）。

8. 车位数规划

车位数的规划，即指在现有装卸水平条件下，并综合考虑未来的需求变化，确保所有货物按时装卸所需的车位数。

月台车位数通常可按以下公式计算。

$$n = \frac{\mu \Sigma N_i T_i}{T} \tag{4-2}$$

式中：

n——月台车位数；

μ——进（出）货峰值系数；

i——进（出）货车种类数；

N_i——第 i 类进（出）货车台数；

t_i——第 i 类进（出）货车装卸货时间；

T——进（出）货时间。

在这里，需要注意进（出）货时间的确定。通常物流中心的进（出）货时间可分为两种形式，一种是物流中心每天的进（出）货时间分为一个或几个时间段，另一种是进（出）货时间无明显间隔，连续进货。对于第一种情况，可以根据各时间段的进（出）货车台数、吨位及各货车的装卸货时间分别求出所需的车位数，取最大值为最终所规划的车位数；对于第二种情况，可以对进(出)货高峰时期重点分析，满足此阶段所需的车位数即为最终所规划的值。

例：某物流中心进、发货口分开使用，现有进货车台数、吨位和卸货时间等数据如表 4－4 所示。

表 4－4　进货车台数和卸货时间

进货车台数(台)				卸货时间(min)			
	11t 车	4t 车	2t 车		11t 车	4t 车	2t 车
托盘进货	N_1	N_2		托盘进货	20	10	
散装进货	N_3	N_4	N_5	散装进货	60	30	20

设进货峰值系数为 1.5，要求在两小时内必须进货卸货完毕，则所需进货车位数为：

$$n=\frac{\mu\Sigma N_iT_i}{T}=\frac{(20\times N_1+10\times N_2+60\times N_3+30\times N_4+20\times N_5)\times1.5}{60\times2}$$

出货车位数计算方法与此相同。

9. 进出道路规划

进出道路规划是指车辆自厂区外面进入码头区，而后停靠码头的道路规划，以及货车停靠方向规划。

进出和环绕厂区外围的道路宽度与道路是单向或双向交通有关。在单向道路要 12ft(3.7m)宽，双向道路则应有 24ft(7.4m)宽。货柜车进出的大门，在单向交通应有 20ft(　6.1m)宽，在双向交通则应有 30ft(9.1m)宽，另外因考虑大门同时亦会有行人出入，所以应再增加 6ft(1.8m)宽。进出道路如有交叉时，则应设计成 Y 形，以方便货柜车能安全地转弯。货车进出道路在转弯的最小半径是 35ft(10.7m)。

货车停靠码头时移动的方向对于停放的效率及空间需求有重要影响。货车应以反时针方向进入码头区，再以顺时针方向倒车停靠码头，顺时针倒车可使司机能较清楚的看到货车后方(因国内驾驶座在左方)。若以反时针方向倒车停靠码头，则司机必须依赖后视镜或另有人员引导至正确位置。反时针方向倒车停靠码头方式所需停车坪空间需比顺时针方向倒车停靠码头方式多约 6m 深度。

10. 车道坡度

一般货车停靠码头之车道坡度是 3%，以实用性而言，最大到 6%(图 4－33)。有些空间上不允许，必须增加坡度，10% 是最大极限。如坡度太大，会造成在湿雨的情况下，货车驶离困难，而且也会加重堆高机在搬运时的负载。在倾斜的车道，要有一排水道，一般是离码头正面 1～3ft(0.3～0.9m)处，设有排水道。

此外，由于商品在进出货时可能需要拆装、理货、检查或暂存以待车装载配送，所以在进出货平台上应留出一定的空间作为缓冲区。

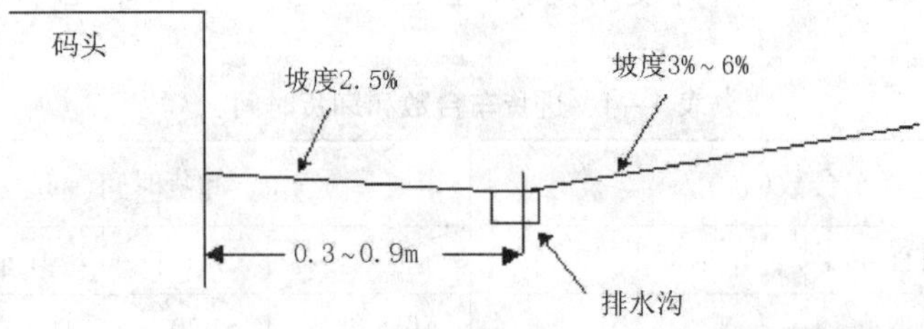

图4-33　车道坡度

11. 遮阳(雨)棚

由于一些商品对湿度以及太阳直射非常敏感,所以进出货平台的遮阳(雨)棚也是必要的设备。通常,遮阳(雨)棚与进出货平台的高度至少需要3m以上,与地面的高度至少需要4m以上,其长度至少需要5m以上,而且遮阳(雨)棚的斜度最好是往内部倾斜,以避免雨水滴落到车厢后被风吹刮弄湿了商品。

(五)码头设备

1. 车辆固定装置

车辆固定装置(图4-34),系装设于码头正面,货车停靠于码头时,此装置有一卡勾可手动或自动升起,勾往货车保险杆下方之底盘固定杆,以避免因码头作业人员与货车司机沟通不良,货车过早驶离,造成堆高机翻覆的危险(图4-35)。此装置并附有管制信号标志,可让货车司机或堆高机作业员知道,何时可将货车驶离或堆高机可驶入货车。

图4-34　车辆固定装置

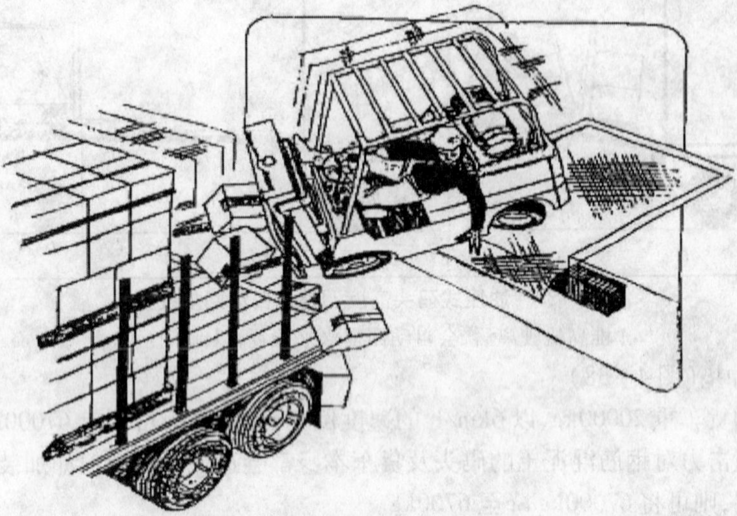

图 4－35　未使用固定装置的危险性（货车提早驶离，造成堆高机翻覆）

2. 码头高度调整板

为了配合各种不同高度的货车在码头能很方便的上下货，而设计码头高度调整板（图 4－36），其依升降驱动方式之不同而区分成下列两种形式：

（1）机械式：在动作时，是由操作员将链条拉起，此时调整板会向上升起，再由操作员拉至货车床台高度。

（2）油压式：油压式则较为自动，操作员按钮激活，调整板即自动升起，再降至货车床台高度，货车驶离时，会自动回复水平位置，保持安全（图 4－37）。

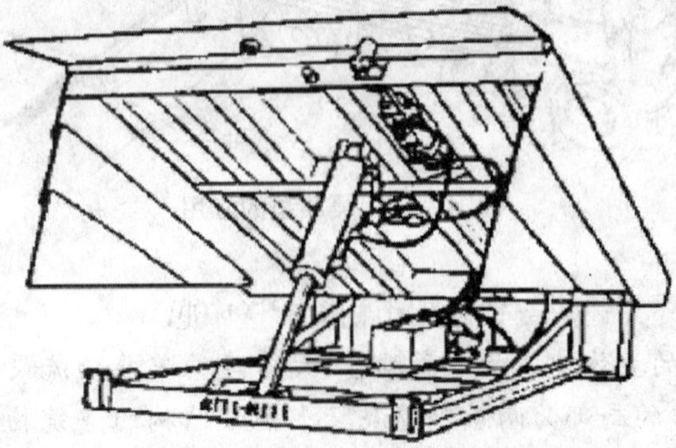

图 4－36　码头高度调整板

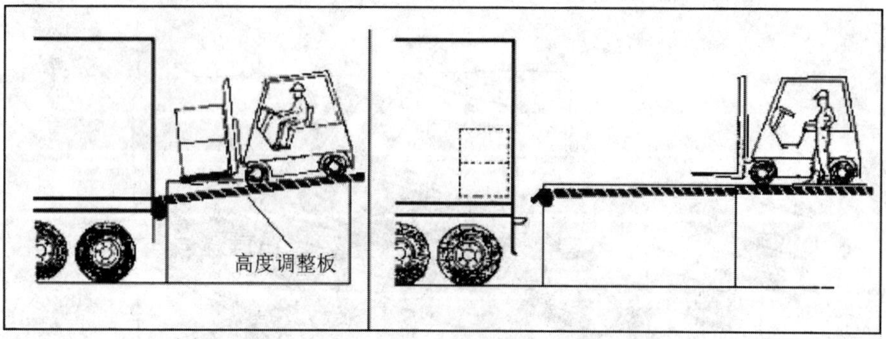

图 4－37　油压式码头高度调整板自动回复装置

（堆高机驶离后，会自动回复水平位置，以保安全）

3. 码头缓冲垫（图 4－38）

如一装载的货车重 20000kg，以 6km/h 的速度倒车，则对码头可能有 67000kg 左右的撞击力。这么大的撞击力对钢筋混泥土的码头及货车本身都会造成损坏。但如加装 25mm 厚的缓冲垫在码头前端，则可将 67000kg 降至 6700kg。

安装缓冲垫可吸收巨大的冲击力，以保护设施及货车，厚度 100～150mm。可分为 L 型，长方型或多片式等型式。

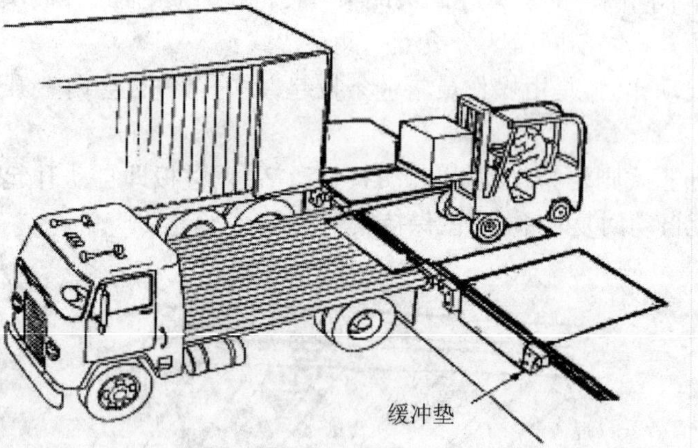

图 4－38　缓冲垫的应用

物流窗口 4－5

华联超市物流配送中心

华联桃浦配送中心的主体建筑物是高站台、大跨度的单层物流设施。为了充分利用理货场上方的空间，配送中心的局部为两层钢筋混凝土框架结构的建筑物。基地内部的环状主干道路宽 20 米，实行"单向行驶、分门进出"。配送中心的南北两侧，建有 4 米宽的装卸平台，站台高出室外道路 1 米，当厢式卡车尾部停于站台时，车厢抱垫板与站台面基本处于同一平面，将商品的装卸作业变成水平移动，大大减少装卸作业环节的劳动强度。站台作业线总长 270 米，可停靠 80 多辆卡车同时作业。站台上方装有悬挑 8 米的钢结构雨篷，保证配送中心可以一天 24 小时全天候作业。配送中心的中央空调，采用多元网架结构，上盖镶嵌统长型采光带的彩色夹芯保温钢板屋面，白天（包括阴雨天）库内作业不需要人工照明。绿色非金属耐磨地面，装卸搬运作业时不起灰，确保了食品的卫生安全。

（资料来源 http://www. ztb. org. . cn）

二、仓储区设计

储存是物流中心的核心功能和重要的作业环节，仓储区域规划的合理与否直接影响到物流中心的作业效率和储存能力。在储存空间布置时，首先考虑的是储存货物的多少及其储存形态，以便能提供适当的空间来满足需求。因为在储存货物时，必须规划大小不同的区域，以适应不同尺寸、数量的货物的存放。对于空间的规划，首先必须先行分类，了解空间的使用目的，确定储存空间的大小，然后再进行储存空间的设施布置。倘若由于储存空间的限制而无法满足储存要求时，就要寻求可以提高保管效率的储存方法来满足规划要求。

（一）仓储区作业空间设计的原则

1. 作业路线最短原则。从整个仓库业务流程来看，始终贯穿着商品、搬运装卸设备和人员的运动，合理布置作业区域可以减少设备和人员在各个设施之间的运动距离，节省作业时间。

2. 有效利用时间原则。合理布置的主要目的之一就是避免时间的浪费。合理布置可以使各项作业更加顺畅，减少各个环节上人员和设备的闲置时间，从而缩短整个物流作业时间，提高作业效率。

3. 合理利用仓库面积原则。通过不同布置方案的比较和选择，减少仓库面积的浪费，提高储区利用率。

4. 安全、卫生原则。有一定的防火通道，设有防火与防盗设施，符合卫生要求，考虑通风、照明和绿化情况。

5. 柔性原则。在设计仓储区空间时，应考虑如下的因素：货品尺寸、数量，托盘尺寸和货架空间，设备型号、尺寸、能力和旋转半径，走廊宽度和位置，柱间距离、建筑尺寸与形式，进出货及搬运位置，补货或服务设施的位置（防火墙、灭火器、排水口等）。

总之，不论仓储区如何布置，应先求出存货所占空间大小、货品尺寸及数量、堆放方式、托盘尺寸和货架储位空间。

（二）仓储区作业面积设计

根据仓储区的储运量（储运量的计算方法见第三章），可知日常存货的数量。除此之外，在进行仓储区作业面积规划时，还必须事先了解货物的尺寸、堆放方式、托盘尺寸、货架储位空间和通道宽度等。采用不同的储存方式，货物所需要的仓储作业面积是不一样的，通常物流中心货物的储存方式有地面堆码、使用托盘货架、轻型货架和自动化仓库等多种方式。

在规划要求不十分精确的情况下，我们可以用以下公式简单估算仓储区的面积：

$$A = \sum M_i / \lambda_i \tag{4-3}$$

式中：A——仓储区作业面积；

M_i——第 i 类商品平均储存量；

λ_i——第 i 类商品在该区域的面积利用系数。其值取决于商品的类型、存放方式以及所采用的作业设备等，应根据经验和具体条件确定。

在设计要求较精确的情况下，需要针对不同的储存方式分别分析计算。

1. 地面堆码存储

当大量发货时，采用地面堆码存储方式可以方便作业，提高效率。具体有两种形式：单层托盘存储和累叠料框存储，此时应根据托盘数量、尺寸和通道宽度来确定作业面积。

第一种形式，当单层托盘存储时（图 4－39），仓储区作业面积可用下式计算：

$$A=\lambda \cdot \sum \frac{M_i}{N_i}(P \cdot P) \qquad (4-4)$$

式中：

M_i——第 i 类商品的平均储存量；

N_i——每个托盘平均可堆放第 i 类商品的数量，可由商品尺寸和托盘尺寸计算得到，通常以箱为单位；

$P \cdot P$——托盘尺寸；

λ——放宽比，须视通道占仓储区总面积的比例而定。一般中枢型通道约占全部仓储面积的 30%～35%，可取

$$\lambda=\frac{1}{1-35\%}\approx 1.5$$

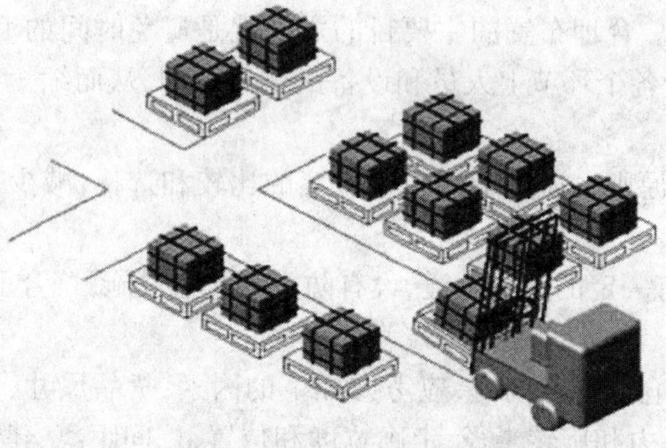

图 4－39　托盘平置堆放示意图

第二种形式，当累叠料框存储时（图 4－40）。

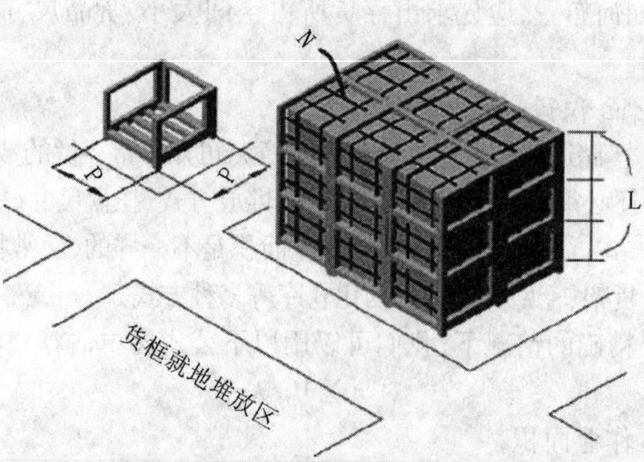

图 4－40　托盘或料箱堆放示意图

仓储区作业面积为：

$$A=\lambda \cdot \sum \frac{M_i}{L \cdot N_i}(P \cdot P) \qquad (4-5)$$

式中：M_i——第 i 类商品的平均储存量；

L——商品堆放层数；

N_i——每个料框平均可堆放第 i 类商品的数量，以箱为单位；

$P \cdot P$——料框尺寸；

λ——放宽比。

2. 托盘货架存储

托盘货架是目前物流中心应用最普遍的储存方式，具有很好的拣取效率，但需要通道较多，影响了存储密度。使用托盘货架储存货物，在计算作业面积时除了要考虑货物尺寸和数量、托盘尺寸、货架形式和层数之外，还应考虑相应的通道空间。

通常采用每货位存放两个托盘的货架，图 4-41 为其储存示意图。从图中可以看出，托盘货架具有区块特性，即每个区块由两排货架和通道组成，图中虚线所围区域即为一个区块。

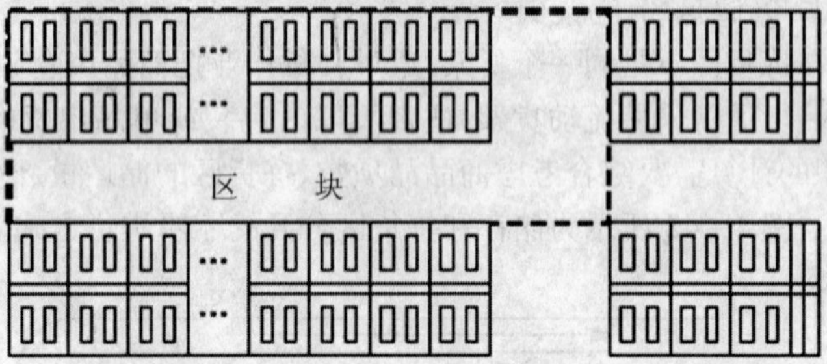

图 4-41 托盘货架储存示意图

仓储区占地面积可按以下公式计算：

$$A = D \cdot B = D \cdot \frac{P}{T} \tag{4-6}$$

其中：

$$P = \sum \frac{M}{L \cdot N_i} \tag{4-7}$$

式中：D——每一区块的占地面积，可根据每一货位实际的长、宽尺寸，货位列数以及通道的长、宽求得；

B——存货所需的区块数；

P——存货需要的托盘单层占地个数；

T——各区块单层容纳的托盘个数，可根据各区块的货位列数和每一货位存放的托盘个数求得；

L——货架层数；

M_i——第 i 类商品的平均储存量；

N_i——每个托盘可堆放第 i 类商品箱数。

三、拣货区设计

拣货作业是物流中心内最费时的工作，因此拣货区作业面积设计的好坏必将影响整个物流中心的效率。按照拣货作业量（作业量计算方法见第三章）、出货频率以及商品特性，拣货区的规划模式可分为以下三类，见表 4-5。根据不同的规划设计模式，我们分别分析其所需的作业面积。

表 4-5　拣货区规划设计模式

拣货区设计模式	作业方式	拣货量	出货频率	适用范围
拣货区与仓储区分区设计	由仓储区补货至拣货区	中	高	零散出货、拆箱拣货
拣货区与仓储区分区分层设计	由上层仓储区补货至下层拣货区	大	中	整箱出货
拣货区与仓储区合并设计	不另设拣货区，直接在储位上进行拣货	小	低	少量零星出货

（一）拣货区与仓储区分区设计

这种方式仓储与拣货区不是同一个货架，通过补货作业把商品由仓储区送到拣货区，再从拣选货架上拣取商品。通常采用流动货架，适合于以内包装或单品出货的商品。采用这种方式，拣货区作业面积的计算需要综合考虑商品品项数、拣货区的储运量、商品特性、货架尺寸以及通道宽度等因素。图 4-42 所示为储存和拣货区分开的零星进货方式。

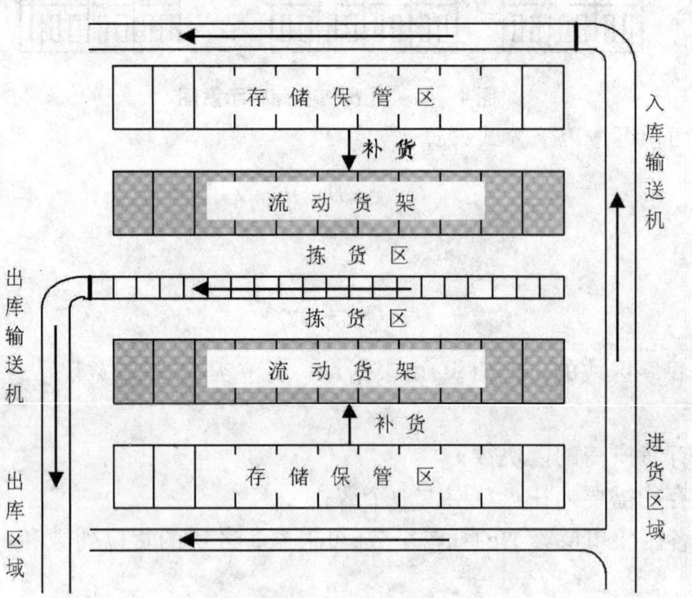

图 4-42　存储与拣货区分开的零星拣货方式

如果作业是多品种小批量的单品发货方式，则可在拣货区出库输送机两侧增设无动力拣货输送机，如图 4-43 所示。这种方式的优点是拣货员拣取货物是利用拣货输送机，一边推着空储运箱一边按拣货单依箭头方向在流动货架前边走边拣货。当拣货完毕便把储运箱移到动力输送机上。这种方式工作方便、效率更高。

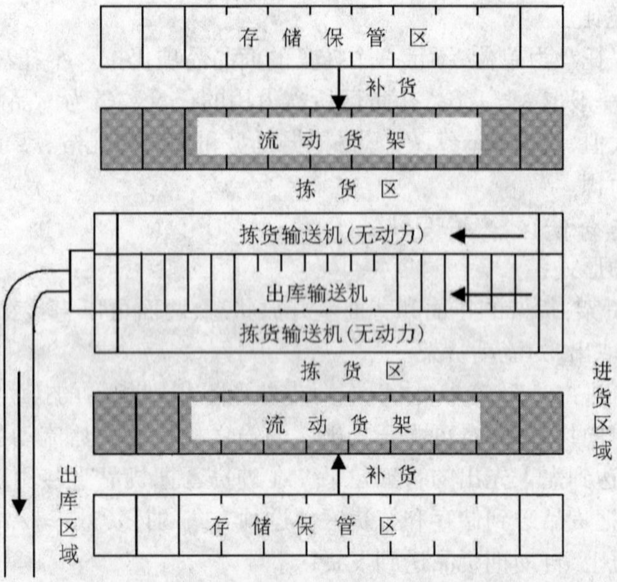

图 4-43　有动力/无动力输送机的拣货方式

(二)拣货区与仓储区同区分层设计(图 4-44)

体积大、发货量也大的物品适合这种模式。通常这种规划方式,仓储区和拣货区共用托盘货架,一般是托盘货架的第一层(地面层)为拣货区,其余层次为仓储区,当拣货结束后再由仓储区向拣货区补货。采用这种方式,拣货区作业面积的大小取决于商品品项数以及仓储区的库存量所需的托盘数。

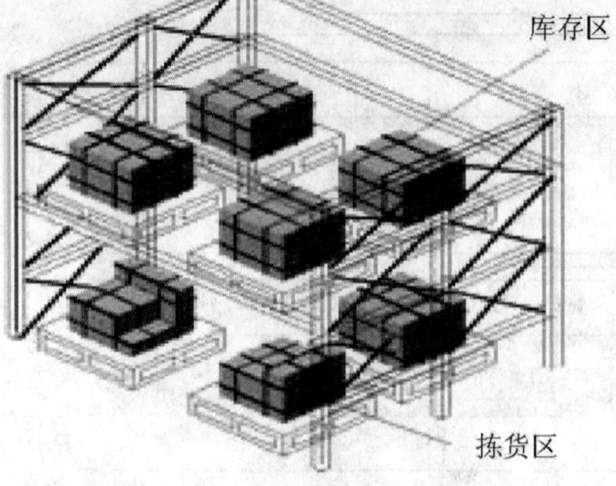

图 4-44　储存和拣货区共用托盘货架

单层存货所需的托盘个数为:

$$P = \lambda \cdot \sum \frac{M_i}{N_i(L-1)} \tag{4-8}$$

式中:M_i——第 i 类商品库存总量;

N_i——每托盘堆放第 i 类商品数量;

L——托盘货架层数;

i——商品品项数;

λ——放宽比。

由于实际库存以托盘为单位,不足一个托盘的商品品项仍按一个托盘来估计,因此库存所需空间应适当放大,一般取 $\lambda=1.3$。拣货区所需占用的托盘数量为商品品项数与单层存货所需的托盘数中的较大值,即为 $\max(i,P)$。再根据托盘和货架的规格、尺寸以及通道的宽度,即可求出拣货区作业面积。

(三)拣货区与仓储区合并设计

具体有以下三种形式:

1. 两面开放式货架:货架的正面和背面呈开放状态,两面可以直接存放或拣取商品;或者从一面存入,另一面取出,如流动货架。

这种方式适用于进出货量较小、体积不大或外形不规则货品的拣货工作。因为进货、保管、拣货、发货都是单向物流动线,可配合入出库的输送机作业。让流动货架来实现储存和拣货的动管功能,可以达到先入先出的管理效果。在进货区把货品直接由货车卸到入库输送机上,入库输送机自动把货品送到储存和拣货区。这种方式的拣货效率较高,拣取完的货物立即被放置于出库输送机上,自动把货品送到发货区。

拣取单位可分为箱拣货和单品拣货两种。箱拣货方式可配合加贴条码标签作业进行输送带的分类作业。单品拣货配合拆箱作业,并可利用储运箱为拣货用户的装载单位进行集货,再通过输送带分送到发货区。

流动货架优点是仅在拣货区通道上行走便可方便拣货,使用出库输送机提高效率,出入库输送机分开可同时进行出入库作业。图 4-45 所示为流动货架拣货方式。

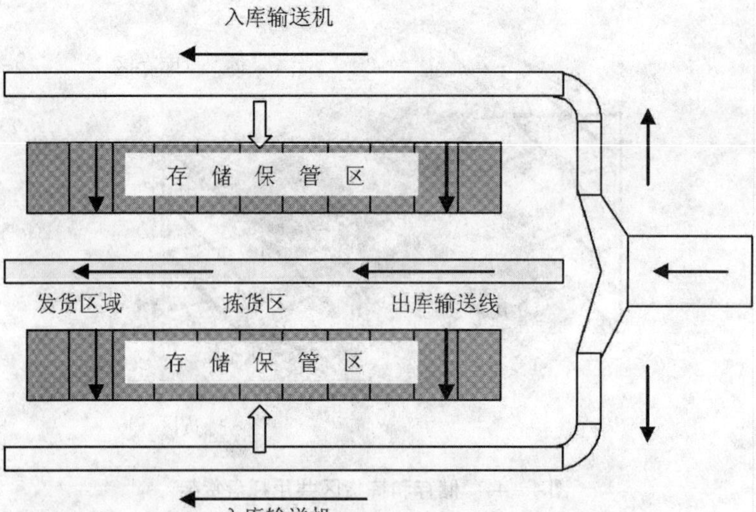

图 4-45　流动货架的拣货方式

对于规模较大的物流中心可采用多列流动货架进行平行作业。之后,再用合流输送机把各线拣发货物集中。如图 4-46 所示的多列流动货架拣货方式。

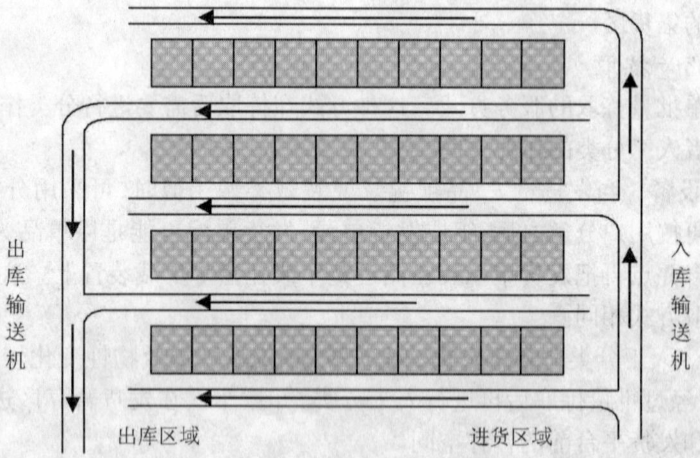

图 4-46　多列流动货架的拣货方式

2. 单面开放式货架(图 4-47):商品的入库和出库在同一侧进行。在作业中要将入库和拣选出库时间错开,以免造成作业冲突。

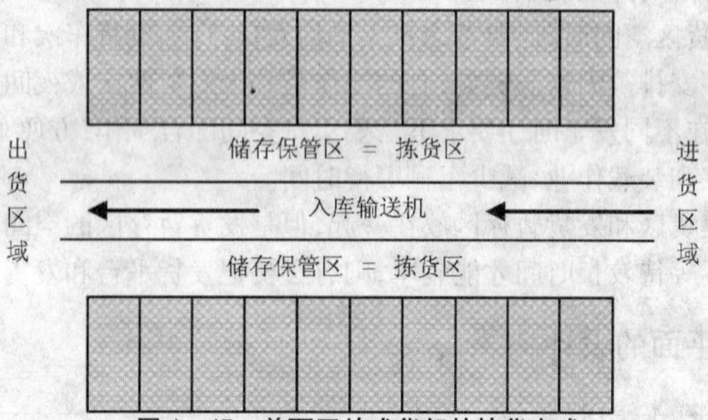

图 4-47　单面开放式货架的拣货方式

3. 积层式货架:通常下层为大型货架,采用箱拣货模式,上层为轻量小型货架,采用单品拣货模式。采取积层式货架拣货方式拣货,作业时,拣取位置不宜超过 1.8 米,否则操作困难。

采用这类拣货方式,由于仓储区和拣货区合并在一起,因此不单独计算拣货区作业面积,而是在进行仓储区作业面积规划时,根据储运量,结合通道宽度、拣货设备等因素一并考虑。

四、集货区设计

在物流中心的作业中,当物品经过拣取出库后再进行集货、清点、检查和准备装车等作业时,由于拣货方式和装载容器的单位不同,在发货前的暂存和准备工作需要有一定的集货空间。各种集货作业的拣货类型如下:

(一)单一订单拣取

以单一订单用户为单元,拣取后的发货单位可能是储运箱、笼车,也可能是台车或托盘。集货区以此为单位设计暂存区以待发货。

(二)订单分区拣取

以单一订单用户为主,根据拣货单位把储存区分成几个区,拣取之后的发货单元可能同时包括储运箱、笼车或托盘等组合。为此,可能有另外的拼装、组合或帖标、注记等工作。这样有利于装车送货员识别不同用户的货品。这种方式要求较大的集货空间。在设计时可分为主要用户和次要用户的集货区。

(三)订单批量拣取

这是多张订单批量拣取的服务方式。这种方式在拣取后需要进行分类作业。为此需要有分类输送设备或者人工分类的作业空间。

1. 分类输送设备。当发货量大、品项包装或装载类型相似时,可采用分类输送设备。按批量拣取的货品再按用户分类之后,组成发货单元,发货单元可能是以单品为主,也可能是以箱为主。最后在合并点再把发货单元装在储运笼车或托盘等负载装置上。这种集货区空间设计与单一订单拣取方式相同。

2. 人工分类。人工分类适合于发货的用户少,且货品种类及物性变化较大的物品。拣取货品以单品为主,经过批量拣取后再进行人工分类,并按车次在发货暂存区进行合并。为此,需要有行走通道和发货平台前的暂存空间。

集货区货位设计,一般以发往地区为货区单位进行堆放,同时考虑发货装载顺序和动线畅通性,在空间条件允许的情况下以单排为宜。否则,可能造成装车时在集货区查找货物比较困难,以至于影响搬运工作,降低装载作业效率。

另外,在规划集货区空间时,还要考虑每天平均发货订单、发货车次和出车路线,以及每天拣货和出车工作时序安排等因素。例如,有的工作是一天发货两次或夜间发货,拣货时段则在白天上班时间完成,在不同发车时序要求下需要集货空间配合工作,方便车辆到达物流中心立即可以进行货物清点和装载作业,减少车辆等待时间。

有时也可以把集货区和发货暂存区放在一起,但是发货暂存区的空间常作装载工作之用。如果拣出的货物需要等待较长时间才能装车,则有必要把发货平台和发货暂存区分开。

五、其他区域平面的设计

(一)分类区(图4-48)

设每日拣货箱数为n个,拣货方面数为N(每方面2m宽),拣货时间为7h,峰值系数为1.5,单位时间拣货数为$1.5n/7$,则分类区必要面积A为

$$A=(L+2)\times(6\sim10)\text{m}$$

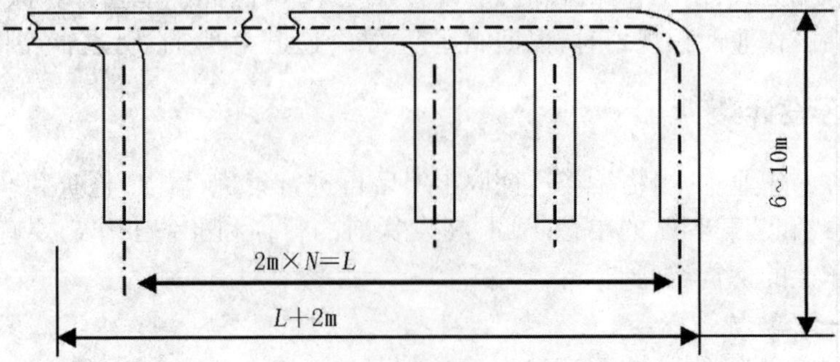

图4-48 分类区示意图

（二）流通加工区

设每人作业面积如图 4 - 49 所示，作业人员为 N 人，则流通加工区必要面积 A 为

$$A = 3.5\text{m} \times 3\text{m} \times N$$

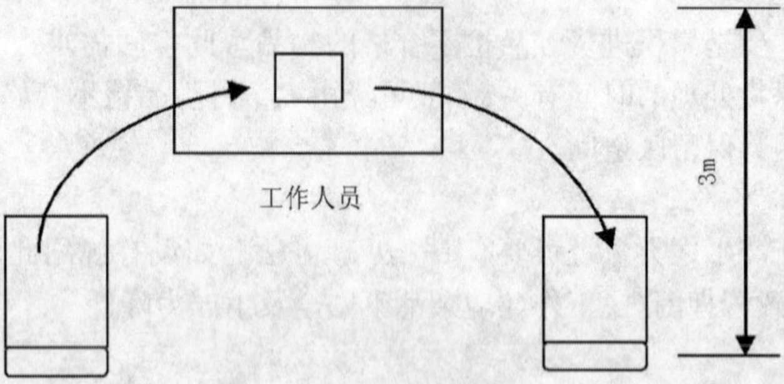

图 4 - 49　流通加工区

（三）升降机前暂存区

通过升降机底面积、搭载台车或托盘数计算暂存区。若为如图 4 - 50 所示尺寸，则升降机前暂存区必要面积 A 为

$$A = 11\text{m} \times 10\text{m} = 110\ \text{m}^2$$

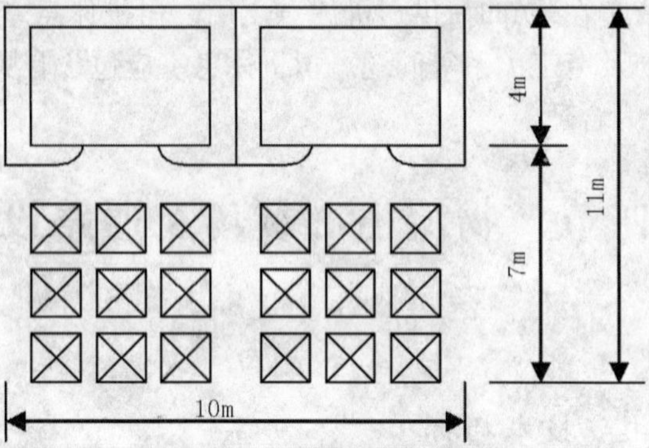

图 4 - 50　暂存区设计例

（四）进货大厅的计算（图 4 - 51）

设每个车位宽度为 4m，进货大厅共有 n 个车位，则进货大厅长度 $L = n \times 4\text{m}$。设进货大厅宽度为 3.5m，则进货大厅总面积

$$A = L \times 3.5\text{m}$$

如图 4 — 25 所示。

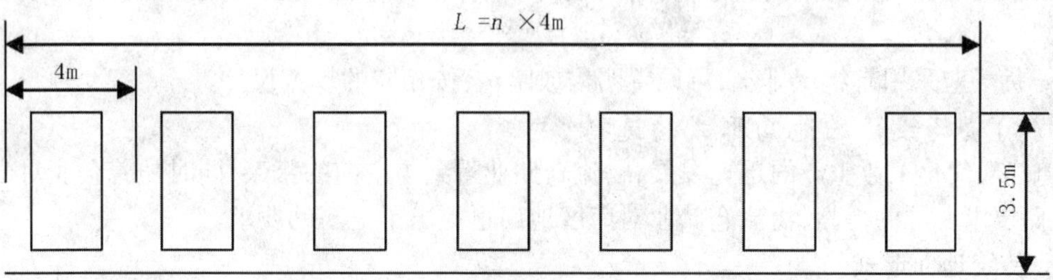

图 4 - 51　进货厅大小设计例

（五）相关设施空间需求

1. 办公室空间

办公室空间是提供进出货管理及事务性工作之用。以一个舒适合理的作业需求来规划，

每一个码头工作人员大约需要 11.6m^2 的办公室空间。可考虑使用积层楼的方式,上层作为办公室,下层地板尚可作为进出货暂存区之用。

2. 品管保留区

品管保留区主要是累积进货经品检不合格的物品。此空间需求大小与退货物料的量,特定的检查程序及退货处理的时间有关,一般可经由六个月份品检不合格物品的平均量,估算规划成所需占用之品管保留区空间。

3. 废弃物区

对于进出货所产生之大量垃圾要有一个处理方法。如没有规划此区域,则会占用码头其他有用的空间,导致管理困难,工作环境杂乱不安全及生产力降低。

4. 空托盘区

如果在进货之后需要叠托盘或是出货之前需要卸托盘,则必须规划一个空间作为空托盘的存放。另外如有单元负载包装的需要(如伸缩膜捆包),则需另在码头配置一个空间,以放置包装机器或工具来提供包装之需要。

5. 货车司机休息室

货车司机休息室是货车在装卸时,供司机休息之用。司机休息室可管制司机在厂区的活动,以减少潜在危险、失窃及劳工关系等问题。司机休息室应包含有厕所、公用电话,每间休息室以 14m^2 以上的空间较为合适。

第四节　物流中心货场及通路设计

一、货场的设计

(一)货场设计的主要技术指标

1. 货场的宽度不宜小于 30m,当长度超过 200m 时,中间应布置横向主干道。

2. 装卸货场的横坡不应小于 0.4%。

3. 有门式起重机的储存货场的纵坡不应大于 0.2%,横坡宜为 0.6% ~0.8%,主要考虑起重机的行车和作业的安全。门式起重机的储存货场坡度,当采用纵坡排水时,不宜小于 0.8%,横坡不宜大于 0.5%。采用横坡排水时,纵坡不宜大于 0.2%,横坡不宜小于 0.8%。

4. 根据存储货物的不同要求,货场的地面可分别采用不用面层,如混凝土、碎石或级配碎石等。

5. 货场应采用有组织排水,可设置明沟或暗沟,按相应的规范设计。

(二)货场设计的地面形式的选择

随着现代化工业生产的迅速发展,物流仓储业得到了空前的繁荣,同时随着企业对产品包装、存储要求标准的提高,物流仓储业对库区地面也提出了更高的要求。

1. 传统地面形式

目前物流中心的地面基本以普通水泥混凝土地面为主,部分条件较好的库区采用水磨石或地板砖,经过多年使用证明,这些地面分别存在着不同的问题。

普通水泥混凝土地面是最便宜的地面形式,但并不是最经济的地面形式,一般使用两年以后,在叉车的作用下地面会出现不同程度的翻砂、起尘现象。随着使用年限的延长,加上碳化、水侵蚀和风化的作用，地坪表面会继续粉化，影响正常使用。具体表现在货物堆放无论时间长短，上面总是布满灰尘。

水磨石地面和地板砖地面，根据不同材质的选择，一般每平方米造价比普通混凝土地面增加30～60元左右。这两种地面形式在使用功能上基本解决了混凝土地面的翻砂起尘问题，但其表面本身与混凝土基层是剥离的，所以在重车的作用下，极容易造成水磨石或地板砖面层起壳、空鼓、碎裂、脱落现象，不但影响了库区的整洁、平整，而且随着使用，破坏区域会越来越大，使用寿命也很短。

2. 新型地面形式

实际上物流仓储中心地面最关键解决的是抗叉车碾压和抗车轮摩擦的问题，同时尽量能提高地面的装饰性，达到耐用、美观的效果。目前有三种新型地面形式能满足这些要求，即耐磨地坪、环氧涂装地坪和水泥地坪增硬剂。

(1)耐磨地坪。耐磨地坪是新建物流中心库区和站台地面最佳的选择，是所有地面形式中最耐用、最经济的一种地面方案。耐磨地坪解决了地面的翻砂起尘问题，使用寿命可达到20～30年以上，而且地面施工速度快、周期短，与混凝土摊铺施工同步进行和结束，地面完工以后还可以承受重荷载车辆的碾压。

(2)环氧涂装地坪。环氧涂装地坪面层材料采用双组分、含溶剂彩色环氧涂料，是环氧地坪的一种，具有良好的耐久性、耐化学性、防尘、易保养、色泽鲜艳等特点，适用于旧仓库地面的改造，更适用于有耐酸、耐碱等抗化学腐蚀要求的库区地面，能够承受叉车和小轮车的碾压作用。环氧涂装地坪的颜色比较丰富，可以进行电脑任意调色。环氧涂装地坪一般由底涂、中涂和面涂三部分组成。

(3)地坪耐磨增硬剂。使用地坪耐磨增硬剂直接在混凝土地面表层上涂刷一层，是最便宜的一种地面护理方案。地坪耐磨增硬剂是一种高分子聚合物，含有独特的网状交联树脂，本身透明无色，具有超强渗透作用，可以渗透至混凝土内部3mm，在混凝土内部及表面形成坚固持久的保护膜，可有效防止地坪粉化，延长地坪的使用寿命。地坪耐磨增硬剂可以单独在混凝土表面进行使用，也可以在耐磨地坪的表面配套使用，能达到更好的效果。

根据物流中心的新建或改造项目的不同，可以采用不同的地面形式。对于新建的物流中心，应该考虑采用经济、实用的耐磨地坪；对于改造的物流中心，在考虑采用耐磨地坪的同时，可以在原地面的基础上考虑环氧涂装地坪和使用水泥地坪增硬剂进行处理。

物流窗口4－6

安徽阜阳颍东物流配送中心

安徽阜阳颍东物流配送中心位于京九铁路阜阳火车站以北，火车站广场原住房搬迁户安居工程小康村以南，向阳北路以东，京九铁路以西。这里靠近高速公路出口，有火车专用线和货场，有阜阳市土产公司、金融公司等单位的仓库10000m^2，货场20000m^2，历史上这里就是阜阳的仓储基地。

按照现代化、封闭式的物流配送中心进行规划，建设面积17.33公顷(260亩)，新建标准仓库30栋，仓储面积15000m^2，新建营业、办公等综合楼10幢，计20000m^2，新建30m宽水泥路1000m，配备水、电、宽带网、消防设施、车辆等附属设备。加上原有的仓储能力，总仓储面积25000m^2，大型货场20000m^2，营业办公面积20000m^2。

配送中心仓库及货场采用砖混结构，道路水泥化，整洁美观，进出方便。

阜阳物流配送中心建成投产后，成为了皖西北最大的仓储基地，配送中心发挥仓储检验、配送批发的功能，集租赁、销售、加工为一体，是阜阳及周边商品供应的调控器。预计年商品储存收入300万元，商品配送收入300万元，商品批发收入1亿元，合计1.6亿元，年创利税2000万元，对繁荣阜阳市场，促进经济发展具有重要意义。

（资料来源 http://www.fyzsw.cn/）

二、通道设计

（一）通道设计要点

通道的正确安排和宽度设计是影响物流作业效率的一个关键因素。作为仓储区与进出货区的通路，通道的设计应能提供货物的正确存取、装卸设备的进出及必要的服务区间。通道的宽度和条数，主要是根据搬运方法、车辆出入频度和作业路线等因素决定。由于建筑物内部通道的设置与内部设施的功能、效率、空间使用费等因素有关，所以，应根据货物的品种和批量的大小，以及所选定机器的出入频度和时间间隔等因素，来决定通道的宽度和条数。

在对通道进行设计时，最主要应该考虑通道的设置方式和宽度，需要满足以下几个方面的要求：

1. 流量经济性。即是让通道中人和物的移动形成最佳的作业动线。

2. 空间经济性。即用最小的空间占用率，有效发挥空间的效益。

3. 设计顺序。应先确定出入货平台位置以设计主通道，再设计作业区之间的存储通道，最后设计服务设施和参观通道等。

4. 大规模库房的空间经济性。即在库房面积较大的物流中心，通道设计可以取得较大的规模效益，其通道占库房空间的比例远低于面积较小的库房。

例如，在一个6m宽的小厂房内，至少应有一条1.2～2m的通道，通道面积约占有效地板面积的25%～30%；而一个180m宽的大规模厂房，即使设计3条各宽3.6m的通道，通道面积也仅占有效地板面积的6%，若再加上一些次要通道，通道面积也仅占有效地板面积的10%～12%左右。由此可见，大厂房在通道设计方面可实现最大的空间经济性。

5. 直线原则。所有通道的设计应以直线为原则。

6. 方向性。通常主通道与平台的方向平行，存储通道垂直或平行于主通道。

7. 紧急逃生原则。在设计通道时要宽畅，以保证紧急情况下人员的逃生。

8. 电梯通道。电梯是楼层间的主要交通工具，电梯位置不能妨碍主要通道的交通。

（二）通道类型

物流中心的通道可分为库区外通道和库内通道两种。库区外通道将影响车辆、人员的进出、车辆回转、上下货等动线，而库内通道主要影响物流中心的作业能力和效率，下面主要对库内通道进行研究。

库内通道包括以下几种：

1. 工作通道：这是物流仓储作业和出入库房作业的通道，分为主通道和存储通道。主通道连接物流中心库房的进出口和各作业区域，道路最宽，与平台的方向平行；存储通道是连接主通道和各作业区域内的通道，一般平行或垂直于主通道，不应与库房墙壁临近。

2. 人行通道：只用于员工进出特殊区域的通道，应维持最小数目。

3. 电梯通道：即出入电梯的通道，不应受任何通道阻碍。通常此通道宽度至少与电梯相同，距主通道约3～4.5m。

4. 其他通道：这是公共设施、防火设备或紧急逃生所需要的进出道路。

（三）通道设计方式

采用不同的设置方式，通道所占的空间比例也不一样。鉴于物流中心的作业特性，我们通常采用中枢通道方式，这可有效利用空间。所谓中枢通道，指主要通道经过库房中央，且尽可能直穿，使开始及结束在出入口，且连接主要交叉通道。见图4－52。

（a）长方形库房　　（b）正方形库房

图4－52　中枢通道方式

图中长方形库房的通道面积占用率约为40%，正方形库房约为20%，其中正方形库房采用中枢通道方式主要适用于托盘地面堆码的形式。

还有其他几种设置方式，见表4－6。

进行通道设计的顺序是：首先设计主要通道和出入厂门的位置，然后设计作业区的辅助通道，最后设计其他通道和参观通道。

表4－6　通道设置方式

通道设置方式	说　明
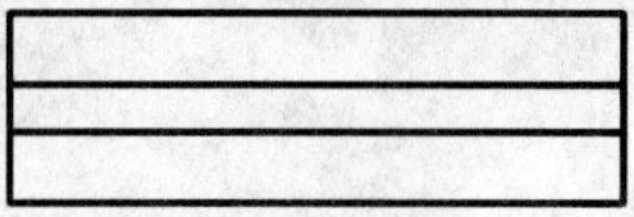	通道的面积占用率约为20%，通常用于堆垛存储方式。
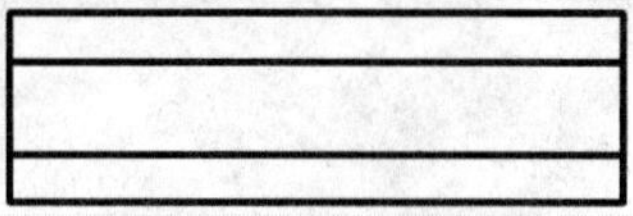	通道的面积占用率约为40%。
	通道的面积占用率约为30%。
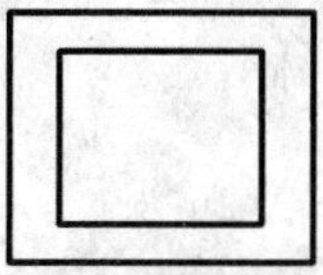	通道的面积占用率约为35%。
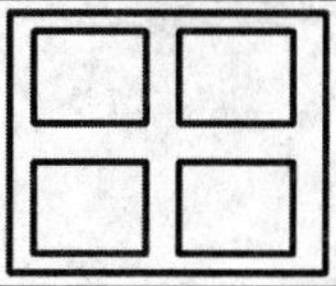	通道的面积占用率约为50%，直接影响仓库空间利用率。

(四)通道宽度的计算和参考值

通道宽度的计算,需要根据不同作业区域、搬运机械、人员或车辆行走速度、搬运物品体积等因素而定。

1. 主通道,如图 4-53(a)所示。

主通道供装卸运输设备在库内运行,其宽度主要取决于装卸运输设备的类型、外形尺寸和单元装载的大小。通常主通道的宽度可按以下方法计算:

主通道宽度 =2 辆叉车宽度 +0.9 米 (4-9)

2. 存储通道,如图 4-53(b)所示。

一般而言,为了少占用作业区面积,存储通道尽量采用单向行驶,其宽度计算如下:

存储通道宽度 = 叉车转弯半径 (4-10)

且:存储通道宽度≥1 辆叉车宽度 +0.6 米 (4-11)

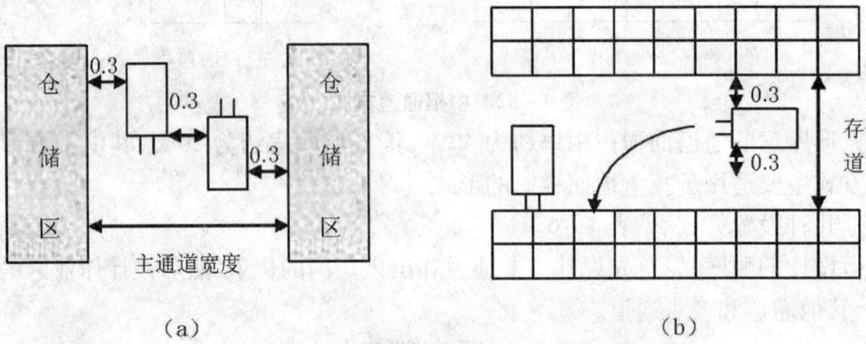

图 4-53 主通道与存储通道宽度示意图

(3)人行通道

$$W = d \times w \times \frac{n}{v} \tag{4-12}$$

式中:

W——人行通道宽度;

v——人员通过速度;

n——单位时间通过人数;

d——两人前后最短距离;

w——平均每人身宽;

$d \times w$——每人在通道上所占空间。

设两人行走时需要的前后最短距离 d=1.5m,平均人身宽度 w=0.76m,一般人行走速度 v=53m/min,每分钟通过 105 人,把这些数据代入式(4-12),则

$$W = d \times w \times \frac{n}{v} = 1.5 \times 0.76 \times \frac{105}{53} = 2.2\text{m}$$

表 4-7 列出了物流中心通道宽度的参考值。

表 4-7　通道宽度参考值

通道种类或使用设备	宽　度(m)
主通道	3.5~6
辅助通道	3
人行通道	0.75~1
小型台车	车宽加 0.5~0.7
手动叉车	1.5~2.5(视载重而定)
堆垛机(直线单行道)	1.5~2
重型平衡式堆高机	3.5~4
前置式堆高机	2.5~3
窄巷道式堆高机	1.7~2
手推车	1

物流窗口 4-7

亚洲货柜物流中心

亚洲货柜物流中心位于香港新界葵涌 3 号码头，在 20 世纪 80 年代初开始物流运作，由亚洲货柜物流中心香港有限公司投资、建设、经营和管理。伴随着香港集装箱运输业务突飞猛进的增长，至 90 代中期亚洲货柜亦发展成为世界上最大的集装箱货物处理中心。亚洲货柜建筑面积达 870000m^2，年集装箱货物处理量超过香港散货量的 44%。它的出现，推动了香港港航业的发展，大大地完善了现代集装箱港口的服务功能，为国际现代物流提供了良好的综合服务平台。

亚洲货柜物流中心具有临港位置优势，处于远东、北美、欧洲三大主干海运航线的交汇处，公路、铁路运输可辐射珠三角及全国。其规划用地面积 130000m^2，总建筑面积 870000m^2，仓库面积 560000m^2。

亚洲货柜主要功能是物流综合服务平台，提供全面货物处理、集散及分配服务；辅助功能有零售、体育、娱乐、餐饮、银行、维修等。

在平面布置上，亚洲货柜大厦分 A、B 两座，A 座 7 层，B 座 13 层，其中 Al~A6、B1~B12 为各种仓库，A7、B7、B12 设候车位，顶层设写字楼，底层提供银行服务，以功能分区，相互融为一体。

中心区域布置特点如下：

(1) 主行车线按等车流量设计，线路 3 条，上行 2 条，下行 1 条，全长 27km，占大楼面积的 1/3，基本不存在瓶颈。

(2) 大楼内设停车场，车位充足。

(3) 大厦出租面积：仓库 750~40000m^2、写字楼 140~3300m^2 不等，充分满足不同租户个性化自由组合之需。

(4) 大厦卸货平台共 1330 多个，每层 94~120 个，相当于平均 32 个/万平方米。

(5) 大厦设施先进、自动化程度高、安全性好。内设电脑自动控制交通系统、闭路电视安全监察防盗系统、自动通风冷气监控系统、先进的防火报警消防灭火系统。

(6)大厦设客户信息服务网:提供集散物流服务查询、物流操作管理系统、全面物业管理系统,以及电子采购、电子商贸等。该系统具有兼容性,世界著名的第三方物流链管理系统可与其联网。

(资料来源:http://www.nwd.com.hk/)

第五节　物流中心其他公用设施设计

在进行物流中心设计的时候,除了要规划设计物流中心的作业区域及建筑设施外,也需要对物流中心的公用设施进行规划。一般来讲,物流中心的公用设施包括给水电设施、供热与燃气设施、消防设施等。对公用设施进行设计,除了考虑物流中心的实际需要外,还要与物流中心所在地的市政工程规划相一致。

一、水电设施

水电设施包含给、排水设施和电力设施。

(一)给、排水设施

给水设施负责对物流中心生产、生活、消防等所需用水进行供给,包括原水的收集、处理以及成品水的输配等各项工程设施。物流中心给水设施的设计,应根据物流中心的用水需求和给水工程设计规范,对给水水源的位置、水量、水质及给水工程设施建设的技术经济条件等进行综合评价,并对不同水源方案进行比较,做出方案选择。同时,给水设施规划要考虑所在区域给水系统整体规划,应尽量合理利用城市已建成的给水工程设施。给水设施不应设置在易发生滑坡、泥石流、塌陷等不良地质条件的地区及洪水淹没和内涝低洼地区,地表水取水构筑物应设置在河岸及河床稳定的地段,工程设施的防汛及排涝等级不应低于所在城市设防的相应等级。

排水设施负责收集、输送、处理和排放物流中心的污水(生活污水、生产废水)和雨水。污水和雨水的收集、输送、处理和排放等工程设施以一定方式组成,用不同管渠分别收集和输送污水和雨水,为使污水排入某一水体或达到再次使用的水质要求而对其进行净化。根据水资源的供需平衡分析,应提出保持平衡的对策,包括合理确定产业规模和结构,并应提出水资源保护的措施;而对于物流中心,应更注重考虑水污染的防治,避免它的建设对所在地的环境造成不必要的污染。

物流中心输配管线在道路中的埋设位置,应符合国家有关标准的规定。尤其对管道的位置及高程设计,需要经过水力计算,并考虑与其他专业管道平行或交叉要求等因素后来确定。

(二)电力设施

电力设施由供电电源、输配电网等组成,应遵循国家标准进行规划。在物流中心规划过程中,要求物流中心的电力设施应符合所在城市和地区的电力系统规划,应与道路交通、绿化以及供水、排水、供热、燃气、邮电通信等市政公用工程协调发展。物流中心电气系统在设计时应具备如下条件:

高信赖度:供电稳定性高,电压、频率不任意变动,同时采用故障频率低的器具。

高安全性:防火、耐震、防止触电等安全措施,避免机器浸水。

维护容易:采用自动化机器,减少操作管理的人员。

环保性高：采用低噪音、低振动的机器，设置在户外时要注意与景观的配合。

缩小化：机器、配电盘等小型化、轻便化，以节省空间。

省能化：省能系统、省能设备的采用。

经济性：设备费、工程费、维护费等的降低。

根据上述要点，物流中心在设置受变电设备时要考虑的事项包括：设备容量、契约容量、受电电压、受电方式、安全装置、受变电室设置位置及构造等。

二、供热与燃气设施

物流中心在进行供热设施设计时，应按照国家行业标准的有关技术规定，同时还应符合国家有关强制性标准的规定。物流中心的燃气系统由燃气供应源、燃气输配设施和用户使用设施所组成，设计时应考虑以下一些原则：

1. 结合实际，充分利用外部气源，在可能的情况下，力争安排两个以上的气源。
2. 燃气干线管路位置应尽量靠近大型用户。
3. 一般避开主要交通干道和繁华街道。
4. 管线不准铺设在建筑物下面，不准与其他管线平行上下重叠。

三、消防设施

物流中心内部存放的都是有价商品，价值如同现金，因此必须设置足够的消防设备，常见的有侦烟器、消防栓、灭火器、自动洒水系统、自动二氧化碳灭火器等几种。一般建筑物内部常存有易燃物，且有许多引火源。我们须对火灾有充分的预防措施，除了考虑防火性的设计与构造外，还需适当设置消防安全设备，方能保障建筑的消防安全。

【本章小结】

物流中心的结构设计是物流中心建设与设计的重要组成部分，其设计应按科学的程序和方法，主要由库房设计、作业区域设计、货场及道路设计和其他公用设施设计等内容组成。结构设计是作业功能规划的具体落实，设计的成果是产生作业区域的平面布置，设定各作业区域的面积和界限范围，完成库房、装卸平台、货场及道路等建筑与环境的结构规划与设计。

物流中心区域布置设计的目的是有效地利用空间、设备、人员和能源，最大限度地减少物料搬运，简化作业流程，缩短生产周期，力求投资最低，为员工提供方便、舒适、安全和卫生的工作环境。物流中心区域布置规划的一般程序为：资料分析→流程分析→作业区域设置→区域关联性分析→总体平面布置→方案评价与调整→最佳方案确定。

库房是任何物流中心必不可少的组成部分。物流中心的库房主要用于货物的周转、换载、配载、分拣、保管、包装和加工等。根据货物的形态和物流中心的主要功能不同，库房重要包括平库、楼房和保温库几种形式。库房设计要关注库房层数、库房净高、库房面积和门窗、地面、采光、温度、安全等的技术指标。

作业区域是物流中心最重要的组成部分。进出区的设计主要是指装卸码头的设计，装卸码头是物料在设施流通程序的起点和终点，其安全性需要高度重视，以保障工人作业安全。装卸码头位置的选择应尽量考虑缩短搬运工具（车辆）在库区内的行驶距离。装卸码头布置有集中式和分散式两种模式。从库房建筑物与货车的位置关系定义，最常用的装卸码头可分为开放式、齐平式和内围式，高度是码头设计中的最重要的要素，必须与使用码头的货车相匹配。

仓储区主要是根据货物地面堆码和托盘货架两种存储方式来设计，拣货区设计模式可分为拣货区与仓储区分区设计、拣货区与仓储区同区分层设计、拣货区与仓储区合并设计三类，其他区域的设计也是充分考虑其特性。

物流中心的货场及道路设计遵循一定的技术指标，根据物流中心的新建或改造项目的不同，可以采用不同的地面形式。物流中心的公用设施包括给水电设施、供热与燃气设施、消防设施等。对公用设施进行规划，除了考虑物流中心的实际需要外，还要与物流中心所在地的市政工程规划相一致。

【关键术语】

- ●物流中心的结构设计
- ●物流中心的区域布置设计
- ●关联性分析
- ●定性关联图
- ●定量从至图
- ●平库
- ●楼库
- ●门式刚架结构
- ●拱型彩板结构
- ●集中型装卸码头
- ●分散型装卸码头
- ●开放式装卸码头
- ●齐平式装卸码头
- ●内围式装卸码头

【思考题】

1. 物流中心结构设计需要注意的事项有哪些？
2. 物流中心结构规划的主要内容有哪些？
3. 物流中心区域布置的目的和原则是什么？
4. 物流中心区域布置规划的一般程序是什么？
5. 物流中心区域布置规划的主要内容有哪些？
6. 物流中心区域布置规划时为什么要进行关联性分析？
7. 物流中心的库房设计应注意哪些问题？
8. 物流中心装卸码头设计应注意哪些问题？
9. 物流中心拣货区的规划模式可分为哪三类？
10. 物流中心货场和道路的设计应注意哪些问题？

【课堂讨论】

1. 在物流中心区域结构规划中应重点解决好哪些问题？

【参考阅读材料】

1. 冯耕中，《物流配送中心规划与设计》，西安交通大学出版社，2004
2. 贾争现、刘康，《物流配送中心规划与设计》，机械工业出版社，2004
3. 林立千，《设施规划与物流中心设计》，清华大学出版社，2003
4. 李长江，《物流中心设计与运作》，中国物资出版社，2002
5. 王崇鲁，《如何进行运输与配送管理》，北京大学出版社，2004
6. 物流仓储设备手册，http://www.56zg.com

【案例讨论】

广州医药有限公司物流配送中心内部结构与规划

广州医药有限公司(简称:广药)是华南地区经营医药商品最多、最全的医药专业公司,公司自1951年成立以来,效益一直稳居全国同行业前列,下设专业批发部6个,健民医药连锁分店100多家,建立了以广东省为中心、辐射全国的庞大的销售网络,包括医疗单位网络、商业调拨网络和零售连锁网络。公司2001年销售额近40亿元,纯利5500万元。随着广药旗下的健民医药连锁、采芝林中成药连锁门店及经销体系的飞跃发展,以及顾客追求个性化的需求,早期的黄金围、118和大朗仓库已不能满足现状需求。物流总监吴兆林深知物流乃拓展销售市场的决胜因素,经过项目咨询,准备改造黄金围仓库,这次改造不是新建一个物流配送中心,而是在传统的物流资源与现代的物流技术及观念之间进行"嫁接",建立一个大型物流配送中心(黄金围物流配送中心),以两个仓库(118和大朗仓库)为辅,用现代物流理念实施管理。该项目于2002年4月启动,规划改造黄金围配送中心,选择与香港亿腾物流咨询有限公司合作,由该公司物流部周密规划物流流程,提供整套物流解决方案和物流管理信息系统,改造后的物流配送中心于2003年3月正式落成启用。

1. 医药物流配送中心内部工作区域结构

目前医药行业物流配送中心的类型主要分为两种,一是生产企业物流中的制药原料及成品库,二是流通物流中的战略仓库及区域配送中心。就生产企业物流中的原材料和成品库及流通物流中的战略仓库而言,大多数的企业比较倾向于采用高位货架结合窄通道高位驾驶三向堆垛叉车的立体仓库的模式,如西安杨森、通化东宝、奇华顿制药、中美史克等,由于这些仓库仅为存储功能,故一般无需设立拣选作业工作区。而流通物流中的区域配送中心的功能区划分较为复杂,其设施由卸货验收区、储存保管区、加工区、停车场、办公室等组成。物流配送中心的主体结构是储运场所及设施,根据物流配送中心的特定功能和基本作业环节,内部工作区域可以由接货区,理货、备货区,分放、装配区,外运发货区,包装加工区,办公室等几个部分构成。

2. 广药物流配送中心内部区域结构规划

医药物流配送中心有别于其他行业的物流配送中心,就在于药品多品种化以及储存条件的特殊化及分类管理的特殊性。在多品种发展的条件下,物流管理所面临的最重要的问题是如何在降低成本的同时提高物流活动效率。

首先针对黄金围改造工程,对物流配送中心内部结构重新规划,提高物流作业的效率化,采取了弹性的机械化作业(根据实际需要实现机械化作业)。在广药目前的黄金围仓库空间布局中,物流配送中心的很多物流环节重复,造成药品流通不顺畅,有很多的重复作业,而且入库、出库形式比较单一,都是实行人工搬运,物流作业效率极低,客户等待时间过长等等。面对这些弊端,这次改建物流配送中心项目,运用了两套方案来定性分析物流配送中心改建的可行性,其分析的重点着眼于物流作业顺畅达到效率化。黄金围物流配送中心属于改造项目,需要充分利用现有的资源进行改造。目前,黄金围仓库由A、B、C、D四座六层构成,A、B、C三座是仓库的主体结构,D座是办公区。A座一层是验货区,所有的OTC、非OTC均在此验收药品,一到高峰期,就造成验货混乱的局面,药品堆放无序,质检员需努力寻找所检验的药品,而且在打印验收单的时候,来回奔波于验收区和办公区之间,浪费的时间过长;另外,让送货上门的司机等待时间过长,有的卸下货便匆匆走开,待验货出现问题时,又很难及时沟通解决。在发货区 B 座,发货有两个时间段,一般是早上 8:00 左右,下午 3:00 左右,发货时间比较集中,车辆在库区易形成堵塞,出库车辆易与进货车辆在进出口(由于进出口是同一条路线)形成拥挤,更加延迟了时间,降低了物流服务水平。原有仓库和改造后的方案一,物流作业或多或少存在不流畅的环节;而方案二,可以解决以上所迫切需要解决的问题。

黄金围仓库周边交通环境比较便利,而且在物流配送中心的仓库布局也较为合理,办公区和生活区由原来的 D 座改建成比较小的办公区和生活区,而且远离进货路口,对药品实行分别入库,OTC 入库(A 座)、非 OTC 入库(B 座)、新药特药入库(C 座),OTC 与非 OTC 药品可以视业务规模的变化适当调整进货的库区,而且暂存将要整件出库的药品,减少了不少的搬运环节,可以直接从 A、B、C 座出库,而对于散件,利用 A、B、C 座之间的输送带将散件药品集中于 C 座进行散件发货,物流作业比较顺畅,表现出高效的物流作业环节,而且进货口和出货口分别设在仓库的西、北侧。进货、出货环节比较简单,也充分利用现有的场地,不易形成车辆堵塞现象,方案二可为改建黄金围物流配送中心的首选。

3. 广药黄金物流配送中心站台规划

广药原有的物流配送中心是传统意义上的仓库,仓库各个区域的通道的高度和车辆行驶的道路的高度几乎相等,而且目前没有站台,均是人工搬运作业,机械化程度较低。在这次改造当中,对物流配送中心的站台进行重新规划,需要从站台的空间布局和站台的设计方式上进行考虑。

(1)站台空间布局

站台整个平台一般包括 3 个主要区域:

第一区域是站台内侧的接货区与发货区,在这一区域可以对药品进行拆、装、理货、检验或暂存,以待入库,出货前进行包装、检查或暂存待运;

第二个区域是装卸搬运设施所占的空间,这一空间的大小随设备类型和所占空间而定;

第三个区域是为搬运车辆及人员能顺畅进出而规划出的通道,通道的宽度也必须视搬运车辆及作业的需要而定,人力搬运作业时的通道宽度一般为 2.5 ~ 4m。

(2)站台的设计

库外进出货站台的相对位置直接影响进出货的效率及质量。为使仓库内物流顺畅,设计时可以采用进货及出货共用站台、进货及出货站台相邻、进货及出货站台分别完全独立等方式安排站台。

不论站台是采用以上哪种方式,如果有足够的空间且货物进出比较繁忙,可规划设计多个站台。具体方式还在研讨中。

(资料来源:http://www.topoint.com.cn/,广州医药改造物流配送中心探讨与分析,2004-03-16)

讨论问题:

1. 广药原来的物流配送中心存在什么问题?
2. 广药物流配送中心的第二个方案有什么特点?
3. 广药物流配送中心内部划分为几个区域?
4. 广药物流配送中心的计划对站台怎么设计?

◆——第五章　物流中心的设备设计与选择

＊本章主要内容

- ●物流中心存储设备
- ●物流中心装卸搬运设备
- ●物流中心输送设备
- ●物流中心分拣设备
- ●物流中心包装设备
- ●物流中心流通加工设备
- ●物流中心集装单元器具
- ●物流中心检验设备

＊

天津港保税区物流中心结构

基本特点

天津港保税区物流分拨中心的基本特点主要表现在以下方面：

一站式服务。根据客户指令，系统提供整个物流过程的详细业务处理、货物存储运输的服务，为业务的大型化、多面化、国际化奠定坚实的基础。

多式联运。根据业务单据生成货物运输指令，对各种运输方式通过运输指令统一管理，逐步跟踪，通过多种通信方式，随时掌握货物运输位置和状态。

单据状态和处理过程的全程跟踪。能及时反馈任务执行情况，实时监控物流过程，方便客户信息查询，为领导考核决策提供基础数据，可更好地把信息流、资金流、物流有机地联系在一起。同时对业务故障的及时处理提供有效的帮助，有利于完善业务系统的运作流程，为客户提供更快更好的优质服务打下坚实的基础。

与外部信息系统的数据交换。实现信息交互，保证多部门信息一体化，实现业务处理过程自动化、信息一致性，为企业进行一流的国际化经营服务。同时能通过物流企业网站，实现与外部信息系统的信息交互。

多种形式的数据接口。实现系统的灵活多样性和优化性，确保系统的安全性，延长系统的使用周期。

模块化设计。可满足以后扩展功能和二次开发的要求。

国际规范和标准。为与国际接轨做好准备，为在同行业的市场竞争中取得重要位置，做好全方位的服务管理。

在线实时查询。客户可以随时通过客户计算机或 Internet 直接查询企业的各种信息，如仓储运输能力、单据执行状态、货物存放情况、货物运输状态等，为客户提供全方位优质服务。

在线业务往来。经过身份认证和权限管理，为国内、国际客户提供网上业务往来方式，在线业务指令。

网上结算功能。能方便客户查询费用状态和完成结算过程。

RF 方式采集条码数据。采用无线手持终端和固定条形码读码器进行条形码数据采集，实现现场录入、编辑及修改，可以快速有效地保证数据的可靠性及物流和信息流的统一性；TP 触摸方式控制屏堆垛机。通过水平输送系统外侧与各堆垛机相对应的 TP 触摸屏，实现对堆垛机状态实时显示及手动作业和单机作业方式下对堆垛机进行远程操作。

总体工艺布置

该物流中心建设用地南北宽 139.79 米，东西长 242.50 米，占地面积 33798 平方米，自动化立体仓库南北长 108 米(3×36 米)，东西宽 120～26 米，占地面积 13122 平方米，建筑面积 15066 平方米。存储区建筑高度近 24 米，库内有货架 28 排×64 列×13 层，一次可存放托盘 23296 个。其中 A 区设 6 个巷道 12 排 32 列 13 层货架(每个货格有两个托盘货物单元)，共 9984 个货位，用于存放电子元器件；B 区设 8 个巷道 16 排 32 列 13 层货架，共 13312 个货位，用于存放汽车配件。有 14 台有轨巷道堆垛起重机(国产设备)，行走速度 4～120 米/分，升降速度 3～18 米/分，叉动速度 5～25 米/分，升降高度 21 米，货架前有自动分拣系统，也可称为周边出入库水平输送机系统，以解决出入库货物的中间水平输送衔接，整个仓库实现了计算机信息管理和自动化控制。库前有近万平方米的堆场，可供临时停车或存放集装箱用。库前的泊车区，作为出入库车辆泊车装卸用地，共设有 10 个下沉式出入库系统和 4 个直通大门，出入库能力每天(8 小时工作)可达 100 个标准集装箱。仓库成套设备占地长约 90 米，宽 58 米，货架高 21 米，主要包括单元货物存储区、入出库输送区、计算机中央控制室和配电室等。

计算机中央控制室设有新型 CRT 背投大屏幕电视墙监视系统。电视墙系统单元采用东芝公司最新开发的 7 英寸三枪高亮度投影机，比投影仪的图像亮度提高了 15%，解像度提高 30%，单元峰值亮度高达 450 尼特，配以不反光 NDP 屏幕。因此它是目前国内外所有组成的背投单元中，图像最亮的。由于具备寿命长、色彩鲜艳逼真、不受自然光干扰并能引起强大的视觉冲动，而且具有可以连续不间断长期使用等优点已经成为大型展览会、公共场所、视频会议、多功能厅、电视台、娱乐、电视监控等场所必不可少的显示设备。高亮度背投单元与图像处理器和先进的计算机系统相配合，可以组成多种组合的电视墙系统。库内货物存储区的各巷道、货物分拣区、库前整理区、泊车装卸区等总共设有 30 多个自动摄像装置，从这些自动摄像装置采集的视频信号在 CRT 背投大屏幕电视墙上实时显示出来。同时，预留有天津港保税区海关的视频接口，只要连接上视频线，在海关就可以观察到实际物流动态，包括泊车区的装卸情况、整理区的收发货和码盘情况、入出库作业状况等。

货物存储区外侧为入出库输送区，在入出库输送区里设有两套输送机系统，均由链条输送机、辊子输送机和辊子升降台(交叉处转弯用)等单机组成，由此可完成入出库输送作业。输送机系统入口处配置条形码读码器和外形尺寸检测装置，配备叉车进行装卸作业。

两套输送机系统可以像一套系统一样，执行交叉作业命令。从第一(或二)套输送机系统入库的货物可以自动入库至第二(或一)套输送机系统中对应巷道堆垛机取货处，从第一(或二)套输送机系统对应的巷道堆垛机出库的货物可以自动出库至第二(或一)套输送机系统的出口处。

在入出库作业区旁边设置计算机管理控制室,配置计算机管理操作系统、计算机监控系统、大屏幕 CRT 动态仿真显示系统。在入出库作业区设置现场操作计算机,配置地面操作堆垛机地面控制操作触摸屏 14 套,水平输送机系统集中操作触摸屏 2 套,在各个水平输送机系统出口处,设置 LED 显示引导屏等。

计算机管理控制系统

计算机管理控制系统由设备控制系统(主要由有轨巷道堆垛机控制系统、水平输送机控制系统组成、计算机监控系统和计算机管理信息系统组成。

计算机管理信息系统、计算机监控系统管理采用以太网结构,内部系统采用客户机/服务器工作方式。服务器系统运行采用 Unix 环境,客户端运行于 Windows 环境,数据库采用 Oracle 数据库。

计算机控制系统主要设备,由 14 套有轨巷道堆垛起重机控制 PLC、2 套水平输送机系统控制 PLC、16 台与堆垛机和输送机系统相对应的操作触摸屏、以及 14 对巷道堆垛机通信红外光通信器等组成,它们与计算机监控系统通过 Profi - bus 专用网卡构成一个局部区域 Profi - bus DP 网络。

计算机管理信息系统根据现场条形码读码器读出的货物信息,结合计算机监控系统反馈的货物尺寸检测信息,由管理信息系统计算机按照自动入库原则自动分配入库货位地址。计算机管理信息系统根据第三方客户的相关信息,按照出库自动分配原则,自动分配出库货位地址。结合计算机监控系统反馈的货物尺寸检测信息,由管理信息系统计算机自动分配入库货位地址。通过过程监控计算机发出作业命令,由光通信器将作业命令传输至堆垛机 PLC,通过 PLC 来控制各电机的动作。出库时由输送机系统旁边的现场条形码读码器自动校验出库货物信息,并在相应的出库口 LED 屏幕上显示出库货物信息。

(资料来源:http://www.jctrans.com)

想一想:天保物流中心的物流设备有哪些?是如何选用和布置的?

物流中心设备是指进行各项物流活动所需的机械设备、器具等可供长期使用,并在使用中基本保持原有实物形态的物质资料。物流设备是物流中心的主要作业工具,是组织物流活动的物质技术基础,是物流能力大小的体现。

物流中心设备的配置、选择是物流中心设备规划的重要环节,是企业经营决策中的一项重要工作。但物流中心设备一般投资大、使用期限长,因此对它的规划设计必须根据物流系统目标,即最小的成本、最好的服务,并结合实际情况来考虑,遵循技术上先进、经济上合理、生产操作上安全适用、无污染等原则。具体原则如下:

> 物流中心设备规划设计原则:系统化原则,经济、适用的原则,标准化原则,柔性化原则,空间有效性原则,可靠、安全、舒适的原则,合理性原则,一机多用原则。

1. 系统化原则

在物流中心设备规划设计中要运用系统的观点和方法,对物流中心设备运行所涉及的各环节进行系统分析,使整个系统环节和物流设备合理匹配。同时要保证物流设备在性能、能力等方面相互配套,使其能发挥最大的效能,并使物流中心整体效益最优,这是提高企业资源的利用率,实现最合理投资的重要手段。

2. 经济、适用的原则

经济性是指物流设备的寿命周期成本低,它不仅是一次购置费用低,更重要的是使用费用低。适用性是指物流设备要满足使用要求的能力。设备的先进程度、数量多少要以经济、适用为主,在设备性能满足系统要求的前提下,尽量实现成本最低,以保证设备充分利用,防止设备闲置浪费。

3. 标准化原则

要尽量采用标准化的设备,这可以降低设备的购置和管理费用,提高物流作业的机械化水平,改善劳动条件,减轻劳动强度,提高物流效率和物流经济效益。特别是选用标准化集装单元器具,它有利于搬运、装卸、储存作业的统一化和设备的充分利用,有利于国内外物流接轨。随着中国加入 WTO 跨国贸易日益频繁,国际物流的规模也随之扩大,实现物流标准化已是大势所趋。

4. 柔性化原则

由于各种商品的特性、数量、作业流程不同,其对设备的需求也不一样,因此所采用的物流设备应具有一定的柔性,能适应各种不同物流环境、物流任务和实际应用的需求。

5. 空间有效性原则

在选用物流设备时,应该使其能够有效地利用空间进行物流作业,如选用高层立体货架。同时还要减少不必要的设备,以简化物流中心设计工作。

6. 可靠、安全、舒适的原则

可靠性是指物流机械设备在规定的使用时间和条件下,完成规定功能的能力。它是物流机械设备的一项基本性能指标,是物流机械设备功能在时间上的稳定性和持续性。

安全性是指物流设备在使用过程中保证人身和货物安全以及环境免遭危害的能力。它主要包括设备的自动控制性能、自动保护性能,以及对错误操作的防护和警示装置等。

在舒适性方面,物流设备应满足工人操作简单、使用方便、符合人机工程学原理等要求。随着物流作业现代化水平的提高,可靠性和安全性日益成为衡量设备好坏的重要因素。

7. 合理性原则

要使物流设备的基本功能得到有效的发挥,并不断地扩大其使用范围。设备的先进程度、数量多少要以适用为主,使设备性能满足系统要求,以保证设备充分利用,防止设备闲置浪费。在选用物流设备时,要科学规划,认真研究分析设备需求种类、配置状况、技术状态,做出切实可行的配置方案,充分发挥物流设备的效能。

8. 一机多用原则

一机多用是指物流机械设备具有多种功能,能适应多种作业的能力。配置和选择一机多用的物流设备,可以实现一机同时适应多种作业环境连续作业,这样有利于减少作业环节,提高作业效率,并减少物流设备台数,便于物流设备的管理。

物流作业区域内的设备用途广、种类多,可以根据不同的需要,从不同的角度来进行划分。由于有的物流设备一机多能,有的物流设备需要组合配套使用等,正是这些特点,使得很难对物流设备进行准确的界定。根据设备在物流中心实现的作业活动的不同,可以把物流中心的机械设备分为储存设备、装卸搬运设备、输送设备、分拣设备、包装设备、流通加工设备、集装单元器具及检验设备等。下面将对各类设备分别进行介绍。

第一节　存储设备

储存设备型式种类繁多,因储存物品形状、重量、体积、包装型式等特性的不同,其使用的储存方式也不相同。例如流体使用桶装包装适用重力货架,一般散品使用袋装或箱装包装适用轻型货架,而长形对象如钢材、木材则适用悬臂式货架。

一般物流中心的储存设备,主要是以单元负载之托盘储存方式为主,配合各种拣货方式的需要,另有以容器及单品的储存设备。主要包括各种类型的货架、储罐、货仓、托盘、集装箱以及自动化立体仓库等。货物通过托盘等集装容器进行储存,可以有较大的活性,随时都处于准备流动的状态,便于达到储存、装卸搬运、运输、包装一体化,实现物流作业机械化、标准化。本节重点介绍货架系统的设计与选择。

一、货架系统

货架系统具备多种形式,有适用于快速出入库的方便存取货架,也有适用于提高存储密度的高密度货架系统,还有与现代化拣选系统相匹配的自动化货架系统,具体可分为通道式货架(托盘货架、货柜式货架、悬臂式货架、贯通式货架等)、密集型货架(移动式货架、重力式货架)、旋转式货架(水平旋转货架、垂直旋转货架)。以下介绍几种适用于不同运作要求的货架。

(一)托盘货架

托盘货架(图 5-1)是使用最普遍的一种货架,提供 100% 的存取性,并且有很好的拣取效率。但相对地此种货架的储存密度较低,需要较多的通道。根据存取通道宽度可分为传统式通道,窄道式通道和超窄式通道,后者需配合适当型式的堆高机使用。其特点为:

1. 适合多种、多样、中量保管。
2. 适合 ABC 分类中的 BC 级商品。
3. 一般使用 3~5 层,货架高度受限,一般在 6m 以下。
4. 可任意调整组合。
5. 架设施工简易、费用经济。
6. 出入库存取不受物品先后顺序之限,一般的叉车都适用。
7. 适用于一般堆高机存取。
8. 货架撑脚需加装堆高机防撞装置。

图 5-1　托盘货架

一般在选用托盘货架时，需考虑单元负载的尺寸、重量以及叠放的层数，以决定适当的支柱及横梁尺寸，图 5 - 2 所示托盘货架为一般常用的托盘叠放方式，即一个横梁开口，存放二个托盘。此种托盘货架一般高度在 4 ~ 6m，并需配合使用电动跨立式堆高机来存取作业。

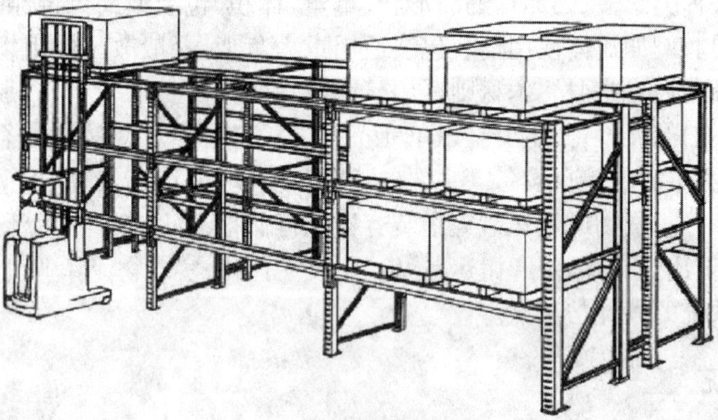

图 5 - 2　托盘货架

通常托盘货架的高度不超过 6m，以 3 ~ 5 层为宜，一般的叉车均可使用。为方便存取作业，托盘与支柱以及托盘之间的间隔要大于 10cm，货物与横梁的间隔在 8 ~ 10cm 之间为宜，如图 5 - 3 所示。

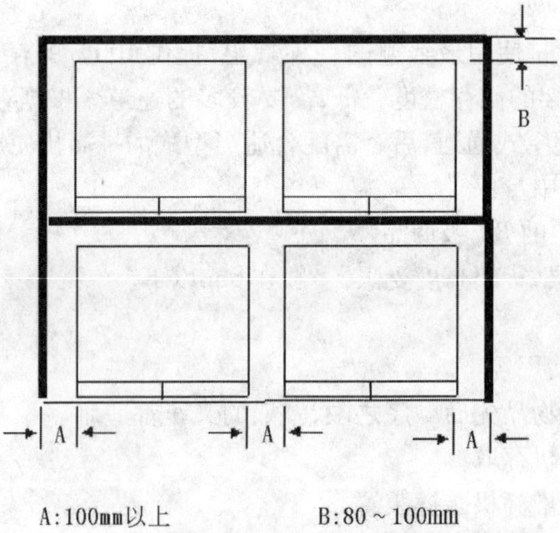

图 5 - 3　货架尺寸示意图

另外，在作业过程中，叉车最大高度将超过货架上层横梁 200cm 以上，叉车最大高度与天花板最少有 30cm 的间隙，因此，货架上横梁与天花板的距离应为 230cm 以上，如图 5 - 4 所示。

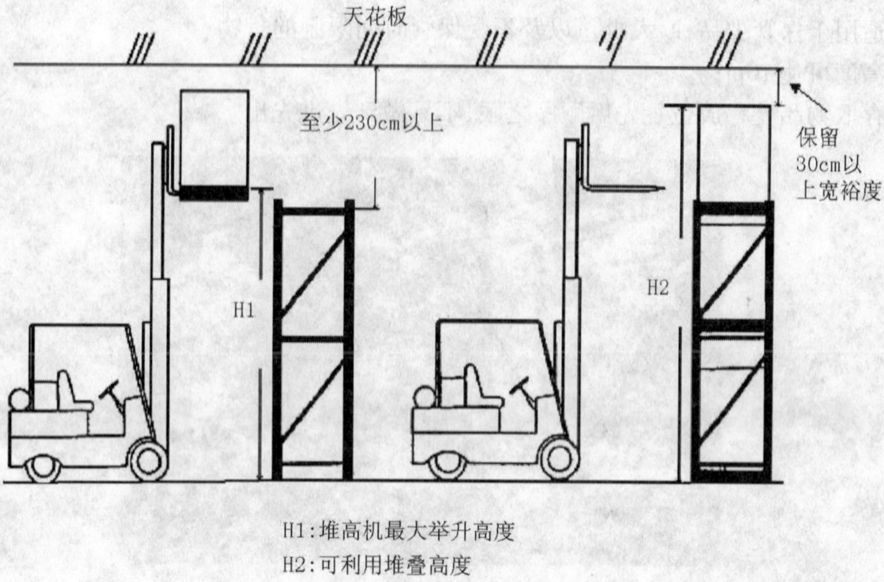

图5-4　货架最上层与横梁位置尺寸示意图

(二)货柜式货架

一般用于储存小件、零星货物,根据需要可有各种不同分格方式,如货格式、抽屉式(图5-5)等等。这种货架一般每格都有底板,货物可直接放在底板上,这种货架的作业方式一般都是人工操作。适用于物流中心小批量、单件物品的储存和拣选,而且物品重量较轻,如服装、药品、电子元器件等。

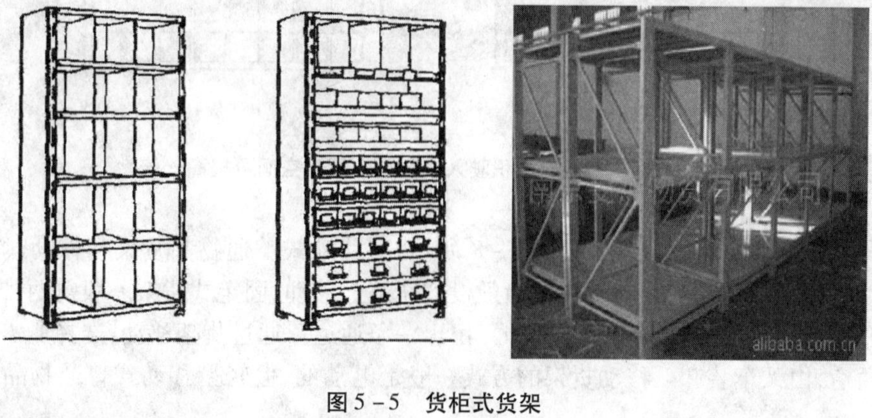

图5-5　货柜式货架

(三)驶入式货架

所谓驶入式货架是指托盘的存放由里向外逐一存放。如图5-6、5-7所示。其配置方式可以两组驶入式货架背对背安置或单一组靠着墙壁,叉车进出使用相同通道,存储密度大。但是存取性差,不易做到先进先出。叉车在整个货架中行走要求操作者必须小心作业。驶入式货架以4~6层、3~5列为宜,最高可达10米。

其特点是:

1. 储存密度高、存取性差;

2. 不宜太长或太重的物品存储；
3. 适用于保管少品种、大批量以及不受保管时间限制的货物；
4. 高度可达10m；
5. 存取物品受存放位置先后顺序之限，不易做到先进先出。

图5－6　驶入式货架

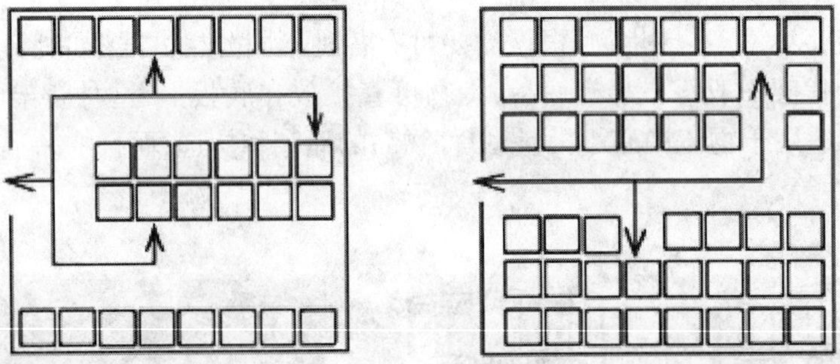

（a）托盘货架配置　　（b）驶入式货架配置

图5－7　在相同的面积驶入式货架的储存空间可提高一倍

（四）移动式货架

移动式货架又叫动力式货架，如图5－8所示，有移动式普通物品货架和移动式托盘货架两种。这种货架底部装有轮子，可在地面敷设的轨道上移动，固定式货架一般每两排货架需有一个通道，而移动式货架可在较多排架中只留出一条通道。通过货架移动，选择所需通道的位置，让出通道，由叉车装卸。移动货架的方式一般是电动的，但轻型移动式普通物品货架也可手动。

控制货架移动有两种方法：一是操纵设在货架上的按钮开关，在30秒内使货架移动，叉车可进入存取货物，如图5－9。此外，这种货架有变频控制功能，可控制驱动和停止时的速度，以防止货架上的物品抖动、倾斜或倾倒。在其适当位置还安装有定位用的光电传感器和可刹车的齿轮马达，提高定位精度。二是声音控制，叉车司机可在车上用声音遥控。货架上装有自动防碰的安全设备。这种货架移动速度较慢，设备结构也较复杂，只适用于进出库不太频繁的保管系统。

图 5-8　移动式货架

其特点为：

1. 储存量比一般固定式货架大很多，节省空间。
2. 适合少样多量低频度的保管。
3. 节省地板面积，地面使用率达 80%。
4. 可直接存取每一项货品，不受先进先出之限。
5. 使用高度可达 12 米，单位面积之储存量可提升至托盘货架 2 倍左右。
6. 机电装置多、维护困难。
7. 建造成本高、施工速度慢。
8. 轨道要埋在地表，以利搬运车通过。

图 5-9　移动式料架之作业方式

（五）重力式货架

重力式货架有两类：一类是储存整批纸箱包装物品；另一类是储存托盘物品。储存纸箱包装物品的重力式货架比较简单，由多层并列的辊道传送带所组成，物品上架及取出使用人力。储存托盘物品的重力式货架一般为 2～4 层，每格货架内设置重力滚道两条。滚道由左右两组辊轮、导轨和缓冲装置组成。其坡度一般为 1.5%～3.5%，滚道长度一般可存放 5～12 只托盘，每个托盘载重量为 500～1500 公斤。物品进库存放时，用叉车从货架后面将托盘送入货格，托盘依靠本身重力沿滚道向前滑行，也有采用电磁阀控制托盘定位。取货时，则用叉车从货架前面将托盘取出，见图 5-10。

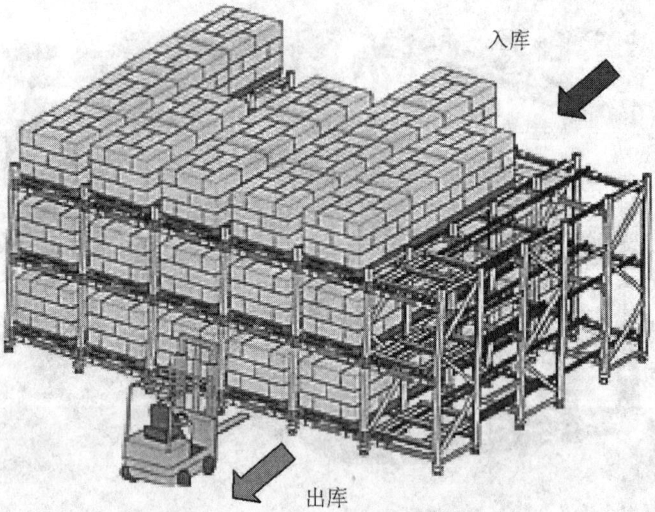

图 5 - 10　重力式货架

重力式货架的特点是：

1. 一种高密集型的货架储存系统，空间利用率极高；

2. 进出货时叉车或巷道堆垛机行程最短；

3. 使货架的货位“空缺”减至最少；

4. 保证物品先进先出；

5. 适用于零进整出或整进整出，尤其对于大批量进出、储存的物品，如果系统与自动传送带衔接，吞吐能力可达 280 板/时；

6. 能最大限度地防止货物失窃。因为外人仅能接触到滑道端部的第一个托盘货物，从而大大降低了失窃率；

7. 投资成本高，一般重力式货架的成本约为普通托盘货架成本的 5 ~ 7 倍；

8. 对托盘和货架的制造加工要求高，否则易造成滑道阻塞，同时对这种货架的日常维护、保养要求也高。

重力式货架的储存空间可比托盘货架的储存多出近 50% 的容积（图 5 - 11）。另外重力式货架与搬运车辆搭配有三种作业方式，如图 5 - 12 所示。

图 5 - 11　托盘货架与重力式货架配置之比较

（后者可增加近 50% 的储存空间）

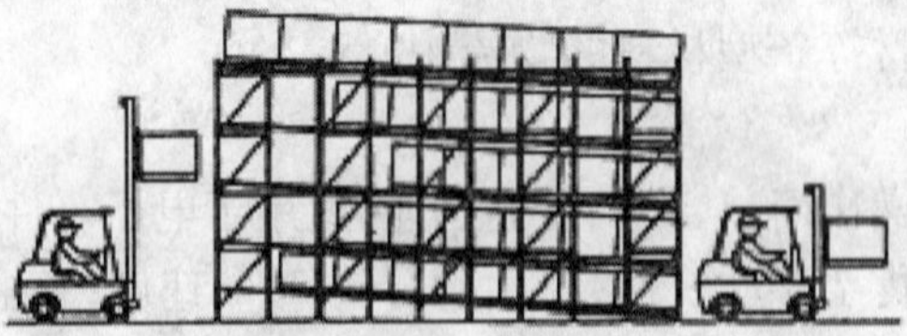

（a）以叉车进行入出库作业

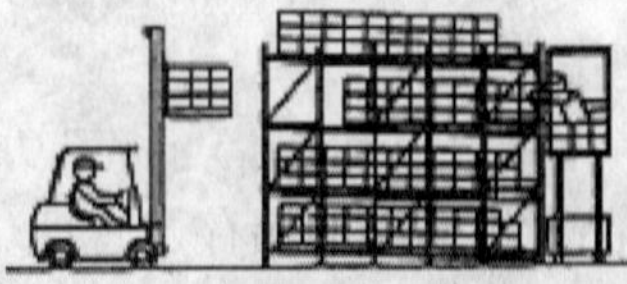

（b）以叉车及拣取机进行入出库作业

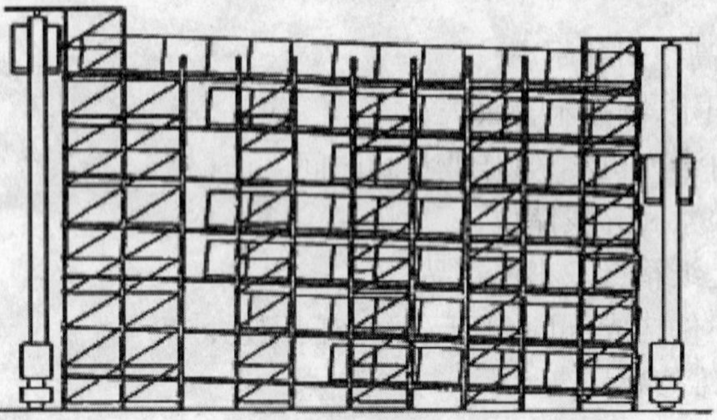

（c）以高架存取机来进行入出库作业

图 5－12　重力式货架之作业方式

(六)悬臂式货架

悬臂式长形货架又称悬臂架，是在立柱上装设外悬杆臂来构成，其适合于存放钢管、型钢等长形的物品。若要放置圆形物品时，在其臂端装设阻挡块以防止滑落，一般是由 3～4 个塔形悬臂和纵梁相连而成，如图 5－13 所示。这种货架，分单面和双面两种，悬臂架用金属材料制造，为防止材料碰伤或产生刻痕，在金属悬臂上垫上木质衬垫，也可用橡胶带保护。悬臂架的尺寸不定，一般根据所放长形材料的尺寸大小确定其尺寸。

图 5－13　悬臂式货架

其特点为：

1. 只适用于长条状或长卷状货品存放；
2. 需配合叉距较宽之搬运设备；
3. 高度受限，一般在 6m 以下；
4. 空间利用率低，约 35%～50%；
5. 此型货架对于材料生产工厂，或长形家具制造商相当适用。

悬臂架为边开式货架的一种。其特点是可在架子两边存放货物，但不太便于机械化作业，存取货物作业强度大,一般适于轻质的长条形材料存放,可用于人力存取操作,重型悬架用于存放长条形金属材料。适合于钢材、塑料型材等条型材料的物流中心。

(七)旋转式货架

旋转式货架结合自动仓储与货架功能,操作简单、存取作业迅速,适用于电子零件、精密机件等,少量多品种小物品的储存及管理。其货架移动快速,可达每分钟 30m 速度,存取物品的效率很高,又能依需求自动存取物品,并可经由适配卡与计算机联机达到存货自动管理。旋转式货架受高度限制少,可采多层方式,故空间利用率高。

旋转式货架的特点:

1. 节省人力,提高空间利用率;

2. 存取出入口固定,物品不易丢失;

3. 取料口高度符合人机学,宜作业员长时间工作;

4. 计算机快速检索和寻找储位,拣货快捷;

5. 储存物可以是纸箱、包、小件物品;

6. 由标准化的组件构成,可适用于各种空间配置;

7. 需要电源,且维修费用高。

旋转式货架系由多台货品货架环列连结组成,依据储存货品的要求,可采用不同方向移动的货架连结组成,一般常见的有水平回转货架和垂直回转货架。

1. 水平旋转式货架(图 5 - 14a)。这种货架又分一台马达驱动的和多台马达驱动的两种形式。用一台马达驱动的方式是把上下各层货物连在一起,实现水平方向旋转的自动化立体仓库。另外一种水平方向旋转的自动化立体仓库是各层均有一台马达启动,可实现各层独立转动。这种货架的旋转速度较快,可达 30 米/分钟。

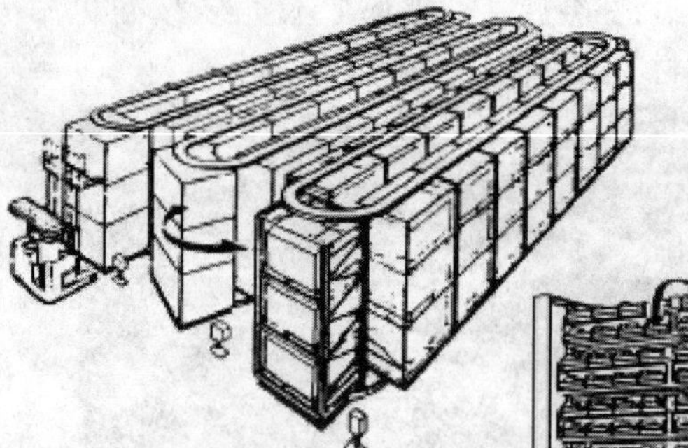

(a) 水平旋转式货架

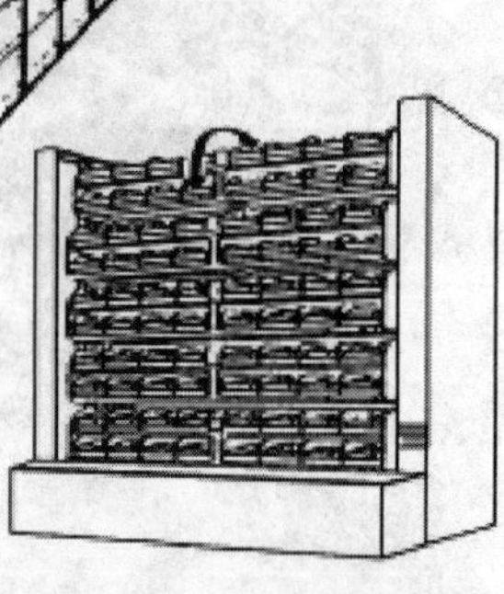

(b) 垂直旋转式货架

图 5 - 14　旋转式货架

2. 垂直旋转式货架(图 5 - 14b)。这种货架的原理与水平式旋转式货架大致相同,只是旋转方向垂直于水平面,充分利用了上部空间。这是一种节省空间的仓储设备,比一般传统式平置轻型货架节省 1/2 以上的货架摆放面积。但旋转速度比水平式旋转式货架慢,每分钟约为 5 ~ 10 米。垂直旋转式货架可以设计成独立式的,根据用户需要任意组合。

(八)后推式货架

在前后梁间以滑座相接,由前方将托盘货物推入。托盘物品置于滑座上,后来填入的会将原先的推到后方,目前最多可推入五个托盘。滑座跨于滑轨上,滑轨本身具有倾斜角度,滑座会自动滑向前方入口(图5－15)。其特点为:

1. 储存密度高,存取性差,一般深三个储位;
2. 较托盘货架省下1/3空间,可增加储存密度(图5－16);
3. 适用于一般叉车存取;
4. 适合少样多量物品;
5. 不适合承载太重物品;
6. 货品会自动滑至最前储位;
7. 无法先进先出。

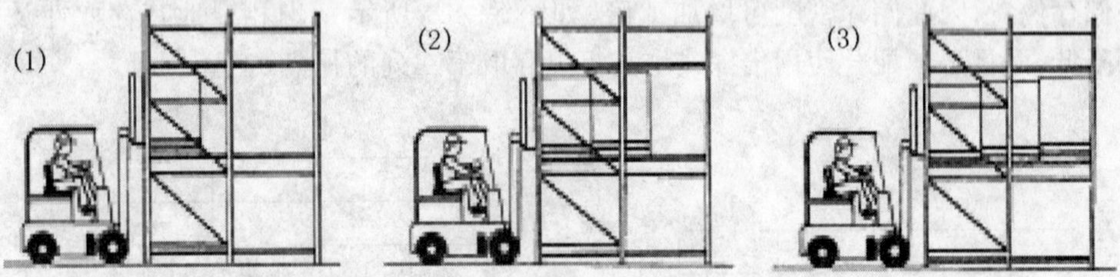

图5－15　后推式货架之作业方式

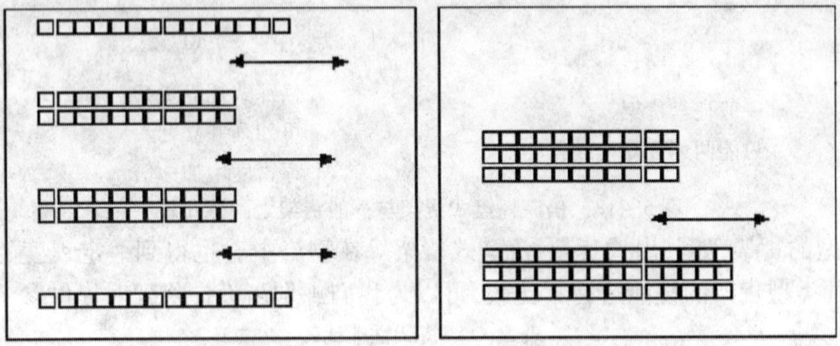

（a）托盘式化架　　（b）后推式货架

图5－16　托盘货架与后推式货架之配置比较

(后者可增加近30%的储存空间)

(九)积层式货架

积层式货架是把空间作双层以上活用之设计组合,在厂房地板面积有限的情形下,可作立体的规划,有效地充分利用空间。简单来说,就是利用钢梁和金属板将原有储区作楼层区隔,每个楼层可放置不同的种类的货架,而货架结构具有支撑上层楼板的作用(图5－17所示)。其特点为:

1. 提高仓储高度、增加空间使用率。
2. 上层仅限轻量物品储放,不适合重型搬运设备行走。
3. 搬运至上层的物品之必须加装垂直输送设备。
4. 适合各类型货品存放。
5. 储物型态:下层——托盘。上层——箱、包、散品。

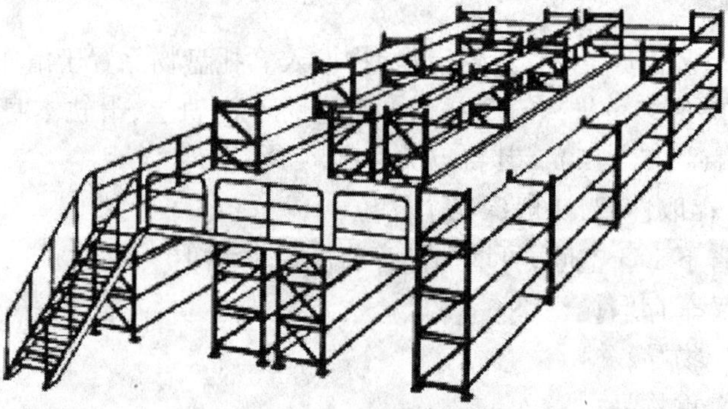

图 5－17　积层式货架

(十)倍深式托盘货架

倍深式托盘货架与托盘货架具有相同的基本架构,其只是把两座托盘货架结合,以增加第二列的储存位置,因此储存密度可增加 1 倍(如图 5－18 所示),但相对地其存取性及出入库能力则降低,而且必须配合使用倍深式堆高机以存取第二列的托盘。

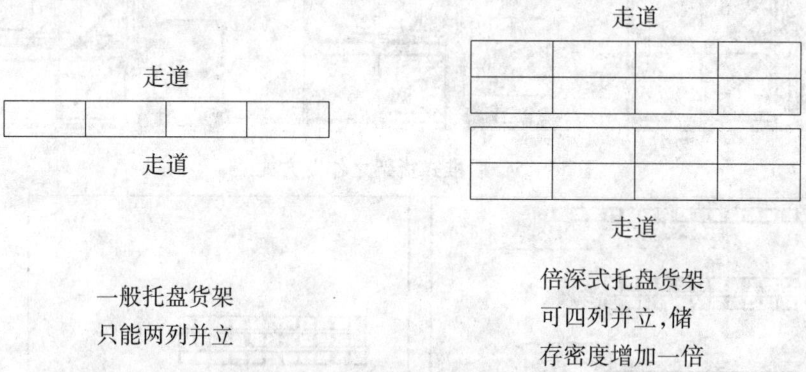

图 5－18　倍深托盘式货架与一般货架之配置比较

其他类型的货架,如驶出式货架、流动式货架等在物流中心也得到一定程度的应用。表 5－1 针对各种类型货架的性能进行了比较,可以为我们规划与设计货架时提供参考。

表 5－1　货架性能比较

货架类型	货架占用面积	存储密度	空间利用	存取性	先进先出	通道数	单位纵深货位数	出入库能力
托盘货架	大	低	普通	非常好	可	多	1	中
倍深式货架	中	中	佳	普通	不可	中	2	小
驶入式货架	小	高	很好	差	不可	少	最多 15	小
驶出式货架	小	高	很好	差	可	少	最多 10	小
流动货架	小	高	非常好	普通	可	少	最多 15	大
后推式货架	中	中	佳	普通	不可	少	最多 5	小
移动式货架	小	高	非常好	好	可	少	1	小

二、储存设备的选用设计

存储是物流中心作业的重要环节,存储设备是物流中心最基本的设备,它不仅用于存放、盛装、有效保护各种商品,还可以提高储存空间的利用率。存储设备选用设计包括如下步骤:

(一)库存系统规划

物流中心储存物品种类多达数十万种,每种物品的发货量、储存方式、拣取单位和包装形式都不一样。因此,必须根据储存单位和拣取单位来区分物品,按出入库量大小进行分类,以便选择适当的储存设备和提高作业效率。

(二)储存设备的型号选择

物流中心选择储存设备主要从经济性、作业效率等角度出发,综合考虑物品特性、搬运设备、出入库量、存取性、库房结构等因素。最重要的是根据不同保管区域的功能做出适当的安排,例如补货储区的主要功能是补充库存数量,则可选用一些高容量的货架;而拣货储区的主要功能是提供拣货作业的场地,则可选用一些方便拣货的流动货架等,以达到提高作业效率的目的。

1. 物品特性

物品的尺寸大小、外形包装等会影响储存单位的选用。由于储存单位的不同,使用的储放设备就不同,例如托盘货架适用于托盘储放,而箱式货架则适合储箱使用。若外形尺寸特别则有一些特殊的储放设备可选用;而物品本身的自然属性如果有特殊要求,如易腐性或易燃性物品,就需要在储放设备上做防护。

2. 搬运设备

储存设备的存取作业是依靠搬运设备来完成的。因此选用储存设备时要考虑搬运设备。货架通道宽度直接影响到叉车类型的选择,是配重式还是窄道式。另外还要考虑举升高度及举升能力是否满足库内作业的要求。

3. 出入库量

有些货架虽然可以达到较高的储存密度,但出入库量不高,适于低频率作业。出入库量的高低是非常重要的判断依据,可依此来选用适当的储放设备。除此之外,还要考虑库存管理方式,比如对库存物品是否有先进先出的要求。

4. 存取性

一般存取性与储存密度是相对的。也就是说,为了得到较高的储存密度,则必须相对牺牲物品的存取性。有些货架虽然可以达到较高的储存密度,但会使储位管理较为复杂。立体自动仓库可以充分利用仓库高度,存取性与储存密度都能够达到较高的水平,但投资成本较高。因此选用何种储存设备,要综合考虑各种因素,找到一个最优方案。

5. 库房架构

在选择储存搬运设备时还要考虑库房的梁下有效高度。梁柱位置会影响货架的配置;地板承受的强度,平整度也与货架的设计、安装有关;还必须考虑防火设施和照明设施的设置。

(三)基本设计

储存设备的型式选定之后,接着进行基本设计。每一种货架型式的设计方式不尽相同,但基本上均是以预估的储位数,计算所需的通道数,以满足出入库量的条件,计算得到储存系统的规格及外形长、宽、高等尺寸。

(四)系统配置

基本设计完成之后,得到系统的外观尺寸即可进行配置的工作,需考虑到梁柱的位置、物流的动线,如出入库码头的位置,以使物品的搬运最为顺畅。此时在选用设计时可能不只规划一个方案,以便于比较选择。

(五)评估

系统完成规划配置之后可能会产生 A、B、C 三个方案。接着进行评估的工作,评估的项目可从系统扩张性、省力度、空间利用率、库存管理、初期成本及管理成本等项目来加以评估。每个物流中心的需求、策略不同,因此每项评估项目权重自然会不相同。在综合考虑计算各项评估项目后,以决定最后采用方案。

物流中心在选择货架系统时,应避免盲目选择不适当的货架。因为一旦选择不当,不但空间利用率没有根本的改善,还会妨碍物流中心的正常运作。以下是对平库存放、一般货架、驶入式货架、自动化货架存放物品的容积利用率的比较,在决定选择哪种货架系统,或者决定选择几层货架时可以作为决策依据。

表 5 - 2 是举例说明当平库无货架可以叠高两层时,与驶入式两个纵深、四个纵深和自动化货架的同等存放效率的层数关系。从表中可以看出当物品在平面库房可以叠高两层存放时,如果用纵深为 2 的驶入式货架,2.9 层高度的存货量与平库相同。也就是说从存货效率的意义上说,纵深为 2 的驶入式货架在 3 层以下就没有太大意义。这也就是为什么一般驶入式货架要建到 4 ~ 6 层以上,自动货架要建到 6 ~ 8 层以上的原因。

表 5 - 2

项目	平库叠高 2 层	驶入式纵深 2	驶入式纵深 2	自动货架
通道宽度(m)	2	3.1	3.1	1.5
板位宽度(m)	1.1	1.1	1.1	1.1
板位长度(m)	1.2	1.5	1.5	1.5
单位板容积(m^3)	1.04	0.35	0.45	0.36
等量层数(层)	1	2.9	2.3	2.9

物流窗口 5 - 1

香港全球国际货运有限公司物流仓储中心

香港全球国际货运有限公司属下的香港全球国际货运物流仓储中心自 2001 年 1 月 1 日正式启用,地址位于新界葵涌货柜码头 3 号站 ATL 物流中心 B 座 8 楼。

香港全球国际货运有限公司的物流仓储中心的总面积达 3333m^2,配备了 2000 个货盘和 400 个货架,又有供不可堆叠货物存放的独立间格储货区(block storage)、特别保安储货区(security storage)以及空调/湿控储货区等等,完全可以满足不同客户的特定需要。物流仓储中心内的货架配置如图 5 - 19 所示。

图 5 - 19　香港全球国际货运物流仓储中心内的货架配置

同时,物流仓储中心内设有配备起重机(levellers)及斜轨(ramps)的装卸区,也有 1.5 t ~ 2 t 的叉车及 1.8 t 的卡车可供运货之用。

(资料来源:http://www.schenker.com.hk)

第二节　装卸搬运设备

装卸搬运设备主要是指用来搬移、升降、装卸和短距离运送货物的机械，包括自动化搬运设备、机械化搬运设备、输送带设备等。它是物流中心使用频率最高、数量最多的一类设备，是实现装卸搬运工作机械化的基础。据调查，商品在整个流通过程中最容易发生损坏的环节就是装卸搬运，因此合理选择装卸搬运设备，安全、迅速、优质地完成货物装卸、搬运、码垛等作业任务，直接影响到物流中心的效率和效益。

物流中心的装卸搬运设备主要分为：搬运车辆和起重机械。

搬运车辆可分为两大系列，一是重负载较长距离搬运之堆高车辆系列，另一为轻负载较短距离搬运之手推车系列。堆高车辆系列设计用来以较安全的方式，举升及搬运负载。以举升高度区分，主要可分为低举升高度的托盘车及高举升高度的堆高机两种。如以操作员的操作方式区分，则可分为步行式及坐立式两大类。而手推车系列设计用来以轻便好用的方式，承载及搬运拣取后之货品。手推车分类以其用途及负荷能力来分类，一般分为二轮手推车、多轮手推车、笼车等三种。搬运设备设计时应配合存储和分拣设备，估计每天进发货的搬运、拣货和补货次数，从而选择适用的搬运设备。

一、堆高车辆系列分类

堆高车辆系列以举升能力区分，主要可分成低举升车辆及高举升车辆。低举升车辆即一般的托盘车，举升高度在100～150mm。高举升车辆即一般的堆高机，举升高度可达12m，在这两类型中，可再由操作人员姿势、动力供应方式及应用之差异性再加以细分。

（一）低举升车辆

即一般的托盘车（图5－20），举升高度在100～150mm，可手动与电动的方式。手动的方式，一般即称为“托盘千斤顶”，是以人力操作水平及垂直的移动。电动的方式是以电瓶提供动力做举升及搬运用。所有的动力型式都可站立于地板上来操作，为步行式搬运车辆。如其具有一安全的操作平台及手可以抓的护栏，则可像立式搬运车辆的操作方式（图5－21）。

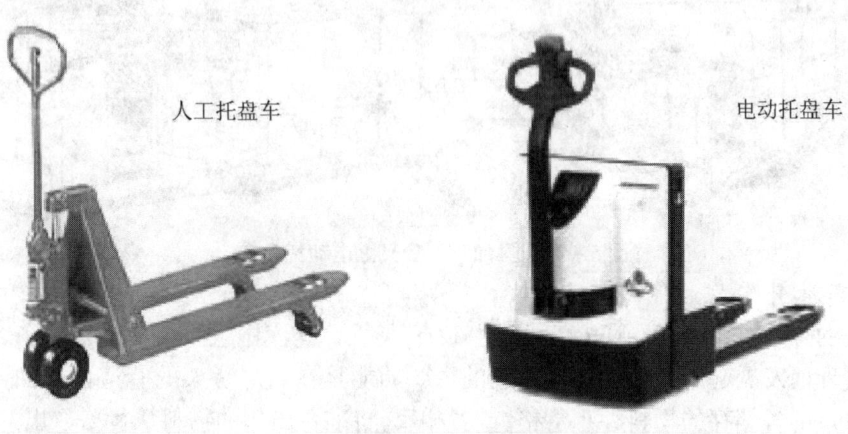

图5－20　托盘车

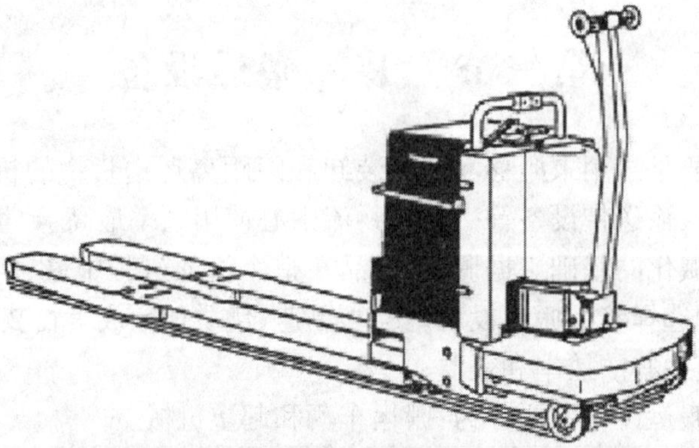

图 5－21　托盘车

由于以手动的拖动操作方式，除了费力外且易造成作业员受伤，因此尽管电动托盘车的成本较高，但使用愈趋普遍。

1. 人力托盘车

通常用于 1500～3000kg 的负载能力。货叉的宽度适用 750～1500mm 宽的托盘。因为托盘车的货叉宽度是不可调，因此须先将托盘的尺寸标准化。当使用双面托盘时，货叉的长度需较托盘为长，并确定货叉伸入托盘时，轮子已超出托盘，方可撑起托盘。地板的构造及地板表面平整程度会影响安全的举升高度、搬运效率及操作性。

2. 电动托盘车（图 5－20）。由外伸在车体前方的、带脚轮的支腿来保持车体的稳定，货叉位于支腿的正上方，并可以作微起升，使托盘货物离地进行搬运作业的电动插腿式叉车。此种叉车成本低，操作方便，是机械化代替人工搬运的良好选择。

电动托盘车通常用于短距离搬运，中等负载重量。构造上与无动力托盘车相似，但因使用电瓶动力可达到省力化的效果。可选购加长型的货叉，可同时搬运二个或四个托盘（图 5－22），操作员立于托盘车上来操作搬运负载。最大速度为 8km/h。另外有的机型设计成操作员的位置在托盘车的前端或中间，而位于中间的电动托盘车通常用于拣货用（图 5－22）。

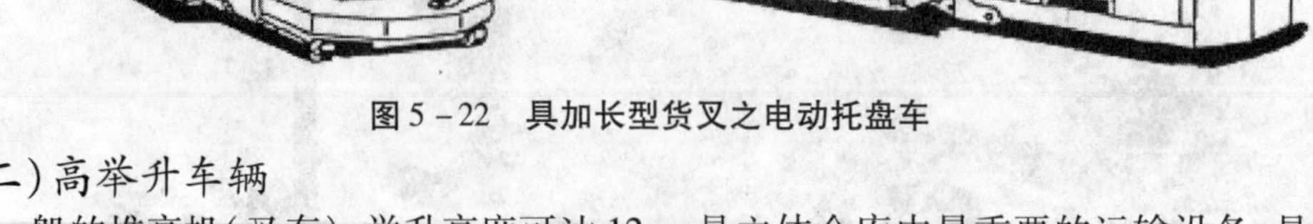

图 5－22　具加长型货叉之电动托盘车

（二）高举升车辆

即一般的堆高机（叉车），举升高度可达 12m，是立体仓库中最重要的运输设备，是随着立体仓库的出现而发展起来的专用车辆。它的主要功能是在高层货架的巷道内来回穿梭运行，将位于巷道口准备储存的物料存入货格，或者相反，将准备出库的物料从货格取出并运送到巷道口（图 5－23）。这种工作要求对堆高机在结构及性能方面提出了一系列特殊要求。

图 5－23　堆高机作业实例

堆高机的额定载重量一般为几十千克到几吨，其中 500kg 和 1000kg 的使用最多。它的行走速度一般为 80～120m/min，提升速度一般为 30m/min。现在，国外堆高机发展的趋势是，高速化：目前水平速度可高达 400m/min，垂直速度也可达 100m/min；自重轻：随着自重减轻，其提升高度将会更高，现已可达到 50m；准确化：其停位精度由 10mm 降到了 3mm；载重大：载重量已达 5 000kg，航空集装箱专用堆垛机已达 16 500kg。

堆高机依操作员乘坐的方式可分为步行/立式及坐立式。一般步行/立式，可举升高度约 2.7～3.9m，由于应用上的不同，因此也发展出多种型式，如配重式、窄道式、转柱式、侧边负载式、转叉式及高扬程存取机等。

1. 高举升步行/立式堆高机

(1)手推液压堆高车

手推液压堆高车(图 5－24)是利用人力推拉运行的简易式插腿式叉车。其起升机构有：手摇机械式、手动液压式和电动液压式三种，适用于工厂车间、仓库内效率要求不高，但需要有一定堆垛、装卸高度的场合，主要用于非重复性的工作，如搬运举升模具或是其它比较重的负载。但为了考虑使用之安全性及省力性，其在搬运距离及堆垛高度上都有很大限制，一般只提供低等程度的举升能力，即在 2m 以下之短程堆垛作业。

主要参数：	载重量	500～1 000 kg
	起升高度	1 000～300 mm
	货叉最低离地高度	≤100 mm

手摇机械式

手动液压式
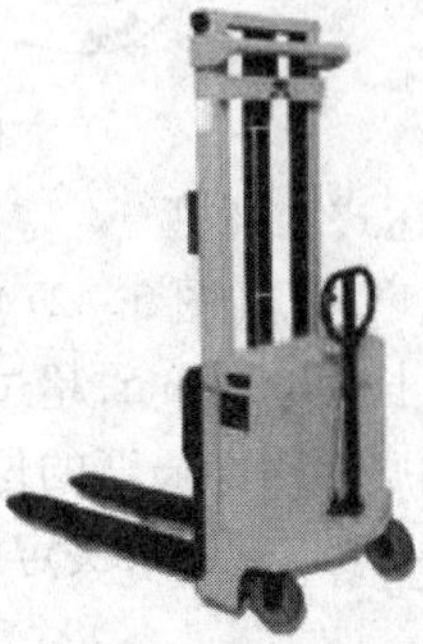
电动液压式

图 5－24　手推液压堆高车

(2)步行配重式堆高机

配重式堆高机(图 5－25)是以底盘的重量来配重。提供中等程度的举升能力 2.7～4m,可用于单面、双面的托盘。

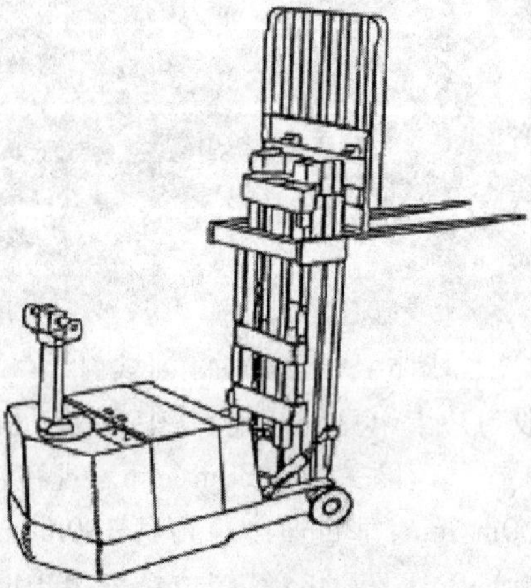

图 5－25　步行配重式堆高机

(3)步行跨立式堆高机

利用跨于前端底部的跨架,来达到举高重物时的支撑平衡,此跨于前端的跨架可减少尾端底部所需的配重。具有较高的稳定度及较轻的重量,图 5－26 所示。

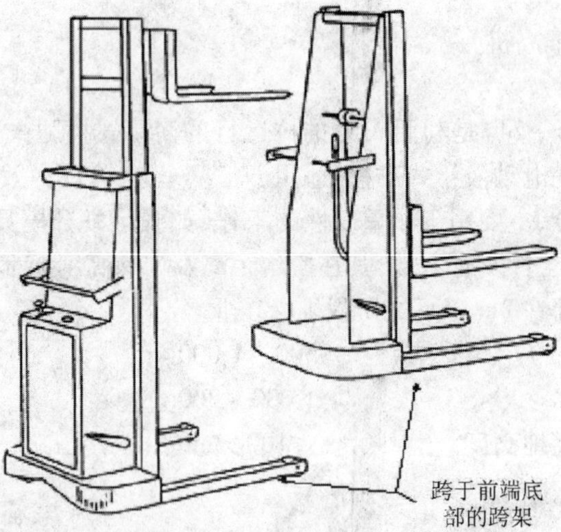

图 5－26　步行跨立式堆高机

(4)步行直达式堆高机

步行直达式堆高机(图 5－27)在任何高度位置,其牙叉可伸缩以存取托盘。一般跨于前端底部的跨架可长至 600 mm,超过牙叉收缩时负载重心的位置。当牙叉往前伸时,牙叉架刚好超过跨于前端底部跨架长度的位置。因为负载是延伸在跨于前端底部跨架外,因此叉架上的轮子变成是杠杆的支点,来决定底盘所需的配重。

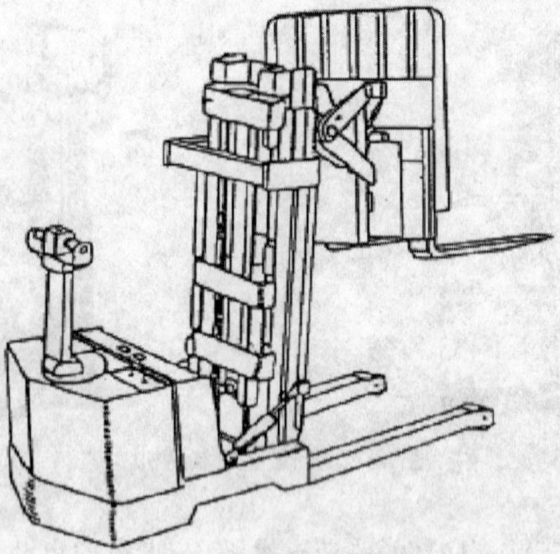

图 5－27　步行直达式堆高机

2. 坐立式堆高机

搬运距离较长，负载较重及举升较高时，则需考虑使用坐立式堆高机。选用时主要考虑的因素有两个：负载能力及通道宽度。以底盘的负载能力，可区分为以下几个等级：1 000～2 000kg、2 000～5 000kg、5 000～8 000kg、8 000～10 000kg、10 000kg 以上。

负载能力是由制造商提供保证。每一型的堆高机都有其适用的负载范围。如以一轻负荷的堆高机，用于连续重负载的作业，一定会增加其作业与修护成本及危险性。因此必须选用适当额定能力的机型，以得到较长的寿命及较高的作业效率。

如以堆高机的作业通道宽度区分，可分为三类，宽道式、窄道式及超窄道式（表 5－3）。

表 5－3　通道宽度与适用堆高机型式

通道型式	通道宽度（m）	堆高机型式
宽道式	3.1～4.5	配重式堆高机
窄道式	2.1～3.0	直达式堆高机 跨立式堆高机 转柱式堆高机
超窄道式	2.0 以下	转叉式堆高机 存取机

（1）配重式堆高机

有两种基本的型式，坐式及立式（图 5－28）。如果作业时必须时常上下堆高机，则选择立式较为适用。但对于长距离的搬运，则最好选用坐式机型。坐式的机型有较长的轴距，因此在负载能力较立式的机型大。但立式机型轴距较短，比较方便于较窄的信道作业。所有配重式堆高机的负载都是悬吊在前轴的前端，为消除货叉上的货物重量产生的翻倾力矩，保持叉车的纵向稳定性，在车体后部装有平衡重块。利用底盘的重量来配重。负载能力与 LC 到堆高机的重心有关。该类叉车由于适应性强，已成为叉车中应用最广的一种。坐式的堆高机有 1 000～5 000 kg 及 5 000 kg 以上的能力。立式的设计一般在 1 000～2 500 kg。

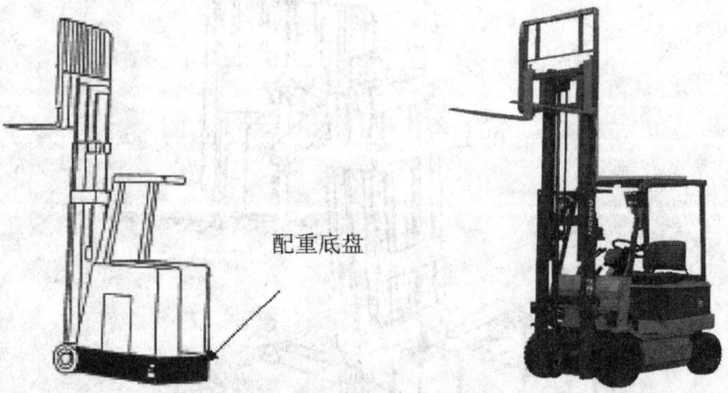

图 5－28　配重式堆高机

(2)跨立式堆高机

本型式堆高机利用跨于前端底部的跨架支撑平衡,来承载负载。这种设计方式可减少配重的重量,以较轻的车重,得到较高的稳定度。因为此型车辆的重心较低,且有一半的负载是位于车体内。因此这种小而稳定性高的堆高机并不适合搬运太宽的负载。但足可处理一般的负载尺寸(1200mm×1000mm),而且空间较配重式为小。一般前端底部跨架的长度是600mm,有些则长至1.5～2m,以搬运较长、较重的负载。前端底部跨架的长度与宽度,可决定额定负载的稳定性及需要信道宽度。所有的底部的跨架宽度都是不可调的。

(3)直达式堆高机

利用伸缩式的牙叉,伸出时可超过底部跨架约600mm。与跨立式堆高机相似,均具有跨于前端底部的跨架,同称为跨架式堆高机。但此型的底部跨架并不需与负载一样宽。因为在存取时,牙叉会伸出超过底部跨架长度,此时直达式又变成是配重式的情况。而在行走的状态时,牙叉会缩回,则具有与跨立式相同的稳定度及负载能力。

直达式堆高机在设计上,主要有两种不同型式,一种是利用剪刀式的伸缩机构,称为伸臂式,如图5－29所示。另一种设计则是利用底部跨架上的滑轨,整个升降架可在滑轨上移动,称为滑轨式,如图5－30所示。

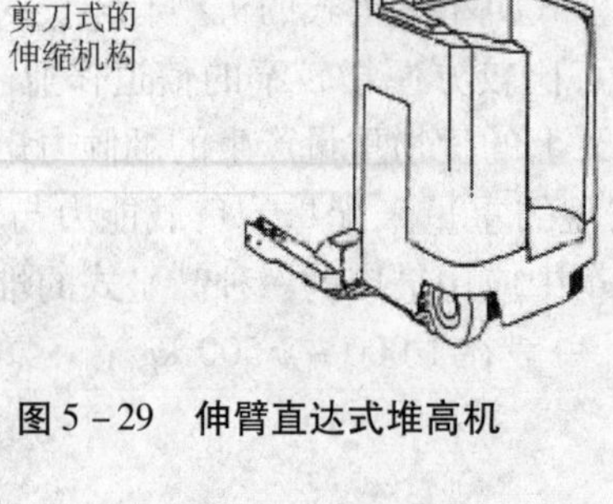

图 5－29　伸臂直达式堆高机

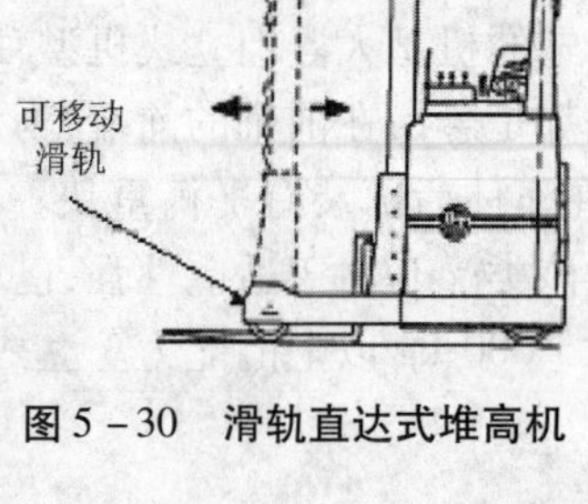

图 5－30　滑轨直达式堆高机

直达式堆高机底部跨架轮的设计有两种型式，一种型式是在每一底部跨架臂上使用单一轮子，宽13cm，直径约30cm。此型设计适用于可将负载缩回置于底部跨架臂之内。这种设计的好处是对于较不平或裂缝的地板有较好的克服能力。另一种型式是在每一叉架臂上，使用两个较小的轮子，宽约10cm，直径约13cm。这种大小的轮子，在设计上会略大于底部跨架的高度，但不会超过底部跨架的顶面，所以顶面是平的。

直达式相对于跨立式的主要优点就是在堆垛负载时，不需像跨立式要将底部跨架跨在负载的两旁。

(4)倍深直达式堆高机

具有二节的伸缩臂装置，应用于倍深式货架的存取(图5－31)。对于倍深直达式堆高机的应用，有两个尺寸非常重要，即伸展长度及后挡板的尺寸。这两个尺寸决定伸缩装置动作的顺序。

伸展的长度必须要有足够的长度可存取第二个托盘的位置。如伸展的长度不够，则必须以两次的动作来完成。第二次的动作是堆高机退后约30cm，然后再用牙叉举起负载，前进至第二个托盘的位置将负载放下。而后挡板的尺寸，则会影响到货架开口的大小，因为伸缩机构退至后面的位置时，尺寸会变宽。因此货架的开口需有足够的间隙，容许伸缩机构动作时，尺寸大小的变化。

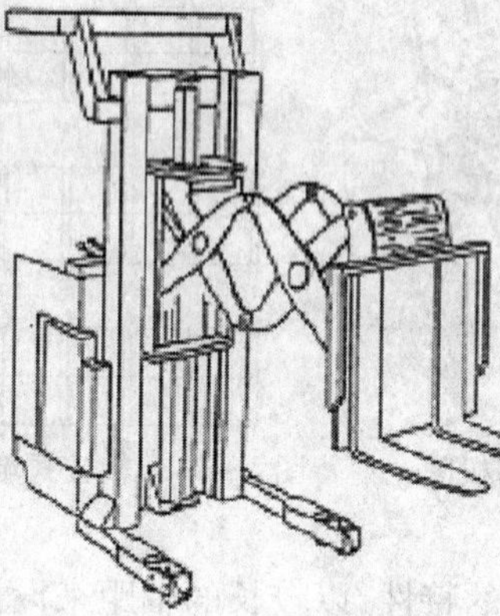

图5－31　倍深直达式堆高机

(a) 叉架前移式叉车　　(b) 门架前移式叉车

图5－32　前移式叉车

(5)前移式叉车(图5－32)。该类叉车也有两条前伸的支腿,不过两前支轮较大,支腿较高。叉取货物时,支腿不插入托盘下面,而是货叉和门架一起前移,插入托盘或货物底下,起升至货叉高出支腿时,货叉带着货物与门架一起后退,使货物重心位于前后车轮所决定的平面内后,再行搬运。因此,叉车行驶稳定性很好,具有不需要平衡重,自重轻,降低直角通道宽和直角堆垛宽。但其结构较复杂。适用于车间、仓库内工作。

(6)转柱式堆高机

具有转叉式堆高机侧边负载及配重的特性。但转柱式是旋转整个升降架组合,而不是旋转牙叉组合(图5－33)。一般转柱式的设计,都是只能向右边旋转,不能转向左边,如图5－34所示。因此如要做左边负载的存取,则需将堆高机开出通道,再以反方向进入通道作业。除了升降架可旋转外,其余机构与配重式非常类似。可在1.2～2.4m的窄道内作业。因为旋转的升降架会增加车重,因此堆高机需有更大的出力,才能达到与配重式堆高机相同的负载能力。

图5－33　转柱式堆高机图

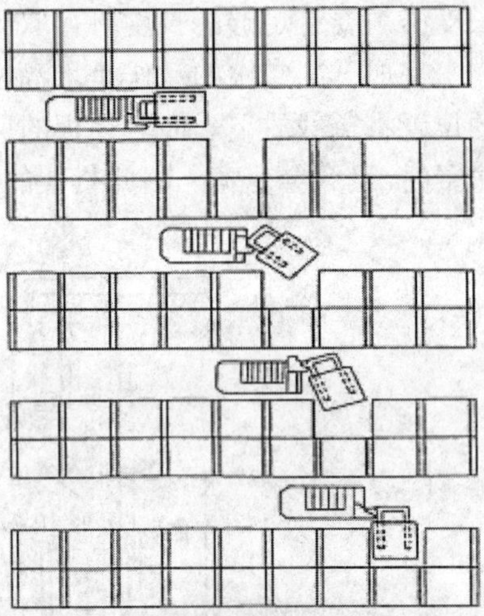

图5－34　转柱式堆高机之作业方式

(7)转叉式堆高机

结合侧边负载及配重式堆高机的特性,以较长的轴距来设计,有较佳的稳定性。升降架的宽度加大至接近车体的宽度(图5－35)。

图5－35　转叉式堆高机

(8)拣取转叉式堆高机

在转叉式堆高机的前端,装有一作业平台,此平台可让操作员做托盘的存取及拣货用(图5-36)。平台可与牙叉一同升降,所以操作员可清楚地看到欲存取的位置,提高作业效率。

为平衡平台及操作员的重量,以及操作的安全性,因此需加强升降架的强度,以减少无法控制的变形。

图5-36　拣取转叉式堆高机

(9)侧载式堆高机

主要设计用来搬运特殊形状的负载(图5-37、图5-38)。最普遍的侧载式堆高机是搬运长形的对象,如金属管、木材等。通常是在有导引的通道内作业,存取高度可至9~11m。

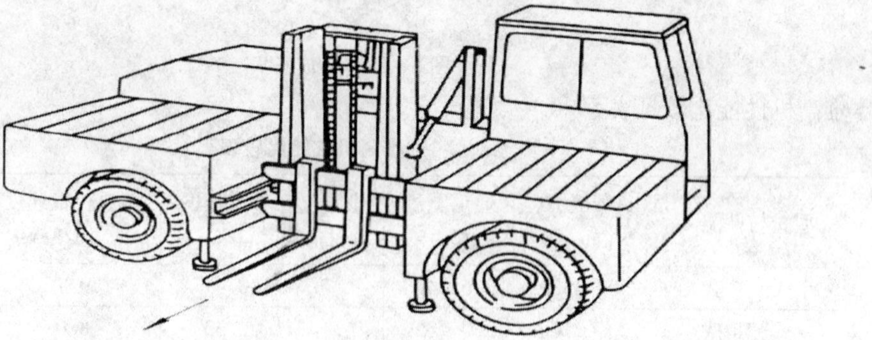

图5-37　侧载式堆高机

图5-38　侧载式堆高机之作业实例

(10)合成车

结合堆高机及自动存取机技术而开发出合成车(图5-39)。这种合成车行走速度可高至2.1m/s,在通道内可同时做行走及举升的动作,以减少存取时间,提高出入库的能力。合成车是使用梭车板的机构来伸入托盘。不像一般堆高机是使用牙叉,存取时必须旋转牙叉。

合成车也有载人式的设计,提供拣取的能力。目前合成车的设计,可存取最高至18m,并可与计算机联机,自动存取托盘,由计算机控制库存管理,作业非常快速方便。

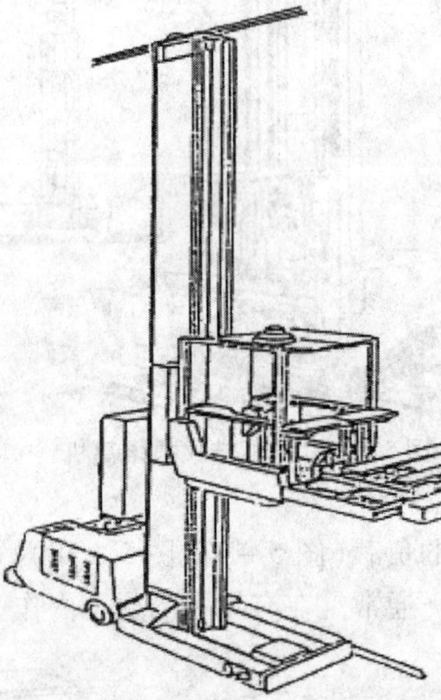

图5-39 合成车

堆高机性能比较见表5-4。

表5-4 堆高机性能比较表

型式与性能	负载能力(kg)	通道宽度(m)	扬程(m)	举升速度(m/sec)	作业行走速度(km/hr)	爬坡度
坐式配重式	900~4500	3.6~4.6	6.7	0.41	9.7	35%
立式配重式	900~2700	3.0~3.6	6.1	0.33	8.0	35%
跨立式	900~2700	2.0~2.7	6.4	0.3	8.5	15%
直达式	900~2300	1.8~2.4	9.1	0.25	8.9	15%
转叉式	1360~1800	1.5~2.1	12.2	0.38	8.9	用于平地
侧载式	900~4500	1.5~2.1	9.15	0.25	8.0	20%
转柱式	900~3600	1.5~1.8	9.25	0.25	10.3	15%
合成车	900~1800	1.5	15.24	0.30	8.9	15%

物流窗口5-2

海尔国际物流中心高架叉车货架仓库的应用

一、仓库总体参数

1. 仓库建筑物的尺寸:长×宽×高　　90.3×60×16(米)

2. 仓库储存形式:托盘单元货物,四向塑料托盘

外形尺寸(长×宽×高)　max 1200×1000×1200(毫米)

3. 仓库库存容量:总货轮数　30 排×23 列×10 层=6900(货轮)

总货位数　6900 货×2 货位/货轮=13800(货位)

4. 入库频率(以一班,8 小时/班计):出库、入库分别为 3000 盘/天

5. 货架总高:14500 毫米

二、系统设备组成

1. 高架叉车:起重量　1500 公斤

载荷中心　600 毫米

总起升高度　12890 毫米

车体宽度　1560 毫米

电　瓶　80V,600Ah

2. 高层货架:形　式　装配式

总　高　14500 毫米

3. 计算机管理系统,其功能包括:库存管理、货位管理、入库作业、出库作业、盘点作业、查询作业、报表处理、维护作业、系统管理、通讯管理等。

4. 周边设备:包括月台跳板、快速升降门、条形码自动识别和传输系统、托盘货物热塑包裹机、自动充电装置等。

(资料来源:http://www.56products.com)

(三)叉车属具

叉车属具是国际上先进物料搬运机械的重要标志,是一种安装在叉车上以满足各种物料搬运和装卸作业特殊要求的专用机械。它使叉车成为具有叉、夹、升、旋转、侧移、推拉或倾翻等多用途、高效能的物料搬运工具。叉车属具带来物料搬运领域新的改革的开端,这在于其展现了物料搬运的一种全新观念,摒弃或改变了传统的人工搬运及托盘搬运方式,大大丰富了叉车的作业性能,显而易见地使企业获得高效的生产率及良好经济效益。

叉车属具种类繁多,根据不同行业用户、不同的作业货物,以及货物搬运需求和作业状况有不同的叉车属具进行相应合理有效的作业。这里介绍物流中心近年来较多推广的夹纸板作业。夹纸板是用与托盘长宽尺寸相当的硬纸板代替托盘进行机械化装卸作业的材料,它重量轻,厚度薄,也可以反复使用,是现代物流中心快速推广的作业形式。夹纸板的应用就离不开叉车属具。与利用托盘进行装卸作业相比,夹纸板有很多的优点:

1. 夹纸板成本低,一般只是木托盘成本的 5%,对于不能返回的托盘运输无疑是一个良好的选择。

2. 占用空间小。一般托盘高度为 150 毫米,而夹纸板只有不到 5 毫米的厚度,对于长途运输集装箱空间利用发挥作用。

3. 不用返回,储存不占用空间。

叉车属具之所以成为一种高效多能的搬运工具,是因为顺应了现代物流对搬运机械专业化、高度机动性、尽量减少破损、节约存储空间等方面越来越高的要求。叉车属具正以全新的搬运观念成为搬运领域的重要组成部分,如图 5-40 所示。

图 5－40　叉车属具

二、堆高机的构造与选用要点

堆高机(叉车)是物流中心广泛使用的装卸搬运机械。其功能是以装卸和堆垛货物为主,短距离水平搬运为辅。其作业对象既可以是集装箱又可以是杂货;作业方式既可以在堆场垂直堆码,又可以用于水平运输;作业内容既可以是装卸货物,又可以进行物品的上下货架。

(一)堆高机(叉车)构造

叉车是专门设计用于物品搬运的机械工具,它的构造会影响操作的方便性,又对物流系统中其他相关设备会产生影响。因此,物流中心的工作人员有必要了解其构造。叉车主要由以下部分组成:

1. 货叉,直接搬运物品用的,一般是 100mm ~ 150mm 宽,1 000mm ~ 1 200mm 长,40mm 厚。两叉距离根据货物尺寸可以调整。

2. 负载重心距,这是负载重心到货叉架的距离,是决定负载能力的因素之一。当负载在 4500 kg 以下时,标准负载重心距为 0.6 m。当大于 0.6 m 时,叉车提升高度将大大降低。可以说负载重心距是决定负载安全的重要因素。

3. 轴距,轴距是决定负载能力、旋转半径、直角堆放通道宽度和离地高度等作业特性的重要参数。

4. 动力系统,托板车和窄道式叉车均用电动式,用于室内工作。室外多用内燃机式叉车。

5. 安全架,用来保护操作者头部。

6. 升降架,可设计成多段式的。大部分是液压式的,也有采用电动提升装置的。

7. 货叉架,可以固定货叉和有关附件。

(二)选择叉车的因素

1. 叉车的主要技术参数

叉车的主要技术参数包括性能参数、尺寸参数及重量参数。

叉车的性能参数有:最大起升高度、载荷中心距、门架倾角、满载最大起升速度、满载最大运行速度、牵引力、满载爬坡度、最小转弯半径、直角堆垛的最小通道宽度、90 度交叉通道宽度等。

叉车的尺寸参数有:最小离地间隙、轴距、前后轮距、外廓尺寸等。

叉车的重量参数有:额定起升重量、整机自重、轴负荷等。

2. 选择叉车时考虑的因素

叉车的选用,必须评估最基本的几个性能因素。考虑使用的工作环境、作业条件以选用能满足作业需求的叉车性能。这几个基本因素为负载能力、尺寸、扬程、行走及举升速度、机动性及爬坡力。因此必须向制造商洽询详细规格信息,仔细评估每一项性能因素,以决定是否能满足作业的需求及有效的作业。

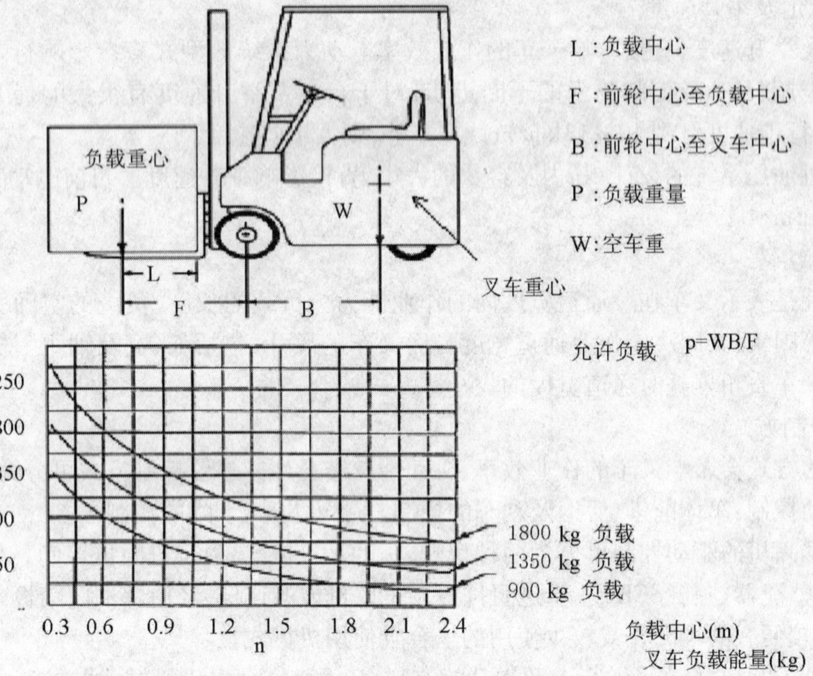

图 5－41　负载能力与 LC 关系图

(1)负载能力

这是最重要的因素,即把最重的额定负载举到特定高度的能力。负载能力是以负载中心(Load Center,LC)为基准来计算。工业标准的 LC 是 0.6m。除非另有提及,不然所有堆高机的举升额定能力均以此来计算。图 5－41 说明 LC 的位置移动时,负载能力的变化。在日本的标准,LC 有 0.5m,0.55m 及 0.6m 等规格。负载重心距越大,负载能力越小。

(2)举升

举升的规格包括扬程、举升全高、升降架高度及自由扬程等规格。必须考虑使用条件,以选用适当规格。扬程即在额定负载下堆高机的最大举升高度。伸展高度有时称为"全部举升高度"(Overall Elevated Height,OAEH),表示升降架上升时,顶端可达到的最高位置。此高度可决定叉车于最大高度时,建筑物所需要的最小间隙。一般建筑物的可用高度与 OAEH 最少需有 300mm 的间隙。建筑物的可用高度是扣除灯、梁、管路等障碍物之后的高度。

(3)升降架高度

表示地面至第一节升降架顶端的高度,有些设计,安全架的高度比升降架高度高,特别是一些站立式的设计,因此安全架高度决定了作业时所需的最小余隙,故其由两者之一较高者可决定堆高机的最小作业高度。多段式的升降架,其升降架高度较低,但却有高扬程。在安全架和升降架之间选择最高者决定叉车的最小作业高度。此高度是设计仓库通道、门的最小高度的依据。

(4)自由扬程

表示第二节升降架移动之前,牙叉可上升的高度。自由扬程与升降架的设计有关。一般低自由扬程在600mm。而高自由扬程可达1.5m左右。高自由扬程的设计,可在较低的空间条件下的托盘的堆放,如箱型车、货柜车。

(5)行走及举升速度

行走及举升速度,直接影响叉车的作业效率。动力系统的型式直接影响行走及举升速度的能力。电瓶、马达及控制技术的不断进步,对于行走及举升速度有很大的提升。一般在室内,最大的行走速度有到10~13km/hr。在室外,则大于此速度。

堆高机油压系统的设计,马力及容量的大小,直接影响举升速度。目前电动叉车举升速度在0.3~0.5m/s。

(6)机动性

机动性是表示叉车在一通道宽度内的作业能力。负载的长度、负载的空间、叉车的尺寸、旋转半径等因素,共同决定作业通道宽度。而叉车的尺寸,包括长、宽及轴距。机动性的基本指针就是叉车直角堆叠时通道宽度的大小。

(7)控制方式

控制的方式会影响叉车的作业效率、机动性及安全性。一般控制方式可分为两部分:

①驱动控制:车体前进、后退及刹车的控制。牙叉上升、下降的控制。

电动堆高机的驱动控制可分为两种型式,一种是机械式,由步进阻抗控制。另一种是电子式,由硅控整流器控制(SCR)。步进阻抗控制是以机械的连杆,经由踩油门踏板来传动以控制电阻,只有较便宜的堆高机或较少使用的场合会使用机械式。

利用电子SCR方式来做行走及举升的控制,几乎已完全取代机械式的控制方式。用SCR的控制非常平顺,具有低转速高扭力的特性,耗电量又小,因此可使作业时间加长。

②导引控制:应用在超窄道式的移动自动导引。

导引控制的应用,可使操作者在存取通道中,前进后退时,不必注意叉车方向是否偏斜。一般导引控制可分为机械式及电子式自动导引系统。机械式的系统是在货架通道两边的地板上架有导轨。而在叉车的两侧则装有导引滚轮。在通道内行走时,滚轮与导轨直接接触以导引车辆前进。

一般通道长度较短时,使用机械式方式较为经济,且较易安装及维护。如通道长度较长或叉车数量较多时,使用导线式电子导引系统会较经济。此系统是在通道内,挖一浅沟,埋入导线并覆上树脂的接着剂,以保持地板的平整。导线会由一驱动单元作动发出一低频的信号,由叉车上的感应器接收,并译码此信号,以控制叉车的行走方向。大部分的系统使用两个感应器接收单元,分别在叉车的前后两端,以控制前进后退,动作较确实,另有只单一感应器,只能做单方向的导引,较不实用。

导线式导引系统很容易做路线变更,只需重新锯开一线槽,埋入导线即可。此系统也应用到工厂的其它区域做车辆的自动导引。导线式导引系统的最大好处就是可让操作员集中注意力于存取及拣取的作业,而不必花精神在方向的控制上,而且很安全,多有连锁功能,以随时停止叉车。在选择导引系统，除了叉车数量及通道长度的因素外，尚需考虑叉车及接受器，驱动装置的成本。

(8)动力系统选用

有两种基本的动力系统，内燃机引擎及电动马达。内燃机引擎依使用燃料的不同，可分为柴油、汽油及瓦斯等型式，汽油引擎通常是设计成四缸或六缸，采水冷的型式。柴油引擎则使用喷油的系统。瓦斯型式的动力系统，通常也是使用汽油引擎，做一些改变以使用瓦斯的燃料。

电动系统是使用电瓶供给马达电力，可以电压或功率单位（安培－小时、千瓦－小时）来额定。一般的额定能力标准在200～1800安培－小时，并可连续使用6小时以上。

驱动马达的使用电压有12、24、36、48或72伏特。72伏特的系统是串连两个36伏特的电瓶。另有其他马达则是用于其它功能。如举升、升降架的倾斜及转向等。在评估选用时，必须考虑以下四个因素：购入成本及作业成本、作业能力、环境条件、堆高机型式。

选择动力系统的型式，则是根据环境条件及作业的特性。内燃机引擎适合于室外长时间连续的作业，高频度行驶于不平的地面，及需经常爬坡的情况。而电动式则一般用于室内、干净、无污染的作业。表5－5为内燃机引擎与电动马达的比较表。

表5－5　内燃机引擎与电动马达的比较

	内燃机引擎	电动马达
特点	马力，扭力大 额定能力范围大 均为坐式，作业员较不易疲劳	无空气污染，安静 体积较小，作业灵活
应用	适用室外，码头附近较不平地面、斜坡及长距离搬运	适用于室内，干净安静的空间

三、手推车系列

手推车系列的设计以轻便易携带为主，由于其使用方便而广泛地在仓库、制造工厂、百货公司、物流中心、货运站或配送途中之短程搬运使用，但此系列推车均不耐负重（一般限制在500kg以下）且大多数没有举升能力，此特点和举升搬运堆高车辆有很大差异。手推车系列的分类以其用途及负荷能力来分类，一般分为二轮手推车、多轮手推车及物流笼车三类。

（一）二轮手推车

二轮手推车是最古老的、最实用的人力搬运车，它轻巧、灵活、转向方便，但因靠体力装卸、保持平衡和移动，所以仅适合装载较轻、搬运距离较短的场合。为适合现代的需要，目前还采用自重轻的型钢和铝型材作为车体；阻力小的耐磨的车轮；还有可折叠、便携的车体。

二轮手推车可分为东方型与西方型两类（图5－42）。东方型结构架呈推拔状，轮子在外侧，具有弧状或平的横板。用来搬运混装的货物非常有用，如桶子、袋子、箱子或其他等重的东西。西方型结构架平行，轮子在内侧，手把呈弧状。

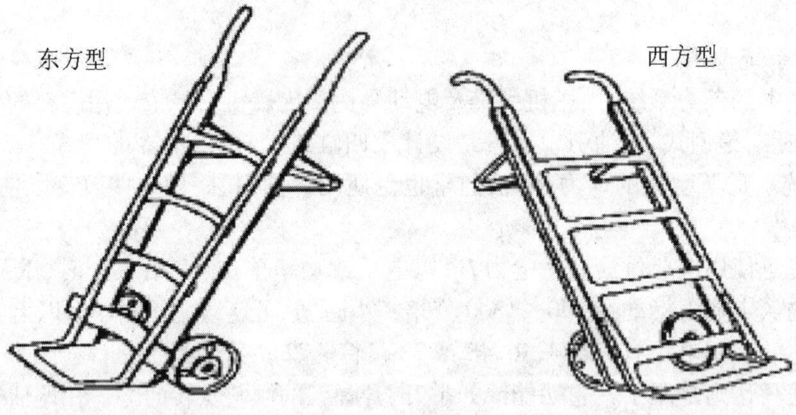

图5－42　二轮手推车

（二）多轮手推车

多轮手推车轻巧灵活、易操作、回转半径小，广泛应用于车间、仓库、超市、食堂、办公室等，是短距离、运输轻小物品的一种方便而经济的搬运工具。一般每次搬运量为5～10kg，水平移动30米以下，搬运速度30米/分以下。依用途及负荷不同，有不同尺寸及设计方式，可为木制或金属制。依用途的不同可分为下列型式：

1. 立体多层式（图5－43）

为了增加置物的空间及存取方便性，而把传统单板台面改成多层式台面设计，此型手推车常利用于拣货使用。

2. 折叠式（图5－44）

为了方便携带，手推车之推杆常设计成可折叠方式，此型推车因使用方便，收藏容易，故普及率高，市面上均有标准规格贩售。

图5－43　立体多层式手推车

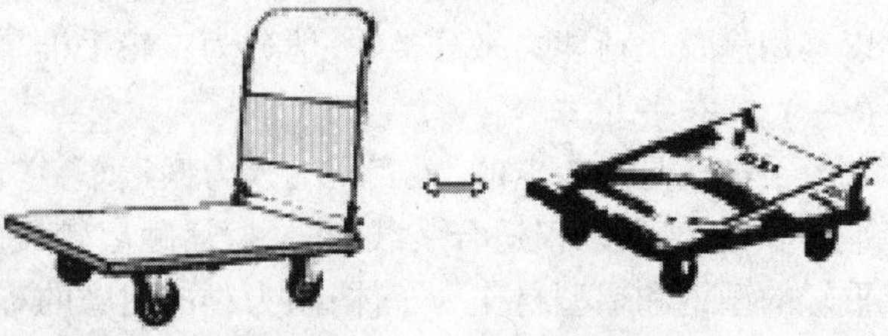

图5－44　折叠式手推车

3. 升降式（图5－45）

在某些体积较小，重量较重之金属制品或人工搬运移动吃力的搬运场合中，由于场地的限制而无法使用堆高机时便可采用可升降式手推车，此型推车除了装有升降台面来供承载物升降外，其轮子一般采用耐负荷且附有刹车定位之车轮，以供准确定位上下货。

图 5－45　升降式手推车

4. 附梯式（图 5－46）

在物流中心手推车的使用场合大多以拣货作业中使用最广，而拣货作业常因货架高度的限制而需爬高取物，故有些推车旁设计附有梯子以方便取物。

图 5－46　附梯式手推车

（三）物流笼车

物流笼车（图 5－47）的设计以大置物空间及可折叠收藏为考虑重点，故笼车高度一般高于 1 450mm，其利用向上延伸的空间，来达到置物空间之最大使用。而其使用场合大都为配送出货前之集货及随车全程运送用，故采用高强度焊接架构，表面经热浸镀锌处理再粉体涂装，以增长使用寿命。而为了让流程作业明了，一般均附有标示位置以提供使用者用。

1. 物流笼车分类

物流笼车的分类常因制造厂家设计差异，而有不同分类方式。一般可依笼车前方开口之封闭方式来区分，分栅门式及挂钩式（图 5－47）。摆放货品如体积较小且容易翻落时采用栅门式，反之摆放货品如体积较大时则采用挂钩式会来得方便些。另外配合组合方式之不同，可自行分隔中间隔层，以方便小件货品之摆放管理。

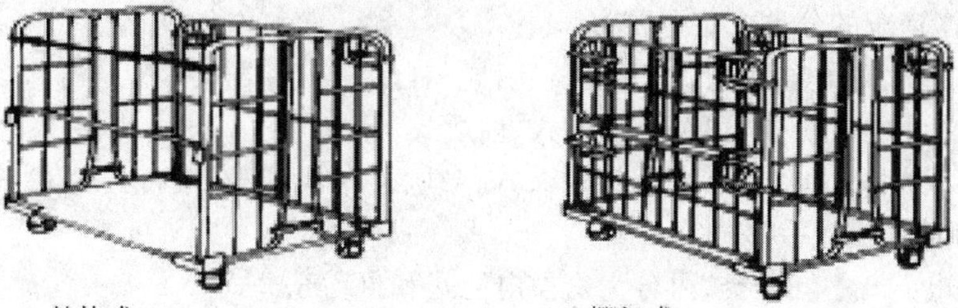

挂钩式　　　　栅门式

图 5－47　物流笼车基本分类

2. 物流笼车规格(表5－6)

表5－6 常用物流笼车规格表

型式	外部尺寸(mm)	内部尺寸(mm)
	L×W × H	IL×IW×IH
RC－1	800×600×1700	740×540×1460
RC－2	850×600×1700	790×540×1460
RC－3	850×650×1700	790×590×1460
RC－4	950×800×1700	890×740×1460
RC－5	1100×800×1700	1040×740×1460

四、自动导引搬运车

自动导引搬运车(Automated Guided Vehicle)(图5－48)是物流系统的重要搬运设备。随着企业自动化,计算机集成系统技术的发展及柔性制造系统物流业的发展,自动导引搬运车得到了广泛的应用。

世界上第一台自动导引搬运车是美国Barret电子公司于20世纪50年代研制成功的,随后在欧洲、日本等国也得到快速发展。自动导引搬运车在我国应用较晚,近几年得到了一定的发展。自动导引搬运车是指具有电磁或光学引导装置,能按照预定的引导路线行走,具有小车运行和停车装置、安全保护装置以及具有各种运载功能的运输小车。

图5－48 自动导引搬运车

自动导引搬运车的分类方法主要有:

1. 按照引导方式分类,可分为固定路径引导和自由路径引导。

2. 按照运行的方向分类,可分为前进式、前后式、万向式。

3. 按照移载方式不同分类,可分为侧叉式移载、叉车式移载、推挽式移载、辊道输送机式移载、升降台移载和机械手移载等。

4. 按照充电方式不同分类,可分为交换电池式和自动充电式。

5. 按照转向方式不同分类,可分为前轮转向、差速转向和独立多轮转向。

自动导引搬运车不仅在制造业中得到广泛应用,而且在非制造业中也得到了广泛的应用,例如，在图书馆、医院、邮政、物流中心、配送中心等。近年来，在国外又出现了一种智能型搬运车（Automated Handed Vehicle），简称AHV。其形状类似于现在广泛应用的AGV，但装有两只通用的机械手，在作业时依靠起视觉作用的工业摄像机，对物体的位置和大小进行判断。因为AGV系统的搬运方式和搬运路线全部由中央控制室程序控制，如搬运路线和站点有变化，就要修改控制程序，甚至改变引导路线的设施，这将花费较多的时间和人力。AHV不仅可以避免上述问题，还可以具有协同作业的功能，搬运物品过长、过重时，可以由两台以上的AHV协同作业进行搬运。这样可以大大减少AHV的规格型号，又能提高AHV的作业能力。

物流窗口5－3

叉式自动搬运车在驶入式货架仓库内的应用

红河卷烟厂成品自动化物流系统库区占地$2000m^2$。

驶入式货架：空间高4.5米，34个巷道，直接驶入长度25米，宽1.1米，平面布置与工艺流程如图5－49所示：

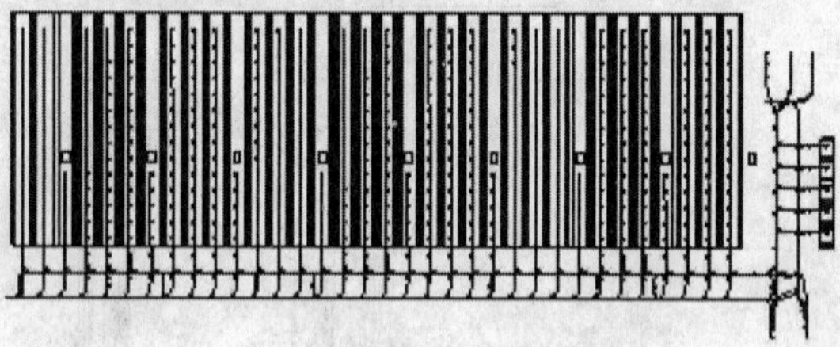

图5－49　平面布置与工艺流程

图5－50　叉式激光自动搬运车

叉式激光自动搬运车，如图5－50，其性能参数表5－7：

表5－7　主要性能指标

序号	名　　称	指　　标
1	整车额定载重	600kg
2	整车直行最大速度	60m/min
3	整车转弯半径	1300mm
4	整车正、侧向定位精度	5mm
5	伸叉升降定位精度	3mm
6	伸叉最大提升高度	2400mm
7	一次充电工作时间	5min连续大于75min
8	托盘尺寸（长×宽×高）	1200×1000×140mm
9	蓄电池容量	4×12V DC 100Ah
10	整车自重（含电池）	980kg
11	整车尺寸（长×宽×高）	2400×1000×2000mm

（资料来源：http://www.56zg.com）

五、起重设备

起重机是物流中心常用的装卸搬运设备，其种类多，适用范围广，主要包括简单起重设备，如千斤顶、滑车等;葫芦类,包括手动葫芦和电动葫芦;桥式起重机,包括手动梁式起重机、电动梁式起重机、电动桥式起重机;龙门式起重机,包括有轨龙门式起重机和轮胎(无轨)龙门式起重机;臂架起重机,包括固定式臂架起重机和运行式臂架起重机,运行式臂架起重机又可分为轮胎式起重机、汽车式起重机、履带式起重机、轨道式起重机等。起重机必须配备与其作业对象相适应的取物装置,如吊环、扎具、电磁盘、抓斗、吊链、吊索等吊卡具。在物流中心常用的有堆垛起重机、轮胎式起重机和汽车式起重机。

堆垛起重机是自动化仓库中最重要的货物存取设备。其主要用途是在自动化仓库的通道内运行,将位于巷道口的货物存入货格,或者将货格中的货物取出,运送到巷道口。堆垛起重机按照用途不同可分为桥式堆垛起重机和巷道堆垛起重机。按照有无导轨分为:有轨堆垛起重机和无轨堆垛起重机。

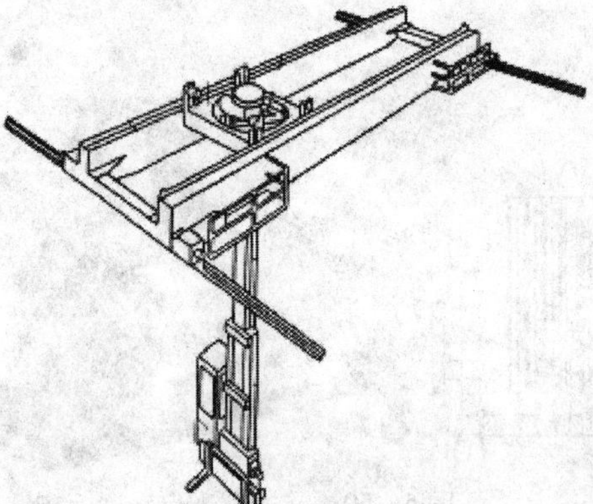

图 5-51　桥式堆垛起重机

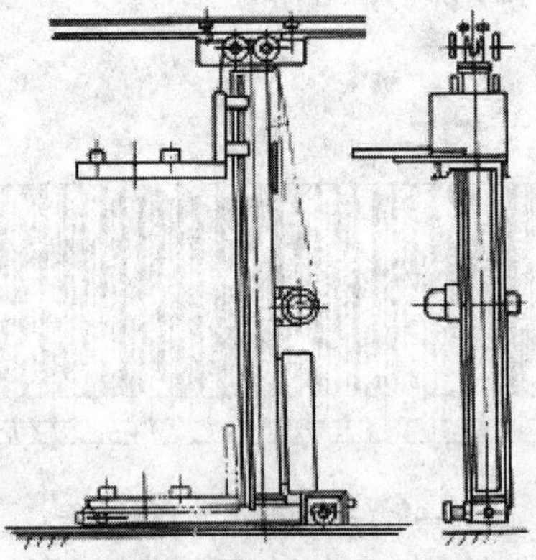

图 5-52　巷道堆垛起重机

(一)桥式堆垛起重机

桥式堆垛起重机(图 5-51)具有起重机和叉车的双重结构特点,适用于 12 米以下中等跨度的仓库中,巷道的宽度较大,适于笨重和长大件物料的搬运和堆垛。根据其构造可分为支撑桥式堆垛起重机和悬挂桥式堆垛起重机。支撑桥式堆垛起重机的大车轮沿着轨道顶面运行,悬挂桥式堆垛起重机的车轮沿着工字钢下翼缘运行。桥式堆垛起重机有大车、小车、立柱、货叉等主要零部件。大车桥架在仓库上方运行,回转小车在桥架上运行。立柱有伸缩和固定之分,是货叉和司机室导向并支撑载荷的结构件,立柱可以回转,以方便货物堆取和保证工作的灵活性。货叉也有伸缩式和固定式之分,是用来堆取成件物品的叉型取物装置。桥式堆垛起重机的货架和仓库顶棚之间需要预留一定的空间,以保证堆垛机的正常运行与安装维护。

(二)巷道堆垛起重机

巷道堆垛起重机(图 5-52)适用于各种高度的高层货架仓库,可以实现半自动、自动和远距离集中控制。巷道堆垛起重机按结构可分为单立柱式和双立柱式。单立柱式使用在起重量 2000kg 以下、起升高度 20m 以下的场合;双立柱式使用于高人场合,最人起重量达 10 t 以上;按存取方式可分为拣选存取式和单元存取式;按操作方式可分为带司机室和不带司机室;按运行方式可分为直线运行式和转轨式。转轨式堆垛起重机在多巷道仓库内通过转轨机构,可以进入任何巷道作业,从而使多巷道共用一台机成为可能,可以节省堆垛起重机数量。各种类型可以任意搭配,以满足不同的应用要求。

物流窗口 5－4

海尔国际物流中心设备

图 5－53　海尔国际物流中心

中心面积:148 米×120 米×20 米

包括:原材料自动化仓库和成品件自动化仓库

1. 原材料自动化仓库

(1)存储物料:采购的零部件等原材料

(2)单元货物:1200×1000×1560(mm)

(3)单元重量:1500kg

(4)货位数量:12(排)×74(列)×11(层)=9768 个

(5)高度:20m

2. 成品件自动仓库

(1)存储物料:冰箱、空调、小家电等制成品

(2)单元货物:2100×1200×2000(mm)

(3)货位数量:16(排)×74(列)×8(层)=9472 个

3. 物流中心主要设备组成

(1)高层货架:原材料库 12(排)×74(列)×11(层)=9768 个

(2)制成品库:16(排)×74(列)×8(层)=9472 个

(3)巷道堆垛起重机:原材料库数量 6 台、载重量:1000kg、高度:20m

成品库数量:4 台(双深)、载重量:1200kg、高度:20m

(4)入出库输送机系统 1 套

(5)LGV 自动搬运系统 1 套

(6)自动化控制系统 1 套

(7)计算机监控和管理系统 1 套

(8)大屏幕摄像监控系统 1 套

(9)语言对讲调度系统 1 套

(10)无线条码识别系统 1 套

(资料来源:http://www.56zg.com)

第三节　输送设备

输送机是一种沿固定路线和方向连续不断地搬运物料的设备，是物料搬运的主要设备之一，广泛应用于流通中心、配送中心。输送机搬运物料的优点在于承载均匀、作业功率波动小、速度稳定、能连续作业、生产效率高、作业成本低，其缺点是通用性差、输送物料受限制大、物料单品不能太重。决定输送机的主要参数为搬运物料的最大宽度、长度、重量和单位时间的搬运量。

在物流中心中使用最普遍的输送机就是单元负载式输送机及立体输送机。单元负载式输送机包括滚筒、皮带或链条等型式。输送之单元负载包括托盘、纸箱或其他固定尺寸的物品，输送机型式的选择主要是基于物品的特性及系统的需求。

单元负载式输送机的分类，如图5－54所示。以动力源区分，可分为重力式及动力式两种，重力式输送机即是利用欲输送物品本身的重量为动力，在一倾斜的输送机上，由上往下滑动。重力式输送机，因滚动转子的不同，可分为滚轮、滚筒及滚珠等三种型式。动力式输送机，一般均以马达为动力。以传送的介质区分，主要可分为链条式、滚筒式及皮带式，以其应用而言，除最基本输送的功能之外，尚可做储积及分类等多种用途。

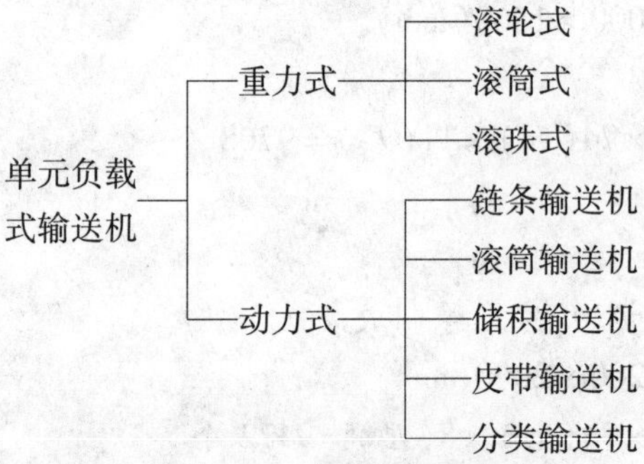

图5－54　输送机的分类

一、重力输送机

重力输送机的特点是重量轻、成本较低，易搬动、装卸方便，且易于安装、扩充或配置上的变更，是优先考虑的最经济的方式。对于表面较软的物料，如袋装品，有很好的输送性，同时也用于塑料筐、桶形物和其他容器的输送。

（一）重力式滚轮输送机

重力式滚轮输送机（图5－55所示），有时称为“溜冰鞋滑轮”。主要特点为重量轻，易于搬动，在转弯段部分，滚轮为独立转动。对于较轻的物品，滚轮的转动惯量较低。且组装、拆装快速容易。

应用范围：对于一些表面较软的物品，如布袋，滚轮较滚筒型式有较佳的输送性。在这种应用，可选择排成一列的方式，如此物品会循迹滑动。底部有挖空的容器及篮子，则不适合使用滚轮输送机。为使物品输送平顺，在任何时候一物品至少要有五个滚轮以上支撑（分布在三支轴上），如图5－56所示。

图 5－55　重力式滚轮输送机

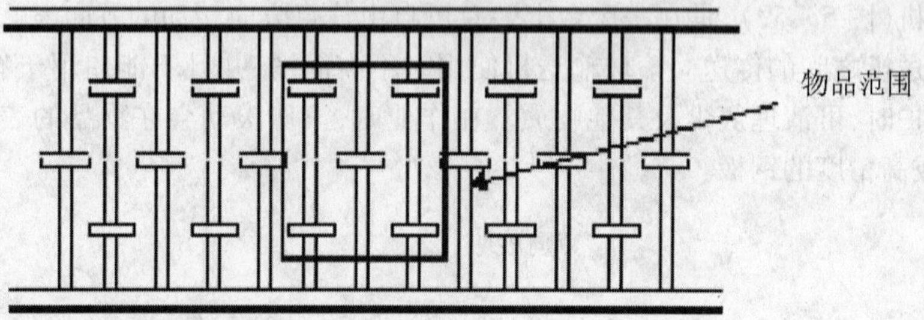

图 5－56　物品至少要有五个滚轮支撑

（二）重力式滚筒输送机

滚筒式输送机的特点就是在于滚筒、轴、轴承、骨架、支撑架等组件的组合非常多样（图 5－57），可满足各种不同的应用需求。选择组合的方式，需考虑输送的物品特性，安装的环境及设备的成本等条件。物品特性会影响输送的稳定性，一般至少需有三支滚筒同时接触物品（图 5－58）。

图 5－57　重力式滚筒输送机

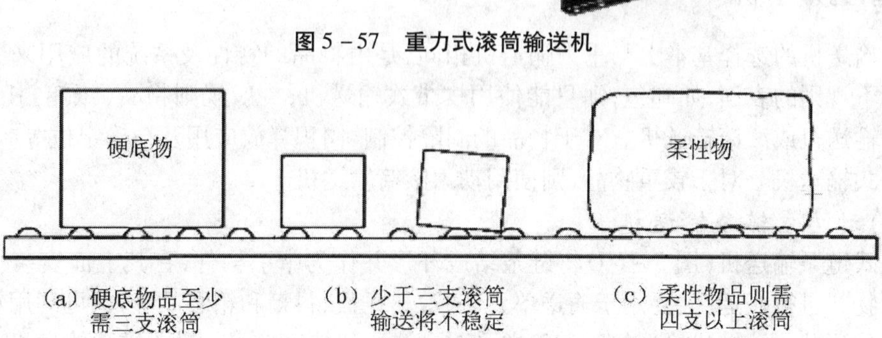

图 5－58　滚筒支撑数与物品输送稳定性的关系

应用范围:重力式滚筒输送机的应用范围较滚轮式为广(表5-8)。一般不适用于滚轮的负载,如塑料篮、容器、桶形物等均适用于滚筒式输送机。虽然有一些模块的骨架及滚筒是使用铝质材料来减轻重量,但还是较滚轮输送机重,故并不适用于需常移动或拆装的场合。

表5-8 重力式输送机之应用

输送物品	建议型式	说 明	倾斜角度(度)
布袋	滚轮	间距较密	5~20
薄纸箱	滚轮	15-20轮/呎,18吋宽	5~15
硬纸箱	滚轮或滚筒	16-18轮/呎,18吋宽	2~12
木箱	滚轮或滚筒	10轮/呎,12吋宽	2~8

(三)重力式滚珠输送机

滚珠输送机(图5-59),是在一床台上装有可自由任意方向转动的万向滚珠,用于较硬表面的物品在输送机之间的传送。滚珠输送机使用时不需润滑,并且不能使用于有灰尘多的环境中。定期维护时,可清理灰尘及其他物质。在作业时,滚珠滚动会在物品的表面留下滚痕,如铜、软木材或高精度的钢板。

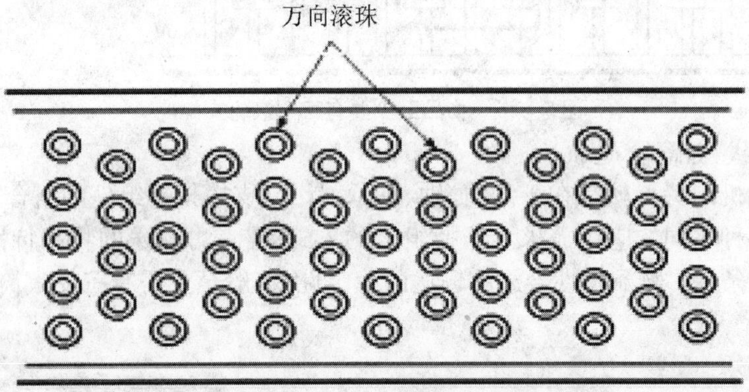

图5-59 滚珠输送机

应用范围:对于底部较软的物品,如湿的纸箱,或是托盘、桶状物及篮子等,则不适合使用滚珠输送机来传送。使用滚珠输送机来移动物品所需的力量大小与物品的重量及物品表面的硬度有相对关系。愈硬表面的物品愈容易移动,所需力量通常为5~15%负载的重量。

二、动力输送机

动力输送机的选择基本上与重力输送机相同,是由物品的特性及系统的应用来决定。如物品具有不规则的表面,如邮包,则只能使用皮带式输送机,一般规则物品(纸箱、托盘)则可使用链条输送机或滚筒输送机。对于物品的间隔控制,储积释放应用及精确定位等应用,通常使用皮带式输送机。对于较重物品,则使用动力滚筒输送机。

(一)动力式链条输送机

动力式链条输送机(图5-60)将链条结成环形并作为牵引构件,在其上面安装平板或皿状器物对物料进行搬运,主要用于输送单元装载,如托盘、料箱和箱装品等,也可利用承载托板来输送其他形状物。链式输送机结构简单、容易维护,但速度较慢。动力链条输送机依输送链条所添装之附件的变化,可产生非常多的不同应用型式(滑动式、推杆式、滚动式、推板式、推块式……),而在物流中心的使用则以滑动式及滚动式为主要两大型式。

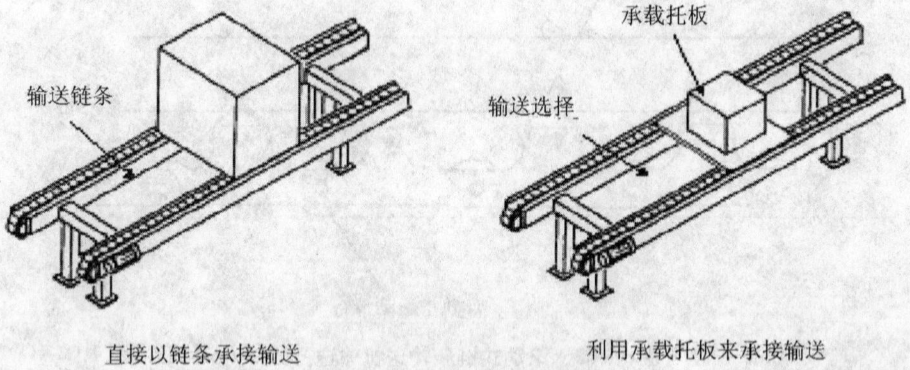

图 5-60　动力式链条输送机

1. 滑动式链条输送机

滑动式链条输送机是直接以链条承载货物(图 5-61),且链条两边板片直接在支撑轨道上滑行。由于链条承载了货物重量后,会与滑行轨道产生较大之摩擦阻力,故滑行轨道必须使用低摩擦系数且耐磨耗之材料,其适用于较轻的荷重及较短距离之输送。

滑动式链条输送机其输送链条构造简单,维护容易,且成本低廉,但噪音大,动力损耗高又不耐荷重,故已逐渐被滚动式链条输送机取代。

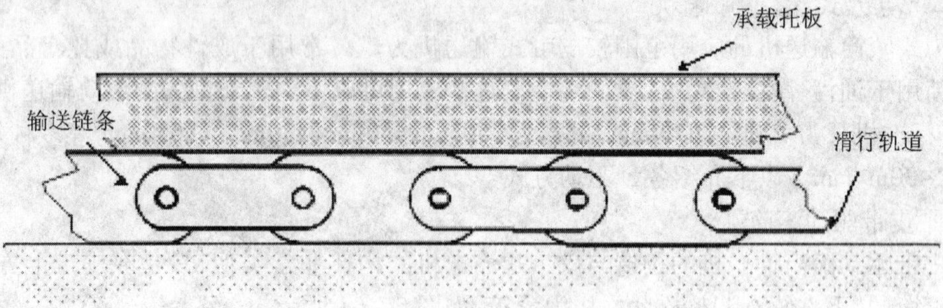

图 5-61　滑动式链条输送机输送方式

2. 滚动式链条输送机

滚动式链条输送机是在承载链条上,每目之间再加装上一较高之承载滚子附件来承载货物。而链条是以滚子来与轨道滚动滑行(图 5-62)。由于链条上之滚子与轨道是以滚动接触,摩擦阻力小,动力损耗低且可承载较重的荷重。其荷重能力与支架强度、链条大小及滚子尺寸、材质均有关系,而滚子材质一般为钢制,但有些场合为了降低噪音,而采用耐磨耗之工程塑料制造。

另外承载货物之滚子与承载托板间,在输送堆积时会产生滑动及滚动两种方式接触,亦即当一般输送情况,货物在承载托板上,承载托板与承载滚子间因荷重产生摩擦力之故,而随着链条向前输送,一旦承载托板堆满线后,则承载托板与承载滚子间便成打滑现象,而使滚子空转,链条继续向前移动,如此便可达到区段储积功能,而不需停止输送机。

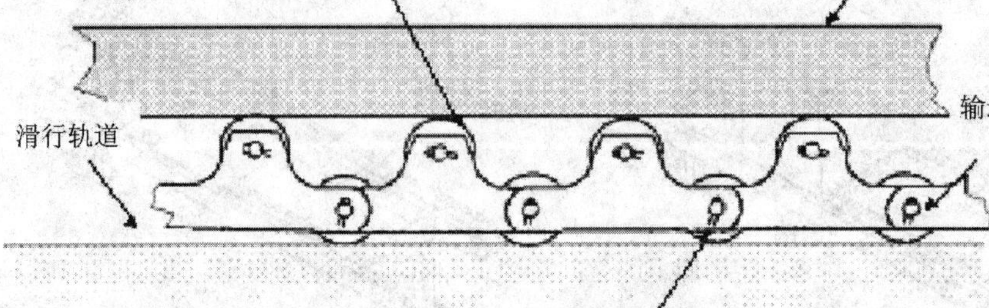

图 5-62 滚动式链条输送机输送方式

3. 动力式链条输送机特点

(1)连续式运转,链条必须有轨道支撑。

(2)除输送方形规则物外,其他货品必须以承载托板输送。

(3)以承载托板输送时,必须加装承载托板的回收装置。

(4)输送速度慢。

(5)构造简单,维护容易。

(6)可应用于自动仓库前段及装配、包装等区域。

(二)动力式滚筒输送机

动力式滚筒输送机的应用范围较皮带式输送机为广。常用于成件物品或托盘品的输送,也广泛使用于油污、潮湿及高、低温的环境。这些应用可以不同驱动型式的滚筒输送机来符合需求,其标准机长为 1000~2000mm,带宽为 350mm、450mm、550mm 和 650mm 等多种规格,速度为 10~30m/min。以下介绍各种驱动方式:

1. 平皮带驱动滚筒

平皮带驱动滚筒输送机的构造与皮带式输送机的构造非常类似,只是在皮带上方装有一列承载滚筒,及下方装有调整松紧之压力滚筒,如图 5-63 所示。

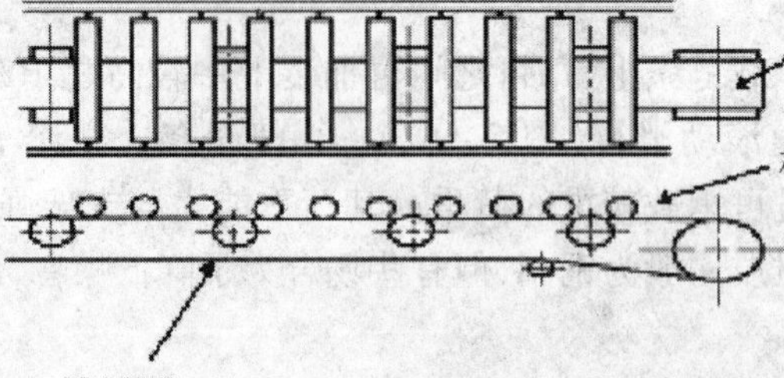

图 5-63 皮带驱动滚筒输送机

承载滚筒的选择与间隔大小,与重力式滚筒相同。压力滚筒位于两承载滚筒之间,可上下调整,以增减皮带的驱动力。如输送纸箱在分歧点的区域,必须调高压力滚筒,以增加对负载的驱动力。一般来说,压力滚筒的调整,是使皮带的张力达到最小,且能维持负载的移动。因为皮带的宽度与实际输送物品的表面无关,因此可使用较窄的皮带。而皮带宽度的决定,是由有效的皮带拉力及每英吋宽度的负载能力而定。最大的皮带宽度是由端部滚筒及驱动单元的间隙而定，一般制造商均会指定。

2. V 型皮带驱动滚筒

V 型皮带(图 5－64)的驱动方式与平皮带驱动方式相同，只是将平皮带换成 V 型皮带，压力滚筒换成压力滚轮，安装于骨架的侧边。V 型皮带主要是用于较轻负载及较短的输送机，最好要使用一体成形之整圈 V 型皮带，如使用搭接的方式，则强度及寿命较差。

V 型皮带驱动滚筒，很适合用于转弯及接合的部分。因为 V 型皮带可沿着曲线弹性变形。而且使用相同的动力及 V 型皮带，除可驱动直送模块，并可带动转弯及接合模块。

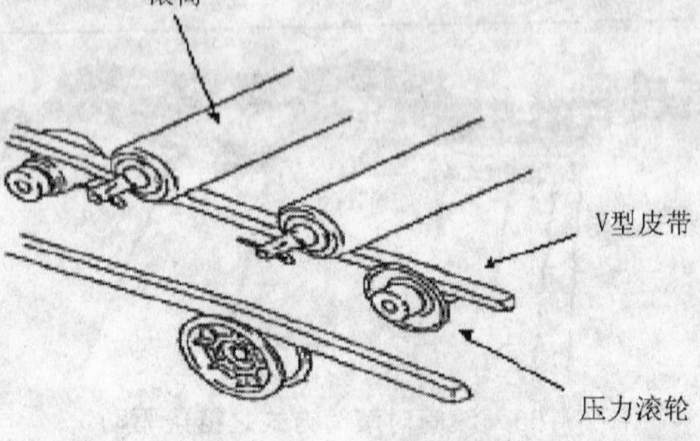

图 5－64　V 型皮带驱动滚筒

3. 链条驱动滚筒

链条驱动滚筒输送机可应用于较严格的工作条件，重负载、油污、潮湿的环境，及较高或较低的温度。链条驱动分为两种型式，连续式及滚筒到滚筒的方式。连续式的成本较低，但应用的限制条件较多。

(1)连续式

连续式链条驱动滚筒方式如图 5－65 所示，是使用单一链条驱动附有链轮之滚筒(每支滚筒只焊接一链轮)。因只使用单一链条，故每支滚筒的链轮，只有几齿与链条接触，因此不适合用于输送较重的负载，也不适合应用于需起动、停止频繁的情况。链轮的大小，会影响滚筒的间隔。如需要较小的滚筒中心距时，可使用倍宽度的链条，配合交错排列的链轮；或是在每两个驱动滚筒之间，置一惰轮滚筒。但驱动马达部分应置于输送机的输出端。

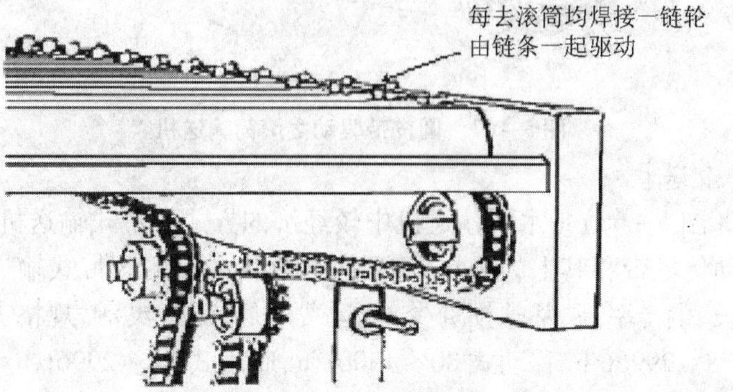

图 5－65　连续式链条驱动

(2)滚筒对滚筒型式

滚筒对滚筒型式的构造(图5－66),是在每支滚筒上焊有两个链轮,链条是以交错的方式,连接一对对的滚筒。如此使得每支滚筒上的链轮与链条有较大的接触弧角,而具有较大传动力。因为链条的拉力及松弛会累积,所以此型输送机的长度有限制。一般连续链条圈数不要超过80圈。如将驱动单元置于输送机中心,则可两边各80圈,而可达总数160圈。至于保养方式,可以手动转动滚筒定期润滑链条。如速度超过45m/min,或是在较高温度的环境,则需安装自动链条润滑装置。

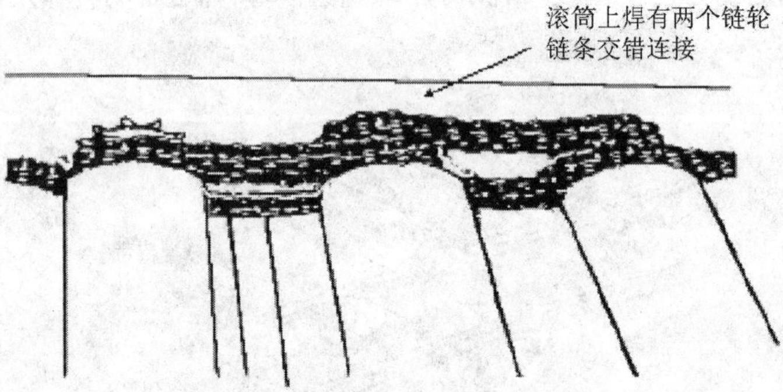

图5－66 滚筒对滚筒方式之链条驱动

4. 圆皮带驱动滚筒(优力胶圆皮带)

圆皮带驱动方式是利用马达带动线轴,再经由线轴上的圆皮带驱动每支滚筒,如图5－67所示。利用万向接头接合各模块传动线轴,则线轴可用于驱动转弯模块、分歧模块等,而不需另装马达。

圆皮带滚筒输送机其线轴的传动方式除了安静、干净、安全的优点外,由于线轴的衔接容易,且动力传递距离长,配合铝挤型支架后,尤适于模块化。

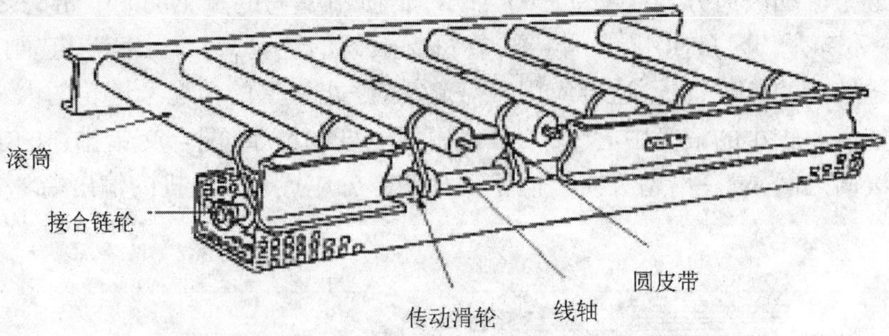

图5－67 圆皮带驱动之滚筒输送机

(三)皮带式输送机

皮带式输送机(图5－68)是水平输送机中较经济的方式。带式输送机采用胶带作为牵引构件,靠主动轮带动传输带和其上的物料,达到搬运物料的目的。带式输送机结构简单、输送能力大、输送距离长、生产率高、基础投资少、营运费用低、调度灵活、规格齐全、通用性强。输送能力为:固定式78～2996t/h、移动式80～1300t/h、通用式41～2996t/h。输送速度为:固定式0.8～4.0m/s、移动式0.2～4m/s、通用式1.5～5m/s。输送长度为:移动式5～15m、通用式20～2500m。输送宽度为:固定式500～1400mm、移动式300～1600mm、通用式500～1400mm。

图 5－68　皮带式输送机

1. 移动式带式输送机

移动式带式输送机(图 5－69)适用于港口、矿山、煤炭、粮食、货场、仓库等部门,是一种操作简单、应用范围广、生产效率高的输送设备。

2. 固定式带式输送机

固定式带式输送机(图 5－70)是化工、煤炭、冶金、建材、电力、轻工、粮食及交通运输等部门广泛使用的运输设备。适用于输送容量为 0.5 t ~2.5 t /m^3 的块状、粉状等散状物料,也可输送成件物料。

图 5－69　移动带式输送机

图 5－70　固定带式输送机

表 5－9　各型滚筒输送机的应用比较

驱动型式	压力滚筒间距 mm	平均最大负载 kg/m	平均最大长度 m	应　用
平皮带	150	186	60	压力滚筒可调,可做储积用途
V 型皮带	150	75	15	不适用于重负载及连续作业
连续式链条	不用	225	15	适用于 45kg 以上负载
滚筒对滚筒	不用	没有限制	12	适用于托盘及重负载
圆皮带	不用	90 ~300		只需一驱动马达,即可驱动复杂结构

三、储积输送机

（一）一般型储积输送机

重力式滚轮及滚筒是一般常用的最便宜及最简单的储积输送机。其应用非常广泛，但对于某些物品则易造成安全及物品毁损的问题。此种型式不能使用于系统的主输送线或是在物品的移动必须处于某一速度在一特定时间内完成的情况中。

储积输送机也可由好几段的皮带输送机组成，称为“阶段指引皮带输送机”。物品移动到第一段皮带上，物品尾端碰到传感器，而停止输送。而下一件物品抵达时，输送机再次激活移动，直到此物品尾端完全在皮带上。这将持续到第一件物品到达输送机的末端，接着一传感器会指示出有一排满列的物品在第一段输送带上，然后这一列物品会被完整地移动至最远程的空输送带上。而物品可以从此储积线上释放端移去，可一次移出一件物品或是一整列物品。当此释放端的输送带完全空的时候，则会再将前一段输送机上的一列物品送入。

另一种一般型的储积输送机就是轻触式动力滚筒输送机，其应用皮带驱动的滚筒，调整压力滚筒，使带动承载滚筒之驱动力为最小。但此方式对前端物品还是会造成推挤的压力。而且对于重量变化较大的物品推挤情况会较明显。因为压力滚筒的设定，是以带动最重物品为最低的设定基准，如此会对其他较轻物品增加了推挤压力。

（二）零挤型储积输送机

大部分制造商均有其独特设计方式的零挤型储积输送机，基本动作原理，主要是以间歇方式，停止部分区段输送机滚筒的动力，以避免后方物品推挤到前方物品。零挤型储积输送机储积方式可分为两种，区段式储积及连续式储积。

1. 区段式储积

区段储积（图 5－71）是将输送机长度分为几个区段，通常一区段长度为 600～760mm。每区段的动力是由一传感器控制，动作时，可将下一区段动力切断。储积线的第一区段是由一外部的传感器控制（通常由前方物品堆积满线的传感器感应通知），或是来自系统控制器的信号。当物品到达第一区段时，即停止，并启动一传感器而切断第二区段的动力。物品从储积输送线上释放有两种方式：间隔式或整列式（图 5－72）。

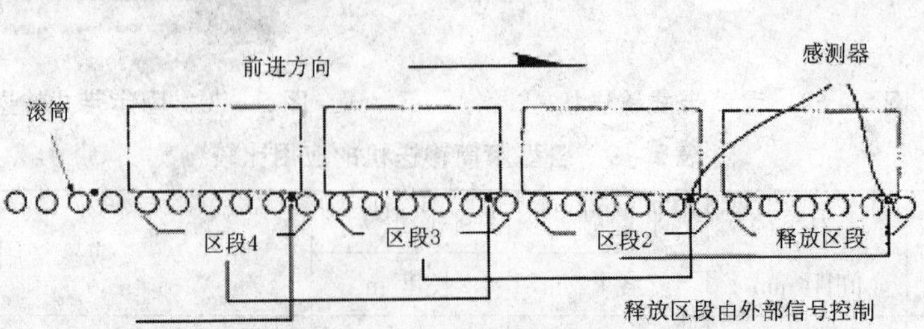

图 5－71　区段储积输送机

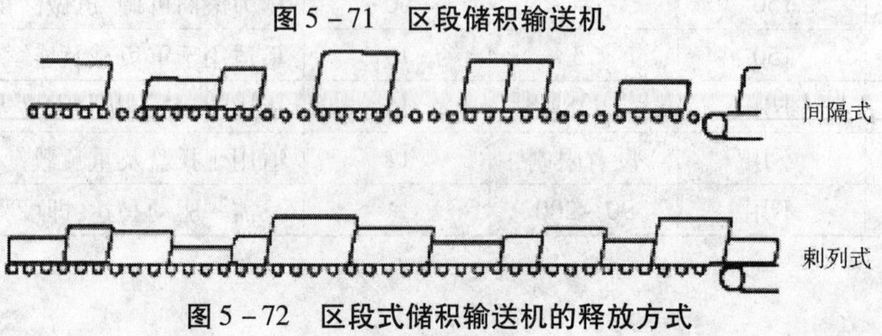

图 5－72　区段式储积输送机的释放方式

(1)间隔式

有些型式的储积输送机只具有间隔式的功能,上一区段的传感器开启后即启动释放区段的动力以使暂停于此区段的物品送出。例如用于纸箱的密封包装的应用,则需选择间隔式,可将物品与物品加以间隔。

(2)整列式

整列式储积线,可至同一时间,启动所有区段的动力,而将整条储积线上的物品送出。例如做叠栈机的应用,则整列式的供给方式较为适用。

区段式储积,对于物品最大、最小长度与区段长度的关系非常重要,区段的设计通常是以能处理最大的物品为主,但有些情况,一物品可能会横跨两区段,而产生物品的推挤压力。而另一种情况是两个较小的物品可能停止在一较大的区段内,导致不可预测的释放问题。

2. 连续式储积

物品一个靠着一个堆满整个输送机,因此如堆挤压力过大时,易造成物品损坏,为了降低堆挤压力而有许多种设计方式,主要原理即在某段时间内移去大部分输送机的动力而保存少许段落具有动力,如此整线仍存有很小的驱动力,但已不足以对物品造成损坏(图5－73)。

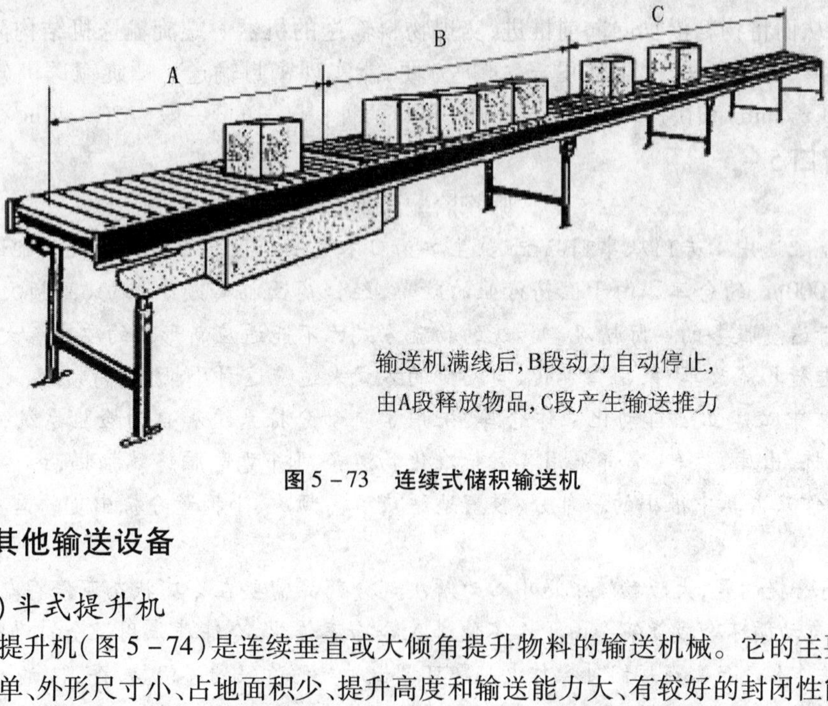

图5－73　连续式储积输送机

四、其他输送设备

(一)斗式提升机

斗式提升机(图5－74)是连续垂直或大倾角提升物料的输送机械。它的主要优点是:结构比较简单、外形尺寸小、占地面积少、提升高度和输送能力大、有较好的封闭性能、耗用动力小。斗式提升机的提升速度一般为0.8～1.0 m/s,但个别也有高达4m/s的,提升高度40～50m,生产率为300 t /h。斗宽有160mm、250mm、350mm、450mm、900mm等几种规格。

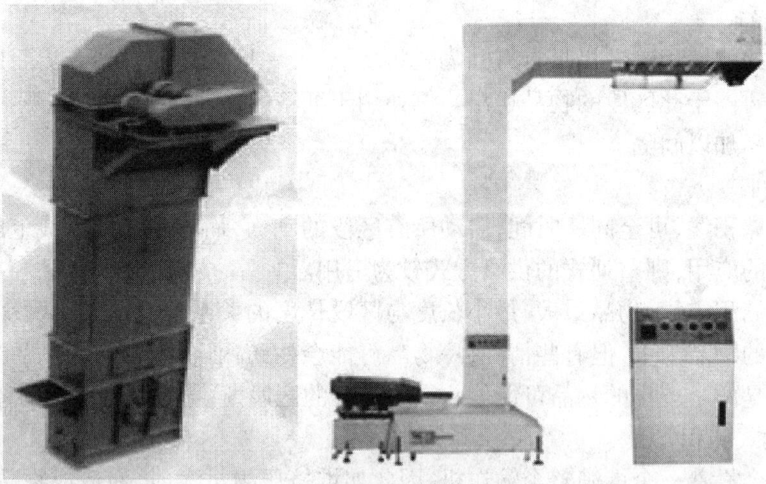

图 5－74　斗式提升机

（二）螺旋输送机

螺旋输送机是利用带有螺旋叶片的螺旋轴旋转，由于摩擦力的作用，使物料产生沿螺旋面的相对运动，从而将物料沿轴向向前推进，实现物料输送的机器。螺旋输送机结构简单、成本较低、尺寸紧凑、占地面积小、工作可靠、维护方便，能实现密封输送。螺旋输送机分慢速（转速不超过 200 r/min）和快速（转速超过 200r/min）两种，其输送量一般为 20～$40m^3/h$。

物流窗口 5－5

大阪物流配送中心

大阪物流配送中心专门从事药品配送，主要为日本关西地区几百家药店提供配送服务，拥有面积达 20 000m^2 的仓库。由于医药行业的改革，经销商面临必须小批量、高频次面对大量零售药店进行送货服务的实际情况。传统的物流方式已不能适应新形式的要求。大阪物流配送中心及时进行物流改革，采用信息化、自动化的方式来适应这种小批量、高频次、多配送点的物流方式。该中心建立了自动化立体仓库，采用了自动分拣系统和自动检验系统，从进货检验、入库到分拣、出库、装车，全部采用各种标准化物流条码并竟电脑终端扫描，由传送带自动进出，人工操作只占其中很小的一部分，较好地适应了高频次、小批量分拣出货的需要，降低了出错率。

特别值得一提的是，大阪物流配送中心为解决部分药品需要在冷冻状态下保存与分拣的问题，采用了全自动循环冷藏货架。由于人不便进入冷冻库作业，冷冻库采用了全自动循环货架，取、放货时，操作人员只需在库门外操作电脑即可调出所要的货架到库门口，存、取货作业完毕后再操作电脑，货架即回复原位。先进的设备大大提高了配送中心的效率。

（资料来源：http://www.51ytt.com/）

第四节　分拣设备

分拣是指为进行输送、配送，把很多货物按不同品种、不同的地点和单位分配到所设置的场地的作业。分拣作业是物流中心最费时、占用人工最多的作业之一，当物品数量较大时，做到迅速、正确的分拣往往需要投入大量人力。因此人们开发了各种类型的分拣系统（图 5－

75)。特别是第二次世界大战后的几十年中,分拣技术发展很快,分拣系统规模越来越大,分拣能力越来越高,应用范围也越来越广,已经成为物流系统中的重要组成部分。合理选择分拣设备,提高拣货作业的效率,是提高物流中心作业效率的重要途径。在规划时应按实际的拣货条件和要求加以分析后确定。

图5－75　分拣系统

一、人工分拣、机械分拣与自动分拣

按分拣的手段不同,可分为人工分拣、机械分拣和自动分拣三大类。

(一)人工分拣

人工分拣基本上是靠人力搬运,把所需的货物分门别类地送到指定的地点,或利用最简单的器具和手推车等。这种分拣方式劳动强度大,分拣效率最低。

(二)机械分拣

机械分拣是以机械为主要输送工具,还要靠人工进行拣选。这种分拣方式下用得最多的设备是:输送机,有链条式输送机、传送带、辊道输送机等,所以也被称为“输送机分拣”。

输送机分拣是用设置在地面上的输送机传送货物,当在各分拣位置配备的作业人员看到标签、色标、编号等分拣的标志时,根据信号拣选(把货物取出),放到手边的简易传送带或场地上。还有“箱式托盘分拣”,是在箱式托盘中装入分拣的货物,用叉车等机械移动箱式托盘,用人力把货物放到分拣的位置,或再利用箱式托盘进行分配。使用较多的是在箱式托盘下面装车轮的滚轮箱式托盘。这种分拣方式投资不多,可以减轻劳动强度,提高分拣效率。

(三)自动分拣

自动分拣系统(图5－76)是让货物从进入分拣系统一直到被送到指定的分配位置为止,都严格按照指令靠自动分拣设备来完成的。该系统是由接受分拣指示的控制装置、计算机网络、把到达分拣位置的货物送到别处的搬运设备、在分拣位置把货物分送的分支装置、在分拣位置储放货物的存储设备等构成。所以,除了用键盘或其他方式向控制装置输入分拣指示信号的作业外,其他全部实现了机械自动化作业,因此分拣处理能力强,分拣效率也最高。

自动分拣系统的规模和能力已有很大发展,目前大型分拣系统大多包括几十个到几百个分拣机,分拣能力每小时达万件以上。国外分拣系统规模都很大,主要包括进给台、信号盘、分拣机、信息识别、设备控制和计算机管理等几大部分,还要配备外围的各种运输和装卸机械组成一个庞大而复杂的系统;有的还与立体仓库连接起来,配合无人驾驶小车、拖链小车等其他物流设备,共同完成物流任务。

图 5－76　自动分拣系统

二、几种常见的分拣设备

分拣机按照其分拣机构的结构有各种各样的类型，常见的主要形式有下列几种：

（一）挡板型

挡板型（图 5－77）它是利用一个挡板（或挡杆）挡住在输送机上向前移动的物品，将物品引导到一侧的滑道排出。挡板的另一种形式是挡板一端作为支点，可作旋转。挡板动作时，像一堵墙似的挡住物品向前移动，利用输送机对物品的摩擦力使物品沿着挡板表面移动，从主输送机上排出至滑道。平时挡板处于主输送机一侧，可让物品继续前移；如挡板作横向移动或旋转时，则物品就排向滑道。

挡板一般是安装在输送机的两侧，和输送机上平面不相接触，即使在操作时也只接触物品而不触及输送机的输送表面，因此它对大多数型式的输送机都能适用。

就挡板本身而言，也有不同型式，如有直线形、曲线形；也有在挡板工作面上装有辊筒或光滑的塑料材料，以减少摩擦阻力。

（二）浮出型

浮出型（图 5－78）是把物品从主输送机上托起，而将物品引导出主输送机的结构形式。从引离主输送机的方向看，一种是引出方向与主输送机成直角；另一种是呈一定夹角（通常是 30 度～45 度）。一般是前者比后者生产率低，且对物品容易产生较大的冲击力。浮出型分拣机大致有以下几种型式：

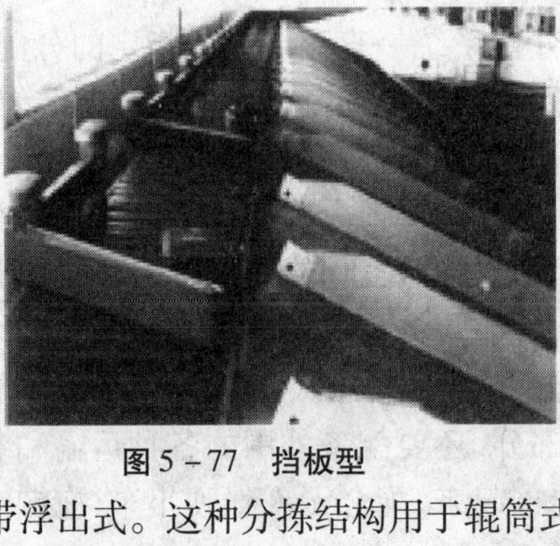

图 5－77　挡板型

图 5－78　浮出型

1. 胶带浮出式。这种分拣结构用于辊筒式主输送机上，将有动力驱动的两条或数条狭胶带或单个链条横向安装在主输送辊筒之间的下方。当分拣机构接受指令启动时,胶带或链条向上提升,接触物品底面把物品托起,并将其向主输送机一侧移出。

2. 辊筒浮出式。这种分拣机构用于辊筒式或链条式的主输送机上,将一个或数个有动力的斜向辊筒安装在主输送机表面下方。分拣机构启动时,斜向滚筒向上浮起,接触物品底部,将物品斜向移出主输送机。这种上浮式分拣机,有一种是采用一排能向左或右旋转的聚氨酯辊筒,以气动提升,可将物品向左或向右排出。

(三)倾斜型(大致有两种型式)

1. 翻盘式(图5-79)。这种分拣机是由一系列的盘子组成,盘子为铰接式结构,可向左或向右倾斜。物品装载在盘子上行走到一定位置时,盘子倾斜,将物品翻倒于旁边的滑道中,为减轻物品倾倒时的冲击力,有的分拣机能控制物品以抛物线状来倾倒出物品。这种分拣机对分拣物品的形状和大小可以不拘,但以不超出盘子为限。对于长形物品可跨越两只盘子放置,倾倒时两只盘子同时倾斜。

物流窗口5-6

普天大托盘高速包刷分拣机

普天万向物流技术股份有限公司生产的大托盘高速包刷分拣机如图5-79所示。

主要技术参数:

主机运行速度:V=0.5-1.25m/s

主机分拣率:2 400-4 800件/小时

小车承载能力:≤28kg

驱动功率:5.5kW

空翻差错率:不大于1/10 000

实物分拣差错率:不大于2/10 000

整机最大噪音:不大于72分贝

物件的最大重量:1-28kg

物件的最大长度:≤700mm

图5-79　大托盘高速包刷分拣机(翻盘式)

此分拣机兼用于包裹和印刷品分拣。它采用先进的可编程控制,可实现上位机联网,条码扫描、故障显示能,翻盘可配置气动系统。可分拣大、重包裹(最大可达28公斤)。

这种分拣机常采用环状连续输送,其占地面积较小。又由于是水平循环,使用时可分成数段,每段设一个分拣信号输入装置,以便商品输入,而分拣排出的商品在同一滑道排出(指同一配送点),这样就可提高分拣能力。此种分拣装置适用于重量较轻,不怕震动的物品,如卷烟,邮寄包裹等。如日本川崎重工公司生产的翻盘式分拣机系统设有32个分拣信号输入装置,有排出滑道255条,每小时分拣物品能力为14 400件。住友重机械工业株式会社生产的分拣机系统的分拣能力达每小时30 000件。铃木公司生产的分拣机系统的排出滑道有551条。

(资料来源:http://www.putianwx.com.cn)

2. 条板倾斜式。这是一种特殊型的条板输送机,物品装载在输送机的条板上,当物品行走到需要分拣的位置时,条板的一端自动升起,使条板倾斜将物品移离主输送机。物品占用的条板数是随不同物品的长度而定,经占用的条板数如同一个单元,同时倾斜。因此,这种分拣机对物品的长度在一定范围内不受限制。

(四)交叉带式分拣系统

交叉带式分拣系统(图5-80)由主驱动带式输送机和载有小型带式输送机的台车(简称"小车")联接在一起,当"小车"移动到所规定的分拣位置时,转动皮带,完成把商品分拣送出的任务。因为主驱动带式输送机与"小车"上的带式输送机呈交叉状,故称交叉带式分拣机。根据作业现场的具体情况可分水平循环式或直行循环式。适宜于分拣各类小件商品,如食品、化妆品、衣物等,分拣出口多,可左右两侧分拣;分拣能力一般达6000~7700个/时。

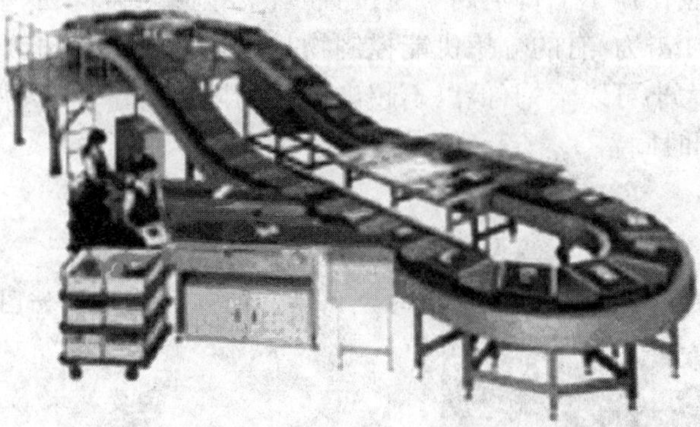

图5-80 交叉带式分拣系统

(五)滑块型

滑块型(图5-81),这也是一种特殊形式的条板输送机。输送机的表面用金属条板或管子构成,如竹席状,而在每个条板或管子上有一枚用硬质材料制成的滑块,能沿条板横向滑动,而平时滑块停止在输送机的侧边。滑块的下部有销子与条板下导向杆连结,通过计算机控制,滑块能有序地自动向输送机的对面一侧滑动,因而物品就被引出主输送机。这种方式是将物品侧向逐渐推出,并不冲击物品,故物品不易损伤;它对分拣物品的形状和大小适用范围较广,是目前国外一种最新型的高速分拣机。

图5-81 自动分类机滑块式

三、分拣机的选用

在选用分拣设备时,为了使用起来最有效,一般要考虑以下因素:物品包装的大小,物品的重量,分拣能力,包装形式,物品在输送机上的方位,物品的易碎性,操作环境,投入分拣物品每小时的批次数等,同时还应注意遵循以下原则。

1. 符合性原则。即根据所分拣货物的基本特性(物理、化学性质及其外部形状、重量、包装等)来选择分拣设备,以保证货物在分拣过程中不受损失。如浮出式分拣设备只能分拣包装质量较高的纸箱等。

2. 适应性原则。即适应分拣方式和分拣量需求,根据分拣方式和分拣货物批量大小来选用不同类型的分拣设备。若批量大,应采用分拣能力高的大型分拣设备,并可选用多台设备;若批量小,则适合采用分拣能力较低的中小型分拣设备。

3. 经济实用性。选用设备时应结合实际的情况,以提高经济效益为目的,同时应注意选用操作和维护方便、安全可靠、能耗小、噪音低、成本低、能保证操作人员安全和货物安全的设备,不应一味强调高技术、高性能和自动化。

4. 整体匹配性。分拣设备的选用应与物流中心相关的设备相配套,只有整个物流中心的设施设备运行相互协调,才能使各环节达到均衡作业,从而使得整个物流中心的物流作业过程最经济和优化。

目前国外自动化立体仓库配送对象和物品数量在不断扩大,而配送物品也日益趋向多品种、多频次、小批量。另外,现在自动化高架仓库都设置单一的分拣系统,也就是说,所有需要分拣的物品都要通过这一分拣系统来处理。这就要求分拣机有较高的分拣能力,能适应各种形状、大小和各种包装材料的物品,有较多的分拣滑道和较理想的分拣精度等。为了提高分拣能力,分拣机趋向高速运行方向发展。

> 所谓"高速",一般是指每分钟分拣在70件~80件以上,但目前最快的可达到每分钟分拣200件以上的物品。许多分拣机的分拣准确率已达到99.9%。分拣滑道也增加到500条以上。

第五节　包装设备

包装设备是指完成全部或部分包装过程的一类机械设备,它是产品包装实现机械化、自动化的根本保证。通过包装设备,能够提高包装劳动生产率,降低包装劳动强度,改善劳动条件,降低包装成本,确保包装质量。包装过程主要包含充填、裹包、封口等主要包装工序,以及与其相关的前后工序。例如,清洗、干燥、杀菌、紧固、集装组装及其他辅助工序。包装设备种类繁多,分类方法也很多。例如,按包装设备的自动化程度分类,可分为全自动包装设备与半自动包装设备;按包装产品的专业化程度分类,可分为专用包装设备、多用包装设备和通用包装设备。按功能分类,可分为填充机、装箱机、液体灌装机、裹包机、封口机、捆扎机、标签机、清洗机、干燥机、杀菌机等。物流中心根据不同的功能和处理的产品类型,会采用不同的包装机械,常用的包装机械有装箱机械、裹包机械、捆扎机械等。

一、装箱机械

物流中心中,装箱机一般用于完成运输包装,它将包装成品按一定排列方式和数量装入箱中,并把箱的开口部分闭合或封固。图5-82所示的是全自动装箱机的实例图。其实现的功能包括容器成形(或打开容器)、计量、装入、封口等。

图 5－82　全自动装箱机实例图

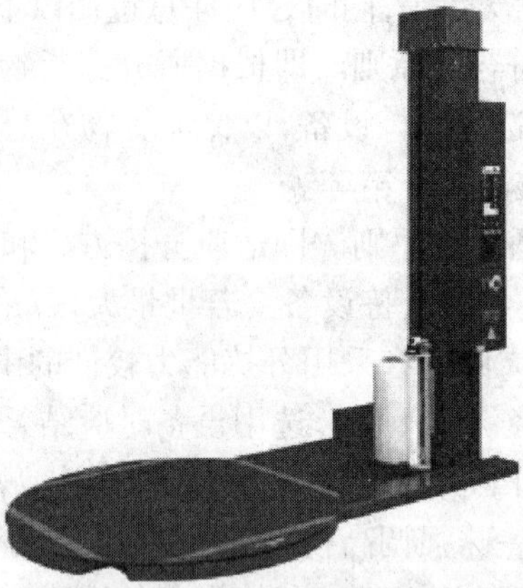

图 5－83　伸缩膜包装机实例图

二、裹包机械

裹包机械是用挠性材料全部或局部裹包产品的机器。按裹包方式可分为全裹式裹包机、半裹式裹包机、缠绕式裹包机、拉伸式裹包机、贴体包装机、收缩包装机。图 5－83 是伸缩膜包装机实例图。裹包机械适用于对具有一定刚度的块状物品的包装。

三、捆扎机械

捆扎机械是通过捆扎或结扎封闭包装容器的机器，主要是为了使众多的箱包货物捆成一个整体或使货物与托盘捆扎成一个整体，以利于货物的运输和装卸。按自动化程度不同可分为全自动捆扎机、半自动捆扎机、手提式捆扎机；按捆扎带材料不同，可分为绳捆机、钢带捆扎机、塑料带捆扎机。图 5－84 是一个标准机型的全自动捆包机。

图 5－84　全自动捆包机（标准机型）

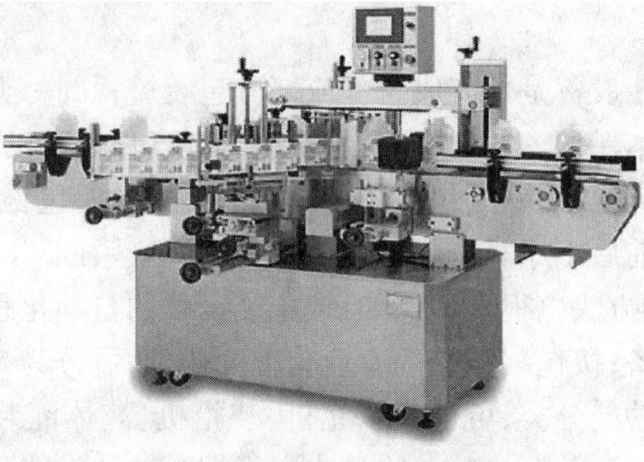

图 5－85　双面侧贴自动贴标机

四、贴标机械

贴标机械是在产品或包装件上加贴标签的机器。按自动化程度，可分为半自动贴标机和全自动贴标机；按容器的运行方式，可分为立式贴标机和卧式贴标机；按标签的种类，可分为片式标签贴标机、卷筒状标签贴标机、热粘性标签贴标机、感压性标签贴标机及收缩筒形标签贴标机；按容器的运动形式，可分为直通式贴标机和转盘式贴标机；按贴标机构，可分为龙门式贴标机、真空转鼓式贴标机、多标盒转鼓贴标机、拨杆贴标机、旋转形贴标机；按贴标工艺特征，可分为压式贴标机、滚压式贴标机、搓滚式贴标机、刷抚式贴标机等。图 5－85 是一种双面侧贴自动贴标机，适合扁瓶与椭圆之双面侧贴，可连线生产或单机作业。

包装设备在物流作业中起着重要的作用，它可以改善劳动条件，降低劳动强度和产品成本，降低包装费用，提高包装质量，延长商品保质期和便于商品储运等。

第六节　流通加工设备

流通加工设备是完成流通加工任务的专用机械设备。它通过对流通中商品进行改变或完善商品的原有形态来实现生产与消费的“桥梁和纽带”作用。利用流通加工设备进行流通加工，可以弥补生产过程中加工程度的不足，有效地满足用户多样化的需求，提高加工质量和效率以及原材料的利用率，减少无效运输，从而更好地为用户提供服务。流通加工设备类型很多，但主要有如下几种加工设备。

一、混凝土搅拌机械

混凝土搅拌机械是搅拌混合机械中常用的机械之一，主要包括：混凝土搅拌机械、混凝土搅拌站、混凝土输送车、混凝土输送泵、车泵等。水泥流通加工的一种重要方式就是混凝土搅拌，它有优于直接供应或购买水泥在工地现制混凝土的技术经济效果，因此，受到国家的重视。采用集中搅拌混凝土的方式，可充分发挥现代设备和现代管理方法的优势，有利于新技术的推广应用，大大简化了施工现场的材料管理，节约施工用地。

二、金属加工机械

金属加工机械是对金属进行剪切、折弯、下料、切削加工的机械。主要包括：剪板机、折弯机及激光切割机等。热连轧钢板和钢带、热轧厚钢板等板材最大交货长度可达 7m ~ 12m，有的是成卷交货，对于使用钢板的用户来说，大中型企业由于消耗批量大，可设专门的剪板及下料加工设备，按生产需要进行剪板、下料加工。但是，对于使用量不大的企业和多数中小型企业来讲，单独设置剪板、下料的设备，有设备闲置时间长、人员浪费大、不容易采用先进方法的缺点，钢板的剪板及下料加工可以有效地解决上述弊病。钢板剪板及下料的流通加工主要有下述优点：加工后钢板的晶相组织较少发生变化，有利于进行高质量的加工；加工精度高，可减少废料、边角料以及加工的切削量。由于集中加工可保证批量及生产的连续性，提高设备使用效率和降低作业成本。与钢板的流通加工类似，还有圆钢、型钢、线材的集中下料、线材的冷拉加工等。

三、木材加工机械

木材加工机械主要有以下两种。

1. 磨制、压缩木屑机械。这是一种专门用于木材深度加工的机械。在流通加工流通点或木材原产地，将碎木、边角余料集中起来，就地将其磨成木屑，以利于运输与进一步加工，减少无效运输。通过这种机械的加工，还可大大提高木材的综合利用率。

2. 锯木机械。这种机械主要用于流通加工点或木材产区的木材初级加工。例如，带锯机，主要用于将原木锯解成方材或板材；框锯机，主要用于将原方或毛方锯解成方材或板材，其生产效率很高；锯板机，主要用于软硬实木、胶合板、纤维板、刨花板等板材的锯切，以利于流通需要；多联木工带锯机，主要用于将毛方、方材、厚板锯剖成较薄的板材，且具有锯口小、出材率较高的优点；削片制材联合机，此种机械是集削片和锯切功能于一身的综合加工机械，目前，在木材深加工方面具有独特的加工优势。

四、玻璃切割机械

玻璃切割机械是对玻璃进行切割的专用机械，包括各种各样的玻璃切割机。平板玻璃的“集中套裁、开片供应”是重要的流通加工方式，它按用户提供的图纸对平板玻璃套裁开片，向用户供应成品，用户可以将其直接安装到采光面上。

这种方式的好处是：

1. 平板玻璃的利用率可由不实行套裁时的62% ~65% 提高到90% 以上；

2. 可以促进平板玻璃包装方式的改革，从工厂向套裁中心运输平板玻璃，如果形成固定渠道便可以搞大规模集装，这不但节约了大量包装用木材，而且可防止流通中大量破损；

3. 套裁中心按用户需要裁制，有利于玻璃生产厂简化规格，搞单品种大批量生产。这不但能提高工厂生产率，而且可以简化工厂切裁、包装等工序，使工厂能集中力量解决生产问题；

4. 能够增强服务功能，尤其对没有切裁能力的零散用户，这是重要的服务方式。

五、煤炭加工机械

煤炭加工机械是对原煤根据用项需要进行加工的机械。主要有除矸加工机械、管道输送煤浆加工机械。除矸加工是提高煤炭纯度为目的的加工形式，为了多运“纯物质”，少运矸石，充分利用运力、降低成本，在这种情况下，就应采用除矸机械将矸石排除。采用管道输送煤炭是近年兴起的一种先进实用技术。

第七节　集装单元器具

集装单元技术是现代物流发展的标志之一，是利用集装单元器具把物品组成标准规格的单元货件，以加快装卸、搬运、储存、运输等物流活动。集装容器设备是集装单元系统的重要组成部分，主要有托盘、纸箱、集装箱、其他标准化容器等，仓库中最常用的是托盘。货物通过集装容器的集装或组合包装后，从而有了较高的活性，货物随时都处于准备流动的状态，便于达到储存、装卸搬运、运输、包装一体化，实现物流作业机械化、标准化。

一、托盘

托盘是物流作业中必不可少的装载工具。它具有装载面，可供集合一定数量的物品，便于物品的装卸、运输和仓储。

（一）托盘的种类

1. 平托盘。平托盘结构简单，使用方便，是托盘中使用量最大的一种。一般所说的托盘，主要是指平托盘（图5-86）。这种托盘也是托盘中的通用型托盘。按其材质的不同，有木制、塑制、钢制、竹制、塑木复合等。

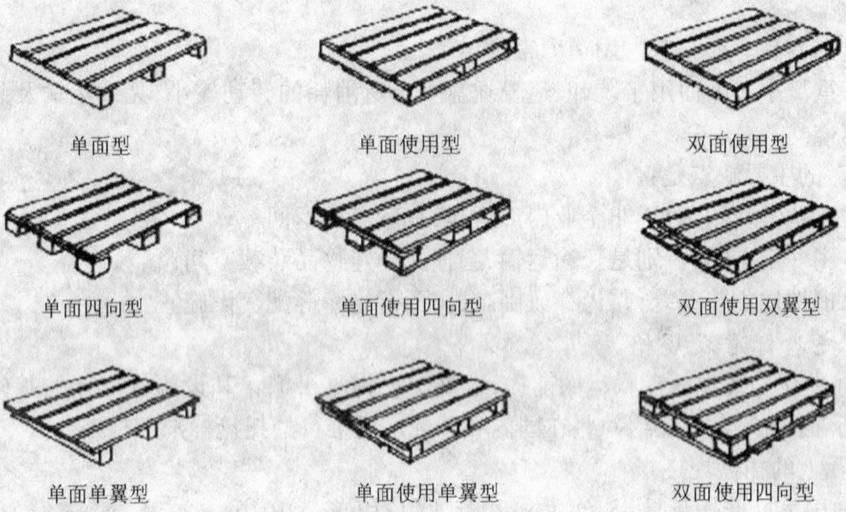

图 5－86　平托盘

2. 柱式托盘

柱式托盘(图 5－87)的基本结构是托盘的四个角有固定式或可卸式的柱子,这种托盘的进一步发展又可从对角的柱子上端用横梁连结,使柱子成门框架。柱式托盘的柱子部分用钢材制成,按柱子固定与否分为固定柱式和可卸柱式两种。

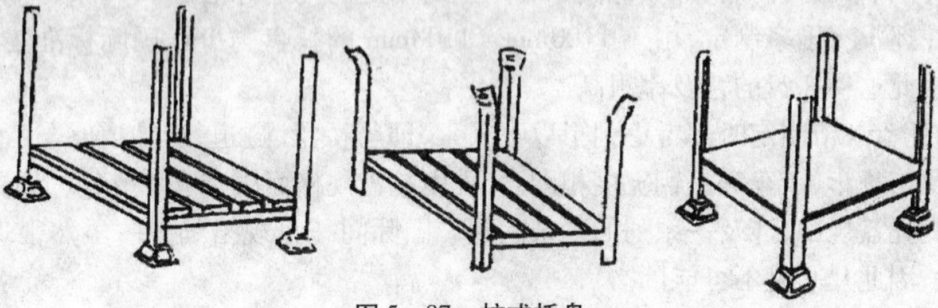

图 5－87　柱式托盘

3. 箱式托盘

箱式托盘(图 5－88)防护能力强,可有效防止塌垛、货损,而且装运范围较大。

图 5－88　箱式托盘

(二)托盘的特点

1. 托盘的主要优点有:

(1)装盘容易。不需像集装箱那样深入到箱体内部装盘后可采用捆扎、紧包等技术处理,使用简便。

(2)装载量较大。托盘的装载量虽较集装箱小,但也能集中一定数量,比一般包装的组合量要大得多。

(3)返空容易。返空时占用运力很少。

(4)自重量小。因而用于装卸、运输托盘本身所消耗的劳动较小,无效运输及装卸比运输集装箱的小。

2. 托盘的主要缺点是:

(1)需要购置费用,对于非企业内部运作,一般需要返回;

(2)占用一定空间,特别是长途运输,会损失一定物品装载空间;

(3)保护性比集装箱差,露天存放困难,需要有仓库等配套设施。

(三)托盘标准及规格

托盘标准化是实现托盘联运的前提,也是实现物流机械化和设施标准化的基础。目前使用的托盘标准很多,以下介绍一些在国内和国际广泛推行的托盘标准和规格。

1. 国际上的托盘规格

美国的国家标准托盘是48英寸×40英寸(1219mm×1016mm);其周边国家如加拿大、墨西哥为1000mm×1000mm;澳大利亚为1165mm×1165mm;欧洲各国以1200mm×800mm的托盘为标准的国家最多,但是英国、德国及荷兰也使用1200mm×800mm及1200mm×1000mm的两种托盘,其他北欧各国拥有统一型1200mm×800mm的托盘。英国统一托盘的标准较晚,造成了两种托盘规格的并存。

日本、韩国、中国台湾、新加坡等国家和地区所制定的托盘标准是1100mm×1100mm;东南亚各国,现在还没有国家制定,由于1100mm×1100mm的托盘与ISO国际标准集装箱规格是相配合的,因此这种托盘的普及率很高。

各国的托盘规格制定时都考虑到了以下因素,即与桥梁、隧道、运输道路与货车站台设施相适应,以及与货车、卡车等车辆宽度相配合,再由托盘规格而决定仓库支柱的间距、货架等尺寸,所以改变托盘规格,涉及一系列的复杂问题。国际间托盘规格的统一虽然很理想,但是由于难度较大,因此几乎是不可能的。

ISO承认4种托盘的国际规格:

(1)1200mm×800mm	欧洲规格
(2)1200mm×1000mm	欧洲一部分、加拿大、墨西哥规格
(3)1219mm×1016mm	美国规格
(4)1100mm×1100mm	亚洲规格

到1997年为止,1140mm×1140mm是ISO的正式规格托盘,1100mm×1100mm在误差允许范围内被承认,1997年ISO的作业委员会将1100mm×1100mm设定为ISO托盘。

2. 我国的托盘规格

我国托盘规格比较复杂,机械工业系统使用JB3003－81规定的800mm×1100mm与500mm×800mm,载重量为0.5t和1.2t的箱式和柱式托盘及JB3004－81规定的825mm×110mm与545mm×825mm,载重量为1 t和0.5 t的平托盘。

1982年我国颁布国家标准(GB2934－82),将联运托盘的平面尺寸定为800mm×1200mm,800mm×1000mm,1000mm×1200mm三种,载重量均为1t。以后陆续颁布了GB3716－83《托盘名词术语》、GB4995－85《木制联运平托盘技术条件》、GB4996－85《木制联运平托盘试验方法》、TB1554－85《铁路货运钢制平托盘》等,为我国物流托盘化创造了前提。在这几种托盘中，1100mm×1100mm 规格托盘是为配合现在流行的 ISO 国际集装箱而被设计出来的，也是世界上使用最为广泛的托盘。

二、货箱

1. 容器的尺寸设计

在物流作业过程中大量使用各种各样的塑料容器。不同的物品则选择相应的容器。容器的长、宽、高尺寸是两点来设计，第一是托盘规格尺寸，第二是物品尺寸。在物品尺寸对容器不产生干涉的情况下，主要是考虑托盘规格尺寸。由容器的承重强度决定叠高层数，相应推导出托盘物品高度，货架层间高度和仓库建筑高度。

2. 对容器的技术要求

无论是巢积式还是叠积式容器的侧面和地面都分为网眼式和非网眼式两种，根据物品需要而定。在尺寸精度方面必须按精度要求制造和检测。在材料方面用聚丙烯和聚乙烯材料。要求外观平整，没有毛刺、裂纹、伤痕和色泽均匀。如果是用于食品的容器，一定要符合国家的卫生标准。

3. 集装单元装卸搬运技术与装备目前全球运输"集装箱化"的比重不断提高，发达国家的海上杂货运输基本实现集装箱化。据英国远洋海运咨询公司（OSC）统计，全世界港口集装箱吞吐量从 1980 年的 3640 万 TEU 增长到 1996 年的 15760 万 TEU，在此期间全球集装箱吞吐量增长 333%，其中增长最快的是东亚地区增 663%。近年来全世界港口集装箱吞吐量继续以 6% 幅度增长。同时，集装箱运输船超大型化，1976 年出现的第一代集装箱运输船，其载箱量仅为 200TE 航速 22 节，最近下水的第六代超大型巴拿马集装箱船，其载箱量高达 8700TEU，航速达 36 节，这就要求集装箱码头装卸作业高效化、最优化、现代化。

4. 集装箱种类随着集装箱运输的发展，为适应装载不同种类货物的需要，因而出现了不同种类的集装箱。这些集装箱不仅外观不同，而且结构的强度、尺寸等也不相同。根据集装箱的用途不同而分为：通用（杂货）集装箱、开顶集装箱、台架式及平台式集装箱、通风集装箱、冷藏集装箱、散料集装箱、动物集装箱、罐式集装箱、汽车集装箱等。

第八节　检验设备

检验设备包括检斤计量设备、计量工具和商品质量检验设备。

一、计量设备

计量设备是对物品的重量、长度、数量、容积等量值进行度量的器材、仪器的总称。

根据计量方法的不同可以分为：重量计量设备，如各种磅秤、地重衡、轨道衡、电子秤；流体容积计量设备，如液面液位计、流量计；长度计量设备，如检尺器、长度计量仪；个数计量设备，如自动计数器、自动计数显示装置。

在仓库内接收、分发等作业中，最广泛使用的是重量计量设备。重量计量设备按结构原理，可分为：机械秤、电控机械秤、电子秤等。

（一）地重衡和轨道衡

地重衡是一种地下磅秤。将磅秤的台面安装在车辆行驶的路面上，使通过的车辆能够迅速称重。

轨道衡是有轨式的地下磅秤。在有轨车辆通过时,称出车辆的总重量。

地重衡和轨道衡都包括机械式和电子式两类,机械式地重衡和轨道衡需要人工参与操作,计量的误差较大,计量的准确率为0.5%。电子式地重衡和轨道衡带有自动显示装置,误差较小,准确度较高,其准确率为0.1~0.2%。

(二)电子秤

电子秤是一种自动称量的衡器。各种电子秤的基本结构和工作原理大致相同,都是通过力传感元件来实现力和电信号的转变,再通过仪器实现电信号与可识别的数字信号的转变。

目前常用的电子秤主要有:小车式电子吊秤、电子吊钩秤。

二、计量工具

计量工具包括直尺、游标卡尺、千分尺、线规、厚薄规、卡钳等。

三、质量检验设备

质量检验设备分为直观检验和理化检验设备。直观检验设备是通过人的感觉器官,借助于简单工具,判定物质的质量优劣。理化性能检验,是按照检验需要设置理化实验室,配备专项设备,按照国家规定的标准或合同中的要求,对物品实行质量检验。

总之,物流中心设备范围广泛,除上述设备外,还有运输设备和辅助设备等。运输设备主要是载重汽车,多用于短途运输,特殊情况用于长途运输。辅助设备是为生产提供各种保障条件的设备,如信息处理设备、通讯设备、安全性防护设备、供水供电设备及机械维修设备等。

【本章小结】

机械设备是实现物流中心功能的手段和硬件保证,正确、合理地配置和运用物流机械设备是实现物流中心良好效益的关键环节。物流中心机械设备分为储存设备、装卸搬运设备、输送设备、分拣设备、包装设备、流通加工设备以及集装单元器具等。

物流中心中最主要的储存设备就是货架。从设计角度可将货架分为通道式货架、密集型货架、旋转式货架。其中通道式货架一般采用人工作业或机械作业方式,根据所使用的不同机械类型预留一定宽度的通道。常见的通道式货架有托盘式货架、货柜式货架、悬臂式货架和贯通式货架等。密集型货架不以通道来分割,大大节省通道面积。常见的密集型货架有移动式货架和重力式货架。旋转式货架存储的货物可随货架的回转移动到操作人员面前,可以方便操作人员对货物的拣选作业。常见的旋转式货架有水平旋转式货架和垂直旋转式货架。

装卸搬运设施和设备是进行装卸搬运作业的劳动工具或物质基础,其技术水平是装卸搬运作业现代化的重要标志之一。物流中心的装卸搬运设备主要分为搬运车辆和起重机械。搬运设备主要是指各种堆高机(叉称叉车),主要用于举高和搬运货物,是物流作业中最常用的搬运车辆。叉车按举高能力可分为低举升和高举升两类;按人员操作姿势可分为步行式和坐立式;按采用的动力方式可分为手动叉车、内燃机叉车和电瓶叉车;按结构特点可分为配重式叉车、跨立式叉车、前移式叉车、倍深直达式叉车、转柱式叉车、转叉式叉车、侧载式叉车、拣选叉车和合成车等等。叉车属具是国际上先进物料搬运机械的重要标志,是一种安装在叉车上以满足各种物料搬运和装卸作业特殊要求的专用机械。手推车一般分为两轮手推车、手推台车和物流台车三类。自动导引搬运车(AGV)是指装有自动导引装置,能够沿规定的路径行驶,在车体上还具有编程和停车选择装置、安全保护装置以及各种物料移载功能的搬运车辆。堆垛起重机是立体仓库中重要的起重运输设备,其主要作用是在立体仓库的通道内运行,在三维空间上按照一定的顺序组合进行往复运动,以完成对集装单元或栋选货物的出入库作业。堆垛起重机分为桥式堆垛起重机和巷道式堆垛起重机。

输送机是沿着一定的输送路线以连续的方式运输货物的机械。物流中心中使用最普遍的输送机就是单元负载式输送机及立体输送机。单元负载式输送机以动力源区分,可分为重力式及动力式两种,重力式输送机可分为滚轮、滚筒及滚珠等三种型式。动力式输送机可分为链条式、滚筒式及皮带式等型式。自动分拣机种类很多,按分拣的手段不同,可分为人工分拣、机械分拣和自动分拣三大类。常见的分拣设备按照其分拣机构的结构不同,可以分为挡板型、浮出型、倾翻型、滑块型。

包装机械是指能完成全部或部分产品和商品包装过程的机械,是实现包装的主要手段。流通加工设备是完成流通加工任务的专用机械设备。集装单元技术是现代物流发展的标志之一,是利用集装单元器具,把物品组成标准规格的单元货件,以加快装卸、搬运、储存、运输等物流活动。集装单元器具中最主要的是集装箱和托盘。检验设备包括检斤计量设备、计量工具、商品质量检验设备。

【关键术语】

- ●储存设备
- ●货架
- ●起重机
- ●叉车
- ●手推车
- ●自动导引搬运车
- ●滚轮式输送机
- ●滚筒式输送机
- ●带式输送机
- ●链条式输送机
- ●分拣设备
- ●自动分拣系统
- ●包装机械
- ●流通加工设备
- ●集装单元技术
- ●集装箱
- ●托盘
- ●检验设备

【思考题】

1. 物流中心设备设计的原则是什么?
2. 物流中心储存设备的分类有哪些?
3. 简述几种常用的储存设备的特点。
4. 物流中心选择储存设备时主要考虑哪些因素?
5. 物流中心装卸搬运设备有哪些?
6. 简述几种常用的装卸搬运设备的特点。
7. 物流中心如何选择装卸搬运设备?
8. 简述几种常用的输送设备的特点。
9. 简述几种常用的分拣设备的特点。

10. 简述几种常用的包装机械的特点。

11. 简述几种常用的流通加工设备的特点。

12. 简述托盘的特点。

【课堂讨论】

1. 在物流中心规划与设计时,其设施设备如何选择?

【参考阅读材料】

1. 冯耕中,《物流配送中心规划与设计》,西安交通大学出版社,2004
2. 贾争现、刘康,《物流配送中心规划与设计》,机械工业出版社,2004
3. 林立千,《设施规划与物流中心设计》,清华大学出版社,2003
4. 李长江,《物流中心设计与运作》,中国物资出版社,2002
5. 王崇鲁,《如何进行运输与配送管理》,北京大学出版社,2004
6. 李万秋,《物流中心运作与管理》,清华大学出版社,2003
7. 物流仓储设备手册,http://www.56zg.com

【案例讨论】

德马高速分拣系统

成件物品分拣是将众多的不同物品,迅速地按其要求分送到众多目的地的一种物料搬运过程。在过去,成件物品分拣一般用人力和借助简单机械来进行,其主要缺点是劳动量大,效率低,差错率高。随着生产及商业连锁经营模式的发展和商品品种的激烈增多,目前成件物品分拣系统已成为各种行业,如邮政、医药、烟草、图书等末端物流配送中心的重要设施,也成为物料搬运系统的一个重要分支。

由湖州德马物流系统工程有限公司和国家邮政局上海研究所联合开发、研制的双向推块式高速分拣系统和双向滑块式高速分拣系统,分别于2003年6月l6日和19日通过了国家新产品鉴定和浙江省经贸会新产品鉴定。

1. 双向推块式高速分拣系统

双向推块式高速分拣系统涉及到高速链输送、材料、气动、降噪、自动控制等多学科技术,走国际上物流配送系统中诸多分拣方式中最先进的两种,是推广使用面较广的一种系统技术,在我国国内也逐步得到应用。

德马双向推块式高速分拣系统的规格和技术参数如表4-4所示,其特点是:

(1)采用滑动分拣、不损伤输送的物品

该系统的分拣方式采用台字形的滑动推动,阻挡输送物品,将输送物品导入目的路径,在物品分拣中不致损伤物品。

(2)具有高速的分类能力

在输送速度80m/min、输送物品长度150 rnm、输送物品间隙300mm的条件下,每一个小时可输送10 500个物品。

(3)适用多种形状的物品输送

重量在 60 kg 以下的输送物品，不论其外形尺寸如何，都能够进行精确分拣。

(4) 低噪音性能

滑块路径切换组件采用单位制式开关，滑动部分采用缓冲材料，各处设计都考虑到噪音的控制。

表 5 – 10　双向推块式高速分拣系统的规格和技术参数

速度名称	低速	中速	高速
速度代号	D	C	G
速度(m/min)	60	60 ~ 90	90 ~ 120
重量名称	小型	中型	大型
重量代号	X	Z	D
重量(kg)	0.1 ~ 5	5 ~ 45	45 ~ 60
体积 长 × 宽 × 高 L(mm) × W(mm) × H(mm)	最小:55 × 55 × 1 最大:500 × 350 × 250	最小:150 × 150 × 10 最大:1200 × 350 × 500	最小:150 × 200 × 20 最大:1500 × 800 × 600

鉴定委员会认为，德马双向推块式高速分拣系统是国内首创，各项技术指标已达到国际先进水平，在物流配送中心有广阔的应用前景。

2. 双向滑块式高速分拣系统

双向滑块式分拣系统是跨多学科、多专业的高科技产品。总体上讲，该系统有如下特点：

①分拣动作比较柔和，适用于分拣易翻倒或易碎物品。

②分拣迅速、准确，分拣效率可达 14400 件/h，且分拣差错率极低。

③分拣能力强，分拣口数目可达数十至数百个。

④双向滑块式系统可向两侧分拣物品，节约占地长度。

⑤对分拣物品的形状、重量、大小、包装形式等适应性宽。形状可为方形、圆形、扁形、长条形等；重量可为 5kg，45kg，60kg；外形尺寸最小 55mm × 55mm × 1mm，最大 1500mm × 800mm × 600mm。

⑥主机速度设有高速 120 m/min、中速 90 m/min、低速 60 m/min，既能满足高峰作业时的生产率，又能做到一般作业时的低噪音和高寿命。

⑦分拣作业中操作人员输入分拣命令的方式简单、快捷、多样。

③自动控制和计算机管理的功能完善、安全、可靠。

双向滑块式分拣系统主要由前处理设备、双向滑块分拣机、后处理设备、控制装置及计算机管理系统等 4 部分组成。

(1) 前处理设备

前处理设备包括双向滑块分拣机之前向双向滑块分拣机输送物品的进给台及其他辅助性运输机和作业台等。进给台的主要功能有两个：一是操作人员利用输入装置或条码识别装置将各个分拣物品的尺寸、目的地址送入信息处理系统，然后经控制器成为滑块方向位置、数量和分岔机构作业的指令，即是该物品的分拣作业命令；另一个是控制分拣物品进入分拣机的时间和速度，保证分拣机上的物品准确地进行分拣。其他辅助性输送机则是向进给台输送分拣物品,可根据分拣系统现场的要求和条件进行。

(2)双向滑块分拣机

双向滑块分拣机是该系统的核心设备,由板式输送机、滑块、道岔等组成,根据控制装置的指令,通过滑块将分拣物品分发到不同的规定场地。

(3)后处理设备

后处理设备是指设置在双向滑块分拣机左右出口的各种形式的岔道输送机或溜槽等。物品到达后,由人工收集和装车发运,也有利用伸缩带式输送机或其他输送机组成后处理系统,以提高分拣效率。

控制装置及计算机管理系统

物品分拣的关键是对物品去向的识别、识别信息的处理,给上述设备各机构发出动作指令,使物品迅速、准确地在预定的分拣口进入目的地,完成对物品的分拣搬运处理。计算机管理系统主要是对系统中各设备运行的数据进行记录、监测和统计,完成相关生产数据、技术数据、各类报表等的整理和打印,并能与上位机联网,实现网络管理。

[资料来源:德马高速分拣系统,中国储运,2003(4)]

讨论题:

1. 双向推块式高速分拣系统特点是什么?
2. 双向滑块式高速分拣系统特点是什么?
3. 双向滑块式分拣系统主要由哪几部分组成?

◆——第六章　自动化立体仓库的设计

＊本章主要内容

- ●自动化立体仓库的基本知识
- ●自动化立体仓库的设计
- ●自动化立体仓库的设备
- ●自动化立体仓库的建设

＊

蔡氏物流：让制造业赚物流的钱

在不起眼的螺丝行业，很难想像会产生年销售20亿元的大型企业集团，以蔡永龙为首的台湾“蔡氏三兄弟”就创造了这一神话。位于浙江嘉善的晋亿公司占地面积30万平方米，厂房面积17万平方米，毗邻上海，总投资13亿元，其中半数用于投资固定资产，主要包括制造设备、物流设施和信息管理系统，建有私家内河码头及存放10万吨产品的自动化立体仓库，公司主要生产各类高品质紧固件，产品远销美国、日本、欧洲等市场。

“现在不是靠造螺丝赚钱的时代了，晋亿赚的是物流的钱，赚的是管理的钱。”晋亿公司董事长蔡永龙说。

2005年8月29日，美国新奥尔良地区遭受了有史以来最大的风灾，美国进口商MIDAS同步向全球各螺丝厂发订单。新奥尔良重建所需的电力螺丝每颗重达1公斤，所有厂商都是接到订单才会生产。所有工厂的响应都是：从生产到交货需要45天时间，加上海运时间，等于要到11月才能让新奥尔良的电力设施重新运转。

9月中旬，晋亿实业收到订单，晋亿的仓库里本来就库存有600吨电力螺丝，为赶工生产另外600吨螺丝，晋亿马上运进700吨俄罗斯进口钢材，加工成线材进入生产线，170台高速螺丝成型机，以每分钟1000根螺丝的速度生产。螺丝离开生产线后，坐上8层楼高的“专用电梯”，被送进深不见底的自动仓库内。5天后，1200吨螺丝装上货柜，从晋亿的工厂直接坐火车到上海，装上货柜轮。10月初，这批电力螺丝即运抵美国。这就是全球最大的螺丝制造单一工厂晋亿凭借600吨库存大格局运作的杰作。

影响螺丝成本的四项主要因素分别是原材料、模具、运输和管理，而运输成本约占总成本的25～30%，基于这一至关重要的原因，晋亿工厂的选址成为一项事关全局的战略。在晋亿公司总投资一亿美元中，半数以上用于投资固定资产，主要包括制造设备、物流设施和信息管理系统,而晋亿工厂的内部物流设施投资,仅自动化立体仓库一项,就超过了7000万美元。经过3年时间的系统规划与建设,各组织单元构成了一个完整的企业内部制造与仓储物流系统。

为解决出入库与仓储管理的困难,公司建立了自动化立体仓库。自动化立体仓库采用开放式立体储存结构,半成品、模具和制成品3个自动仓库分别设计了10万个库位单元。库位单元的区分首先解决了仓库空间的有序利用。以制成品仓库为例,其存放高度达18米,可存放15层,存放空间相当于传统仓库的5倍。仅就空间而言,晋亿三个自动仓库相对于传统仓库节省了18000多平方米,这意味着晋亿因此节省了相当于4个足球场的面积。

同时,自动仓库采用电脑自动控制输送设备和高架吊车,使货物的搬运、存取完全自动化,自动仓库的分布与制造系统紧密结合在一起。实际上,晋亿的自动仓库与制造系统构成了一个一体化的物流体系,其中半成品与模具自动仓库是配合制造工序必不可少的一部分,而成品自动仓库成为实现企业内/外产品转移的物流中心。

(资料来源:中国物流文化网 http://www.56cul.com)

想一想:

1. 晋亿公司耗资7000万美元建设自动化立体仓库,是出于什么考虑?

2. 谈一谈你是怎么理解“晋亿赚的是物流的钱”这句话的?

第一节　自动化立体仓库的基本知识

一、自动化立体仓库的概念及作用

(一)自动化立体仓库的概念

自动化立体仓库是当代货架储存系统发展的最高阶段,它与自动分拣系统和自动导向车并称为物流技术现代化的三大标志。自动化立体仓库又称立库,或高层货架仓库、自动仓储AS/RS(Automatic Storage/Retrieval System),它是一种利用高层立体货架存储货物,利用计算机控制管理和应用自动控制堆垛机进行存取作业的仓库。

广义而言,自动化仓库系统是在不直接进行人工处理的情况下,能自动地存储和取出物料的系统,是一个将毛坯、半成品、配套件或成品、工具等物料自动存取、自动检索的系统,是物流系统的重要组成部分。

自动化立体仓库的功能从单纯地进行物资的储存保管,发展到担负物资的接受、分类、计量、包装、分拣配送、存档等多种功能。可以实现高效率物流和大容量储藏,充分适应了现代化生产和商品流通的需要。

自动化立体仓库不是单一设备堆积而成的仓库,它是一个仓库系统。自动化立体仓库中所有设备在控制软件的管理下统一高效地运行。这些设备可能包括搬运设备:如堆垛机、AGV小车;输送设备:输送带;容器:如托盘;货架:如高位货架;扫描系统:如激光读码系统、传感器等在高效、安全地系统中运行。

AGV(无人搬运车)在国外的地铁站、车站已得到广泛的应用,货物可从装货点放入小车上,小车自动送至需停卸物点,然后自动开回装货点,如客运量大时,可以多辆小车,同时开往一个站点,使用AGV即可解决运输货物混乱的情况,又可提高运输的能力,是一种既先进又实用的方案。

（二）自动化立体仓库的特点

与传统仓库相比自动化立体仓库的特点主要体现在货物出入库顺序、出入库效率和效益、仓库管理、仓库的空间利用率等方面。

1. 出入库顺序

传统的仓库由于采用的是堆积式的存放方式，先入库的物品被后入库的物品压在下面，出库时只能从上往下取货，必然导致货物先入后出，容易造成物品被压坏、过期失效等严重后果，进而影响销售。

自动化立体仓库采用层积式存放，货物能进行多层放置，并通过计算机进行控制，使出库时早入库的货早出库，严格实施先入先出，克服了传统仓库存在的缺陷。

2. 出入库效率和效益

传统的仓库在货物出入库、仓库盘点和统计时均由人工进行，必然导致出入库效率降低，特别是在出入库高峰期体现得更为突出。由于是人工进行各项操作，需要的人工数量很多，使企业支出费用增加，同时人工的操作失误率较高，如搬运中的物品损坏、盘点中的错盘和误盘而导致的重盘均比自动化操作的失误率高得多，这样也使企业在仓库的效率和效益上有所降低。

自动化立体仓库由于采用的是计算机控制和现代自动化机械，使出入库的效率和效益大幅度提高。在入库时，计算机自动记录了货物的种类、数量和存放位置，节省了出库时的寻找时间，减少了盘点时间和人工数量。另外，采用自动机械搬运提高了搬运速度和准确性，同时也使用减少了人工的数量，在提高出入库的效率和效益方面的成果显而易见的。

3. 仓库管理

传统仓库的管理主要靠人工进行，费时又费力，增加了管理难度。

自动化立体仓库通过计算机实现了自动化管理，可自动结算库存的货物种类和数量，并控制各种货物的流通速度。当某种货物的库存量少于指定的应存量时，就自动报警，而且对仓库在库品进行盘点时大大减少了误盘、错盘和漏盘的发生，这些都给管理者提供了方便。

4. 仓库的空间利用率

传统仓库靠人工进行出入库，仓库货架的高度和密度必定受到限制。自动化立体仓库采用自动机械存取货物，货架的高度只受造价影响不受其他限制，而且货架密度大，极大地提高了仓库的空间利用率。

5. 造价

自动化立体仓库采用现代化的先进技术和设备，造价比传统平面仓库高很多。自动化立体仓库的造价与它的自动化程度成正比。造价高也是自动化立体仓库在国内不能广泛应用的重要原因之一。

（三）自动化立体仓库所产生的效益

因为自动化立体仓库不单纯是一个仓库，所以它的建设也是一个复杂的系统工程。包括地基的勘探、工程的设计、建设等。自动化立体仓库系统的设计建设必须与企业的物流规划、企业的发展联系起来综合考虑，使其成为物流链中重要的节点。自动化立体仓库能产生的社会效益和经济效益主要来自以下几个方面：

1. 高层货架存储

由于使用高层货架存储货物，存储区可以大幅度地向高空发展，充分利用仓库的空间，因此节省了库存占地面积,目前世界上最高的立体仓库高度已达50米。立体仓库单位面积的存储量是普通仓库的5-10倍。采用高层货架储存并结合计算机管理,可以轻松地实现先入先出的原则,防止货物的自然老化、变质、生锈或发霉。同时也有利于防止货物搬运过程中的破损。

2. 集装箱化存储

所谓集装箱,是指具有一定强度、刚度和规格专供周转使用的大型装货容器。使用集装箱转运货物,可直接在发货人的仓库装货,运到收货人的仓库卸货,中途换车、船时,无须将货物从箱内取出换装。使用集装箱进行存储运输,大大降低了货物的破损率,提高了存储效率。

3. 自动存取AS/BS

由于使用了机械和自动化设备,仓库的存储作业的运行和处理速度大大加快,提高了企业劳动生产率,降低操作人员的劳动强度。此外,自动存取也能更方便地纳入企业的物流系统,使企业物流更趋合理化与高效化。

4. 计算机控制

计算机控制能够准确地对各种信息进行存储和管理,最大程度地减少了货物处理和信息处理过程中的差错。借助计算机管理还能有效地利用仓库储存能力,便于清点和盘库,合理减少库存,加快资金周转,节约流动资金,从而提高仓库的整体管理水平。

5. 信息管理自动化

自动化立体仓库的信息系统可以与企业的生产信息系统联网,实现企业信息管理的自动化。使用自动化立体仓库,可以促进企业的科学管理,减少了浪费,保证均衡生产,提高了操作人员素质和管理人员的水平。由于仓储信息管理及时准确,也便于企业领导随时掌握库存情况,提高了企业的应变能力和决策能力。

(四)自动化立体仓库的优势和劣势

1. 自动化立体仓库的优势

(1)充分利用空间

早期立体仓库的构想,其基本出发点就是提高空间利用率,充分节约有限且宝贵的土地。在西方有些发达国家,提高空间利用率的观点已有更广泛深刻的含义,节约土地,已与节约能源、环境保护等更多的方面联系起来。有些甚至把空间的利用率作为系统合理性和先进性考核的重要指标来对待。

自动化立体仓库是现代化仓储的一个重要组成部分,采用多层存放货物的高架仓库系统,高度可以达到30米以上,根据需要可以设置不同的高架类型:高层(大于12米)、中层(5-12米)、低层(5米以下)。立体库的空间利用率与其规划紧密相连。一般来说,自动化高架仓库其空间利用率为普通平库的2-5倍。这是相当可观的。事实上,国外自动化立体仓库能够得到迅速发展,地价昂贵是一个很重要的原因。

(2)提高仓库的管理水平

传统仓库只是货物储存的场所,保存货物是其惟一的功能,是一种“静态储存”。自动化立体仓库采用先进的自动化物料搬运设备,不仅能使货物在仓库内按需要自动存取,而且可以与仓库以外的生产环节进行有机的连接,并通过计算机管理系统和自动化物料搬运设备使仓库成为企业生产物流中的一个重要环节。企业外购件和自制生产件进入自动化仓库储存是整个生产的一个环节,短时储存是为了在指定的时间自动输出到下一道工序进行生产,从而形成一个自动化的物流系统，这是一种“动态储存”，也是当今自动化仓库发展的一个明显的技术趋势。

以上所述的物流系统又是整个企业生产管理大系统（从订货、必要的设计和规划、计划编制和生产安排、制造、装配、试验、发运等）的一个子系统，建立物流系统与企业大系统间的实时连接，是目前自动化高架仓库发展的另一个明显的技术趋势。

现代化企业对管理提出了更高的要求，“管理出效益”的思维方式已成为大多数的现代企业管理者的共识。生产管理是企业管理的一个重要组成部分，主要包括产品规划，生产组织，物流规划，外购外设，产品质量，成本测算等内容。自动化立体仓库系统作为生产过程的一个中心环节，几乎参与了生产管理的全过程。

自动化立体仓库系统由货架、堆垛机、出入库输送机、自动控制系统与管理信息系统等构成，自动化立体仓库能按照指令自动完成货物的存取作业，并对仓库的货物进行自动化管理，使物料搬运仓储更加合理。由于采用货架储存，并结合计算机管理，可以容易地实现先入先出、发陈储新的出入库原则防止货物自然老化、变质、生锈等现象的出现。

(3)便于控制与管理

自动化立体仓库的货位集中，便于控制与管理，特别是使用电子计算机进行控制，不但能够实现作业过样的自动控制，而且能够进行信息处理。建立以自动化立体仓库为中心的物流系统，其优越性还表现在自动化高架库具有的快速的入出库能力，能快速妥善地将货物存入高架库中（入库），也能快速及时并自动地将生产所需零部件和原材料送达生产线。这一特点是普通平库所不能达到的。

同时由于采用托盘或货箱储存货物，货物的破损率显著降低。

(4)降低对人工需求的依赖

自动化立体仓库采用自动巷道堆垛机取代人工存放货物和人工取货，既快捷又省力。由于工人不必进入仓库内工作，工作环境大为改善。采用计算机管理系统对货物进行管理，大大增强了货物的管理能力，使仓库管理科学化，准确性和可靠性有质的提高，入出库管理、盘库、报表等工作量变得简单快捷，工人的劳动强度大大降低。

特别是降低特殊仓储环境中的人力资源成本，由于采用了自动化技术后，自动化仓储能适应黑暗、有毒、低温等特殊场合的需要。

(5)减少库存资金积压

经过对一些大型企业的调查了解，由于历史原因造成管理手段落后，物资管理零散，使生产管理和生产环节的紧密联系难以到位，为了到达预期的生产能力和满足生产要求，就必须准备充足的原材料和零部件。这样库存积压就成为一个较大的问题。如何降低库存资金积压和充分满足生产需要，已成为大型企业不得不面对的一个大问题。自动化立体仓库是解决这一问题的最有效的手段之一。

①以自动化立体仓库为中心的工厂物流系统，解决了生产各环节的流通问题和供求矛盾，使原材料的供给和零部件的生产数量和生产所需的数量可以达到一个最佳值；

②计算机网络系统的建立使原材料和零部件外购件的采购更及时和满足实际需求；

③计算机管理系统的建立加强了宏观调控功能，使生产中各环节生产量更能满足实际需求；

④建立成品库和半成品库，以解决市场供需的暂时的不一致，充分发挥企业的生产潜力。

(6)自动化立体仓库是现代化企业的标志

现代化企业采用的是集约化大规模生产模式。这就要求生产过程中各环节紧密相连,成为一个有机整体。要求生产管理科学实用,做到决策科学化。为此,建立自动化高架仓库系统是其有力的措施之一。

由于采用计算机管理和网络技术,使企业领导宏观快速地掌握各种物资信息和使工程技术人员、生产管理人员、生产技术人员及时了解库存信息以便合理安排生产工艺、提高生产效率成为可能。国际互联网(Internet)和企业内部网络(Intranet)更为企业取得与外界的在线联接、突破信息瓶颈、开阔视野、外引内联提供了广阔的空间和坚实强大的技术支持。

综观国内外的大型企业,自20世纪60年代始逐步采用自动化物流系统以来,到今天已成为企业生产管理不可缺少的重要组成部分。据有关资料统计,日本目前已建成的自动化立体仓库(物流系统)已超过8 000座。所以建立自动化立体仓库系统已成为现代化企业的重要标志之一。

2. 自动化立体仓库的劣势

(1)投资较大,建设周期长

自动化仓储的主体是由自动化仓库组成的。自动化仓库的基本组成部分包括:建筑物、货架、理货区、管理区、堆垛机械、配套机械、相关的管理系统和信息系统。自动化仓储结构复杂,配套设备多,需要的基建和设备多,这些硬件和软件需要很高的资金投入和安装建设费用。对于自动化仓库的建设项目要进行评估和设计,包括必要性评估、技术评估、系统开发、敏感度的分析。这就要求对过去和未来3~5年中仓库的吞吐量、仓储容量、订单货物的类别等要素进行分析,对设备进行性能评估和选择,货架安装精度要求高,施工比较困难,而且施工周期长,这些都需要很长的时间周期和很大的人力、物力、时间投入。

(2)物资吞吐量和种类固定,缺乏弹性

当一个自动化的仓库按照计划建设完成之后,仓库的类型、物资的吞吐量和仓库的容量就固定了下来,这时如果外部的环境发生了突然的变化,仓库则不具有较强的适应和变化能力,因此缺乏弹性。

(3)对仓库管理和技术人员要求较高,必须经过专门培训才能胜任

由于自动化立体仓库采用计算机进行管理,自动化、信息化程度比较高,这对管理水平和人员素质提出了很高的要求,这也是我们和国外存在较大差距的一个方面。

(4)设备的保管保养要求与设备提供商保持长期联系

自动化仓库的高架吊车、自动控制系统等等都是先进的技术性设备,由于维护要求高,必须依赖供应商,以便在系统出现故障时能提供及时的技术支援。

因此,在选择建设自动化立体仓库时,必须综合考虑自动化立体仓库在整个企业中的营运策略地位和设置自动化立体仓库的目的,不能为了自动化而自动化,而后再详细斟酌建设自动化立体仓库所带来的正面和负面影响。最后,还要考虑相应的补救措施。所以,在实际建设中必须进行详细的方案规划,进行综合测评,最终确定建设方案。

二、自动化立体仓库的发展

自动化立体库(AS/RS)最早应用于军事后勤领域。近几年随着信息技术的迅速发展,自动化立体库的应用范围逐步扩大,并得到传统优势行业的青睐。

(一)国外自动化立体仓库的发展概述

1959 年美国首先开发了世界上第一个自动化立体仓库,并在 1963 年率先使用计算机进行自动化立体仓库的控制管理。后来联邦德国和日本也相继开发了自动化立体仓库。20 世纪 70 年代以来,发达国家大力推广商品物流自动化、高速化、信息化,发展城市商品集中配送中心,纷纷建立大型自动化立体仓库。控制技术也由最初的手动控制发展成为自动控制和计算机管理;巷道堆垛作业双循环次数由最初的 15 - 20 次/h 提高到 50 - 70 次/h,仓库的利用效率高达 96% - 98%;仓库的规模内最初的几百个、几千个货位发展到几万个、十几万个货位;技术上采用条形码识别系统,巷道堆垛操作台上的显示屏取代了传统的提货单;移动式机械手或机器人自动拣货系统,把订单所列的多种货物拣到大集装箱中;自动导引车的使用,巷道堆垛机垂直和水平方向同时运动,使工作效率提高了 20 倍。大型自动化立体仓库每小时可完成 500 - 800 次出入库作业。进入 20 世纪 80 年代,自动化立体仓库在世界各国发展迅速,使用范围涉及几乎所有行业。

国外自动化仓库的发展经历了五个阶段:人工仓储阶段、机械化仓储阶段、自动化仓储阶段、集成化仓储阶段和智能自动化仓储阶段。在 20 世纪 90 年代后期及 21 世纪的若干年内,智能自动化仓储是自动化技术的主要发展方向。

1. 人工仓储阶段

货物的输送、存储、管理和控制主要靠人工实现,其实时性和直观性是明显的优点。人工仓储技术在初期设备投资的经济指标也具有优越性。

2. 机械化仓储阶段

物料可以通过各种传送带、工业输送车、机械手、吊车、堆垛机和升降机来移动和搬运、用货架托盘和可移动货架存储物料,通过人工操作机械存取设备,用限位开关、螺旋机械制动和机械监视器等控制设备的运行。机械化满足了人们速度、精度、高度、重量、重复存取和搬运等要求,其实时性和直观性是明显优点。

3. 自动化仓储阶段

自动化技术对仓储技术的发展起了重要的促进作用。20 世纪 50 年代末和 60 年代,美国、日本、联邦德国相继研制和采用了自动导引小车(AGV)、自动货架、自动存取机器人、自动识别和自动分拣等系统。20 世纪 70 年代和 80 年代,旋转式货架、移动式货架、巷道式堆垛机和其他搬起设备都加入了自动控制的行列,但这时只是各个设备的局部自动化并各自独立应用,被称为“自动化孤岛”。随着计算机技术的发展,工作重点转向物资的控制和管理,要求实时,协调和一体化,计算机之间、数据采集点之间、机械设备的控制器之间以及它们与主计算机之间的通信可以及时地汇总信息,仓库计算机及时地记录订货和到货时间,显示库存量,计划人员可以方便地作出供货决策,他们知道正在生产什么、订什么货、什么时间发什么货、管理人员随时掌握货源及需求,信息技术的应用已成为仓储技术的重要支柱。

4. 集成化仓储阶段

在 20 世纪 80 年代后,随着西方发达国家计算机应用技术的发展,工作重点转向物资的控制和管理,要求实时、协调和一体化。计算机通信控制技术和计算机软件与自动仓库技术相结合,“自动化孤岛”被集成化了,于是使形成了“集成系统”的概念。集成自动仓库能够在计算机之间、数据采集点之间、机械设备的控制器之间以及它们与主计算机之间及时地汇总信息。仓库计算机及时地记录订货和到货时间,显示库存量;计划人员可以方便地做出供货决策,他们知道正在生产什么、订什么货、什么时间发什么货;管理人员随时掌握货源及需求。

集成化仓库技术作为计算机集成制造系统(CIMS – Computer Integrated Manufacturing System)中物资存储的中心受到人们的重视。虽然人们在80年代已经注意到系统集成化,但至今在我国已建成的集成化仓储系统还不多。在集成化系统里包括了人、设备和控制系统,前述三个阶段是基础。

5. 智能自动化仓储阶段

在自动化仓储的基础上继续研究发展,实现与企业其他信息决策系统的集成,朝着智能和模糊控制的方向发展,人工智能技术推动了自动化技术向更高级的阶段——智能自动化方向发展。现在,智能自动化仓储技术还处于初级发展阶段,在21世纪仓储技术的智能化将具有广阔的前景。智能储运技术包括两种方式:人工(或机械)智能和自然(或人类)智能。内容涉及智能物料储运设计和智能物料储运作业。

(二)国内自动化立体仓库的发展概述

1. 发展概述

20世纪70年代初期,我国开始研究采用巷道式堆垛机的立体仓库。1974年在郑州纺织机械厂建成我国第一座自动化立体仓库,但我国在此方面发展速度缓慢。随着我国市场经济的不断发展,在我国的某些行业如机械、家电、汽车、烟草、邮电、医药、食品、商业、物流等领域自动仓库正在被逐渐使用。据不完全统计,目前我国已建成的立体仓库近300座,其中全自动的立体仓库有30多个。我国的自动化仓库技术已实现了与其他信息决策系统的集成,正在做智能控制和模糊控制的研究工作。但是目前我国还处于自动化仓储的推广和应用阶段。

值得注意的是衡量一座仓库设计或建筑结构的优点,一个重要的出发点是看它的综合经济效益,而不能单纯地追求形式设备的先进与否。如果在投资、生产效率、储存量、改善劳动条件和作业费用等方面加以比较,总效果是最好的,就可以来用自动化仓库这种形式,反之,则不宜采用。

目前,我国物流系统的作业水平是不高的,建设资金不足,而且劳动力相对充足,地价相对低廉。因此,近期不宜大量建造规模大、控制水平高的自动化仓库,尤其是物流企业。在对系统生产效率的要求不是很高的情况下,人力作业不感到费力而采用机械又太复杂时,应优先考虑使用人力;一般机械可以方便地完成作业,而自动化过于复杂时,应优先考虑机械作业。不应试图排除轻微体力劳动和简便的机械作业,一味追求自动化。

2. 我国自动化立体库的技术与产品存在的不足

(1)高密度存储单元(单元重量大而体积相对小)的自动化立体仓库还是空白,如钢卷库、冲压模具库、合金原料库等,由于立体库存储单元的比重过大,存取装置设计难度加大。

(2)低温冷冻自动化立体仓库方面还有待加强。目前,太原刚玉物流工程有限公司研制生产的蒙牛乳业集团公司的低温冷冻自动化立体仓库在技术上有所突破。

(3)适用高洁净度环境如电子类工厂使用的自动化立体库,目前大部分仍是依赖进口。

(4)国内自行研制建设的高度超过30米以上的自动化立体库目前还较少,在竞争中还处于劣势。

自动化立体仓库是物资流通中的关键组成部分,担负着重要的作用,在发达国家“建库就建自动仓库”已成为必然。中国经济已逐渐融入世界经济,中国成为全球的加工基地,在终端消费品方面表现尤甚。但目前,中国自动化立体库市场总体状况是供过于求,且普遍利润较低,尤其是低端产品过剩严重。自动化立体库是加工企业所需的二线或三线装备,长远来看,其中蕴藏着巨大市场。随着加工企业规模的扩大和投资者信心的增强,自动化立体库必将得到广泛使用。

(三)自动化立体仓库的发展趋势

随着现代工业生产的发展,柔性制造系统(Flexible Manufacturing Systems)、计算机集成制造系统(Computer Integrated Manufacturing Systems)和工厂自动化(Factory Automation)对自动化仓储提出更高的要求,搬运仓储技术要具有更可靠、更实时的信息,工厂和仓库中的物流必须伴随着并行的信息流。射频数据通信、条形码技术、扫描技术和数据采集越来越多地应用于仓库堆垛机、自动导引车和传送带等运输设备上,移动式机器人也作为柔性物流工具在柔性生产、仓储和产品发送中日益发挥重要的作用。实现系统的柔性化,采用灵活的传输设备和物流线路是实现物流和仓储自动化的趋势。

人工智能技术的发展必将推动自动化仓库技术向更高阶段即智能自动化方向发展,在智能自动化物流阶段,企业做出生产计划后,信息系统自动生成物料和人力需求,查看存货单和购货单,规划并完成物流。如果物料不够,无法满足生产要求,系统会自动推荐修改计划以便生产出等值产品。这种系统是将人工智能集成到物流信息系统之中的结果。

大型自动化仓库系统已不再是发展方向,美国 Hallmark 公司安装的多达 120 个巷道的系统已达到了顶峰,甚至 10 – 20 个巷道的系统也经常不是首选的了。为了适应工业发展的新形势,出现了规模更小、反应速度更快、用途更广的自动化仓库系统。它是把先进的控制技术应用到分段输送和按预定线路输送方面,保持了高度的柔性和高生产率,满足了工业库存搬运的需要。

国外自动化仓库发展的一个方面是普遍采用扫描技术,提高信息的传输速度和准确性。采用射频数据通信技术,数据的采集、处理和交换能够在搬运工具与中央计算机之间快速进行,使物品的存取和发送信息做到快速、实时、可靠和准确。我国正在发展这方面的技术,将其应用到新建库和已建库原有通信系统以改善仓库管理,提高仓库作业效率。

现在,对自动化仓库系统的要求,与最初因节省土地和节省劳动力而受到青睐的情况有所不同,要求其具有控制生产和销售活动的功能,即起到所谓"经营型仓库"的作用。要实现这些要求,越来越多取决于外围软件。仓库的功能是提高有关制造工序和生产线效率以及增加销售量的决定性环节,对自动化仓库功能要求的提高,实际上是进一步对外围软件要求的提高。因此,在系统设计中外围软件的发展成为一项影响自动化仓库发展的重要技术。

三、自动化立体仓库的分类和构成

(一)自动化立体仓库的分类

自动化立体仓库是一个复杂的综合自动化系统,作为一种特定的仓库形式,一般有以下几种分类方式:

1. 按建筑形式可以分为整体式和分离式

整体式是指货架除了储存货物以外,还作为建筑物的支撑结构的一部分,是建筑物的一个部分,即库房与货架形成一体化结构,整体式立体仓库通常高度一般在 12 米以上;分离式是指储存货物的货架独立存在,建于建筑物内部。在现有的建筑物内可改造为自动化仓库,也可以将货架拆除，使建筑物用于其他目的。分离式仓库主要应用于高度不大或已有建筑的情况，它的高度一般在 10 米以下。它们的结构见图 6 - 1：

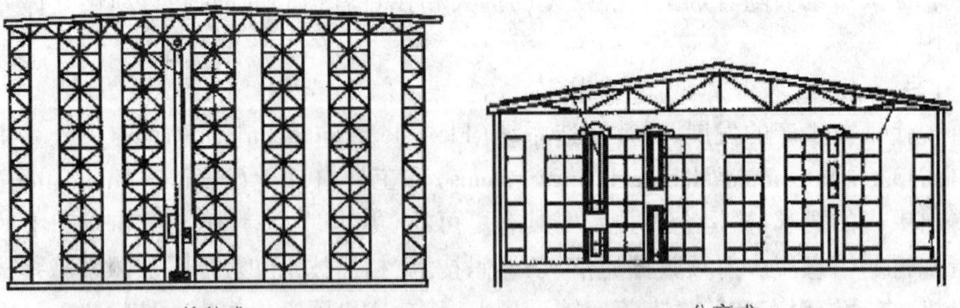

图 6 - 1　立体仓库结构示意图

2. 按货物存取形式可以分为单元货架式、移动货架式和拣选货架式

单元货架式是一种最常见的结构，货物先放在托盘或集装箱内，再装入仓库货架的货位中。

移动货架式是由电动货架组成。货架可以在轨道上行走，由控制装置控制货架的合拢和分离。作业时货架分开，在巷道中可进行作业；不作业时可将货架合拢，只留一条作业巷道，从而节省仓库面积，提高空间的利用率。

拣选货架式仓库的分拣机构是这种仓库的核心组成部分。它有巷道内分拣和巷道外分拣两种方式。每种分拣方式又分为人工分拣和自动分拣。

3. 按货架构造形式可分为单元货位式、贯通式、水平循环式和垂直旋转式仓库

单元货位式仓库是使用最广、适用性较强的一种仓库形式。其特点是货架沿仓库的宽度方向分成若干排，每两排货架为一组，其间有一条巷道供堆垛起重机或其他起重机作业。每排货架沿仓库纵长方向分为数列，沿垂直方向又分若干层，从而形成大量货位，用以储存货物。在大多数情况下，每个货位存放一个货物单元（一个托盘或一个货箱）。在某些情况下，例如货物单元比较小，或者采用钢筋混凝土的货架，则一个货位内往往存放二至三个货物单元，以便充分利用货位空间，减少货架投资。

贯通式仓库适合存储批量大、品种少的货物，叉车可进入货道内存储货物，储存密度大，库房空间利用率达 80%。采用不同的设计方式（货架末端有无支撑杆封闭），可实现货物先进后出和先进先出的管理。单元货位载荷 200 ~ 3000kg。

水平循环式仓库这种仓库的货架本身可以在水平面内沿环形路线来回运行。每组货架由数十个独立的货柜构成。用一台链式输送机将这些货柜串联起来。每个货柜下方有支承滚轮，上部有导向滚轮。输送机运转时，货柜便相应地运动。需要提取某种货物时，操作人员只需在操作台上给出指令，相应的一组货架便开始运转。当装有该货物的货柜来到拣选口时，货架便停止运转。操作人员可从中拣选货物。货柜的结构形式根据所存货物的不同而不同。水平循环货架仓库对于小件物品的拣选作业十分合适。这种仓库简便实用，能够充分利用建筑空间，对土建没有特殊要求，在作业频率要求不高的场合是很适用的。

垂直旋转式仓库垂直旋转货架仓库与水平循环货架仓库相似，只是把水平面内的旋转改为垂直面内的旋转。这种仓库的货架本身是一台垂直提升机，提升机的两分支上都悬挂有货位。提升机根据作用命令可以正转或反转，使需要提取的货物降落到最下面的取货位置上。这种垂直旋转货架特别适用于存放长的卷状货物，像地毯、地板革、胶片卷、电缆卷等。这种货

架也可用于储存小件物品。垂直旋转式仓库货架如图6-2所示：

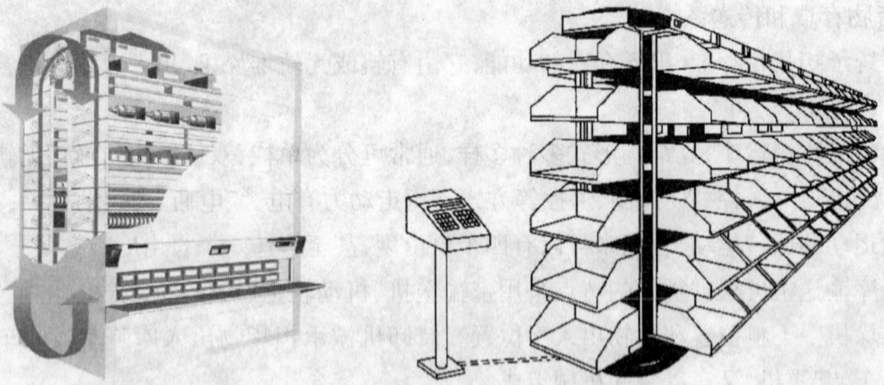

垂直旋转货架　　　　水平旋转货架

图6-2　旋转式货架

4. 按作用可以分为生产性仓库和流通性仓库

生产性仓库是指工厂内部为了协调工序和工序、车间和车间、外购件和自制件物流的不平衡而建立的仓库，它能保证各生产工序间进行有节奏的生产。

流通性仓库是一种服务性仓库，它是企业为了调节生产厂和用户间的供需平衡而建立的仓库。这种仓库进出货物比较频繁，吞吐量较大，一般都和销售部门有直接联系。

5. 按自动化仓库与生产连接的紧密程度可分为独立型、半紧密型和紧密型仓库

独立型仓库也称为“离线”仓库，它是指从操作流程及经济性等方面来说都相对独立的自动化仓库。这种仓库一般规模都比较大，存储量较大，仓库系统具有自己的计算机管理、监控、调度和控制系统。独立型仓库又可分为存储型和中转型仓库。上海宝钢总厂的备件自动化立体仓库，它共有9000个货位，存储量为4500t。配送中心也属于这一类仓库。

半紧密型仓库是指它的操作流程、仓库的管理、货物的出入和经济性与其他厂（或部门、或上级单位）有一定关系，但又未与其他生产系统直接相联。济南第一机床厂中央立体库和第二汽车制造厂配套立体库是比较典型的例子。

紧密型仓库也称为“在线”仓库，它是那些与工厂内其他部门或生产系统直接相联的立体仓库，两者间的关系比较紧密。仪征化纤股份公司涤纶长丝立体仓库、天水长城开关厂板材立体库（在柔性生产线计算机的统一指挥下直接送板材、半成品物料及其信息）是其中的例子。

（二）自动化立体仓库的构成

自动化立体仓库是机械和电气、强电控制和弱电控制相结合的产品。它主要由货物储存系统、货物存取和传送系统、控制和管理等三大系统组成，还有与之配套的供电系统、空调系统、消防报警系统、称重计量系统、信息通信系统等。

1. 货物储存系统

本系统由立体货架的货位（托盘或货箱）组成。立体货架机械结构可分为分离式、整体式和柜式三种，其高度分为高层货架（12m以上），中层货架（5－12m）和低层货架（5m以下）。

按货架形式分为单元货架、重力货架、活动货架和拣选货架等。货架按照排、列、层组合而成立体仓库储存系统。

2. 货物存取和传送系统

本系统承担货物存取、出入仓库的功能,它由有轨或无轨堆垛机、出入库输送机、装卸机械等组成。

堆垛机又称搬运车,其结构形式多种多样,通常可分为单柱、双柱结构;有轨、无轨结构;有人操作、无人操作;人控、PC控制、遥控等方式。行走动力有电力、电瓶、内燃动力等;其运行方式有直线运动和回转运动,合起来可以有四个自由度,甚至多达六个自由度。

出入库输送机可根据货物的特点采用带输送机、机动辊道、链传动输送机等,主要将货物输送到堆垛机上下料位置和货物出入库位置。装卸机械承担货物出入库装车或卸车的工作,一般由行车、起重机、叉车等装卸机械组成。

3. 控制和管理系统

本系统一般采用计算机控制和管理,视自动化立体仓库的不同情况,采取不同的控制方式。有的仓库只采取对存取堆垛机、出入库输送机的单台PLC(Program Logical Control可编程序控制器)控制,机与机无联系;有的仓库对各单台机械进行联网控制。更高级的自动化立体仓库的控制系统采用集中控制、分离式控制和分布式控制,即由管理计算机、中央控制计算机和堆垛机、出入库输送机等直接控制的可编程序控制机械组成控制系统。

管理计算机是自动化立体仓库的管理中心,承担入库管理、出库管理、盘库管理、查询、打印及显示、仓库经济技术指标计算分析管理功能,它包括在线管理和离线管理。

中央控制计算机是自动化立体仓库的控制中心,它沟通并协调管理计算机、堆垛机、出入库输送机等的联系;控制和监视整个自动化立体仓库的运行,并根据管理计算机或自动键盘的命令组织流程,以及监视现场设备运行情况和现场设备状态、监视货物流向及收发货显示,与管理计算机、堆垛机和现场设备通信联系,还具有对设备进行故障检测及查询显示等功能。

直接控制是PLC操作的单机自动控制器,它直接应用于堆垛机和出入库输送的控制系统,实现堆垛机从入库取货送到指定的货位,或从指定的货位取出货物放置到出库取货台的功能。

4. 其他配套系统

其他配套系统主要包括配电系统、消防系统与通风和采暖等。配电系统保证自动化仓库的设备正常运转,物流中心的主要根据设备用的总电且确定用电容量,一般采用三相四线制供电,中性点直接接地,动力电压为交流电380V/220V/50Hz。自动化仓库消防系统大都采用自动消防系统。物流中心对通风和采暖系统要根据物品储存条件而定,一般情况下,库房温度控制在-5℃~45℃之间。

三、自动化立体仓库的关键技术

自动化立体仓库能够正常地运作,除了必须具备前文中讲述的几个组成部分以外,它还必须具有以下五种关键的技术。

(一)自动化仓库的自动寻址技术

自动寻址是指自动寻找存放、提取货物的位置。计算机控制的自动化仓库必须具有自动寻址的功能。当自动化仓库接收到上级管理机的存取指令和存取地址后,相应的存取设备立即向指定的目标货位运行。自动寻址包括自动认址技术,它通常分为绝对认址和相对认址两种。绝对认址是指为每一个货位制定一个绝对代码,为此需要为每个货位制作一个专门的认址片。显然,绝对认址方法可靠性高,但认址片制作复杂,控制程序的设计也十分复杂。相对认址使用的货位认址片结构与前一种大体上相同,其操作方式是,每经过一个货位,只要进行累加就可以得到货位的相对地址。与绝对认址相比,相对认址可靠性较低,但认址片制作简单,编程也较简单。为了提高相对认址的可靠性,可以增加奇偶校验功能。

(二)系统自动识别技术

自动化仓库的货物管理基本技术是对货物进行自动识别和跟踪。自动识别是指在没有人工干预的情况下对物料流动过程中某一活动关键特性的确定。每一关键特性都与生产活动有关。具体实现时,是在生产的关键部位配备自动识别装置,将每一处所获取的信息经过计算机网络系统传输,并进行统一处理,从而实现在整个生产过程中对物料的信息跟踪。在现代生产物流系统中已经广泛地采用条形码自动识别技术,这是因为条形码具有读取快、精度高、使用方便、成本低、适应性好等优点。

物流窗口 6－1

技术无界、应用无限——自动识别技术成功应用案例

自动识别技术作为一种先进的信息采集和输入技术,已被广泛应用于物流信息自动处理和工业自动化生产过程的诸多行业,如商品销售、自动化仓库、图书馆信息处理、邮政系统等领域。

应用一:条码在辽宁北方出版物流配送公司的应用

辽宁北方出版物配送有限公司作为辽宁出版集团成立来的重点投资项目,是国内首家集商流、物流、信息流和资金流为一体的,功能最为先进的、数字化、网络化图书配送中心。配送公司的设计能力每年将达到各种出版物的配送量15亿元以上,日均配送额达400万元以上;可满足包括超大型零售书店在内的各类书店的各种配供需求,日均运输里程达500公里以上;可辐射东北三省、内蒙古东部和京、津、唐地区的几千家客户,待全国其他各大配送中心建成并与之联网后,可承担辽版图书的全国配送任务。

辽宁图书出版物流配送项目应用先进的条码识别数据采集终端和无线传输技术,彻底改变了传统图书配送中心手工作业的方式,建设一套高效和准确的数据采集系统,为图书物流配送中的进、销、存、退、连锁经营、物流管理等业务实现高效、准确、及时的数据采集和管理功能提供了强大技术保障,同时大幅降低了物流配送的成本,极大提高了辽宁北方出版物流配送公司的竞争力。

应用二:RFID在沈阳燃气股份有限公司中的应用

沈阳燃气股份有限公司电子智能巡检系统的成功运行,取缔了原始的手工记录巡检结果,实现了对巡线员的有效考核,管理者不必再为督促、检查巡检工作是否到位而烦恼,为查阅巡检报告而辛苦。使巡检管理工作变得科学、直接、简单、快速,提高了管理水平及工作效率,使

煤气管网的巡检工作科学化、规范化、智能化、有序化，把事故隐患减少到最低水平，保证城市正常生产、生活用气。

（资料来源：物流 ABC 网 http://www.56abc.com）

（三）堆垛机自动控制系统

控制系统是自动化仓库运行成功的关键。没有好的控制，系统运行就会产生高成本、低效率的结果。为了实现自动正常运转，自动化仓库内所用的各种存取设备和输送设备本身必须配备各种控制装置。控制系统能对搬运设备（堆垛机等）、运输设备（输送机、小车、转轨车等）进行自动控制，它是自动化仓库的核心部分之一，直接关系到仓库作业的正常进行，因此，控制系统中所采用的材料、设备、传感器和元件都应采用可靠性高、寿命长、易于维护和更换的产品，以减少安全隐患。在控制系统中，还应采取一系列自检和连锁保护措施，确保在工作人员操作错误时不发生事故。另外，控制系统还应能适应多种操作方式的需要。

（四）监控调度系统

监控系统是自动化仓库的信息枢纽，是实现自动化仓库实时控制的重要技术成分。它在整个系统中起着举足轻重的作用，负责协调系统中各个部分的运行。自动化仓库系统使用了很多运行设备，各个设备的运行任务、运行路径、运行方向等都需要由监控系统来统一调度，按照指挥系统的命令进行货物搬运活动。通过监控系统的监视画面可以直观地看到各个设备的运行情况。监控操作台可以对机械设备的位置、动作、状态、货物承载及运行故障等信息进行显示，以便操作人员对现场情况进行监视和控制，并可通过操作台上的控制开关或键盘对设备进行紧急操作。

（五）计算机管理系统

计算机管理系统是自动化仓库的指挥中心，相当于人的大脑，它指挥着仓库中各个设备的运行。它主要完成整个仓库的作业管理和账目管理，同时，还担负着跟上级系统进行通信及企业信息管理系统的部分任务。计算机管理系统一般由较先进的计算机组成，有时甚至构成计算机网络。它应具有大容量、高速度的强大功能，这个系统处理整个仓库生产活动中的主要数据。随着计算机的高速发展，微型计算机的功能越来越强，运算速度越来越快，在这一领域中将日益发挥重要的作用。自动化仓库管理系统的主要功能是对仓库所有入、出库活动进行最佳登录和控制，并对数据进行统计分析，以便能使决策者及早发现问题，采取相应的措施，最大限度地降低库存量，加快货物流通，创造经济和社会效益。

可以看到，自动化仓库中的重要、关键技术包括了信息检测与识别、堆垛机自动控制、监控调度及计算机管理等，只有深入研究和应用这些技术，才能真正建立起高性能的自动化仓库。

第二节　自动化立体仓库的设计

一、自动化立体仓库的设计程序

现代化仓库的构成是复杂的，它是一个由彼此相互作用的诸因素和各个环节所构成的综合系统。研究这些因素的性质并弄清它们的相互作用，是建立自动化仓库的一个重要步骤。自动化立体仓库设计的一般程序见图 6－3 所示：

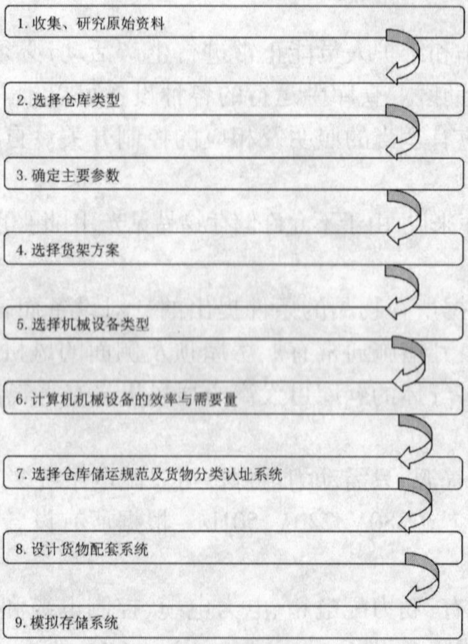

图 6－3　动仓库的设计程序

二、自动化立体仓库的土建及相关工程设施

要建一座仓库,就必须有能存储货物的厂房(库房)以及其他配套设施。

(一)厂房

一般来讲,仓库的货物和自动化仓库中的所有设备都安放在厂房规定的范围内,库内容量和货架规格是厂房设计的主要依据。在我国的南方和北方,不同的气候与地质地貌情况,不同的载荷情况对厂房设计提出了不同的要求。土木建筑要根据实际情况因地制宜,切不可不考虑具体情况,大张旗鼓地兴建土木,造成不必要的人力财力和时间的浪费,同时还要遵守国家的有关规定。

首先进行选址工作,并对地质情况进行勘探,确定厂房基础的形式,如根据货架区的沉降要求,基础可采用桩基或整片筏基等形式。

其次,对墙体、屋面、地面、内墙、辅房、门窗、沟道等形式所用材料、施工方法进行选择。以达到实用、安全、方便和美观的效果,在这些方面国家和地方都有专门的标准和规定。

在厂房中,还有中央控制室(机房)、办公室、更衣室、工具间等辅助区域。

(二)消防系统

由于仓库库房一般都比较大,货物和设备比较多而且密度大,再加上仓库的管理操作人员较少,自动化仓库的消防系统大都采用自动消防系统。它由传感器(温度流量、烟雾传感器等)不断检测现场温度、湿度等信息,当出现危险时,自动消防系统发出报警信号,并控制现场的消防机构喷出水或二氧化碳泡沫等,从而达到灭火的目的。这种消防系统也可以由人工强制喷淋,即手动控制。

在消防控制室内设置有火警器,能接受多种报警信号,它的副显示器一般设在工厂的消防站内,同时向消防站报警。我国的《建筑设计防火规范》是消防系统设计的主要依据,再根据所存物品的性质确定具体的消防方案和措施。

(三)照明系统

为了使仓库的管理、操作和维护人员能正常进行生产活动,必须有一套完善的照明系统,尤其是在外围的工作区和辅助区。仓库中运行的各种设备可以不需要照明,考虑到人的工作和活动情况,库房内各区域应有适当的照明及相应的控制开关。自动化仓库的照明应有日常照明、维修和应急照明。

对存储感光材料的黑暗库来说,由于不允许储存物品见光,因此照明系统应特殊考虑。

(四)通风及采暖系统

通风和采暖的要求是根据所存物品的条件提出的。对设备而言,自动化仓库内部的环境温度一般在 -5 ~45℃即可。其措施通常有厂房屋顶及侧面的风机、顶部和侧面的通风窗、中央空调、暖气等。对散发有害气体的仓库可设离心通风机将有害气体排到室外。

(五)动力系统

自动化仓库一般不需要气源,只需动力电源即可。配电系统多采用三相四线制供电,中性点可直接接地,动力电压为交流 380V/220V,50Hz。根据所有设备用电量的总和确定用电容量。

配电系统中的主要设备有:动力配电箱、电力电缆、控制电缆和电缆桥架等。在具体设备供电时,可能还需增加稳压或隔离设备。

(六)其他设施

其他设施包括结排水设施、避雷接地设施和环境保护设施等,这都是一个综合建筑系统中要考虑的。

给水主要指消防水系统和工作用水;排水是指工作废水、清洁废水及雨水系统。雨水系统可采用暗管排放,经系统管线排入附近的河中。

立体仓库属于高层建筑,应设置避雷网防止雷击,其引下线不应少于 2 根,间距不应大于 30m。电气设备不带电的金属外壳及穿线用的钢管、电缆桥架等均应可靠接零;工作零线、保护零线均与变压器中性点有可靠的连接;为了防止静电积聚,所有金属管道应可靠接地。

三、自动化立体仓库的运行步骤

(一)运行前的准备工作

自动化立体仓库操作人员到岗,接通设备电源、管理计算机启动,打开自动仓库的计算机管理系统和监控调度系统等。立体自动化仓库的计算机管理系统是自动化仓库的核心。自动化仓库主要是通过计算机管理系统向自动化仓库的控制系统发送和接收指令来实现仓库的自动化运行。所以熟悉自动化仓库的计算机管理系统是保证自动化仓库正常运行的强有力保证。

(二)物品入库

物品入库包括以下几个步骤:第一步,物品入库时,操作员首先在条码打印机上打印出物品条码,码制以 39 码和交叉 25 码为主,打印完成后将条码贴在包装箱的指定位置。第二步,入库操作员在入库计算机上输入欲入库货物的条码、数量、储价,也可以利用激光条码扫描器扫描包装上的条码,计算机把数据读完后保存在入库管理数据库,并自动分配储位。第三步,欲入库的货物使用输送搬运设备搬到入库辊道上,入库辊道自动载着货物向前传送。第四步,到达入库口的固定条码识别器位置时,识别器识别到欲入库货物的信息,入库计算机通过通信接口向入库的 PLC 发送欲入库命令。第五步，堆垛机接收控制器发来的信号，自动运动到进货缓冲口，叉起货物分配到指定储位。当完成入库操作作业时，堆垛机向计算机反馈完成信息，计算机根据这些信息判断作业是否正常。

(三)在库管理

为了更好地管理和监控库存货物，自动化仓库必须借助计算机控制。

1. 计算机储位管理

储位管理是把货物编码和储位联系起来，合理作好储位分配，分配的原则有以下几点：

(1)重的物品存在下面的货位，较轻的物品存放在高处的货位。为了使货架受力稳定，货物分散存放在仓库的不同位置，避免因集中存放造成货格受力不均匀。

(2)加快周转，先进先出。同种货物先入库者先出库。加快周转，以减少因货物长期积压产生锈蚀、变形、变质及其他损坏造成的损失。

(3)提高效率，就近入/出库。

2. 计算机查询系统

为了方便库存货物的管理，自动化仓库必须构建查询管理模块。查询模块有以下几个功能：

(1)在库查询。输入货物编号，显示该货物在库状况；

(2)空货位查询；

(3)货位号和托盘号查询；

(4)跟踪查询；

(5)出入库历史查询。

3. 计算机库存图示监控系统

计算机库存图示监控系统的建立，主要是出于方便管理库存货物的目的，通过查看图示系统，自动化仓库储区的在库货物一目了然。一般计算机库存图控系统分为三个阶层：自动化仓库俯视图、储货区俯视图和货架俯视图，如图 6－4 所示。

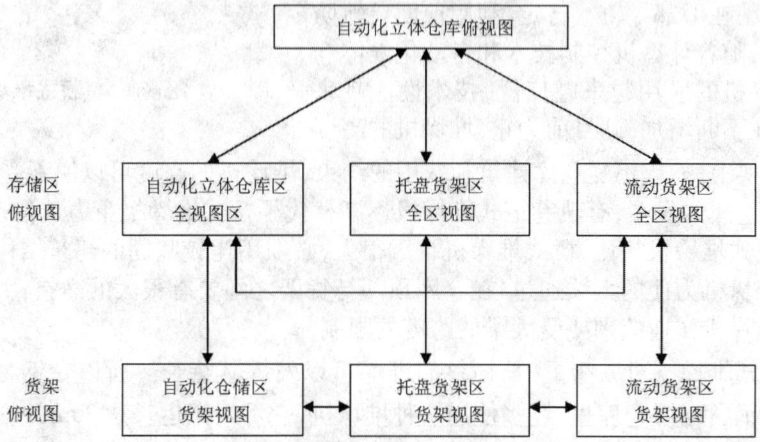

图 6－4　计算机库存监控系统图示

4. 出库作业

自动化立体仓库的出库作业与入库作业受同一套控制系统控制，但具体过程有所不同。

简而言之，操作人员在仓库管理控制系统中输入出库信息，通信系统将此信息传输给 PLC（可编程控制器），由 PLC 向堆垛机控制系统发送出库指令。堆垛机接受到指令就会按指令运行到指定位置，并停在指定货格，用货叉取出货物，送到巷道口出库台上，然后由叉车或出库设备运送出库。

第三节 自动化立体仓库的设备

一、货架

仓库的储存方式自平面储存向高层化立体储存发展以来，货架即成为立体仓库的主体。由满足不同功能要求的各种不同形式的货架所组成的多种多样的自动化、机械化仓库，已成为仓储系统以至整个物流系统或生产工艺流程中的重要环节。

货架在仓储设备的总体投资中占比例最大，投资约占整个仓库设备投资的 1/3 - 2/3，消耗钢材最多。所以根据存储方式和货物形状、体积、重量以及库房面积等，选择和设计经济合理的货架是极重要的。要在保证强度，刚度以及整体稳定条件，能满足仓库设备运行工艺要求的较高制造和安装精度的条件下，尽量减轻货架的重量，降低钢材消耗。

货架形式详细内容见第五章第一节货架系统。

二、堆垛机

（一）堆垛机概述

早期的堆垛机，是在桥式起重机的起重小车上悬挂一个门架（立柱），利用货叉在立柱上的上下运动及立柱的旋转运动来搬运货物，通常称之为桥式堆垛机。1960 年左右在美国出现了巷道式堆垛机。这种堆垛机是在地面上的导轨行走，利用上部的导轨防止倾倒；或者相反，在上部导轨上行走，利用地面导轨防止倾倒。其后，随着计算机控制技术和自动化立体仓库的发展，堆垛机的应用越来越广泛，技术性能越来越好，高度也在不断增加，到目前为止，堆垛机的高度可达 40m。事实上，如果不受仓库建筑和费用的约束，堆垛机的高度可以说不受限制。

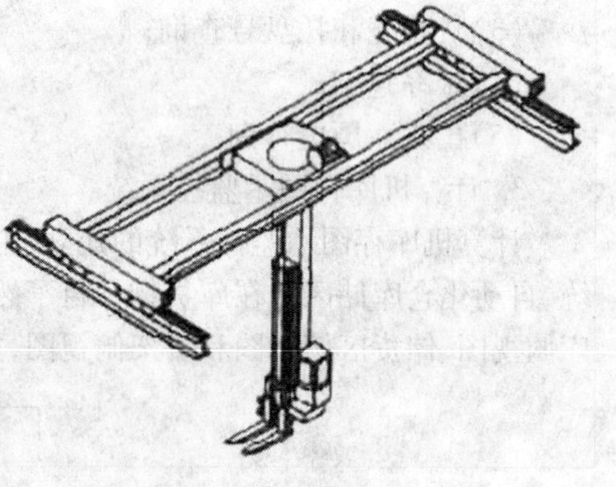

图 6-5 桥式堆垛机

随着立体仓库的发展，有轨巷道式堆垛机逐渐替代了桥式堆垛机主力地位，其原因如下：

1. 与巷道式堆垛机相比，桥式堆垛机自重很大，必须用比较坚固的建筑结构支持；
2. 桥式堆垛机为使的大梁通过，在仓库顶部与货架之间要有很大的净空；
3. 桥式堆垛机作业范围要受大梁的跨度的限制。

但由于桥式堆垛机对一些重、长物料的堆垛可以发挥其特长。所以在钢材（盘料、钢带、钢卷、俸材、型钢、管材）仓库里，还多使用这种堆垛机，它可以搬运长达 20m，重达 20t 的货物。

与巷道式无轨堆垛机相比，有轨巷道式堆垛机在结构上有很大不同。它采用钢轮在钢轨上运行，而巷道式无轨堆垛机则采用轮胎，因此在轮压不同时会产生不同的变形量；有轨堆垛机采用支柱，无轨堆垛机采用多级门架，当门架伸出时，由于门架间的间隙，货叉尖的水平和垂直位移会随门架升降高度的变化而变化。凡此种种因素都对巷道式无轨堆垛机的货叉在垂直和水平方向上的定位精度产生影响。本节内容以介绍有轨巷道式堆垛机为主。

（二）有轨巷道式堆垛机 Stacker Crane

1. 适用范围：是在高层货架的窄巷道内作业的起重机，可大大提高仓库的面积和空间利用率，是自动化立体仓库的主要设备，又称有轨堆垛机。

2. 主要特点：

（1）整机结构高而窄

由于采用有轨巷道式堆垛机的高架仓库货架很高，而货架巷道非常狭窄，堆垛机的宽度一般只与所搬运的单元货物的宽度相等。

（2）结构的刚度和精度要求高

堆垛机的金属结构设计除需满足强度要求外，结构的静刚度、动刚度是一项非常重要的指标。制动时，机架顶端水平位移一般要求不超过 20mm，结构振动衰减时间要短。

（3）取物装置复杂

堆垛机配备有特殊的取物装置，常用的有伸缩货叉（图 6 – 4）、伸缩平板（图 6 – 5）和可对物料箱或特殊形状货物作业的机械手，工作时，能对两侧货架作业，存取货物。

（4）堆垛机的电力拖动系统要同时满足快速、平稳和准确三个方面的要求

即要求堆垛机的工作速度高，启、制动快，尽量缩短作业周期；还要求平稳性好，启、制功要平稳，以防止货物单元在载货台上发生滑移或使装在托盘上的货物发生倒塌，并减少结构的动载荷；同时要求具有较高的停车准确性，能保证载荷台停在指定的货位，停车精度一般不超过 5 – 10mm。

（5）安全要求高

特别是有升降司机室的堆垛机。

（6）主要参数

仓库高度：6 – 24m Max 40m

运行速度：max80m/min（标准性）、200m/min（高速型）

起升高度：max20m/min（标准性）、50m/min（高速型）

货叉伸缩速度：max12m/min（标准性）、50m/min（高速型）

3. 有轨巷道式堆垛机分类

（1）按照用途的不同分：

单元型：是对托盘（或货箱）单元进行出入库作业的堆垛机；

拣选型：是由操作人员向（或从）货格内的托盘（或货箱）中存入（或取出）少量货物，进行出入库作业的堆垛机。这种堆垛机的特点是没有货叉。

单元——拣选型：具有单元型与拣选式综合功能的堆垛机。其载货台上既有货叉装置，又有司机室，可满足两种作业方式的要求。

（2）按照控制方式的不同分：手动、半自动和全自动三种。

（3）按照转移巷道方法的不同分：固定式、转移式和转移车式三种。

（4）按照金属结构的形式分：

单立柱式：单立柱结构的堆垛机机架由一根立柱和下横梁组成。立柱多采用较大的 H 型钢或焊接制作，立柱上附加导轨。整机重量较轻，消耗材料少，因此制造成本相对较低，但刚性稍差。由于载货台及货物对立柱的偏心作用，以及行走、制动时产生的水平惯性力作用，使单

立柱堆垛机在使用上有局限性。不适于起重重量大和水平运行速度高的堆垛机。单立柱堆垛机的起升结构，普遍采用钢丝绳传动，由电机减速机驱动卷筒转动，通过钢丝绳牵引载货台沿立柱或起升钢轨作升降运动。对于钢丝绳传动，传动和布置相对容易，但定位准确性稍差。

双立柱式：双立柱结构的堆垛机机架由两根立柱和上横梁、下横梁组成一个长方形框架。立柱形式有方管和圆管。方管兼作起升导轨，圆管附加起升导轨。双立柱堆垛机的最大优点就是强度和刚性都比较好，并且运行平稳。一般对于起重高度较高、起重量较大和水平运行速度高的立体仓库堆垛机多采用双立柱结构。双立柱堆垛机的起升机构，普遍采用链条传动，由电机减速机驱动链轮转动，通过链条引载货台沿立柱或起升机导轨作升降运动。由于链条牵引载货台或配重装置，受空间尺寸限制，传动和布置较复杂，但定位较准确。具体形式见图 6－6：

标准单立柱巷道堆垛机主要技术性能与参数	
额定起升重量(t)	0.1;0.25;0.5;0.8;1.0;1.5;…
托盘规格尺寸(mm)	800×1000;800×1200;1000×1200 或任意
货叉类型	单货叉;双货叉
货叉伸缩速度(m/min)	3－15(变频调速)
水平运行速度(m/min)	5－180(变频调速)
垂直起升速度(m/min)	2/12;4/16;5/20(双速)或者变频调速 3－30
总功率(kw)	>10
最低货位标高(m)	≥0.56
最高货位标高(m)	≤28
整机全高(m)	≤30
导电方式	滑导线;电缆小车
通讯方式	载波通讯;远红外通讯
控制方式	手动;半自动;单机自动;联机自动
出入库作业方式	拣选式;单元式;混合式

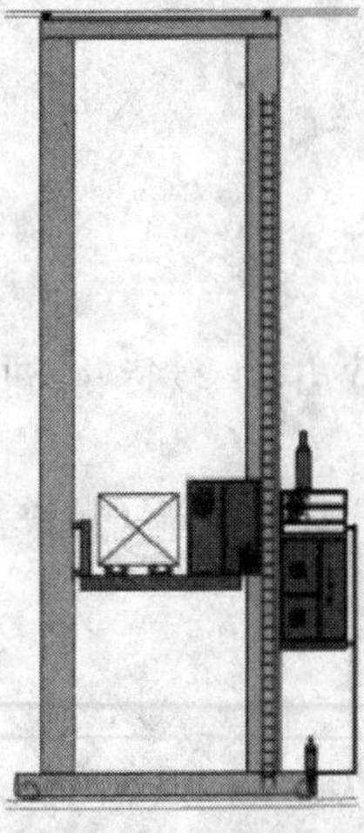

标准双立柱巷道堆垛机主要技术性能与参数	
额定起升重量(t)	0.8;1.0;1.5;1.8;2.0;2.3;2.5;3.0;5.0;8.0;…
托盘规格尺寸(mm)	800×1000;800×1200;1000×1200 或任意
货叉类型	双货叉;三货叉;四货叉
货叉伸缩速度(m/min)	3－15(变频调速)
水平运行速度(m/min)	5－180(变频调速)
垂直起升速度(m/min)	2/12;4/16;5/20(双速)或者变频调速 3－30
总功率(kw)	>10
最低货位标高(m)	≥0.56
最高货位标高(m)	≤43
整机全高(m)	≤45
导电方式	滑导线;电缆小车
通讯方式	载波通讯;远红外通讯
控制方式	手动;半自动;单机自动;联机自动
出入库作业方式	拣选式;单元式;混合式

a. 巷道式单立柱堆垛机　　　　b. 巷道式双立柱堆垛机

图 6－6　有轨巷道式堆垛机

(5)按照运行轨迹分:

堆垛机水平驱动装置一般安装在堆垛机下横梁上,通过电机减速机驱动车轮转动,使堆垛机沿水平方向运行。这种地面驱动方式使用最为普遍,一般采用两个承重车轮,沿敷设在地面上的轨道(地轨)运行。通过下部两组水平轮沿轨道运行导向,在堆垛机顶部两组导向轮沿上轨道(天轨)运行辅助导向。按运行轨迹形式区别,有直线运行型堆垛机和曲线运行型堆垛机。

直线运行堆垛机:直线运行型堆垛机只能在巷道内直线轨道上运行,不能自行转换轨道。只能通过其他输送设备转换巷道,如堆垛机转运车。直线型堆垛机可以实现高速运行,能够满足出入库频率较高的立体仓库作业,应用最为广泛。

曲线运行型堆垛机:曲线运行型堆垛机车轮与下横梁是通过垂直轴铰接的,能够在环形或其他曲线轨道上运行,即可以走曲线,不通过其他输送设备便可以从一个巷道自行转移到另一个巷道。这种堆垛机通常也叫做转轨堆垛机。曲线运行型堆垛机在使用上有局限性,只适用于出入库频率较低的立体仓库。因为不但场地要受到转弯半径的限制,而且转弯时速度特别慢,不能满足出入库频率高的立体仓库作业。

4. 有轨巷道堆垛机的安全装置

堆垛机作为一种重要的起重设备,其安全性和可靠性尤为重要。生产制造及安装厂家必须具有资格证,设备经需方当地劳动部门验收。标准规定有多种安全保护装置,并在电气控制上采取一系列联锁和保护措施,目前应用较多的安全保护装置有:

(1)终端限位保护:在水平行走、垂直升降和货叉伸缩的终端都有机械限位保护装置。

(2)电气联锁保护:堆垛机在出入库作业时,保护货叉不能动作;相反,货叉伸缩时,保证水平行走或垂直升降不能动作。

(3)正位检测保护:堆垛机在出入库作业时,只有在水平(列)方向和垂直(层)方向停准时,货叉才能伸缩,即货叉运动是受条件控制的。

(4)载货台断绳保护:当钢丝绳或链条断裂时,通过断绳保护装置使载货台卡住立柱或导轨,阻止其坠落。目前比较常见的载货台制动器有楔铁式和凸轮式两种,也有棘轮式结构。

(5)其他保护装置:一般还有松绳保护,过载保护等。

(三)无轨堆垛机 Rack Fork

1. 无轨巷道堆垛机的特性

无轨巷道堆垛机又称高架叉车,是专门用于窄巷道自动化仓库的堆垛设备。它是在前移式叉车基础上发展起来的,是一种变型叉车。其最大堆放高度可达12m,主要用于高度小于12m,作业不太频繁的仓库,既保留了叉车的一些特性,又发展了适用于在高货架巷道中工作的性能,具有如下特性:

(1)无轨巷道堆垛机采用多节门架,起升高度比一般叉车高,但比普通堆垛机所能达到的高度低得多;

(2)无轨巷道堆垛机具备有特殊的货叉机构,其货叉不仅能单独侧移、旋转,而且也能侧移与旋转联动,从而大大缩小了仓库巷道宽度,能有效地利用仓库面积,所需巷道宽度比一般叉车窄得多,但比普通堆垛机要求的巷道宽;

(3)机动性比普通堆垛机好,可以在巷道外作业,一台设备可服务于多个巷道,也可在仓库外作为一般叉车使用;

(4)无轨巷道堆垛机控制方式分为有人操作和无人操作两种,有人操作又分为手动和半自动;无人操作分为自动和远距离集中控制(多数用计算机控制);

(5)无轨巷道堆垛机一般都采用蓄电池作为电源。蓄电池可直接装入车内,使用方便。但由于耗电量大,蓄电池需要频繁充电。起升机构一般采用液压传动,其升降速度可通过液压或电-液系统进行调节,从而使货叉能准确定位并缩短作业时间。货叉的侧移和回转机构有液压马达和电动机两种拖动方式,一般不需要调速。

无轨巷道堆垛机的导向方式有两种,即机械导向和诱导导向。这里主要介绍常用的机械导向系统的巷道及导轨结构和设计要点。由于无轨巷道堆垛机的货叉可以降得很低,因此货架的第一层高度也可以设计得很低,但货架第一层高度应高于导轨的高度,且高于货叉最低位时的上表面标高,以实现底层货物顺利存取。在采用无轨巷道堆垛机的自动化仓库内,因为导轨及地面外形精度对整个仓库系统运行影响很大,因此对地面有一些特殊要求,如地板要保证足够的水平度,且能承受库区载荷,尤其要保证堆垛机运行地面与导轨的水平度误差,以保证堆垛机运行的平稳性和定位的精确性。

2. 无轨巷道堆垛机适用范围

高架叉车又称三向堆垛叉车,即叉车向运行方向二侧进行堆垛作业时,车体无须作直角转向,而使前部的门架或货叉作直角转向及侧移,这样作业通道就可大大减少,提高了面积利用率。此外,高架叉车的起升高度比普通叉车要高,一般在6m左右,最高可达13m,提高了空间利用率。

3. 无轨巷道堆垛机的分类

(1)司机室地面固定型,起升高度较低,因而视线较差;(见图6-7a)

(2)司机室随作业货叉升降型,起升高度较高、视线好。(见图6－7b)

(3)拣选型:无货车作业机构,司机室和作业平台一起升降,由司机向二侧高层货架内的物料进行拣选作业。

(a) 司机室地面固定式　　(b) 司机室随作业货叉升降型

图6－7　无轨巷道堆垛机

(四)自动引导车 Automatic Guided Vehicle

1. 定义

根据美国物流协会定义,AGV是指装有自动导引装置,能够沿规定的路径行驶,在车体上还具有编程和停车选择装置、安全保护装置以及各种物料移载功能的搬运车辆。自动搬运车系统(AGV)是由若干辆沿导行路径行驶,在计算机的交通管制下有条不紊地运行,并通过物流系统软件集成在物流系统、生产系统中。

无人搬运车系统简称AGVS,它由若干独立运行的AVG组成,是当今柔性制造系统(FMS)和自动化仓储系统中物流运输的有效手段。无人搬运车系统的核心设备是无人搬运车(AGV),作为一种无人驾驶工业搬运车辆,AGV在20世纪50年代即得到了应用。一般用蓄电池作为动力,载重量从几公斤到上百吨,工作场地可以是办公室、车间,也可以是港口、码头。现代的AGV都是由计算机控制的,车上装有微处理器。多数的AGVS配有系统集中控制与管理计算机,用于对AGV的作业过程进行优化,发出搬运指令,跟踪传送中的构件以及控制AGV的路线,并通过物流系统软件与生产物流、配送中心等系统集成。

2. AGV的构成

AGV由车体、蓄电和充电系统、驱动装置、转向装置、精确停车装置、车上控制器、通信装置、信息采样子系统、超声探障保护子系统、移载装置和车体方位计算子系统等11个系统组成。下面分别简要介绍AGV的几个主要系统。

(1)车体

车体由车架和相应的机械电器结构,如减速箱、电机、车轮等组成,它是AGV的基础组成部分。车架常用钢构件焊接而成,其上覆盖1毫米~3毫米的钢板或硬铝板,板下空间安置与驱动和转向直接有关或重量较大的部件,以利于机械结构设计和降低车体重心。板上常安置移载装置、液压系统、电控系统、按键、显示屏等。车体的前后部分还安装安全挡圈和超声波传感器。

(2)蓄电和充电

AGV 常采用 24 伏或 48 伏直流工业蓄电池电能为动力。蓄电池供电应达到额定的安培小时值,一般应保证 8 小时以上的工作需要,对两班制工作环境则要求 17 小时以上的供电能力。蓄电池充电可采用随机充电和全周期充电两种方式。随机充电采用可以任意充电的汽车免修蓄电他,在 AGV 的各停泊站,无时间限制地随机充电。全周期充电则要求将 AGV 推出服务区并进入指定的充电区且当蓄电池电荷降至指定范围时方可充电。此类电池一般执行 4 小时连续充电,2 小时冷却的规范。也有的 AGV 采用上述两种充电方式相结合的方式。充电操作有自动、人工和快速更换的可抽拉式 3 种。

(3)驱动装置

驱动 AGV 运行并具有速度控制和制动能力的子系统称为驱动装置,它由车轮减速器、制动器、电机及速度控制器等部分组成。

AGV 的方向控制是接受导引系统的方向信息通过转向装置来实现的。AGV 通常被设计成 3 种运动方式:只能向前、能向前与向后,以及纵向、横向、斜向及回转 4 个方向的运动。第三种方式最有利于 AGV 与缓冲站或出入库台等物流设备的联接。

(4)车上控制器

"智能"较高的 AGV 都有车上控制器,它类似于机器人控制器,用于对 AGV 进行控制。控制器计算机通过通信系统从地面站接受指令,并报告自己的状态。

(5)通信装置

输入 AGV 的控制指令一般是由地面(车外)控制器发出的,然后存储在车上;AGV 的状态也通过通迅系统送回地面控制器。

3. AGV 的分类

根据导引方式的不同,可分:

(1)固定路径导引,包括电磁导引、光导导引和磁带(磁气)导引。

(2)自由路径导引,包括激光导引、惯性导引等。

根据 AGV 装卸物料方式的不同,可分:

料斗式,辊道输送式,链条输送式,垂直升降式,叉车式。

图 6-8 自动引导车

4. AGV 基本工作原理

电磁感应引导是利用低频引导电缆形成的电磁场及电磁传感装置引导无人搬运车运行。

其基本工作原理是交变电流流过电缆时，在电缆周围产生电磁场离导线越近处磁场强度越大，远处其磁场强度弱。通过感应线圈的电磁场在线圈两端感应出电压，这一电压与磁场强度成正比。当电缆处于线圈中间时，左右线圈的电压相等，转向信号为零。当引导天线偏向引导电缆的任一侧时，一侧线圈电压升高，另一侧的电压降低，两个感应线圈的电位差就是操纵 AGV 转向的信号，从而控制转向电机来校正 AGV 的运行方向。

激光引导的工作原理利用安装在 AGV 上的激光扫描器识别设置在其活动范围内的若干个定位标志来确定其坐标位置，从而引导 AGV 运行，这种工作方式属于导航式引导。激光扫描器一般安装在 AGV 的较高位置，使各定位标志与激光扫描器较好地呼应，并通过系统的串行口与 AGV 的控制板联接。定位标志是由高反光材料制成，固定在沿途的墙壁或支柱上。激光扫描器利用脉冲激光器发出激光并通过一个内部反射镜以一定的转速旋转，对周围进行扫描，测出每个定位标志的距离和角度，计算出 AGV 的 X、Y 坐标，从而引导 AGV 按照预先设定的路线运行。可以利用学习软件找出相应的定位标志，并将其坐标位置存储起来。

由于 AGV 的激光引导装置可以采用标准的器件、控制板和软件，所以与其他引导方式比较，具有容易安装、容易编程和性能价格比高等优点，在导航式引导方式中，激光引导的定位精度比较高。其缺点是比电磁感应式引导的成本高一些，且在有些使用环境中易受干扰。

随着传感技术和信息技术的发展，AGV 也在向智能化方向发展，因此也称 AGV 为智能搬运车。相信智能化技术的应用一定会使 AGV 面临一个更广阔的发展。

（五）码垛机器人 Robot Palletizer

物流窗口 6－2

昆仑润滑油引进第一台机器人码垛机

我国码垛作业大部分是由机械式码垛机完成，由于机械式码垛机其结构等因素的限制，存在着占地面积大、程序更改麻烦（甚至无法更改）、耗电量大等缺点。而中国石油润滑油公司此次采用的机器人码垛设备，占地少、能耗低、不需要人工维护，结构简单适用性强，操作人员可通过主计算机对不同品种的润滑油包装、堆垛顺序、层数等参数进行设置，特别是在生产过程中只需要一条传送带，便可以完成 4 条线上不同方向、不同形式、每分钟 20－80 包的码垛工作，实现对不同型包装的码垛要求，大大降低了操作工的劳动强度，使全线生产更加畅通，对提高产量起到了关键性的作用。这也是 ocme 在中国安装的第一台机器人码垛机。目前机器人码垛机的应用正越来越广泛，鉴于其设备性能的高度安全可靠性、多功能性及其高度智能化、维护要求极少的特点，机器人码垛机正逐步取代传统的码垛设备。

（资料来源：中国品牌工具网 http://www.etools.net.cn/）

1. 定义

托盘码垛机器人是能将不同外形尺寸的包装货物，整齐地、自动地码（或拆）在托盘上的机器人。

为充分利用托盘的面积和码堆物料的稳定性，码垛机器人具有物料码垛顺序、排列设定器。当货物进入工作区，码垛机器人逐个抓起产品并放置到码盘上，所有的动作程序均由操作人员预先输入机器人控制部分。根据货物的不同形状，码垛机器人可同时码垛 2 到 3 种产品，根据不同形状，码垛机器人使用不同的夹具，可对各种形状的产品进行码垛。码垛机器人没有无用地托辊转运，安装空间极小。

2. 分类

(1)根据码垛机构的不同,可以分为:多关节型、直角坐标型;

(2)根据抓具形式的不同可以分为:侧夹型,底拖型,真空吸盘型。

此外,机器人还分固定型和移动型。

码垛机器人如图6－9所示:

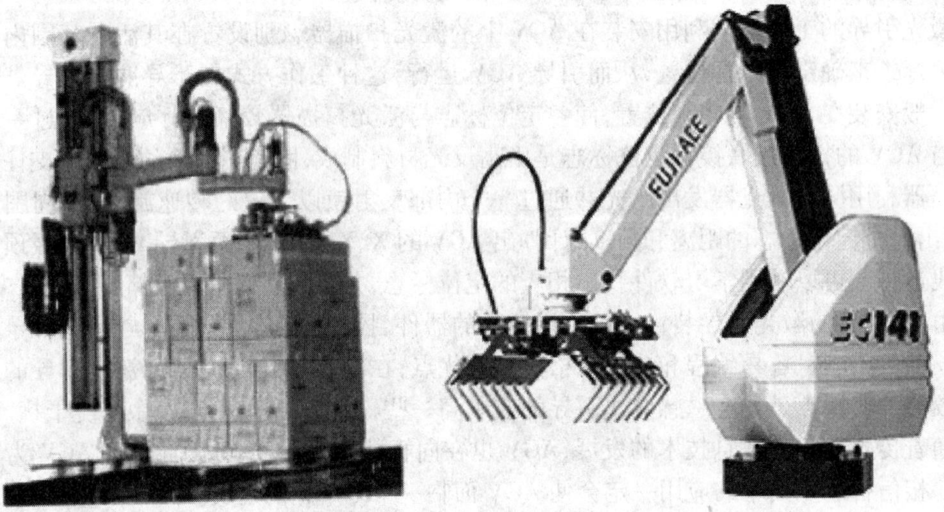

图6－9 码垛机器人

物流窗口6－3

码垛机器人将统治未来码垛机市场

企业通常选用四种码垛方式来进行码垛:一是采用人工码垛的方式;二是采用传统的码垛机;三是采用码垛机器人进行码垛;四是采用全自动化的码垛设备来完成码垛。当前,企业应用比较多的是传统的码垛机,而就发展趋势来看,码垛机器人的发展不容小觑。

码垛机器人具备很强的操作灵活性,一般位于生产线的后段,用来处理量小、种类不一的货盘,是介于传统码垛机和全自动化码垛机之间的一种设备。随着码垛机器人系统的可靠性和其他性能的不断改进,目前它在某种程度上已经能与全自动随机存储码垛系统相媲美了。

机器人码垛机有很多种样式,但是大体上可分为两种:固定基座型和台架型。台架型机器人一般悬挂在台架或者是大支架顶部的横梁上,占地要比固定基座型大。与固定基架码垛机器人相比,台架型机器人能够处理更重的负荷,价格更加昂贵,生产速度更慢,占地更多,适用于大箱,低产能的生产线。与传统码垛设备相比,码垛机器人更具优势。Fanuc 机器人公司的码垛和包装高级工程师 Matthew Job 断言:"未来码垛技术将逐渐向码垛机器人技术转移。"机器人更结实,更具有活力,每工作六万个小时才有可能出现一次失误,而且结构简单,除了四个电机和四个减速器以外,其他的都是连动装置,因此极少有部件会损坏。" FKI Logistex 公司既能生产传统码垛机,也能生产码垛机器人。该公司码垛系统产品经理 Pat O'Connor 认为:"这两者的竞争已经逐渐白热化。我敢说码垛机器人和传统码垛机的竞争是一场巅峰对决,顾客更倾向于使用机器人技术,尽管传统码垛机价格相对比较便宜。"

(资料来源:http://www.tjpack.gov.cn/)

3. 码垛机器人的特点

(1)结构简单、零部件少。因此零部件的故障率低、性能可靠、保养维修简单、所需库存零部件少。

(2)占地面积小。有利于客户厂房的总体布置,并可留出较大的库房面积。

(3)适用性强。当客户产品的尺寸、体积、形状及托盘的外形尺寸发生变化时只需在触摸屏上稍做修改即可,不会影响客户的正常的生产,甚至一台码垛机器人可同时对两条包装不同物料的生产线进行码垛操作。

(4)能耗低。传统机械式码垛机的功率在 26kW 左右,而码垛机器人的功率为 10kW,能大大降低企业的长期运行成本。

三、输送系统

输送设备是自动化立体仓库必不可少的搬运设备。从形式上看,它有水平和垂直输送设备及整箱和托盘输送设备,自动化立体仓库无论采用什么搬运形式,决定输送设备的主要参数是搬运物的最大宽度、长度与最大重量以及单位时间的搬运量。

在自动化立体仓库中使用最普遍的输送设备是单元负载式输送机和立体输送机。单元负载式输送机包括滚筒式、带式和链条式三种类型。这些输送设备主要用于固定路径的输送。输送机的单元负载有托盘、纸箱或固定尺寸的物品。

单元负载式输送机按动力源区分,可分为重力式和动力式两种。所谓重力式输送机就是利用输送物品的本身重量为动力,在倾斜的输送机上由上自下滑动。重力式输送机因滚子不同,又可分为滚轮式、滚筒式和滚珠式等三种类型。

所谓动力式输送机就是以电动机为动力的输送机。此外,按传送介质区分,可分为链、条式、滚筒式和带式。

(一)重力输送机

重力输送机内容详见第五章第三节。

(二)动力输送机

如果货物表面不规则,如邮包只能选用动力带式输送机;一般规则的货物如纸箱、托盘,可以选用动力链条输送机或动力滚筒输送机;如果货物重量较大,则一般使用动力滚筒输送机。

1. 动力链条式输送机

动力链条式输送机内容详见第五章第三节。

2. 动力滚筒式输送机

动力滚筒式输送机的应用范围较广,常用于储积、分支、合流和较重负载。此外,也广泛用于油污、潮湿、高温和低温等较恶劣的仓库环境。

(1)平带驱动滚筒式输送机

平带驱动滚筒式输送机是在平带上安装了许多承载滚筒,下方装有调整松紧的压力滚筒。承载滚筒的选择和间隔大小与承载物品尺寸、重量等有关。位于两承载滚筒之间的压力滚筒可上下调整,从而达到调整带驱动力的目的。当纸箱被输送到分支点范围时,必须调高压力滚筒,从而增加对负载的驱动力。因带宽度与实际输送物品的表面无关,所以可选用较窄的带宽。但是选择带宽度时必须考虑带的有效拉力和负载能力。在设计时,根据负载,并对照带生产厂家提供的带拉力等有关数据进行选择。

(2)V 带驱动滚筒输送机

V 带驱动滚筒方式和平带驱动滚筒方式相同,不同之处在于把平带改成 V 带。V 带驱动滚筒的输送机主要用于轻负载短距离输送作业。这种驱动方式还适合于输送线的转弯和结合部位,因为 V 带可沿曲线弹性变形。

(3)连套驱动滚筒输送机

这种驱动方式的输送机用于重载、油污、潮湿、高温和低温等工作环境较差的地方。

(4)同步带驱动滚筒输送机

这种驱动方式适用于轻负载的输送工作。由于各滚筒上的工程塑料齿轮配合同步带传动,不但所占空间较小,而且噪声也小。

(5)锥齿轮驱动输送机

下图 6-10 所示为锥齿轮驱动输送机。

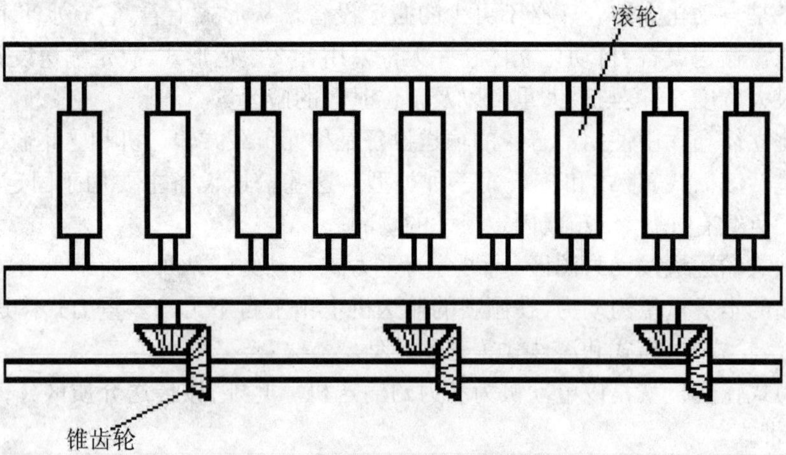

图 6-10 锥齿轮驱动输送机

这种输送机的负载能力大,但输送机侧面所占空间较大。为保证安全生产,必须加安全罩。这种驱动方式可用于转弯输送物品。下图 6-11 所示为用万向节头连接主动锥齿轮轴。

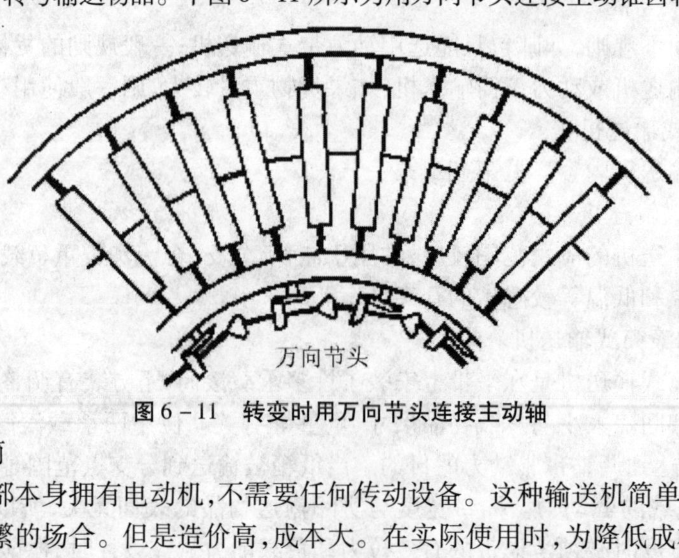

图 6-11 转变时用万向节头连接主动轴

(6)电动滚筒

电动滚筒内部本身拥有电动机,不需要任何传动设备。这种输送机简单、安全、干净,一般用于控制动停频繁的场合。但是造价高,成本大。在实际使用时,为降低成本,每隔几根无动力滚筒才安装一根电动滚筒。

(7)圆带驱动滚筒输送机

圆带驱动滚筒输送机是目前较先进的中等载荷的输送机。如图6－12所示,它的传动是电动机通过减速机、链轮链条把运动传给线轴上的链轮,再通过线轴上的圆带轮和圆带传给各滚筒。这种输送机的优点在于干净卫生、安全可靠、成本低、噪声小,比其他驱动方式输送机噪声小35%。此外,输送机速度高,可达60m/min,而其他驱动方式输送机最高达30m/min。在输送机的某处装入变速装置,可以改变输送速度。这种驱动方式可以组合成各种圆弧角度的分支与合流的输送线。

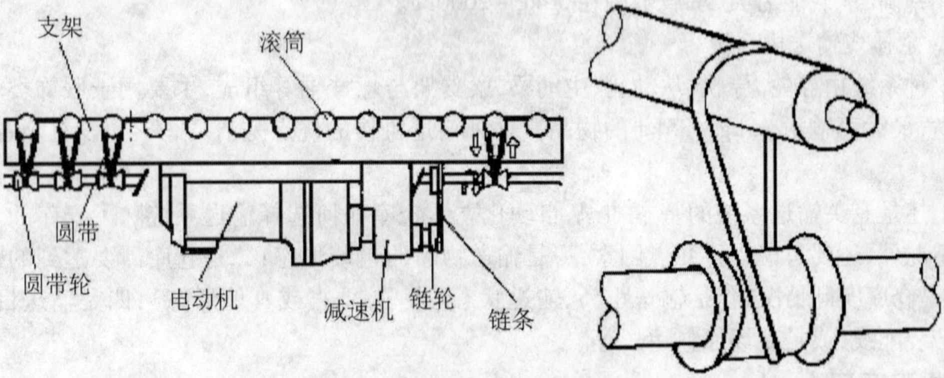

图6－12　圆带驱动滚筒输送机

这种输送机适合于中等载荷且底面平整的纸箱、塑料箱、木箱、托盘等。要求输送物规格尺寸为:长度L≤572mm,宽度B≤300mm,重量W≤90kg。滚筒的承载能力与物品形状尺寸有一定关系,但一般情况下,每根滚筒的承载能力为7kg。滚筒长度和输送机内侧宽度关系见表6－1。

表6－1　滚筒长度与输送机内侧宽度对比表

输送机内侧宽度/mm	400	500	630
滚筒长度/mm	392	492	622

(三)空间输送机

在现代化物流业中,为了节省占地面积,缩短输送距离,提高储存空间和使用面积,其建筑物大多采用多层式建筑。发达国家中有的物流中心高达4层。为了在各楼层之间高效自动地输送物品,必须利用立体输送机。

1. 空中移载车

空中移载车是悬挂在空中导轨上,按照指令在导轨上运动或停止。在运动过程中货台装置是通过卷扬机和升降带被提到最高位置,并与车体成为一体。当运动到指定位置时,升降带伸长,货台下落,进行卸货或装货作业。这种空中移载车的优点是快速、准确、安全,占空间较小。

2. 螺旋滑槽式垂直输送机

螺旋滑槽式垂直输送机是利用重力及螺旋倾斜滑槽使物品自上而下平稳滑下,因为没有驱动装置,只能向下而不能向上输送货品。螺旋滑槽式垂直输送机的特点是:能连续输送货物,结构简单,成本低,噪音小,易于维护。

这种输送机主要用于塑料箱的连续垂直运输。要求货箱尺寸为560mm×360mm×

263mm，货物重量为 2～24kg/个，输送能力为 20～100 箱/min。

3. 垂直升降输送机

在物流中心的各楼层之间的物品搬运是非常重要的。除了一般电梯之外，还必须有专用的垂直运输设备，这样可充分利用空间。垂直输送机运动平稳，不会使物品振动而损坏。其原理与电梯相类似。垂直输送物品的升降平台的上下移动是由卷扬机或液压装置来驱动的。

4. 托盘式垂直输送机

托盘式垂直输送机，这种输送机能连续输送，效率较高，每小时输送托盘能达 500 个/h，空间利用率高，承载能力大，承载范围在 50kg～2000kg。

5. 悬挂式输送机系统

这种系统由导轮、导轨，从动轮、主动梁、梁支架与悬挂轴等组成，主要用于服饰类较轻货物输送，最大可输送 25kg～35kg 的物品。这种输送机构的优点是清洁、安全、没有噪音，效率较高。

上述是有关输送系统的基本知识，自动化立体仓库如何选择输送系统除了仓库的规模及投资情况外，还要考虑以下几点因素：一是输送物品的包装形态；二是仓库需要达到的输送能力；三是仓库实际情况，包括输送距离、输送状态（水平、垂直或其他形态）；四是输送目的，比如生产装配线，或是现场原料运送等。

物流窗口 6－4

自动化仓库走进医药业

河南羚锐制药股份有限公司是一家以制药为主业的上市公司，羚锐信阳科技园工程是该公司的实施“二次创业”的一个重要举措，该项目将建成为羚锐制药以片剂、胶囊剂、颗粒剂为主的生产基地和科研基地。其中由日本公司承建的自动化立体仓库工程，便是该项目的一大重点工程。

该仓库占地面积 1980 平方米，包括堆垛机两台、转轨车一台、输送线一套、横梁式双货位组合货架一套（共有八个巷道）及仓库管理系统（WMS）一套。

自动化立体仓库在羚锐医药公司应用后，大大提高了羚锐制药仓库管理水平，减少了货损，避免了交叉感染，优化和降低了库存，缩短了周转期，节约了资金，也为羚锐制药带来了良好的经济效益和社会效益。

根据羚锐制药公司的生产销售情况，该仓库主要用来存储和管理全厂的原料、包装材料、半成品和成品。由于羚锐制药每日出入库的药量并不大，而且出入库的高峰值亦不大，所以在整个仓储系统的规划中，为了充分发挥堆垛机运行和处理速度快的特点，并没有给每一个巷道配一台堆垛机，而是利用转轨车的转轨功能，只给整个库区配了两台堆垛机。这样，这台堆垛机利用转轨车可以在八个巷道内灵活运行，即不影响整个仓库的运行效率，又降低了投资成本。

作为系统中的主要设备之一，堆垛机采用模块化设计，结构简单，外形美观。它的水平和垂直方向利用激光测距，动力部分采用德国 DEMAG 组合走轮。另外，还采用德国 SEW 矢量型智能变频控制器、西门子可编程序控制器，并以大屏幕显示屏指导出库入库及拣选作业等。

日东公司在本工程上还率先采用无线通讯方式。它采用的是美国进口的 MDSOEM 系统数传电台，是一种为一点对多点的 SCADA 专网及其他遥测、遥信、遥控系统专门设计的超什数传电台，具有尺寸小，便于 OEM 集成，拥有 19200bps 的数据吞吐量，低功能，休眠模式，尾噪声脉冲控制，数据直接启动发射，透明数据传输，载波检测信号供载波碰撞检测使用等特点。

此外，系统中所用的转轨车，非一般意义上的运输小车，而是集光电技术、自动化控制技术、红外通讯技术于一体的高性能接驳式小车,它会根据两台堆垛机和忙闲程度和目标位置的距离远近,来调配堆垛机。

(资料来源:DO 物流网 http://www.do56.com)

第四节 自动化立体仓库的建设

随着国内经济的发展,特别是物流业的突飞猛进,越来越多的企业正在经历着由传统的平面仓库向立体仓库发展的过程。从经营理念、物流运作模式等方面来看,平面仓库和立体仓库有着很大的区别,企业在这个过程中会遇到许多事先没有预料到的棘手问题。下面,就由平面仓库向立体仓库过渡的一些具体问题进行分析,并提供一些常用的解决办法供大家探讨。

一、自动化立体仓库相关参数的确定

企业发展到一定阶段一定会遇到原有的平面仓库无法适应公司的进一步发展的问题,如平面仓库分散,不易于管理,搬运距离大,效率低,与公司形象不相称等等。于是,着手建造现代化高效的自动化立体仓库便提上公司议事日程。而往往实际情况是绝大多数企业的决策者对自动化立体仓库了解不多,如何开始建设自动化立体仓库,是首先遇到的问题。

首先,应该去参观其他相关企业已经建好并在运行的自动化立体仓库,看别人的立体仓库运作模式是否与自己的相近或有可取之处。不一定要拘泥于全自动化的立体仓库,相对低成本的高架叉车作业的立体仓库也是可以考虑的。在建设自动化立体仓库时,并不是越先进越好,只有最适合于本企业的物流运作的仓库就是最好的仓库。

其次,要计算本企业的物流规模及物流发展规划。一般情况下要对公司 3 ~ 5 年的发展规划做一个准确具体的预测。一般情况下,立体仓库建设规模的大小主要由货位数(Bin)、出入库托盘数、存储单元(Storage Unit)尺寸 3 个参数来决定。货位数决定了立体仓库的规模,出入库托盘数决定了存取设备(如堆垛机)、搬运设备(如电瓶叉车)和其他设备(如 RF)的型号和数量。由于平面仓库一般没有货位管理,托盘尺寸大一点小一点没有太大影响,出入库量大时多投入一些人,搞人海战术就能解决。而立体仓库就不一样,一般是实行货位管理,以托盘为单位进行存取作业,因此对存储单元规格(尺寸、重量)有一定的要求。而且,在平面仓库存储的 100 托盘在立体仓库中可能就不是 100 托盘,可能是 120 托盘;在平面仓库中一天出入库 100 托盘在立体仓库中可能会是 105 托盘,所以要根据平面仓库现有的数据来计算立体仓库的相关参数。通常很多企业只注重于出入库货物的货值、运费,而没有统计过托盘数。如何搜集这些数据,参考表 6 - 2:

表 6 - 2 × ×公司物流部门托盘数据统计表

货物编号	入库托盘数	出库托盘数	库存托盘数	货架库存折合托盘数	保管员

为获得更准确的数据,一般要持续抽样调查 1 ~ 2 周,每天下班前由各个平面库房的保管

员或相应负责人将记录结果上交。对于入、出库托盘数，实际上记录的托盘数相当于次数，即在同一天从某一托盘上多次取货或存货，每次计为一托盘（没有批次或时间要求的货物除外），在工作时随手记录下出入库的数据，下班时汇总填入上表；如果出入库记录由物流信息系统自动记录的，可以从系统中导出。另外，有的企业会根据自身需要采用部分非标准化的货架或货柜来存放体积很小的货物，可以根据实际情况来折算成以托盘作业的数据；如果这部分库存量很小，可以忽略不计。

采集到的数据，采用舍小留大的处理方式，一般将最小的 2 个数据去掉。例如 2004 年 8 月 12 日，公司开会，出入库托盘数明显低于其他时间，但库存托盘数比其他时间稍微高出一些，那么将这一天的出入库托盘数样本去掉，而保留库存托盘数。因为在实际运作中，该库存量是有可能还会出现的。将筛选后的数据进行算术平均计算即可。

即 $PP = \sum P/Dn$

PP：平均托盘数

P：统计表中相应的合计数量

Dn：P 的个数

计算出来的数据还只是一个原始的托盘数，但是已经可以通过这些托盘数来推算出立体仓库的相关数据。要推算这些数据，确定存储单元规格也必不可少。首先还是需要进行抽样，可以对库存量前 20% 的品项进行抽样，根据二八原则，20% 的品项一般占库存总量的 80% 左右。

表 6－3　××公司物流部门存储单元数据统计表

货物编号	名称	规格	尺寸			单重	码盘规则	码盘尺寸	总重
			长	宽	高				

如果在物流信息系统中有货物单件尺寸、重量，可以直接从系统中导出。由于同一编号的货物可能按入库先后顺序分开码放，码放的规格会不一样，如果有两种以上的码放形式，则取一个最大的和一个随机。码放重量指码放最大的重量。计算存储单元规格可以通过专门的计算机程序来做，也可以采用最简单方式，在 EXCEL 中计算，拿几种标准托盘尺寸来核算。一般可拿 1200×1000、1200×1200、1200×800、1100×1100 等标准尺寸来做。以下公式仅供参考：在“码盘规则”列中输入公式：

＝IF((INT(1200/(E1＋10))×INT(1000/(F1＋10)))＞(INT(1000/(E1＋10)) ×INT(1200/(F1＋10))),

CONCATENATE(INT(1200/(E1＋10)),“×”,INT(1000/(F1＋10)),“×”,INT(1450/(G1＋10)),“＝”,

INT(1200/(E1＋10)) ×INT(1000/(F1＋10)) ×INT(1450/(G1＋10))),CONCATENATE(INT

(1000/(E1＋10)),“×”,INT(1200/(F1＋10)),“×”,INT(1450/(G1＋10)),“＝”,INT

(1000/(E1 +10)) ×INT(1200/(F1 +10)) ×INT(1450/(G1 +10))))

在“码盘尺寸”列中输入公式:

=IF((INT(1200/(E1 +10)) ×INT(1000/(F1 +10)))>(INT(1000/(E1 +10)) ×INT(1200/(F1 +10))),

CONCATENATE(INT(1200/(E1 + 10)) × I4D8,“ × ”,INT(1000/(F1 + 10)) × F1,“ ×”,(INT(1450/

(G1 +10)) ×G1 +160)),CONCATENATE(INT(1000/(E1 +10)) ×E1,“ × ”,INT(1200/(F1 +10)) ×F1,

“ ×”,(INT(1450/(G1 +10)) ×G1 +150)))

在“总重”列输入公式:

=INT(1000/(E1 +10)) ×INT(1200/(F1 +10)) ×INT(1450/(G1 +10)) ×H3 +40

其中 E、F、G、H 分别为单件的长、宽、高、重量,托盘尺寸为 1200 * 1000,货物码放高度(不含托盘)1.45m,托盘高度 150mm 托盘高度货物码放时箱与箱之间的间隙 10mm,托盘自重 40Kg。

例如某货物尺寸、单重填入表中的计算结果如下

表 6-4　存储单元数据统计表 1

货物编号	名称	规格	尺寸			单重	码盘规则	码盘尺寸	总重
			长	宽	高				
11260515	彩显	15′	505	468	470	15.1	2×2×3=12	1010×936×1560	221.2

从上表中可以看出该货物码盘规则为每层 2×2 件,能码放 3 层,码放后存储单元尺寸为 1010×936×1570(含托盘),重量为 221.2 Kg(含托盘)。由于一般情况下存储单元重量不会超过某一标准,如 500kg、750kg、1000kg,凭平时的经验就能确定,所以在计算码盘规则时一般不考虑存储单元的重量,只是把运算出来的总重与事先设定的重量标准进行比较,若超出标准的手工进行修正(减少一层或一件)。

这种存储单元规格是否最优,可以通过计算存储单元利用率(空间利用率)来比较。$\eta = \sum$码盘尺寸/$\sum(1200 \times 1000 \times 1600)$。$\eta$ 表示利用率;1200×1000×1600 为存储单元的极限尺寸,即托盘尺寸为 1200×1000,码放货物后托盘加上货物的高度不超过 1600;码盘规则为 EXCEL 自动运算后生成的结果。例如上面这种货物,其存储单元利用率为:

$\eta = 1010 \times 936 \times 1560/(1200 \times 1000 \times 1600) = 0.768$

上面这种货物如果采用 1.2m×0.8m 的托盘,则运算结果会是:

表 6-5　存储单元数据统计表 2

货物编号	名称	规格	尺寸			单重	码盘规则	码盘尺寸	总重
			长	宽	高				
11260515	彩显	15′	505	468	470	15.1	1*2*3=6	505*936*1560	140.6

$\eta = 505 * 936 * 560/(1200 * 1000 * 1600) = 0.384$

故对于该货物采用 1200 * 1000 托盘比 1200 * 800 托盘更合理。这样,就确定了货物单元的规格,接下来可以计算按此规格码放货物时的库存托盘数、出入库托盘数。将现有库存数量、出入库数量(按件计算)和表(表 6-4 存储单元数据统计表 1)中的相关数据导入下表:

表 6-6　××公司物流部门托盘数计算表

货物编号	现有件数			码盘规则	立体仓库托盘数		
	库存	入库	出库		库存	入库	出库

其中,立体仓库托盘数按以下公式计算:$P_i = Q_i / R_i$

P_i 为立体仓库托盘数;Q_i 为现有库存、入库、出库件数;R_i 为码盘规则中的件数。

这样计算出的托盘数,一般需要修正,修正系数建议在 1.05~1.2 之间。如果考虑到企业业务的增长,可以通过以下公式进行计算:

$P_t = P_i * (1 + G_i) n / (1 - D)\ n * K$

P_t 为立体仓库需要的托盘数;G_i 为企业年增长率;n 为考虑多少年以后的业务量;D 为价格的年增长率,如果降价,则大于 0,如果升值,则小于 1;K 为矫正系数,一般不大于 1,因为托盘数一般不会与业务增长量按同比增长,业务量增大时,整托盘的比率会增加,存储单元利用率会提高,而且随着管理水平和运作效率的提高,库存量会相对压缩。

此公式计算出的库存托盘数即为立体仓库的总货位数,出库托盘数与入库托盘数之和即为立体仓库的出入库托盘数(吞吐量)。

做到这一步,一个立体仓库的主要参数就基本上全部确定了。

另外还有一种较粗略的方法来计算立体仓库货位数。如果立体仓库的托盘使用标准序列的托盘,可以按下面的公式一步到位地计算:$P_i = S \times F / Sp \times C$

P_i 为立体仓库货位数;S 为平面仓库建筑面积;F 为平面仓库面积利用率,一般为 0.5~0.75;Sp 为单个托盘面积;C 为修正系数一般取 1.2~1.5。

例如,某企业现有平面仓库面积是 8500 平方米,由于货物不太规则,仓库面积利用率不高,取 0.55,立体仓库使用的托盘是标准托盘(1200×1000),在平面仓库时托盘货物叠放比较多(即一托盘货物叠放在另一托盘货物上),修正系数取 1.35(一般叠放越多,修正系数越大)。该企业年业务增长率为 20%,货值跌价率在 5% 左右,考虑到公司 3 年的业务发展,矫正系数取 0.75,则按上面的公式计算结果是:

$P_i = S \times F / Sp \times C = 8500 \times 0.55 / (1.2 \times 1.0)\ \times 1.35 = 5260$(托盘)

即现有的 8500 平方米平面库房折合成立体仓库的货位数为 5260 个托盘货位。

$P_t = P_i \times (1 + Gi) n / (1 - D)\ n \times K = 5260 \times (1 + 0.2) 3 / (1 - 0.05) 3 \times 0.75 = 7949$

即 3 年后该企业所需立体仓库存储货位数为 8479。建造立体仓库时,其规模定在 8000~8500 个货位是比较合理的。

二、自动化立体仓库的建设

(一) 自动化立体仓库建设的总体思路

有了上面这些数据,就可以进行立体仓库的建设。立体仓库建设可以外包给物流集成商,也可以由企业自己来实施。企业只要有 1~2 名有一定物流专业知识、有立体仓库实施经验的员工、有一名出色的项目经理，就完全可以自己来集成，从而省去集成商从中赚取的利润，减少集成商因对企业需求理解的不足与偏差所造成的损失，同时也可以提高企业自身的物流专业水平。

宏观上看，立体仓库是由物流设备、物流管理系统和厂房组成的。厂房可以外包给专门的建筑公司按设计图纸建设；物流设备也可以按企业需要外购；物流管理系统相对复杂些，有相关软件设计人员的大企业可以自行开发，如无自行开发能力则可以直接购买第三方的软件。

不过，对于一般物流专业水平不十分突出的企业，建议采用以下方式：能自行购买的自行购买，能自行开发的自行开发，实在不行的才外包。例如建设一座采用高架叉车作业的立体仓库，某企业自己来集成。首先是总体设计，可以由自己的物流专业人才来设计，也可以与科研院所建立合作关系（通常而言，大学、研究院所的设计费用会比较低，而且容易沟通），由他们来设计，设计完了之后可以聘请设计人员作为技术顾问来参与到立体仓库建设的全过程。货架可以外购，安装及今后的维修售后工作由货架供应商进行。搬运设备（高架叉车、普通电瓶叉车）、物流箱、信息系统硬件部分（服务器、PC、打印机等）可以自行购买。物流信息系统可以找一家有经验的软件供应商来开发，企业自己一定要派专门人员参与到系统开发中去，因为系统在使用过程中会有新的需求，而不能完全依赖软件厂家来开发，因为一般软件后期的开发费用都会很贵，而且软件厂家的响应速度也会影响到实际使用。另一种做法是把参与总体设计、软件开发的人员中的精英引进到企业里来，为公司物流的进一步发展储备人才。

（二）人员培训

大多数企业在立体仓库建成后，管理和操作人员基本上沿用原班人马。对于一家将要从平面仓库向自动化立体仓库过渡的企业来说，人员培训是自动化立体仓库能否正常运行至关重要的事情。在建设自动化立体仓库初期，员工的心态就会发生变化，一般人会认为自动化立体仓库一旦投入使用，就是开始裁人的时候了，自己很可能是被裁的候选人，这样，很可能会造成人心惶惶，影响企业当前的正常业务。所以，对于人员培训必须注意以下几个方面的工作：

1. 稳定员工思想

人员培训要实行“先稳定，后培训”的方式。有效的方法是：先告诉员工，公司的业务增长很快，虽然立体仓库上线后可能会有细微的人员变化，但只要大家能接受培训，及时掌握相关专业知识，就可以留下来。甚至可以告诉员工，所有的设备只是省力但不省工，对人工的需求量不会有大的变化，甚至可能会增加人。另一方面，应该把立体仓库对专业知识的要求明确地告诉员工，让员工既能稳定下来工作，又倍感压力，认真地接受培训，从而顺利地从平面仓库向立体仓库过渡。

2. 培训师及培训时间的确定

培训讲师可以是企业专人负责，也可以能者为师，还可以外请讲师。培训要有考核，没有考核的培训基本上是不会有太大的成效。

培训时间可以是工作时间，也可以工作以外的时间。一般遵循业务第一、培训第二的原则，要“忙里偷闲”地培训。绝大多数企业的物流部门很辛苦，加班加点是常事，如果采用 8 小时以外的时间培训，要适当地给予一些激励，可以是精神的，也可以是物质的。为了减少对正常业务的影响，建议使用上班前后各半小时来进行，因为一般情况下，物流部门的工作与销售、采购、生产相关，上班开始时这些部门创建的任务还没有传输到物流部门，出入库作业就相对很少，培训效果会比较好。当然，有的企业是刚开始上班时业务十分繁忙，可以寻找工作不太繁忙的时间进行培训。

3. 确定培训周期与培训人员范围

培训周期视业务流程和物流信息系统的复杂程度而定。一般情况下,立体仓库的运作比平面仓库更先进一些,所以对人员的要求会高出很多,培训至少应该有两轮,第一轮培训让员工有一个初步的印象,第二轮培训让员工了解操作的大致流程。如果时间充足,可以提前半年开始培训,至少应该提前3个月开始。

培训人员范围可以先集中对全员培训,后分散对专人培训。对于自动化立体仓库一般性知识可以对全员进行培训,如立体仓库的概况、基本流程设计、基本岗位设置等等。当立体仓库各个岗位的人选确定或有意向后,可以有针对性地培训。信息系统操作、系统维护、收货、发货等等分开培训,每一岗位的培训以本岗位的流程为主,上、下环节的操作流程只需要了解就行。值得一提的是,企业在培训过程中肯定会发现个别优秀员工,把他们培养成"全才",即对信息系统操作、收发货、故障处理都能胜任的员工,如此这样,某一岗位的员工无法到岗(离职、病休等)时,可以让"全才"来补台,不至于该块业务无法进行而给企业造成损失。

4. 就近确定培训地点

培训地点一般可采取就近原则。为了不影响正常的业务,可以在平面库房的空闲地方开辟一块来培训,也可以在会议室进行培训。当然,如果有距离平面库房不太远的专门培训教室,效果会更好。

5. 培训中需要注意的其它事项

一是培训中充分理解。培训的成效一般会比较缓慢,因为培训时立体仓库可能正在筹建或建设中,没有实际运作起来,员工只能凭想像来理解。领导者或培训讲师要能充分理解这一点,不能急于求成而责怪员工。

二是培训中多鼓励少批评指责。由于绝大多数员工对新的运作模式没有底,往往会产生畏惧心理或自卑心理,自认为适应不了立体仓库的运作。在经过一段时间的培训后,可能有的员工感觉自己并没有掌握多少东西,越培训越没有信心。这时,要不断地鼓励员工,对员工任何一点进步要给予充分地肯定,而对员工没有掌握的东西,应该给予重复讲解,千万不能打击员工的积极性。

三是考核形式灵活。对于培训的考核,可以采用笔试(开卷、闭卷都可以)、上机操作、口试等形式,这些形式结合起来考核也行。考核时要注意的是一定要客观,要把员工培训后的真实情况告诉其本人,让他知道自己哪些掌握了,哪些还需要进一步学习。

最后需要注意的是,在立体仓库建造完后,上线前的培训就结束了。上线后的培训会更具体,如果原先培训的部分内容与实际操作不相符,必须要及时调整、完善。

【本章小结】

本章重点介绍自动化立体仓库设施与设备以及自动化仓库的设计程序,较全面、具体地介绍了自动化立体仓库的各种设备,即储存设备、搬运设备和输送设备。本章重点是掌握自动化仓库的运行以及熟悉物流中心常用设备的选用。

一个高效化、信息化、自动化的物流中心,合理的硬件系统配备是不可或缺的,现代物流中心采用自动立体仓库系统可以实现货物入库、储存、分拣、出库的自动化,实现快速化物流和大容量存储。

自动化立体仓库的发展经历了人工仓储、机械仓储、自动化仓储、集成化仓储与智能化仓储几个阶段，目前我国物流系统的作业水平不高，还处于自动化仓储的推广和应用阶段。

自动寻址、自动识别、自动控制、监控调度系统与计算机管理系统是自动化立体仓库的五种关键技术。

自动化立体仓库的运行步骤按先后顺序依次为运行前的准备工作、物品入库、在库管理与出库作业。

作为自动化立体仓库的主体，货架在仓库的总体投资中占的比例最大。货架的形式有悬臂式货架、货位式货架、旋转式货架、阁楼式货架、移动式货架、重力货架、贯通式货架等多种形式。

随着计算机控制技术和自动化立体仓库的发展，堆垛机的应用越来越广泛，从形式上可分为两大类，有轨堆垛机与无轨堆垛机。

输送设备是自动化立体仓库必不可少的搬运设备。从形式上看，它有水平和垂直输送设备及整箱和托盘输送设备，自动化立体仓库无论采用什么搬运形式，决定输送设备的主要参数是搬运物的最大宽度、长度与最大重量以及单位时间的搬运量。

【关键术语】

- 自动化立体仓库
- 自动存取
- 自动寻址技术
- 堆垛机
- 无轨堆垛机
- 自动引导车
- 码垛机器人
- 重力输送机
- 动力输送机
- 空间输送机

【思考题】

1. 自动化仓储的优势有哪些？
2. 简述自动化立体仓库的构成。
3. 自动化立体仓库的货架有哪些种类？
4. 有轨堆垛机与无轨堆垛机的主要区别有哪些？
5. 如何确定自动化立体仓库相关参数？

【课堂讨论】

1. 自动化立体仓库效率比传统仓库高的主要原因有哪些？
2. 你认为哪种类型的企业更适合投资建设自动化立体仓库？

【参考阅读材料】

1. 冯耕中,《物流配送中心规划与设计》,西安交通大学出版社,2004
2. 贾争现、刘康,《物流配送中心规划与设计》,机械工业出版社,2004
3. 吕军伟,《物流配送业务管理模版与岗位操作流程》,中国经济出版社 2005
4. 刘志学,《现代物流手册》,中国物资出版社,2001
5. 丁立言、张铎,《物流配送》, 清华大学出版社 2002
6. 汝宜红、田源、徐杰 ,《配送中心规划》,北方交通大学出版社,2002

【案例讨论】

正泰集团采用自动化立体仓库

正泰集团公司是中国目前低压电器行业最大销售企业。主要设计制造各种低压工业电器、部分中高压电器、电气成套设备、汽车电器、通信电器、仪器仪表等,其产品达 150 多个系列、5000 多个品种、20000 多种规格。“正泰”商标被国家认定为驰名商标。该公司 2002 年销售额达 80 亿元,集团综合实力被国家评定为全国民营企业 500 强第 5 位。在全国低压工业电器行业中,正泰首先在国内建立了 3 级分销网络体系,经销商达 1000 多家。同时,建立了原材料、零部件供应网络体系,协作厂家达 1200 多家。

一、立体仓库的功能

正泰集团公司自动化立体仓库是公司物流系统中的一个重要部分。它在计算机管理系统的高度指挥下,高效、合理地贮存各种型号的低压电器成品。准确、实时、灵活地向各销售部门提供所需产成品。并为物资采购、生产调度、计划制订、产销衔接提供了准确信息。同时,它还具有节省用地、减轻劳动强度、提高物流效率、降低储运损耗、减少流动资金积压等功能。

二、立体仓库的工作流程

正泰立体库占地面积达 1600 平方米(入库小车通道不占用库房面积),高度近 18 米,3 个巷道(6 排货架)。作业方式为整盘入库,库外拣选。其基本工作流程如下:

1. 入库流程

仓库二、三、四层两端六个入库区各设一台入库终端,每个巷道口各设两个成品入库台。需入库的成品经入库终端操作员键入产品名称、规格型号和数量。控制系统通过人机界面接收入库数据,按照均匀分配、先下后上、下重上轻、就近入库、ABC 分类和原则,管理计算器自动分配一个货位,并提示入库巷道。搬运工可依据提示,将装在标准托盘上的货物由小电瓶车送至该巷道的入库台上。监控机指令堆垛将货盘存放于指定货位。

库存数据入库处理分两种类型:一种是需操作员在产品入库之后,将已入库托盘上的产品名称(或代码)、型号、规格、数量、入库日期、生产单位等信息在入库客户机上通过人机界面而输入;另一种是托盘入库。

2. 出库流程

底层两端为成品出库区,中央控制室和终端各设一台出库终端,在每一个巷道口设有——LED 显示屏幕于提示本盘货物要送至装配平台的出门号。需出库的成品,经操作人员键入产品名称、规格、型号和数量后,控制系统按照先进先出、就近出库、出库优先等原则,查出满足出库条件且数量相当或略多的货盘,修改相应账目数据,自动地将需出库的各类成品货盘送至各个巷道口的出库台上,经电瓶车将之取出并送至汽车上。同时,出库系统在完成出库作业后,在客户机上形成出库单。

3. 回库空盘处理流程

底层出库后的部分空托盘经人工叠盘后，操作员键入空托盘回库作业命令，搬运工依据提示用电瓶车送至底层某个巷道口，堆垛机自动将空托盘送回立体库二、三、四层的原入口处，再由各车间将空托盘拉走，形成一定的周转量。

三、立体库主要设施

1. 托盘

所有货物均采用统一规格的钢制托盘，以提高互换性，降低备用量。此种托盘能满足堆垛机、叉车等设备装卸，又可满足在输送机上下稳定运行。

2. 高层货架

采用特制的组合式货架，横梁结构。该货架结构美观大方，省料实用，易安装施工，属一种优化的设计结构。

3. 巷道式堆垛机

根据仓库的特点，堆垛机采用下部支承、下部驱动、双方柱型式的结构。该机在高层货架的巷道内按 X、Y、Z 三个坐标方向运行，将位于各巷道口入库台的产品存入指定的货格，或将货格内产品到运出送到巷道口出库台。该堆垛机动性设计与制造严格按照国家标准进行，并对结构强度和刚性进行精密地计算，以保证机构运行平稳、灵活、安全。堆垛机配备有安全运行机构，以杜绝偶发事故。其运行速度为 4－80mm/min（变频调速），升降速度为 3/16mm/min（双速电机），货叉速度为 2－15mm/min（变频调速），通信方位为红外线，供电方式为滑触导线方式。

四、计算机管理及监控调度系统

该系统不仅对信息流进行管理，同时也对物流进行管理和控制，集信息与物流于一体。同时，还对立体库所有出入库作业进行最佳分配及登录控制，并对数据进行统计分析，以便对物流实现宏观调控，最大限度地降底库存量及资金的占用，加速资金周转。

在日常存取活动中，尤其库外检选作业，难免会出现产品存取差错，因而必须定期进行盘库。盘库处理通过对每种产品的实际清点来核实库存产品数据的准确性，并及时修正库存账目，达到账、物统一。盘库期间堆垛机将不做其它类型的作业。在操作时，即对某一巷道的堆垛机发出完全盘库指令，堆垛机按顺序将本巷道内的货物逐次运送到巷道外，产品不下堆垛机，待得到回库的命令后，再将本盘货物送回原位并取出下一盘产品，依此类推，直到本巷道所有托盘产品全部盘点完毕，或接收到管理系统下达的盘库暂停的命令进入正常工作状态。若本巷道未盘库完毕便接收到盘库暂停命令，待接到新的指令后，继续完成盘库作业。

正泰集团公司高效的供应链、销售链大大降低了物资库存周期，提高了资金的周转速度，减少了物流成本和管理费用。自动化立体仓库作为现代化的物流设施，对提高该公司的仓储自动化水平无疑具有重要的作用。

讨论题：

1. 自动化立体仓库作为现代化的物流设施，对提高仓储自动化水平具有怎样重要的作用？

2. 正泰集团公司自动化立体仓库在公司物流系统中所占的位置是什么，功能如何？

3. 自动化立体仓库都有哪些设施？

4. 在日常存取活动中，怎样对立体仓库所有出入库作业进行最佳分配及登录控制？

◆——第七章 物流中心信息系统设计

* 本章主要内容

●物流中心信息系统简介

●物流中心信息系统的功能设计

●物流中心信息系统的开发及运行维护

*

海德堡中国有限公司耗材部的物流信息系统

德国海德堡公司是全球印刷行业的老大。除了印刷机外,同时经营配套的印刷耗材。海德堡中国有限公司耗材部的物流信息系统是一个完整的系统。该公司耗材部销售九百多种印刷耗材,客户分散在全国各地。如果没有一个好的物流信息系统,可以想像,其销售管理将会是一个混乱状况。该物流信息系统采用由EXCEL公司开发的ASPAS系统,包括定单子系统,财务结算子系统,物流配送查询子系统,分别安装在海德堡中国有限公司北京、上海、深圳、香港办事处及第三方物流公司——金鹰国际货运公司,负责整个公司的仓储与配送工作。

金鹰货运公司在全国各大城市均有业务网点、仓库及运输设备,海德堡中国有限公司耗材部采用专业的运输公司进行配送可以降低成本,其业务流程如下:分属于北京、上海、深圳、香港的销售人员争取到客户后便在各自的办公室通过ASPAS定单子系统下定单,通过EDI(电子数据交换系统)传到金鹰货运公司,金鹰货运在收到定单后首先确认定单,然后进行包装,组织配送及送货。每一个环节均有电子单据凭证。EDI的运用减少甚至消除在物流过程中填制各种纸面单据或凭证。物流信息系统对数据的收集、处理、存储和传输,提升了商品入、出库速度,减少差错,降低损耗率,缩短了下订单到发货的速度,为计算出合理的库存率提供准确依据,大大提高了物流效率,从而降低了人工费用、能源费用及利息费用。另外,销售人员下订单之前,还要在财务部下属客户信用审查部门通过客户信用审核并在ASPAS财务结算子系统备案,同时,对每一个客户的付款情况均进行记录。

当销售人员或客户想知道货物运送情况时,还可以通过基于Internet的特定网页输入用户名和密码后进行查询。该系统记录了每一单定货的定单号,货物名称,下单日期,从仓库取货进行包装日期,发货日期,及货物到达客户处签收日期。因此无论是销售人员还是客户都能够很方便的了解到货物的实际状况。

海德堡耗材部承诺从发出订单到货物到达,为72小时,每一个环节均可通过网上查询,客户可以随时了解情况,从而获得客户的信赖,促进产品销售。香港办事处作为各分支的总监控,通过ASPAS系统同时掌握各分支的材料销售及库存状况,当需要补充货物时,向生产厂家发出定货要求,并能够向金鹰公司发出将分属于不同地点的库存进行相互间的调度的指令。

在生产企业和商业企业都进入了一个微利时代的今天,物流已成为企业取得竞争优势的重要源泉。好的物流信息系统可以降低成本,降低风险,提高服务水平,为决策提供科学依据。而加强物流信息系统建设是整个物流系统的关键,利用最先进的物流信息技术为企业发掘出更大的利润空间。

(资料来源:http://www.clasx.org/news)

想一想:

1. 设想一下,如果海德堡中国有限公司耗材部没有建立案例中所述的物流信息系统,它的业务状况会怎样进行?哪些环节容易出现问题?

2. 从案例中分析,物流信息系统是如何提升企业竞争力的?

第一节　物流中心信息系统简介

随着现代网络经济和电子商务的发展,现代物流中心如何利用信息技术提升技术含量,提高业务运作效率,将是一个急需解决的重要问题。

一、物流中心信息系统的作用与意义

(一)物流中心信息的特征

物流与信息流之间关系密切,只有靠信息的联结与反馈,物流才成为一个有组织、有反馈的系统活动。物流信息除具备一般信息的基本属性即事实性、等级性、可压缩性、扩散性、传输性分享性、增值性、转换性以外,物流中心的信息流还具有以下一些特点:

1. 物流中心信息量大,动态性强,更新速度快

物流中心的信息是随着物流活动以及商品交易活动的展开而大量发生的。多品种少量生产和多频度小数量配送使得库存、运输等物流活动的信息大量增加。终端零售商已经广泛运用的POS系统读取销售时点的商品品种、价格、数量等即时销售信息,各种作业频繁,并对这些销售信息加工整理,通过EDI向相关企业传送,同时为了使库存补充作业合理化,许多企业采用EOS系统。随着企业间合作倾向的增强和信息技术的发展,物流信息的信息量在今后将会越来越大,更新速度会更快。

> 电子订货系统(Electronic Order System,EOS)是企业间利用通讯网络(VAN或互联网)和终端设备以在线联结方式进行订货信息交换的系统。EOS系统可以准确及时的交换订货信息,大幅度提高物流信息系统的效率,减少库存水平。

2. 物流中心信息种类多、来源多样化

物流中心信息不仅包括中心内部的物流信息(如生产信息、库存信息等),而且包括企业间的物流信息和与物流活动有关的基础设施的信息。例如,物流活动往往利用道路、港湾、机场等基础设施。因此,为了高效率地完成物流活动,必须掌握与基础设施有关的信息。

3. 物流中心信息的自动化

物流自动化设施非常多,如条码、语音、射频自动识别系统,自动分拣系统,自动存取系统,

自动导向车,货物自动跟踪系统等。这些设施在发达国家已经普遍使用于物流管理中,它们扩大了物流作业的能力,提高了劳动生产率,减少了物流中的差错。这些自动化设备所采集和处理的信息能被转化成用于管理的信息,它比人工输入的信息更准确、更及时,更便于监督和控制。

4. 物流中心信息的网络化

随着物流配送系统的计算机网络系统的建立和电子商务的发展,物流信息的处理越来越体现出网络化的特点。物流中心与供应商、制造商及顾客之间的联系可以通过物流配送系统的计算机通信网络实现。物流中心借助于增值网(VAN)上的电子订货系统和电子数据技术来自动实现向供应商提交订单,物流中心还可以通过计算机网络处理下游客户的订单。

5. 物流中心信息的再生化

物流信息在物流管理过程中可以被不断地扩充和再生。整个物流过程中的数据经过整理、分析、加工得到的信息,再经过推理、演绎得出一些有用的结论,从而产生二次信息。同时,通过对物理信息的分析,将历史信息与现状结合起来,可以预测未来的物流动向,产生出三次信息。不断利用物流信息的再生性,可以帮助物流管理者提高物流管理的效率与物流管理的决策水平。

(二)物流信息系统的概念

在认识物流信息系统概念前,有必要了解什么是信息系统。信息系统是对信息进行采集、处理、存储、管理、检索、传输,且在必要时能提供有用的信息的系统。由以上定义我们可以看出,信息系统涵盖了企业运营过程中所涉及到的信息要素的各个应用方面。随着经济的发展和企业间相互合作的加强,信息系统的功能必将进一步加强。

对于近几十年发展起来的物流行业,信息化的步伐正在加快。某些大型物流企业,如国外的UPS、联邦快递、敦豪,国内的中外运等,在信息化方面都走在了前列。他们应用先进的物流信息系统为企业带来巨大的经济效益。

所谓物流信息系统(Logistics Information System,LIS)是物流企业实施的通过对物流相关信息的收集、加工、处理、传输、使用等环节为企业更加合理、顺畅的运营提供科学依据的信息系统。

物流企业经常会产生信息滞后的"牛鞭现象",造成商品脱销或积压、库存成本居高不下、不能与其他企业充分共享信息资源、浪费严重、原料不能及时到货、产品不能及时运出等问题,随着企业物流信息系统的建设与运行,这些现象正在得到很大的改善。

(三)物流中心信息系统的作用

基于互联网和信息技术的物流信息系统(LIS),由于其投入相对少,又能显著提高企业物流的运营效率和管理水平,越来越多的企业(及3PL公司)愿意采纳这项集管理和信息技术为一体的系统。其作用主要体现在以下几个方面:

1. 配送中心仓储管理。使用仓储管理系统(WMS)管理仓库的收发、分拣、摆放、补货、过库等等,同时WMS可以进行库存分析、与财务系统集成。更加先进的WMS还能帮助企业实现"逆向物流"(返修、回收等),并适应企业产品"推迟"策略对配送中心的管理需求。

2. 运输与发货管理。使用运输管理系统(TMS)优化运输模式组合,如空运、陆运或水运等,寻求最佳的运输路线。TMS还可实现在途物品的跟踪,并在必要时调整运输模式,实现车队管理、运输计划、调度与跟踪、与运输商的电子数据交换(信息集成)等。

3. 劳动力资源管理。为了充分发挥人力资源的潜力,改进劳动生产率,需要建立员工的培训系统和绩效评估系统。

4. 加快供应链的物流响应速度。通过建立物流信息系统,达到全局库存、订单和运输状态的共享和可见性,以降低供应链中的需求订单信息畸变现象。企业在采用 3PL 时,在保证信息安全的前提下,也要同 3PL 服务企业建立起信息共享的信息平台。

5. 物流整合。即采用最优化理论,将企业物流上的各个环节综合考虑,制定全局优化的物流策略或物流执行指令。

(四)物流中心与外界信息的交换

1. 物流中心与供应商之间的信息交换

(1)电子数据交换(Electronic Data Interchange,EDI)

物流中心与供应商之间的信息交换广泛采用电子数据交换这种方式,因为这种方式能及时难确地在不同企业间按照一定的标准传送有关业务的信息。电子数据交换是物流中心通过电子方式,采用标准化格式,利用计算机网络进行结构化数据的传输和交换的过程。

EDI 的目的是通过建立企业间的数据交换网来实现票据处理、数据加工等事务作业的自动化、及时化和正确化,同时通过有关销售信息和库存信息的共享来实现经营活动的高效化。需要指出的是,企业在应用 EDI 时不仅应关注在供应链参与各方之间传送信息的及时性和准确性,更重要的是如何利用这些信息来实现企业各自的经营目标和实现整个供应链活动的高效化。EDI 的主要功能表现在电子数据传输和交换、传输数据的、文书数据标准格式的转化、安全保密、提供信息查询、提供技术咨询服务、提供信息增值服务等。

EDI 通讯主要采用增值网(VAN)方式,VAN(Value Added Network)讯线路阻塞时的迂回中继等 VAN 是实现 EDI 功能的外部设备,目前被广泛应用的销售时点技术(POS)、电子订货系统(EOS)都是 VAN 应用的典型形式。应用于 POS 系统的 VAN 除了传递销售时点数据之外,还能够通过对销售时点数据加工计算求得每个商品的利润、商品周转率、区分畅销商品和滞销商品。VAN 的附加价值表现在它能够提供以上这些服务。VAN 按使用目的分为业务共向利用型网络(即企业间数据交换网络)、通用数据通讯网络,按应用范围分为大企业主导的 VAN、行业 VAN 和地区 VAN。

物流 EDI 的优点在于供应链组成各方基于标准化的信息格式和处理方法通过 EDI 共同分享信息、提高流通效率,降低物流成本。例如,对零售商来说,应用 EDI 系统可以大大降低进货作业的差错率,节省进货商品检验的时间和成本,能迅速核对进货和到货的数据,易于发现差错。

(2)电子订货系统(Electronic Order System,EOS)

电子订货系统是指不同组织利用通讯网络和终端设备以在线连接方式进行订货作业与订货信息交换的体系。EOS 按应用范围可以分为企业内的 EOS(如连锁店经营中各个连锁分店与总部之间建立的 EOS 系统)、零售商与批发商之间的 EOS 系统以及零售商、批发商和生产商之间的 EOS 系统。

2. 物流中心与用户的信息交换——销售时点信息系统(Point of Sale)

销售时点信息系统是指通过自动读取设备在销售商品时直接读取商品销售信息,并通过通讯网络和计算机系统传送至有关部门进行加工分析以提高经营效率的系统。销售时点信息系统具有基础信息采集、提高数据采集效率、提高企业管理水平及将管理领域延伸的功能。

（五）物流中心信息系统的意义

集生产、销售于一体的大型企业必须拥有一流的物流管理体系，使货物能够及时而经济地到达最终消费者手中。以沃尔玛为例，它和 Kmart 经销的商品结构颇为相近，但是沃尔玛的运行成本比 Kmart 要低 25%。如此悬殊的差别从何而来呢？其中一个重要的原因就是沃尔玛得益于其先进的物流信息系统，使它能够快速地判别消费者的购买偏好，从而使商品的整体成本一减再减，根据测算，沃尔玛的单位面积销售额竟然是 Kmart 的两倍。

物流中心的高效率、高质量、低成本运作必须以完善的物流信息系统为支撑。具体讲，一个完善、高效率的物流中心信息系统对现代物流中心的意义主要表现在以下几个方面：

1. 物流中心信息系统是提高物流中心服务质量的保证。物流中心向社会提供的产品是一种无形的产品——物流服务。尽管这种产品不具备实体形态，但是它和其他产品一样讲求质量，只有服务质量好了才能吸引客户。因此，现代物流中心必须保证按照客户的要求提供高质量的物流服务，以最少的时间和最低的商品损耗将商品送达客户要求送达的地点。为了保证向用户提供高质量的物流服务，必须建立一个高速畅通、动态互联的标准化信息系统。如果信息流通不畅，就不可能形成对物流服务需求全面及时准确的了解，更难以达到对物流过程的合理、有效的控制，就很难满足货主企业的要求。

2. 物流中心信息系统建设是提高现代物流中心服务效率的必要条件。现代物流服务的高效率与及时化主要表现为 5“R”：即，在适当的时间（Right Time）、将适当质量（Right Quality）的货物（Right Commodity）、在适当的地点（Right Place）、送达适当的客户（Right Customer）。要达到这个目标必须对物流中心的信息实行系统化管理，对各种物流业务的相关数据进行电子化储存与管理，对各个物流环节产生的物流信息进行实时采集、分析、传递，并向货主提供各种作业明细信息及咨询信息，这对现代物流中心是相当重要的。例如，美国凯利伯物流公司设立了一个公共型物流中心，该公司通过建立先进的信息系统，为供应商提供培训服务及管理经验，优化了运输路线和运输方式，为客户提供 JIT 物流计划，大大提高了物流服务效率，并为货主提供了更多更好的信息支持。

> 1953 年，日本丰田公司综合了单件生产和批量生产的特点和优点，创造了一种在多品种小批量混合生产条件下高质量、低消耗的生产方式即准时生产。JIT 的基本思想是生产的计划和控制及库存的管理。JIT 生产方式以准时生产为出发点，JIT 的目标是彻底消除无效劳动和浪费。

3. 物流中心信息系统建设是节约物流成本的重要途径。物流是工商企业“第三利润源泉”，其中物流信息要素在挖掘物流领域利润中的作用非常明显。许多国内外现代物流中心都建立了先进的信息系统，通过对商品信息的标准化操作，建立有关 ID 代码、条形码或磁性标签等的参数体系，实现了对于商品配送的自动化控制，节约了大量人力成本，提高了服务效率。网络化能够使物流中心通过电子订货系统（EOS）和电子数据交换技术（EDI）与供应商或制造商及下游顾客之间保持实时联系，从而大大增强了物流中心服务的灵活性。

世界零售商巨头沃尔玛就是这方面的一个成功的案例。沃尔玛的物流链遍及全球范围，供应商也被包括进来。20 世纪 80 年代末，通过计算机联网和电子数据交换系统与供应商分享信息，从而建立起伙伴关系，让供应商随时了解其商品在沃尔玛各分店的销售和库存变动情况，据此调整公司的生产和发货。在这个过程中的物流交易流程得到极大的简化，从而实现了降低了物流成本，为企业创造了一个新的利润源泉。

物流窗口 7－1

金星啤酒集团供应链管理的两个载体

1. 计算机信息系统

金星啤酒的计算机信息系统分为两部分：其一是企业内部网，也称局域网(Intranet)，对企业内部的财务、营销、库存等所有的业务环节进行管理。金星啤酒集团于 2003 年底一期工程投资 460 多万元建设了企业内部局域网，并在全国 14 家子公司全部开通，通过客户关系管理系统(CRM)实现了全集团内部财务、营销、原料和成品库存数据的实时查询、交流与共享。

其二是运用企业外部网(一般使用 Internet)，与上下游企业建立起快速沟通、迅速解决问题的网络体系，包括定单体系、管理体系、库存查询等。通过 Internet 金星集团实现了与原料供应商、大型经销商的电子商务、库存数量、需求计划的实时查询和传达。并计划利用 3 年左右的时间，实现一级经销商的电子商务应用率 90%。

2. 物流配送中心

早在 2000 年金星啤酒集团就建立了先进的以自动化立体仓库为核心的物流配送中心，到 2004 年底金星啤酒集团各子公司均实现了物流配送中心的建设。除公司自备车辆、客户自提车辆外，集团还与当地大型物流公司合作，实现产品和原料的 24 小时即时配送。为进一步提高物流效率，金星啤酒集团还投入巨资建设了铁路专用线，负责大麦、大米、酒花、煤炭等原材料以及麦芽、瓶子、商标等物资的运输。同时集团还重视信息流管理，重视物流信息的交流和共享，进一步降低物流成本，提高物流效率。

(资料来源：物流 ABC 网 http://www.56abc.com)

(六)建立物流中心信息系统的基本途径

为促进物流中心的信息化建设，可以从以下几个基本途径开始物流中心信息系统的建设：

1. 用标准化的条码技术(Bar Code)完成信息数据的录入和采集。物流中心信息化的基础是物流信息资源的采集，必须保证能够获得准确、全面、系统和及时的数据。这些信息包括订货单、存货单、应付账款、交易条款、用户情况等在内的大量内部数据资料，还包括大量外部信息，如政府政策法规、行业资料等。

2. 建立基本数据库。借助自动识别技术、数据库技术(Database)、电子数据交换(EDI)等现代技术手段建立仓储、保管等各类与物流业务管理有关的基本数据库，利用这些数据库存储各种有价值的信息。

3. 利用先进技术实现信息的高速传递。射频识别技术，是从 20 世纪 90 年代兴起的一项非接触式自动识别技术。它是利用射频方式进行非接触双向通信，以达到自动识别目标对象并获取相关数据，具有精度高、适应环境能力强、抗干扰强、操作快捷等许多优点。应用射频技术(Radio Frequency，RF)来进行物料跟踪、运载工具和货架识别等。在需要频繁改变数据内容的场合，通过便携式数据终端(PDT)随时通过 RF 技术把客户产品清单、发票、发运标签、该地所存产品代码和数量等数据传送到计算机管理系统。

射频就是射频电流，它是一种高频交流变化电磁波的简称。每秒变化小于 1000 次的交流电称为低频电流，大于 10000 次的称为高频电流，而射频就是这样一种高频电流。射频技术包括自动识别技术与射频识别技术两类。

4. 利用信息系统加强物流中心活动的管理控制。控制是物流中心管理过程不可缺少的一个重要环节,是保证物流业务能够达到预期的标准的必要手段。如应用 GPS(Global Positioning System)技术,用于汽车自定位、跟踪调度、导航车辆,从而大大提高物流路网及其运营的透明度,提供更高质量的物流服务。总之,物流中心作为有效地保证商品流通而建立的物流综合管理、控制与调配的机构,对提高商品周转率和节省物流成本具有非常重要的意义,建立有效率的信息系统是实现这个目标的关键手段。因此必须重视信息系统的建设,尽可能地完善信息系统的整合与集成,实现信息在物流中心与物流服务的供需方之间的良好沟通。

二、我国物流中心信息系统发展与展望

(一)国内外物流中心信息系统发展状况

物流中心信息化已成为发达国家物流企业硬性的准入资格,国外物流中心技术装备已经达到了相当高的水平,现代信息技术应用已经比较普遍和成熟。目前已经形成以信息技术为核心,以信息技术、运输技术、配送技术、装卸搬运技术、自动化仓储技术、库存控制技术、包装技术等专业技术为支撑的现代化物流装备技术格局。在信息化方面广泛采用了无线互联网技术、卫星定位技术(GPS)、地理信息系统(GIS)和射频标识技术(RF)、条形码技术等。另一方面,信息技术和信息系统的标准化程度较高,形成了一些成熟的物流信息管理软件,实用性很强,包括仓库管理软件(WMS)、运输管理软件(TMS),货代业务系统、港口管理软件、舱位管理软件等等。

物流活动范围、流动速度也进入一个前所未有的发展阶段,物流业正向全球化、网络化和信息化方向发展,EDI 技术与国际互联网的应用,使物流效率的提高更多地取决于信息管理技术。电子计算机的普及和条形码技术的普遍应用,则提供了更多的需求和库存信息,提高了信息管理的科学水平,使商品在各种需求层面上的流动更加容易和迅速。信息化已成为物流活动的核心,成为物流创新的动力。

而我国正处于从传统的物流服务向现代物流社会化转换过程的起步阶段,国内大多数物流企业都是由传统储运企业转型而来,与物流发达国家和地区的物流发展水平相比,还存在不小的差距。根据 2004 年针对物流的调研表明,首先,我国物流企业总体上来讲,信息化水平低,物流企业的管理手段比较落后,多于三分之一的企业还是采用"手工信息处理"阶段,仅有尚不足 5% 的企业是"机械化作业、信息化处理";其次,物流企业服务手段单一,以信息技术为基础的增值服务发展缓慢;第三,提供基础信息和公共服务的平台发展缓慢。GPS(全球卫星定位系统),GIS(地理信息系统)技术服务在大型企业的应用比例分别为 23% 与 2.5%,在中小企业基本是空白。基础技术服务应用比例过少,整个行业的整合相对困难。

因此,就我国物流企业的现状而言,应充分利用现有的信息基础设施,加快建设中国特色的现代物流信息处理通用平台、实现现代化物流的电子商务化,通过这个平台整合行业旧有资源,利用公共平台在运输、仓储、装卸、加工、整理、配送、车辆调度、路径选择等方面深入开发各种相关的信息资源。

(二)我国物流中心信息系统发展回顾

我国物流中心信息系统的发展与其他行业相比起步较晚,但发展得很快,近年来在物流中心信息化方面的进展主要有以下几个方面:

1. 物流信息化的基础环境得到明显的改善。以九部委《关于促进我国现代物流业发展的意见》一文为代表,各级政府已把物流信息化作为一项基础建设纳入规划。在国家的中长期

科技规划研究中，把信息化和标准化列为物流科技最主要的两大关键技术。

2. 物流公共信息平台的建设有了新的进展。例如交通部的三大平台建设：联网收费、安全监控（建设质量安全监控和水上运输安全监控）、公共信息服务取得了新的进展。在科技部"十五"期间确定的10个智能交通系统示范城市中，几乎都将交通综合信息平台的研究开发作为示范工程的重要组成部分，目前各个城市都取得了一定的进展，部分城市开始进入实施阶段。除了物流中涉及到例如通关、税收、交通、保税监管等主管部门的电子政务平台建设和应用外，已经出现了一些跨部门的合作，例如商务部与海关、银行的电子政务平台合作，正在把与内外贸业务有关的企业安全证书逐步过渡到电子口岸统一身份认证系统，建立"一卡通"和一体化服务体系。新白云机场"空港物流监管信息平台"的开发与建设，是海关与新机场合作的信息平台，该信息平台以舱单数据为依据，将卡口管理系统、仓储管理系统、快件通关系统、电子地磅等与通关系统联网。此外，在技术服务方面如数据交换平台、GPS/GIS、利用手机通讯网络进行定位/跟踪的信息系统等有许多应用案例出现。

3. 信息系统的整合技术受到关注。由于企业的规模化、集约化的趋势，物流企业力求扩大规模，采取合作、收购、兼并等多种方式发展自身的网络体系，同时也在调整、升级自己的信息系统，于是产生了一个比较普遍的需求，就是进行原有信息系统的整合。一些信息系统供应商已经意识到，物流信息系统需要尽力在标准化的结构和标准化的基础功能模块化之上，才能降低开发成本。于是结构标准化和基础功能模块化以及分布式为主兼顾集中管理需求的方案逐渐成为主流。

4. 以RFID为代表的新技术显示出强大的冲击力。2004年以来RFID可能是国内外一致公认的技术热点，特别是WAL－MART和METRO等强势企业要求其供应商从2005年开始使用RFID，使得此项技术的应用前景备受关注。我国也已经有像海尔集团的自动化仓库管理系统和铁道部车辆调度系统这样的成功应用案例，但是就全国而言，成功应用案例的缺乏仍然是影响此项技术推广的首要因素。

5. 供应链管理的信息系统应用发展比预计的要快。2002年在征集物流信息化应用案例时，有一个统计，表明当时属于供应链管理方面的信息系统不超过5%，现在看来比例可能会有明显提高。供应链管理系统有两个明显的特点，一是业务范围更广，不仅有物流，还有商流甚至资金流，服务内容是根据客户的要求来扩展的，个性化特点也更突出；二是要求信息系统更高的开放性，要与客户的系统相衔接、相整合，实现业务的协同。国内各行业的领袖企业，如：新华制药、广东美的、江苏春兰、上海烟草集团、雅戈尔集团等纷纷实施了SCM管理应用。其中格兰仕在整合分销渠道基础上建立的供应连管理系统进一步提高市场反应速度，准确预测客户需求，科学安排产销计划，加快存货周转，避免呆滞存货。山东鲁能帆茂物流公司则成功地在煤炭领域建立起供应链，从煤炭被挖出，运输到煤渣的回收、利用和废弃物深埋，从煤矿的采购物流到分销物流，实现了一体化的信息管理。

6. 电子政务的发展对于物流信息的促进作用开始显现出来。2005年以来公共服务和政府监管方面开始成为电子政务的重点。京沈高速公路联网收费的开通，实现了高速公路由分段建设，分割式管理向综合管理、网络化管理的转变，为探索完善高速公路管理体制和新的运营模式提供了经验；江苏省建立的"绿色通道"通关信息系统，高新企业出口可享受提前报关、联网报关、快速转关、上门验放、加急通关和担保验放等六大便利。此外，这些数据的积累也有助于社会诚信体系的建设。

7. 物流系统供应商的竞争加剧,盈利模式尚未成熟。国内外的著名物流系统供应商开始关注国内的中低端市场,例如ORACLE、SAP等公司纷纷推出简化版的物流或供应链管理软件系统,向中低端市场进军;此外还不断有新的IT公司进入国内物流市场,例如美国麒麟远创、中国航天集团等。但是另一方面许多物流系统供应商亏损甚至倒闭,退出市场。即使盈利的企业也在探索究竟物流信息化的市场有多大?盈利模式是怎样的?已经有一批企业开始从单纯的信息系统供应商转变为参与物流业务的运营,变为服务商。

(三)未来我国物流中心信息系统的发展趋势

1. RFID的技术可能会在一些局部、区域性系统的应用上得到突破。应用是推进此项技术发展的动力,包括有关的标准化体系的建设也要在应用中逐步成熟,更值得关注的是RFID技术对商业模式和物流流程带来的革命性变化。

2. 系统整合技术更受关注。既包括系统的总体设计和建模方法,也包括系统的开发工具和运营平台的日趋成熟。平台化和基础功能标准件的结构越来越成为管理软件的必然选择。

3. 信息化与标准化的结合更加紧密。标准化将进入信息系统的基本结构,基本功能模块,信息系统处理的单证以及相关的物流术语等等,此外还会涉及到信息技术和设备的标准。

4. 商业智能(BI)技术的应用开始起步。一些有数据积累和信息化管理经验的企业开始进一步提升其管理和决策的水平,更深入地挖掘数据、寻求规律,目前可以预期的方法论有两大类,数据为基础的识别法建模和经验为基础的先验法建模。

5. 物流信息化技术供应商的盈利模式可能会发生重大改变。传统的信息系统供应商将从制造商销售产品的角色转变为服务商,帮助客户使用信息技术获得效益。在市场竞争中,共性的、基础性的服务将被整合,趋于标准化、规模化,与此同时,中小供应商将在十场细分和专业化方向寻求发展。市场竞争会给客户带来更好的技术和服务。

三、现代物流中心信息系统管理软件的概况

现代物流中心的服务对象不仅有商业物流,例如产成品的储存、销售配送业务;有工业物流,例如生产制造企业的原材料、零配件储存、配送业务。此外在物流中心还有专业的第三方物流企业,它们为商业物流和工业物流提供服务,同时物流中心还具备的功能有批发市场功能、提供增值服务功能、加工基地功能、商务中心功能、提供后勤服务、展示中心功能、大型卖场等。而物流中心的货物则可能来自陆港、海港、空港等多种运输渠道。支撑如此复杂的物流业务高效运作的则是现代化的物流中心信息平台。没有物流中心管理信息系统软件的支持是很难取得高效服务的。物流中心管理信息系统软件的作用不仅仅是支持物流业务高效运作,同时还可以使物流中心的业务运作更加标准化。

(一)物流中心信息的层次

物流中心的信息从低层次到高层次依次有物流作业信息、经营管理信息、决策信息,相对应的在物流信息系统软件中的信息层次依次对应为:

1. 物流作业信息

①入库管理

②在库管理

③出库管理

2. 经营管理信息

①进货管理

②存货管理

③出货管理

3. 决策信息

其层次关系如图 7 - 1 所示：

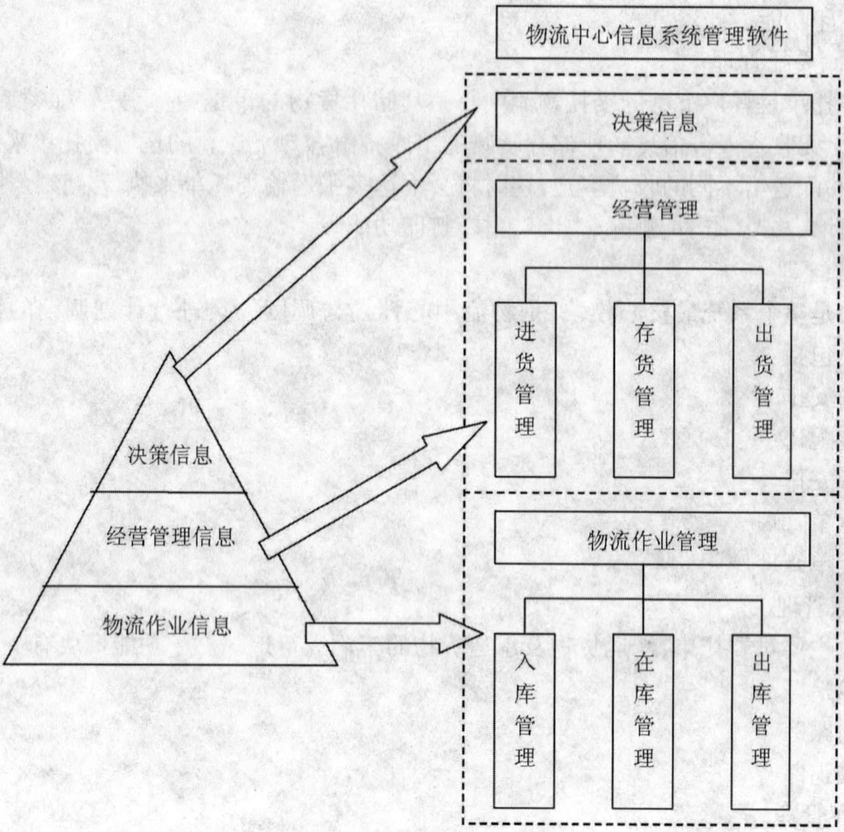

图 7 - 1　物流中心信息层次

(二)物流中心信息系统管理软件架构

根据物流中心信息层次分析，可以勾画出物流中心信息系统管理软件的架构，详细见图 7 - 2 所示：

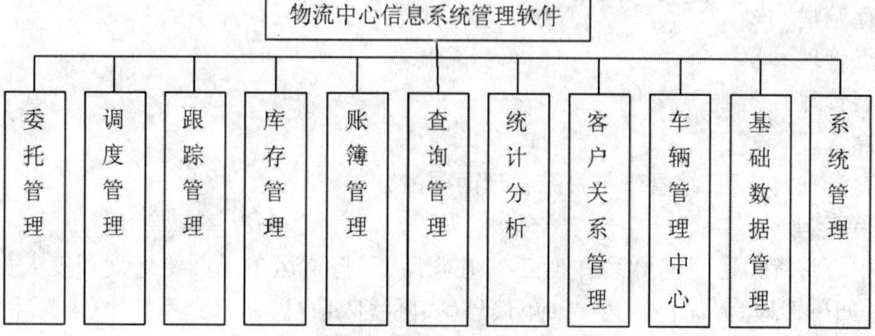

图 7 - 2　物流中心信息系统管理软件的架构

1. 委托管理

该模块主要为物流中心业务人员进行委托单的管理服务,委托业务分为两种:

(1)运输委托管理

运输委托单是客户下达的委托物流中心为其运输货物的单据,该单据上详细注明了明确的发、收货人及发、收货地址及货物明细。该模块提供运输委托单的新增、修改、查看、删除、查询、审核、打印功能。

(2)仓储委托管理

仓储委托单是客户下达的委托物流中心为其储存货物的单据,它是另一种类型的委托单据,该单据上无收货人等信息。所储存货物的出库将由客户下达新的运输委托单来执行,可能分批出库,并配送给不同的收货客户,这时将会下达多张运输委托单来执行。该模块提供仓储委托单的新增、修改、查看、删除、查询、审核、打印功能。

2. 调度管理

该模块是整个系统最核心模块,是物流中心计划与调度人员进行计划调度的操作模块。子功能模块包括:

①运输安排

②中转配送

③提货安排

④货运单管理

⑤提货单管理

3. 追踪管理

该模块主要对委托单、承运货物及承运货物的车辆进行追踪。子功能模块有:

①订单追踪

②货物跟踪

③车辆追踪

4. 库存管理

该模块用于完成仓储货物、中转货物或其他特殊业务(如客户退货)货物的物流中心出入库及仓库内盘点、调整、调拨、组装、拆卸等管理操作。

①入库管理:包括预入库计划与入库操作两项基本内容;

②出库管理:包括预出库计划与出库操作两项基本内容;

③库存调整

④盘点管理

⑤组装管理

⑥拆卸管理

⑦结存管理:包括日结管理与月结管理两项内容。

5. 回单管理

物流中心将货物送到客户手中,经客户签收后,需将货运单返回给计划调度人员,调度人员将通过《回单管理》界面将货运单回单信息(实际签收信息)录入到系统中(实际上是货运单信息进行修改),该模块还完成在途货运单的查看、查询、打印等操作。

6. 往来账管理

主要是对客户、承运商等的进行费用的应收、应付、实收、实付查询、调整等管理。

①应收账款管理

②应付账款管理

③实收账款管理

④实付账款管理

7. 统计报表

①业务统计

②运输作业统计

③财务收付统计

8. 账簿查询：该模块主要查询物流中心各种存货的进出库及库存台账。包括出入库流水账、库存台账、明细台账、库存结存表等。

①库存结存表

②出入库流水账

③库存台账

④明细台账

⑤储备分析：包括安全库存预警、超储存货查询、短缺存货查询、库龄分析与保质期预警等模块。

9. 基础设施

该模块是整个系统的基础模块，为其他模块提供基础数据，其功能是主要完成各种业务基础资料输入设置。

①分类体系：包括地区分类、货物分类、承运商分类、客户分类、仓库分类等；

②编码档案：包括客户档案、客户价格条款、仓库价格条款、承运商价格条款、客户货物档案、仓库档案、承运商档案与车辆档案等；

③其他设置：包括收发类别、发运方式、常用摘要、存货控制、货物结构、货物状态、会计科目、包装类型、计量单位、存货期初与凭证类别等功能。

10. 组织管理

该模块是帮助企业对其内部各部门组织和员工进行信息化管理，包括部门档案、员工档案等。

11. 系统管理

该功能从系统角度对操作系统的用户、权限以及数据维护等进行管理。

①用户管理：包括角色管理、操作员管理与仓库权限管理等内容；

②数据维护

需要说明的是，物流中心信息系统一般配有接口和客户原有的信息系统进行连接，客户可直接从网上下单；同时系统还可以为客户企业开设系统权限，客户企业可以在网上对本企业的一些物流业务信息，比如库存数，在途货物状态等信息进行网上查询。

（三）我国物流中心信息系统管理软件现状

根据中国物流与采购联合会统计，2005 年，中国与物流相关的年总支出占 GDP 的比重近 20%。这一方面说明我国企业的物流支出成本过高、管理水平落后，另一方面也显示了物流软件市场的巨大应用前景。目前，我国物流企业中有很大一部分来自于原来的物资仓储运输企业,其管理模式基本上仍依赖于手工或简单的电算化管理;另一部分是大型企业集团,为了满足自身对物流的需求而成立了物流部门,同时也对第三方提供物流服务;而物流业里最活跃的力量来自于新兴的现代物流企业,其中以金港物流、上海外高桥、珠海九川为代表一批基于信息化管理的物流新锐,代表了我国物流行业的未来发展方向。

> 珠海九川物流公司引入著名的 ERP 管理软件,启用 GPS 卫星定位系统,在物流信息和配送网络基本辐射全国的同时,在美国注册了分公司。松下、乐百氏、沃尔玛等一批国内外知名大公司通过九川的网络资源,优化整合了自己的产品配送、降低了企业物流成本。

据专家估计仅国内的物流管理软件供应商就有 500 多家,此外还有一些知名的国外物流商、IT 商和咨询公司也在中国的物流软件市场中淘金。

从市场占有率来看,传统的 ERP 和财务软件厂商占有相当大的优势。博科资讯、用友瓜分了前两强的位置,尤其是最先从财务软件厂商转型、最早进入物流管理软件领域的博科资讯,以 17.4% 的市场占有率高居榜首,领先第二名用友的 9.8% 将近十个百分点。

从厂商的分布情况来看,物流管理软件市场挤进了大量的以传统管理软件起家的软件厂商。除了领先于物流管理软件的博科资讯以外,还有招商迪辰等厂商,其中,有能力提供物流管理软件产品的企业只有近百家。

从物流管理软件厂商的背景来看,可以分为几种类型。首先是国内管理软件厂商,这些厂商由于从事财务软件和企业管理软件多年,对企业的物流过程、业务特点较为了解,在产品技术和经验上有较大的优势。其中代表厂商为上海博科资讯股份有限公司,由于博科的及早进入以及厚积薄发的技术支持,博科已成全国物流软件流域的领袖,其物流软件产品在此领域已具有向导性。其次是国外品牌,如 SAP、EXE、i2 等,技术上更加成熟,但对国内企业的物流过程中的复杂关系不够了解,对国内物流的现状也不熟悉,因此在软件的支持和开发上缺乏全程的服务。最后还有一类厂商,即从用户转变而来。

(四)我国物流中心信息系统管理软件的发展趋势

当前我国物流业的发展和物流信息化市场正进入一个加速发展的时期。由于加入 WTO 后对外开放的步子加快,国内物流市场近期将呈二元结构:以跨国公司和少数国内先进企业为主要客户群的高端市场,以国内中小企业客户为主通过逐步信息化来完善自身物流的低端市场。对于国内企业来说,基础信息化仍然是当前需求的主要内容。据 2004 年的相关调查显示:60% 的企业需求的特点仍是在规范流程中实现信息的采集、传输、存储、共享,建立决策、控制依赖于信息、数据的机制。对于物流系统的功能需求也有差异,调查表明,用户对物流管理软件最为关注的功能是存量管理,其关注率达到 41.4%,其次是数据交换、物流计费和车辆管理。

作为企业管理软件的一个新兴的热点,物流管理软件在未来几年内呈现出几大发展趋势。在技术方面,物流管理软件将趋向于更加成熟,集成化程度更高,开放性更好;在应用方面,随着企业的规模扩大,高端的 UNIX 服务器和大型主机将会得到越来越多的应用,这就要求物流管理软件不仅能够运行于 NT 平台和 SQL 数据库,更要求能有良好的开放性,能够运行在高端 UNIX 服务器和 AS/400、OS/390 等大型主机系统,以及 DB2、Oracle 数据库平台上。博科物流管理软件是国内惟一的能够运行在 DB2、SQL Server 所有类型的数据库和兼容 IBMAS/400、UNIX、NT 等多个操作系统的管理软件,使得它在高端、大型应用上体现出与国内外同类型产品更强的响应能力和稳定性。

在产品特点方面,物流管理软件将趋于更加专业化,产品功能更加丰富、全面,尤其是对移动设备的支持,如PDA、移动电话、笔记本电脑等。车载卫星通信系统将会更进一步普及应用,物流中心将通过各种移动设备对配送车辆、仓库和中转站进行及时的监控和指挥。同时,物流管理软件将更加贴近企业的需求,业务流程模型更加多样化,具有更多的套件和组件可供企业选择。

随着物流业务的提升,物流软件的自动化管理程度正在不断提高。这既包括仓储设施的自动化和运输、配送作业的自动化,也包括物流作业调度的自动化和作业管理的自动化。此外,随着信息技术在物流企业的应用不断深入,物流软件已不仅仅限于支持数据信息的处理,而且向更高层次发展,支持物流管理的决策。通过提供数学模型分析数据,辅助决策。

未来物流管理软件市场的竞争格局将加快优胜劣汰的过程,品牌趋向于集中在少数几家领先厂商,拥有技术优势和资金实力的大厂商的领先优势进一步扩大。现有的物流管理软件用户在未来一两年内将普遍遇到软件升级、系统扩展等问题,不仅要求软件产品有良好的可扩展性,同时也要求软件厂商具有良好的技术支持和售后服务能力。在这方面SAP、EXE、博科等大型知名的管理软件厂商具有较大的优势,一些小厂商由于无力继续开发升级版本和服务能力,将逐渐被淘汰。

据专家预测,物流软件将在未来两三年内成为企业应用最广、最重要的信息化管理系统。因此,物流软件市场不仅仅面向商业零售和制造业、第三方物流企业,各个行业和领域的企业都可以通过构建高效率的物流配送系统获益。而真正受到市场和客户青睐的是那些在物流领域积累了丰富经验,能为物流企业或者企业的物流业务流程提出更多的建议,能在帮助企业完成信息化的过程中,切实带来管理上的提升进而实现效益提升的物流软件。这些物流软件在为客户提供产品的同时,还将借助自身在物流领域的经验为客户优化业务流程和管理提供咨询与建议,帮助客户开发更多的增值服务,更优化资源的利用和提高执行效率。

(五)选择物流软件需要考虑的主要因素

1. 系统实施风险

物流信息系统是企业管理的重要组成部分,其实施对企业的业务会产生巨大的影响。如果系统分析做不到位、需求把握不好,导致系统实施不成功,会使企业蒙受巨大的损失。

2. 系统更新维护风险

在使用过程中会因操作不当而造成系统错误,或者由于企业的发展而产生新的业务模式,这都需要不断的系统更新和维护。一般来讲,物流软件更新维护的费用占到系统总建设成本的60%。如果软件扩展性不好,信息化工作跟不上业务发展的需要,那么信息系统必将成为企业的“鸡肋”。

3. 系统安全性因素

调查表明,用户非常关心自己的商业数据是否安全。这里的安全性有两方面的含义,一是保密性;二是遇灾发事件实现数据保存和恢复的能力。

4. 人员因素

企业软件操作人员的素质不高,也会制约软件系统发挥作用。所以,客户常喜欢选择“傻瓜型”的产品。

5. 费用因素

任何物流中心都会选取性能价格比好的产品。但是,由于物流软件在国内发展的时间比较短，客户对软件的需求有较大的差异，从而导致企业信息化建设的投资具有很大的不可比性，这常常是令企业感到迷茫的一点。

第二节　物流中心信息系统的分析

物流中心作为物资流通的集散地，最主要的功能是融商流、物流、信息流为一体，成为制造商、分销商或第三方物流供应商的商品仓储保管、流通附加值加工与配送中心。作为一个现代化的物流中心，其最主要的业务功能是依靠物流信息的科学运筹管理，依靠系列化的先进物流技术支撑，实现及时化、信息化与智能化的物流服务操作与管理，集储存保管、集散转运、流通加工、商品配送、信息传递、代购代销、连带服务等多功能于一体。

一、物流中心信息系统的建设目标

物流中心信息系统的建设应能充分体现现代管理思想与方法、先进信息技术的综合运用，应能充分实现信息资源的共享和企业资源的集成，具有良好的开放系统结构，能够连接外部系统并且安全可靠。

（一）总体目标的内容

1. 供应链级的集成系统

通过该系统，应该可以把以物流中心为核心的供应链上的上、下游合作伙伴连接在一起，实现业务流的集成（包括信息流、工作流、资金流等内容）。

2. 企业级的集成系统

在横向上，以生产运行管理为中心，以计划管理为龙头，通过统一的计划和控制使公司的生产运行、物资供应、财务和人事等部门协同运作；在纵向上，应当集成经营计划、作业计划，通过这几个层次计划的统一，使公司的经营目标层层细化、滚动运作、分步实现。

3. 办公自动化及网络化

物流中心信息系统应当为物流中心各工作部门提供办公自动化环境，以提高各部门协同工作的整体效率，并且能实现与集团内部相关部门以及外部 Internet 的连接。

4. 提供多种业务受理方式

物流中心信息系统除了 Internet 这种远程受理方式外，还应包括电话、E－mail、传真、终端机、触摸屏、手机短消息等各种受理的方式。

物流中心管理信息系统是一个广域的系统集成，是物流中心信息管理的发展方向。它应有利于在供应链上的上、下游客户之间建立一种战略的合作伙伴关系。信息系统的建设决定信息传递效率，信息传递效率直接影响物流中心的服务水平，物流中心的服务水平又决定了物流联盟的竞争力。因此，在合作伙伴之间建立管理信息系统是物流中心发展的必由之路。

（二）总体目标实现的两个阶段

1. 内部信息系统建设阶段

在这个阶段物流中心信息系统建设的主要目标是实现内部信息的互动和有限信息的外部共享。具体地说，就是针对物流中心的各项作业和各项事务管理，建立完整的信息处理系统、管理支持系统、办公自动化系统和决策支持系统。同时，为外部客户提供简单的查询服务支持。值得注意的是，在这个阶段的建设中，更主要的是要预留足够的信息系统的扩展空间，以利于将来物流中心整个信息系统商务平台的建设。

2. 物流中心商务平台建设阶段

在本阶段物流中心信息系统建设的主要任务是将信息系统延伸到所有合作伙伴并建立电子商务平台，为上、下游客户提供完整的信息服务，如网上查询、网上报价、网上交易和网上支付等功能。这是以物流中心为核心，建立物流供应链的重要阶段。

二、物流中心信息系统的分析

物流中心的信息系统必须与物流服务工作所提出的要求相匹配，因此，可从以下几个方面对物流中心的信息系统进行分析。

（一）物流及时化对物流中心信息系统的要求

物流及时化的要求主要体现在“5R”，即在适当的时间（Right Time）将适当质量（Right Quality）的适当货物（Right Commodity）于适当的地点（Right Place）送达适当的客户（Right Customer）。为了实现该目的，需要对物流中心的信息实行系统化管理，通过对各种物流业务的相关数据进行电子化储存与管理，应用科学的运筹学方法，实现对于物流业务的协调运作，发挥各部分和部门综合效益，追求一种整体的、系统的最优化效果。也就是说，物流中心的信息系统应是各类物流业务的电子数据库的集成，能够实现对有关信息提取后，通过物流运筹分析仿真模型达到对物流服务计划的科学规划，同时应用快速反应（QR）及有效的客户反映（ECR）、自动连续补货（ACEP）、不间断连续供货（SRP）等供应链管理策略对物流业务进行管理，从而实现对物资配送体系的调存运销一体化的供应链管理，对物流服务需求的变化即时做出反应。

（二）物流信息化对物流中心信息系统的要求

物流信息化表现为物流商品的信息化、物流信息收集的数据库化和代码化、物流信息处理的电子化和计算机化、物流信息传递的标准化和实时化、物流信息存储的数字化等。为实现物流的信息化，首先用标准化的条码技术（Bar Code）完成商品数据录入和数据采集，再借助自动识别技术、数据库技术（Database）、电子数据交换（EDI）等现代技术手段建立仓储、保管等各类与物流业务管理有关的基本数据库；应用射频技术（Radio Frequency，RF）来进行物料跟踪、运载工具和货架识别等操作的非接触数据采集和交换。在需要频繁改变数据内容的场合，则通过便携式数据终端（PDT）随时借助 RF 等技术手段把客户产品清单、发票、发运标签、该地所存产品代码和数量等数据传送到计算机管理系统；应用 GPS（Global Positioning System）技术，进行汽车自定位、跟踪调度、导航车辆，从而大大提高物流路网及其运营的透明度，提供更高质量的物流服务。

（三）物流自动化、网络化对物流中心信息系统的要求

物流自动化则是以信息化为基础，通过条码、语音、射频自动识别系统、自动分拣系统、自动存取系统、自动导向车、货物自动跟踪系统等实现的计算机技术作为媒介的以机电一体化为核心的自动化。这就要求物流中心的信息系统要能实现对于商品有关信息的标准化操作，建立有关 ID 代码、条形码或磁性标签等的参数体系，据此来对商品的配送进行自动化控制。而网络化则要求物流中心通过电子定货系统（EOS）和电子数据交换技术（EDI）与供应商或制造商及下游顾客之间保持实时联系，借助信息的共享，实现对物流服务商的组织网络化（Intranet）。并在此基础上建立基于供应链管理的物流配送系统的虚拟增值网（Virtual Value - added Network，VVAN），从而简化物流交易流程，缩短物流环节，实现网络伙伴的一体化互动协作。

(四)物流智能化对物流中心信息系统的要求

物流自动化、信息化的高层次应用,则是物流作业过程所需要进行的大量运筹和决策,如库存水平的确定、运输(搬运)路径的选择、自动导向车的运行轨迹和作业控制、自动分拣机的运行、物流配送中心经营管理的决策支持等,这样就能实现物流的智能化操作。因此,物流智能化要求物流中心必须建立对于物流业务流程的物流分析系统,从而进行对于物流的运筹分析。具体而言,物流分析系统应包括以下模型:

1. 车辆路线模型

用于解决一个起始点、多个终点的货物运输中如何降低物流作业费用,并保证服务质量的问题,包括决定使用多少辆车,每辆车的路线等。

2. 网络物流模型

用于解决寻求物流业务中最有效的分配货物路径问题。

3. 分配集合模型

根据各要素的相似点把同一层上的所有或部分要素分为几个组,用于解决确定物流服务范围和销售市场范围等问题。

4. 设施定位模型

用于确定物流中心应在何地设置一个或多个公共设施或辅助设施等问题。

5. 全球定位系统模型

用于对物流业务在海陆空全方位进行实时三维导航与定位,解决对物流业务的合理整合与集成的问题以及对物流业务的跟踪问题。

三、物流中心信息系统的网络结构分析

物流中心作业方式决定了其信息系统在物流中心的分散布置,而且物流中心还要与供应商或制造商、客户、金融机构及其他物流中心进行频繁的数据交换和实时的联系,因此,物流中心信息系统的网络结构直接决定了信息系统的作用能否充分发挥。其信息系统的网络结构如图 7-3 所示:

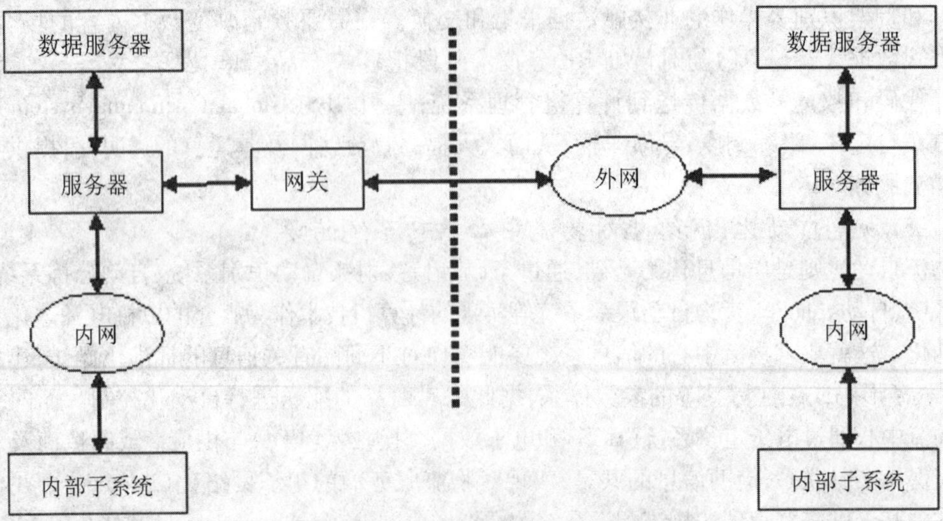

图 7-3 物流中心信息管理系统网络结构图

物流中心信息系统的计算机网络包括外部网和内部网,外部网是基于 Internet 的电子商务网络平台,主要用于物流中心通过电子订货系统 EOS 和电子数据交换技术 EDI 与供应商或制造商、客户、金融机构及其他物流中心的联系;内部网(Intranet)主要用于物流中心内部各部门间的信息、传输,保证了本企业信息的安全性。

Intranet 是 Internet 技术的应用。从具体技术构成上看,物流中心 Intranet 网络应包括以下技术:TCP/IP 网络互联技术、路由技术、防火墙技术、网络技术以及交换 LAN 和虚拟网络等关键技术。Internet 的基础模式是浏览器服务器 Browser/Server 结构,在客户端存放浏览器软件,在 Web 服务器上存放各种脚本程序,通过应用程序来执行数据库的操作。这样可以将庞大的计算与存储任务转移到 Web 服务器上,使客户可以在简单便宜的客户机上访问 WWW 服务器,大大减少了设备费用和提高了客户访问的灵活性和快速性;网管人员可以通过任何 Web 服务器、任何站点来进行检测、控制企业网络,解决了许多由于多平台结构产生的操作相互干扰问题。

物流窗口 7－2

晋亿螺丝:信息化建设加强成本优势

螺丝又称为"工业之米"。就如同经营粮食一样,螺丝制造行业也面临着规模和利润的两难选择:一来螺丝的单位利润微薄,必须依靠规模实现效益;二来又因为螺丝种类繁多,扩大规模必将带来大量库存,这样会占用大量周转资金,资金利用率不高。

由于螺丝产品的种类繁多,要实现产、贮、运、销的同步、高效运转,必然对企业的信息处理能力提出了苛刻要求。

因此信息化就成为晋亿实现地尽其利、货畅其流的主要技术基础。晋亿长期以来有计划地搜集世界各国螺丝市场交易现况,建立一个国家整体螺丝进出口与使用现况的信息库。为了保证信息的及时与准确性,晋亿每年不断地搜集包括各国最大代理商当年度买卖状况,输入计算机建立资料与分析。如果搜集不到代理商资料,就直接花钱向当地海关购买,不计代价与成本也要取得该国在该年度进出口螺丝的种类与数量。

目前,晋亿公司不仅精确掌握全美最大螺丝代理商 Fastenal 下给全球各大螺丝厂订单的数量,还帮助 Fastenal 分析整体美国市场的最新状况,教 Fastenal 怎么抓住螺丝市场的商机。

不仅如此,在信息系统的帮助下,还可以实现物流运输的低成本运行。过去螺丝交货是一个个货柜运往洛杉矶,Fastenal 收货之后再自行依不同规格与数量分装送往各大据点,而通过晋亿的自动仓储与两万种螺丝分类,Fastenal 只要告知各据点需求与数量,晋亿的工厂就按照这些需求,直接送往美国各地,节省了 Fastenal 自行分装的人力与物流的费用。

对于晋亿而言,在信息系统地帮助下,通过掌握市场最新动态即时生产不仅提高了作业效率,也提高了企业整体的毛利率。在晋亿公司看来,螺丝产业不再是制造业,而是变成另一套管理与服务模式。

(资料来源:1818 财富网 http://www.1818web.com/)

第三节　物流中心信息系统的开发与设计

现代物流企业的成功运作很大程度上依赖其物流信息系统的能力,先进的物流信息系统已成为物流企业核心竞争力的重要组成部分,激烈的市场竞争对现代物流信息系统提出了更高的要求，如现代物流信息系统应该具有更强的交互操作和集成能力、方便的业务动态调节能力和分析与优化业务流程等能力。

一、物流中心信息系统的开发策略

(一)接管式物流信息系统的开发策略

接管式物流信息系统开发策略是指开发者所采用的一种完全接管物流企业开发工作的开发策略。开发者对用户需求已经十分了解，到了能够完全接管物流企业来开发信息系统的程度。采用这种策略的开发者对物流企业的了解程度是十分重要的，没有对被接管企业深入、详细的了解作基础，是难以应用这种开发策略的。

1. 接管式物流信息系统开发策略的特点

①用户目前拥有自己的信息系统，但不能满足要求；

②开发者对用户的信息需求十分了解；

③开发者在了解用户的信息需求后认为用户的要求是完全正确的、固定的；

④用户现有的信息系统处理过程也是科学的。

2. 接管式物流信息系统开发的过程

由接管式物流信息系统的特点，我们可以得出信息系统开发的过程模型。对于此信息系统开发步骤是：

首先与用户座谈，了解其要求，对用户现有信息系统进行调研，使开发者对用户的要求有彻底、深入、细致的了解；

其次，对用户要求进行分析、汇总和研究，发现已有信息系统的功能与现在用户要求之间的差别；

第三步，对用户要求进行评价，如果用户的要求是正确的，稳定的，则进行接管式物流信息系统的开发；

第四步，开发信息系统工作开始进行；

最后，将原有物流信息系统逐步过渡到新开发的物流信息系统上。接管式物流信息系统开发流程如图7－4所示：

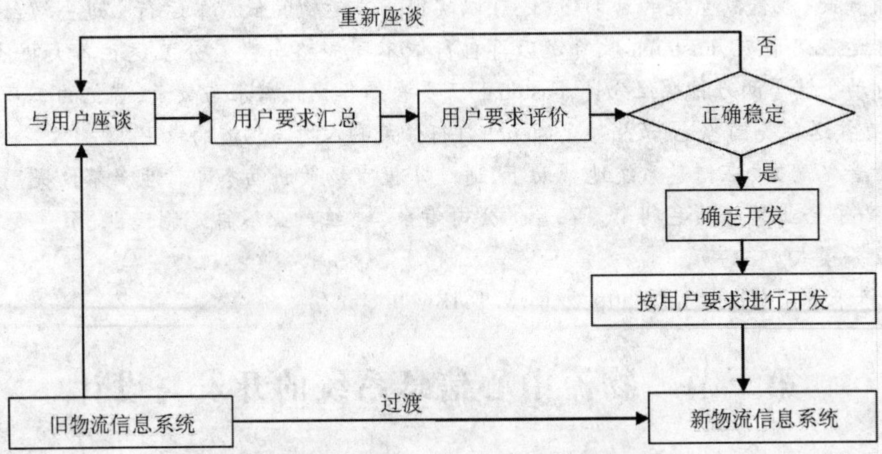

图7－4　接管式物流信息系统开发流程

3. 接管式物流信息系统开发策略的适用情况

从上述分析,我们可以看出:采用这种策略,对用户规模与管理水平,以及对系统的结构化程度均有很高的要求。所以说这种策略主要适用于物流信息系统的规模不大、信息和处理过程结构化程度较高、用户和开发者都较有经验的情况。

(二)直接式物流信息系统的开发策略

在有些情况下,物流企业的规模较小,用户和开发者可以很容易获得关于用户需求的所有内容,并且这种需求在相当一段时间内没有多大变化。在此种情况下,我们可以采用另一种物流信息系统的开发策略来完成开发任务,即直接式物流信息系统开发策略。这种策略,是在对用户进行调查分析的基础上,在确定用户的需求和运行过程后,直接按某一种固定的系统开发方法(如大家都较熟悉的结构化系统开发方法、面向对象的开发方法等)进行开发。

1. 直接式物流信息系统开发策略的特点

①用户的要求比较稳定,在以后运行过程中变化不会太大;

②用户和开发者在信息系统开发以前,要对实际状况和需求完全了解;

③信息系统的开发过程中没有或很少有需要重复修正的内容,基本上是按信息系统开发方的惯例进行开发,最终完成整个物流信息系统的开发工作;

④物流信息系统的规模不大,全面熟悉、了解其功能比较容易。

2. 直接式物流信息系统开发的过程

直接式物流信息系统开发与前面所提的开发策略一样,首先是对用户的需求进行分析,这是任何信息系统开发所必需的;其次是评价用户需求的稳定性,在用户需求稳定的情况下确定信息系统开发的方法;最后直接进行物流信息系统开发。直接式物流信息系统开发流程详见图 7－5 所示:

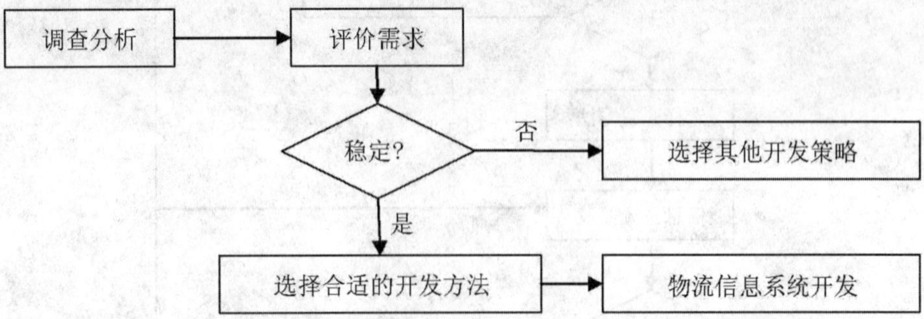

图 7－5　直接式物流信息系统开发流程

3. 直接式物流信息系统开发的适用状况

采用此种开发策略进行物流信息系统开发的一个重要的方面就是在开发之前,用户和开发者就已经完全清楚实际系统中的所有问题,并且预测的需求也比较准确。该开发策略其实对用户和开发者的要求很高,在某些情况下,要想真正做好是很困难的。因此,当物流信息系统的规模较大时应避免采用直接式的开发策略。

与上述第一种开发策略相比,这种开发策略对用户和开发者的要求会低一些。第一种开发策略只是要求开发者的业务水平较高,能完全接管从开发系统到过渡到新信息系统的整个过程。因此,开发者必须对企业的所有流程、运营以及其他一些情况有详细的了解。并且前者是在已有信息系统的基础上进行开发，而后者是直接开发。也许企业以前并不存在自己的信息系统，也就不存在过渡的问题。从这个意义上来说，采用直接开发策略的物流信息系统，其开发过程要比接管式开发简单一些。

（三）循环式物流信息系统开发策略

循环式物流信息系统开发策略也可以称为迭代式物流信息系统开发策略。这种策略主要针对所要开发的物流信息系统的难度比较大，复杂性比较高，开发者对问题也不能完全确定。这样就需要对调查、发现问题、开发等步骤循环往复，直至达到开发者和用户都满意的程度。

1. 循环式物流信息系统开发策略的特点

①所开发的物流信息系统的难度大、复杂性高，问题复杂；

②物流信息系统的规模较大；

③开发的过程耗时较长；

④对开发者的要求较高。

2. 循环式物流信息系统开发流程

循环式物流信息系统开发流程如图 7－6 所示：

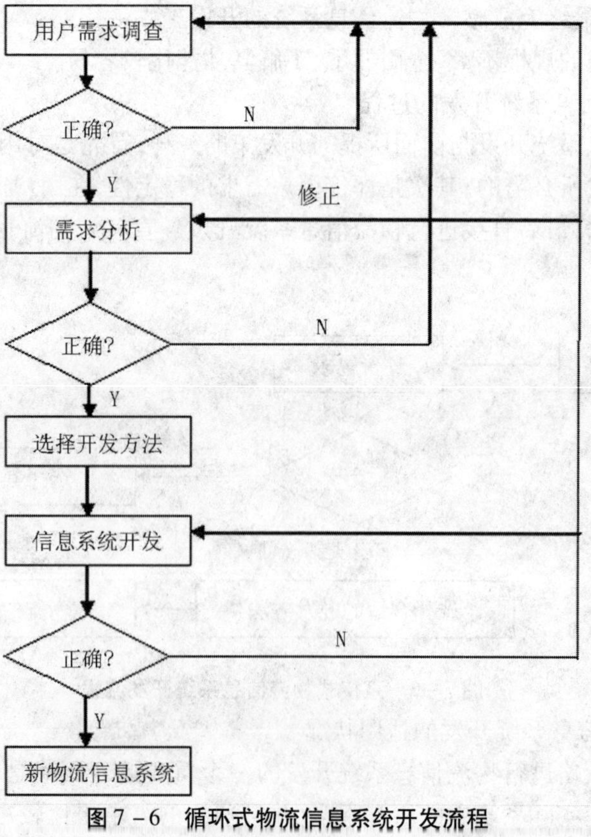

图 7－6 循环式物流信息系统开发流程

（四）模块整合式物流信息系统开发策略

模块整合式物流信息系统开发策略是指当我们所开发的物流信息系统包括多个模块（实际情况往往是这样的），而某些模块如财务管理模块、仓储管理模块等可能已经存在，而其他模块还是空白，则此时可考虑在与原有模块兼容的情况下，开发其余的模块。最后，将所有物流信息系统模块进行综合，整合成功能齐全、运营一体化的物流信息系统。

1. 模块整合式物流信息系统开发策略的特点

①所开发的物流信息系统规模较大；

②物流信息系统由多个子模块组成，且各个子模块具有一定的独立性；

③各个独立的物流信息系统子模块之间存在信息通信；

④某些子模块已存在且运营，并且运营状况良好，某些子模块不存在，需要开发；

⑤开发者需要协调各个部门，完成整个系统的整合。

2. 模块整合式物流信息系统开发策略的过程模型

模块整合式物流信息系统开发策略的流程如图 7－7 所示：

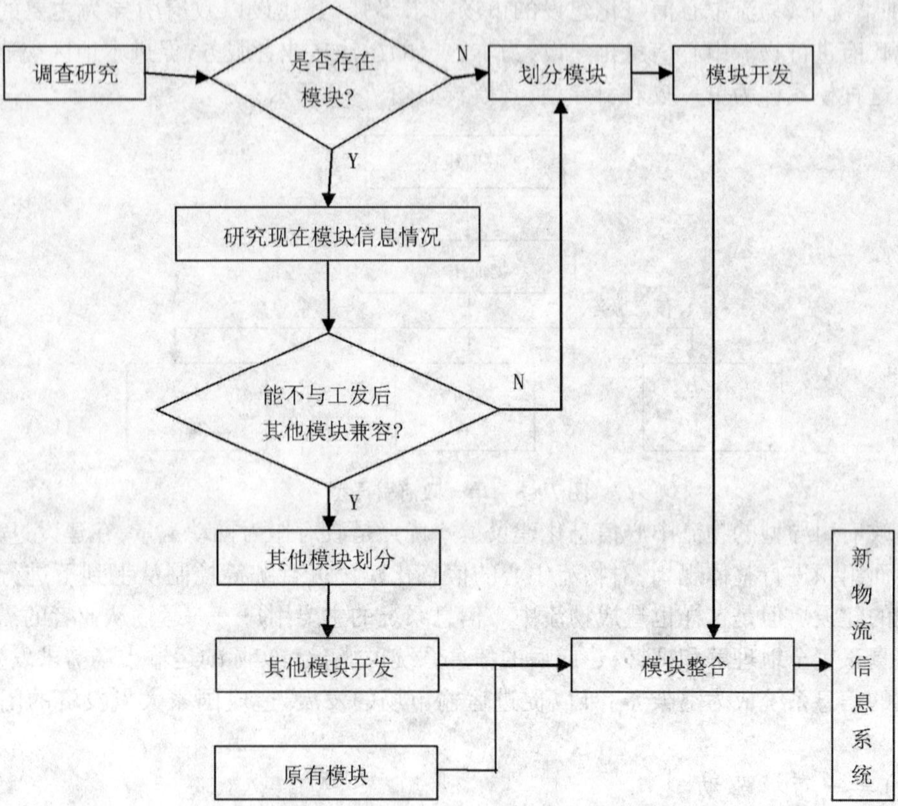

图 7－7　模块整合式物流信息系统开发策略的流程

3. 模块整合式物流信息系统开发策略的适用情况

①对整个物流信息系统一次性开发困难较大；

②物流信息系统可以划分为多个独立性很强的子系统（此处所指子系统与程序开发时的子系统不能等同）；

③在物流企业存在部分子模块信息系统时，要考虑兼容性问题；

④由于将整个物流信息系统模块化、部门化，对开发者的要求有所降低。

（五）试验式物流信息系统开发策略

此种开发策略在实际中也经常遇到，最典型的代表就是原型法。之所以采用这种策略进行物流信息系统的开发，是由于在实际问题中需求的不确定性很高，无法制定出具体的开发计划，对以后的情况也不能做出完全正确的预测，只能是反复实验，直到最终满足用户要求为止。

此种开发策略一般只适用于小型项目，对大型项目有一定的局限性，并且在开发过程中一般要求有高级的软件环境作为支撑，才能顺利进行开发。

二、我国物流中心信息系统的开发模式分析

我国目前物流中心信息化建设主要有三种模式即由上到下的单一政府引导型，由下到上的单一市场驱动型和面向市场的政府引导型。

（一）单一政府引导型

在市场经济不发达、社会运输市场发育相对不成熟的地区，社会运输业的发展也相对落后，在这种情况下，物流中心信息化建设的市场需求不强，其建设以政府引导为主要的推动力量。通过政府进行物流中心信息化建设，为本地区的运输从业者服务，促进本地区交通运输业的发展。这种模式称为单一政府引导型，其模式如图7－8所示：

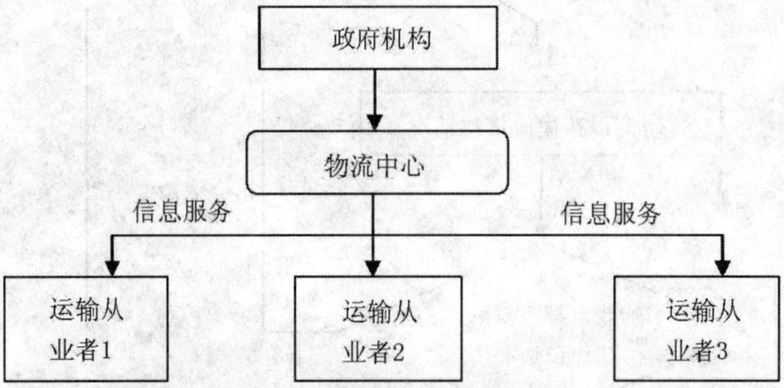

图7－8　单一政府引导型

单一政府引导型的物流中心信息化建设模式优点是政府作为推动力量，在建设过程中，通过政府出面组织进行整体规划，对物流中心的信息化建设进行统筹控制从上到下进行物流中心信息化的建设。但是这样也造成物流中心信息系统的主要用户——运输从业者的需求并不一定能够真正完全地理解和把握，建成后的信息系统可能会和实际的运输市场需求发生偏差，导致建成的信息系统成为空架子，难以促进运输市场的发展，造成国家大量投资的闲置和浪费。

（二）单一市场驱动型

在市场经济相对发达、社会运输市场发育相对较为完善的地区，物流中心信息化建设已经成为促进运输市场进一步发展、提高地区运输系统效率的关键之一。运输从业者为了满足运输市场对运输信息的要求，自发地进行运输站点的信息化建设。这一种由下至上的建设模式称为单一市场驱动型，过程如图7－9所示：

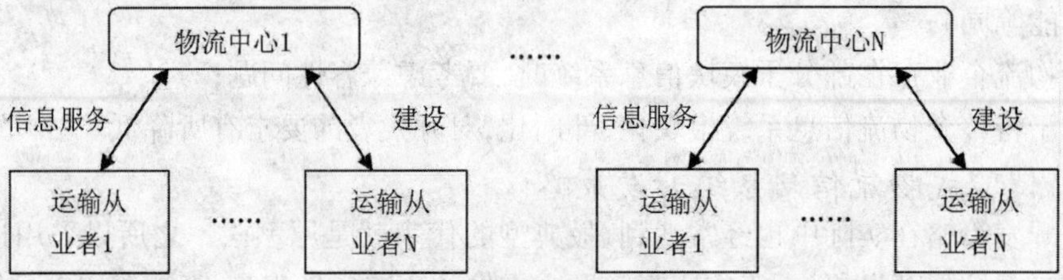

图7－9　单一市场驱动型

在这种信息化建设模式中,运输从业者作为信息化建设的主要推动力量,自发组织建设物流中心的信息化设施为本地的运输提供有效的服务满足运输市场的要求。

这种由下至上的市场驱动型物流中心信息化建设模式的主要优点是:信息化建设的主要推动力量来自于下层的具体运输从业者,因此市场需求明确,在完成物流中心的信息化建设后,能够很快地在本地区的物流运输中发挥作用,产生效益,资金的投资回收渠道明确。但是这种模式也具有缺点,物流中心的信息化建设不仅涉及到运输的从业者,而且对社会而言也是社会公共设施的建设,在这种由下至上的信息化建设过程中,由于缺少政府的统一引导,缺乏对本地区运输的整体规划,往往会造成重复建设的现象,产生社会财富的浪费,而且由于没有统一的领导,建成后的信息化设施运营可能产生不必要的管理问题。

(三)面向市场的政府引导型

物流中心信息化建设是提高运输系统运输效率的一个重要措施,也是满足运输市场不断发展的信息服务需求的必然举措.然而,运输系统的信息化建设是一个庞大的系统工程,不是个人和企业靠自己的力量能够完成的,在这种情况下,政府作为国家公共事务的管理结构,责无旁贷地担当起运输系统信息化引导力量的责任。按照政府引导、市场驱动的模式进行物流中心信息化的建设,称为面向市场的政府引导型。其模式如图 7－10 所示:

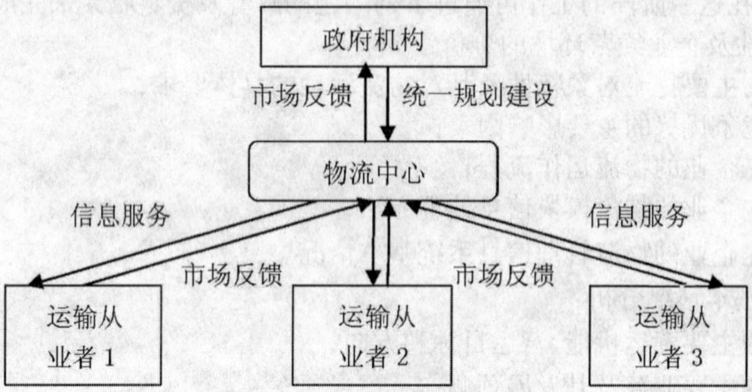

图 7－10　面向市场的政府引导型

一方面,这种模式由政府作为物流中心信息化建设的领导力量完成区域运输系统的整体规划,根据物流中心的具体的位置、功能等界定本区域运输系统的发展框架和方向,作为地区运输市场发展的指南;另一方面在统一规划的前提下紧密结合运输市场的变化和需求指出市场的当前需求,确定物流中心信息化建设的重点,真正体现“整体规划、分步实施”的思想,实现“好钢用在刀刃上”的投资目标,尽快发挥投资效益,缩短投资回收期,同时,在统一规划的前提下,保证前期的投资能够在后期的信息化建设中发挥作用不至于造成投资的浪费。

三、物流中心信息系统的设计

(一)物流中心信息系统设计的指导思想

1. 所开发的物流管理信息系统必须配合公司的营运目标及策略;
2. 物流管理信息系统所提供的功能应满足各管理阶层及使用者的多元需求;
3. 物流管理信息系统需要考虑到公司的发展、组织变迁;
4. 物流管理信息系统应对所有的作业信息及功能进行一定的整合;
5. 物流管理信息系统必须能够提供共享及共用性资料;
6. 物流管理信息系统应便于维护,投入的人力、时间及资金合理,尽量节约成本。

(二)物流中心实施信息系统的条件

1. 稳定的物流模式

物流中心信息系统的实施是一个复杂的过程,并且需要投入大量的人力、财力和时间。所以一旦采用了信息系统,就不能轻易的改变。稳定的物流模式是决定采用物流信息系统的前提。

2. 较固定的客户

物流中心信息系统所支持的运营模式是相对于客户而言的,所以较固定的客户是物流中心商品类别、运作方式、沟通方式保持基本稳定的基础。这也是为什么连锁业物流中心采用信息系统更普遍的重要原因之一。

3. 良好的客户关系

物流中心信息系统的实施过程是由简单到复杂,由局部到整体的过程。信息系统与客户系统的有效连接是信息传递高效化的重要内容,与客户建立起来的良好的合作伙伴关系是与客户系统有效连接的关键。

4. 标准的作业流程。物流中心采用信息化管理过程也是运作标准化的过程,只有统一的运作方式,规范的信息收集、核对方法才能保证信息系统的真实性、即时性。所以物流中心企业实施信息系统的过程中强调同时进行 HPR(业务流程再造)就是这个道理。

(三)物流中心信息系统设计的准备工作

一般情况下,在这一阶段的工作可通过下列问题的解答及资料收集来完成:

1. 对产业特性及企业经营环境的分析

①物流中心的主要物流对象特性及其对物流活动的具体要求;

②同行间的竞争优势的主要影响因素;

③行业内领先企业的物流运作流程;

④行业内领先企业的物流模块信息处理方法;

⑤行业内领先企业的物流管理信息系统基本情况。

2. 物流中心基本情况分析:

①物流中心的主要营运机能、营运目标和方向;

②物流中心的主要业务及其发展预测;

③物流中心的经营规模,包括吞吐能力、处理能力、销售额、营业额等;

④物流中心资源情况,如人力、财力、物力等;

⑤物流中心现有的信息处理设备包括软件与硬件;

⑥物流中心现有的信息处理过程;

⑦物流中心运作过程中遇到的主要问题。

3. 企业组织运行信息分析

①物流中心的组织架构,部门主要权责;

②物流中心系统业务流程及信息的流动过程;

③各模块业务流程及其对应信息处理方法及其输入输出(即信息接口);

④物流中心的主要岗位组成及各岗位职责,如职务说明书;

⑤哪些信息为不共享、部门共享、公司共享、客户共享;

⑥信息载体(凭证)及其包含的内容、格式与关联关系;

⑦公司运营的决策与评价体系指标及其计算方法。

(四)物流中心信息系统的功能设计

综上所述,我们可以认为,为了满足物流中心对信息管理的要求,实现对于物流业务的及时化、信息化、智能化和网络化操作,物流中心的信息系统必须对以下六个信息管理子系统进行有效的整合与集成,建立相互之间的信息交换与传递,建立相应的功能连接,从而实现对于物流中心业务的统筹运作与科学管理。

1. 销售管理系统

其主要的职能是对物流业务的订单进行处理,将相应数据分别输入客户管理系统(CRM)、业务分析与预测系统、销售价格管理(PMS)、应收款及退货处理等信息子系统。建立相互之间的数据接口,实现对有关联动查询功能的支持。通过对客户资料的全方位、多层次的管理,使物流企业之间实现流通机能的整合,物流企业与客户之间实现信息分享和收益及风险共享,从而在供应链管理模式发展下实现跨越企业界限的整合。

2. 采购管理系统

如果采取物流模式,其主要职能是接受订单的出仓或进货指令,对于物流的订货、仓储、配送等进行管理。如果是采取授权模式或配销模式对物流中心进行管理,其主要工作是面对供货商的作业,包括供货商管理、采购决策、分配计划、存货控制、采购价格管理和应付账款管理等信息管理系统。同时应将其与客户管理系统建立功能连接。

3. 仓库管理系统

该系统包括储存管理、进出货管理、机械设备管理、分拣处理、流通加工、出货配送管理、货物追踪管理、运输调度计划、分配计划等内容信息的处理,同时与客户管理系统建立连接。该系统可以对所有的包括不同地域、不同属性、不同规格、不同成本的仓库资源实现集中管理。采用条码、射频等先进的物流技术设备,对出入库货物实现连机登录、存量检索、容积计算、仓位分配、损毁登记、状态报告等进自动处理,并向系统提交图形化的仓储状态。

物流窗口 7－3

仓库管理系统

仓库管理系统(Warehouse Management System)是现代仓储企业进行货物管理和处理的业务操作系统。是用来管理仓库内部的人员、库存、工作时间、定单和设备的软件实施工具。

WMS 在 20 世纪 70 年代中期问世,发展迅速。现今的 WMS 可以实现本地一个仓库的精细化管理,也可实现制造企业、物流企业、连锁业在全国范围内、异地多点仓库的管理;它可以对货物存储和出货等进行动态安排,可以对仓储作业流程的全过程进行电子化操作;可以与客服中心建立数据接口使客户通过互联网实现远程货物管理,可以与企业的 ERP 系统实现无缝连接。可应用于各种行业的单体仓库精细化管理;可应用于制造企业、物流企业、流通业及其他特殊行业的全国范围内异地仓库的管理。

大明眼镜公司创建于 1937 年 10 月 12 日,是国内开业最早的几大名店之一,目前,大明眼镜公司在北京地区拥有 34 家连锁店和一个初具规模的配送中心。是北京乃至全国最大的眼镜零售企业。

目前眼镜行业面临共同的问题,公司库存大量不同品牌,不同规格的眼镜产品,而每种产品又为数不多.这就给仓库盘点工作带来极大的困难,大明眼镜有限公司仓库管理系统 2003 年通过用户的测试及验收,该系统投入使用以来,仓库盘点时间由原来的 3 小时减少到现在的 1 小时,为公司仓库管理成本降低 20%,取得良好效果。

(资料来源:支点网 http://www.topoint.com.cn)

4. 财务会计系统

财务会计部门对销售管理系统和采购管理系统所传送来的应付、应收账款进行会计操作,同时对物流中心的整个业务与资金进行平衡、测算和分析，编制各业务经营财务报表，并与银行金融系统联网进行 EFT 转账。

> 电子资金转账(Electronic Fund Transfer，简称 EFT)或网上银行服务(Internet Banking)方式，是将传统的银行转账应用到公共网络上进行的资金转账。一般在专用网络上应用具有成熟的模式(例如 SWIFT 系统)；公共网络上的电子资金转账仍在实验之中。目前大约 80% 的电子商务仍属于贸易上的转账业务。

同时，结合成熟的财务管理理论，针对物流企业财务管理的特点，根据财务活动的历史资料进行财务决策，然后进行财务预算、财务控制，并进财务分析，最终实现企业价值最大化。结算系统主要是充分利用现有的业务信息管理系统和计算机处理能力，以达到自动为客户提供各类业务费用信息、大幅度降低结算业务工作量、提高结算业务的准确性和及时性为目的，从而为广大物流企业的自动结算提供一套完整的解决方案。

5. 物流分析系统

通过应用 GIS(Geographical Information System)技术与运筹决策模型，完善物流分析技术。通过建立各类物流运筹分析模型来实现对物流业务的互动分析，提供物流一体化运作的合理解决方案，以实现与网络伙伴的协同资源规划(CRP)。

6. 决策支持系统

除了获取内部各系统业务信息外，关键在于取得外部信息，并结合内部信息编制各种分析报告和建议报告，提供分析图表与仿真结果报表，供物流中心的高层管理人员作为决策的依据。通过建立决策支持系统，及时地掌握商流、物流、资金流和信息流所产生的信息并加以科学地利用，在数据仓库技术、运筹学模型的基础上，通过数据挖掘工具对历史数据进行多角度、立体的分析，实现对企业中的人力、物力、财力、客户、市场、信息等各种资源的综合管理，为企业管理、客户管理、市场管理、资金管理等提供科学决策的依据，从而提高管理层决策的准确性和合理性。

综上所述，物流中心的信息系统必须是一个对于各类管理系统的有机整合与集成，在相互之间建立相应功能的连接，从而实现对于各类信息的交换与传递，物流中心的整个信息系统运作环境表述如图 7-11 所示：

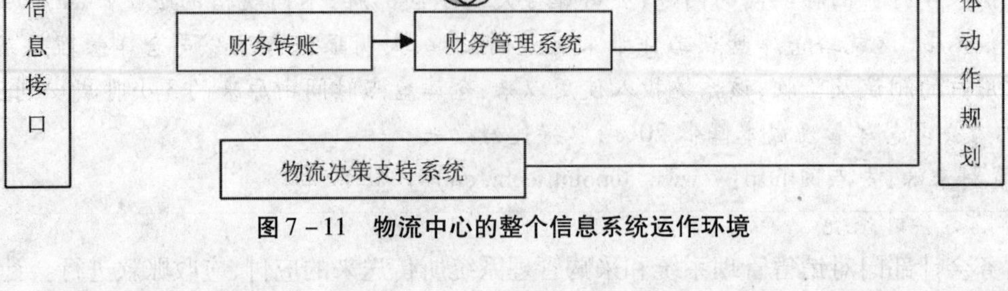

图 7-11　物流中心的整个信息系统运作环境

这样,物流中心通过与外部物流需求的虚拟增值网的连接,应用各类信息系统的整合与集成,在利用信息流有效率的衔接与数据的对接实现对物流业务销售与采购业务管理的基础上,应用物流分析系统与决策支持系统,对物流业务具体操作进行运筹规划与及时化、信息化、智能化物流管理,有效地提高了物流中心的运作效率,与此同时通过网络合作伙伴的一体化运作的配合与协调,达到整体性的最优化效果——协同资源规划(CRP),从而实现对于物流服务的成本节约与顾客满意度的极大提高。

(五)物流中心信息系统总览表

1. 采购入库管理系统

主系统	子系统	功能
采购入库管理系统	入库作业处理系统	预定资料入库处理
		入库资料处理
		入库检验作业
		入库上架作业
		直接出库作业
		退货入库作业
	存货控制系统	产品分类
		经济批量及定购时间确定
		存货管理存货跟踪
		盘点作业系统
	采购管理系统	采购数量、时间及品名
		供应厂商报价资料管理
		打印采购单,订货
	应付账款系统	应付账单核定
		收支登记建档
		已付款统计表
		收支状况一览表

2. 销售出库管理系统

主系统	子系统	功能
销售出库管理系统	订单资料处理系统	订单自动接受与转账
		用户信息调查
		报价系统
		存货数量查询
		拣货能力查询
		包装能力查询
		运送设备能力查询
		配送人力查询
		订单资料建档查询
		退货信息处理
	销售分析与预测	销售分析
		销售预测
		商品管理
	拣货规划系统	拣货定单批次规划
		打印拣货表
		补货计划与补货排程
	包装流通加工规划系统	包装流通加工规划系统
		包装流通加工订单批次规划
		打印包装流通加工排程
		批次包装流通加工排程
		包装流通加工资料建档
		与自动包装机间的信息交换
	派车计划	发货订单装车计划
		装车排序
		批次装车排程
		装车资料建档维护
	发货配送系统	发货文件印刷
		配送路径选用系统
		配送货品跟踪系统
		配送途中意外情况处理
		发货资料建档维护
	仓库管理系统	月台使用计划及排程
		仓库规划布置
		拣货区规划
		包装区规划
		仓储区规划
		仓储区管理
		托盘管理系统
		车辆保养维护系统
		燃料耗材管理系统
	应收账款系统	应收账单、发票开出
		收支登记及建档
		收款统计表
		收支状况一览表

3. 财务会计系统

主系统	子系统	功能
财务会计系统	一般会计系统	会计总账
		分类账
		财务报表
		现金管理
		支票管理
		银行自动转账系统

4. 人事管理系统

主系统	子系统	功能
人事管理系统	人事工资管理系统	人事资料管理
		工资报表
		印制工资单
		与银行的工资转账系统
		人力评估与人力使用建议

5. 运营成绩管理系统

主系统	子系统	功能
运营成绩管理系统	配送资源计划	仓库地点设置及数量规划系统
		多仓存货控制
		多仓机器设备规划控制
		多仓人力资源计划
		多仓产品线规划
		多仓产品分配计划
		多仓产品配送调配规划
	运营管理系统	车辆设备租用、采购计划
		销售策略计划
		运费制定系统
		配送成本分析系统
		外车管理系统
	成效管理系统	业务人员管理系统
		用户管理系统
		订单处理成效报告
		存货周转率评估表
		缺货金额损失管理
		拣货成效管理报表
		包装成效管理报表
		入仓作业成效管理报表
		装车成效管理报表
		车辆使用率评估表
		月台使用率评估表
		人力使用成效报表
		机器设备使用率评估表
		仓库使用率评估表
		货品保管率

【本章小结】

本章从物流中心信息系统的作用与意义入手，着重介绍了物流中心信息系统的开发模式与设计方法。物流中心信息系统具有配送中心仓储管理、运输与发货管理、劳动力资源管理、加快供应链的物流响应速度以及物流整合的作用。

一个现代化的物流中心包不仅包括拥有现代化的基础设施，还应具备现代化的物流信息系统。物流中心管理信息系统软件的作用不仅仅是支持物流业务高效运作，同时还可以使物流中心的业务运作更加标准化。当前我国物流业的发展和物流信息化市场正进入一个加速发展的时期。据专家预测，物流软件将在未来两三年内成为企业应用最广、最重要的信息化管理系统。企业可以通过构建高效率的物流配送系统获益。

可以从物流及时化、物流信息化、物流自动化与网络化、智能化等几方面对物流中心信息系统的要求进行分析，从而得出物流中心信息系统开发设计的具体策略。

我国目前物流中心信息化建设主要有三种模式即由上到下的单一政府引导型，由下到上的单一市场驱动型和面向市场的政府引导型。

从总体上讲，物流中心信息系统的核心功能主要包括销售管理系统、采购管理系统、仓库管理系统、财会系统、物流分析系统与决策支持系统等六个管理子系统。

【关键术语】

- ●物流信息系统
- ●电子数据交换
- ●电子订货系统
- ●销售时点信息系统
- ●销售管理系统
- ●采购管理系统
- ●仓库管理系统
- ●财务会计系统
- ●物流分析系统
- ●决策支持系统

【思考题】

1. 简述物流中心信息系统的作用与意义。
2. 可以通过哪几个基本途径开始建设物流中心信息系统？
3. 未来我国物流中心信息系统的发展趋势是怎样的？
4. 物流中心信息系统管理软件架构功能模块分别有哪些？
5. 模块整合式物流信息系统开发策略主要特点有哪些？

【课堂讨论】

1. 发达国家物流中心的发展对我们有什么启示？
2. 我国物流中心建设发展的对策是什么？

【参考阅读材料】

1. 张维明，《信息系统建模》，北京：电子工业出版社，2002
2. 陈子侠，《现代物流学理论与实践》，杭州：浙江大学出版社，2003
3. 丁立言，张铎，《物流系统工程》，北京：清华大学出版社，2001
4. 薛华成，《管理信息系统》，3 版，北京：清华大学出版社，2003

【案例讨论】

北京西南物流中心综合物流信息化解决方案

北京西南物流中心是北京市规划局批准成立的专业性物流企业，同时也是北京市重点发展项目。北京西南物流中心坐落于北京市丰台区花乡榆树庄地区，毗邻铁路西客站货运场丰台火车站，距西南四环高速路1公里，距京石高速路西道口出口仅800米，构成了高速快捷的运输网络，极大地方便了货物的往来运送。北京西南物流中心是专业图书仓储物流企业，项目资金8000万元，占地500多亩，现有员工380名。面对激烈的市场竞争和复杂的物流网络，北京西南物流中心认识到只有通过各种高科技手段加快物流速度、降低物流成本、提高管理水平和服务质量，才能在竞争中取胜。

北京西南物流中心向社会全方位开展出版社的收货、储存、包装、发运、配送业务，有一整套完备的业务流程和严格的管理制度，公司遵循精、细、严、创新高，“为出版社服务，为销货店服务”的方针，严守“及时、准确、安全、经济”的原则，快捷、优质、低费用的将出版社图书发运到全国各销售店。

为了适应现代物流的发展，北京西南物流中心确立了建立一个支持业务发展、适应多种业务类型和运作方式的一体化物流管理系统的目标，同时实现物流信息的高效管理、业务流程重组和运输过程中的人、车、货、客户的有效协调和管理，以提高西南物流的经营管理水平，创造更好的效益与利润，增强市场竞争中的有利地位。

北京西南物流中心图书物流管理系统

北京西南物流面向社会全方位开展出版社的收货、储存、包装、发运、配送业务，图书物流管理系统整合了全国200多家出版社、60多家物流合作伙伴，对图书物流业务的仓储、运输等全过程实现信息化管理以及对出版社、经销商、书店的数据交换。时力科技帮助北京西南物流中心建立了客户服务中心管理和财务结算管理中心，为客户提供网上查询服务，邮件、手机短信服务。动态分配车辆，集成GIS，优化运输配送路线，并且启用条码设备，实行了全程单品管理。通过物流应用系统，客户从货物起运时就可以获得准确的货物到达时间、到达位置等信息。这样收货人与各仓储、运输公司等相关部门就可以提前做好准备，实现货物的快速流动与安全抵达。图书物流管理系统同时可处理图书分拣、退货加工、员工绩效考核等功能，为西南物流中心逐步整合了业务平台，为业务的发展提供了更强大得支持，同时为公司管理人员、业务人员的日常工作提供便利，全面实现了工作效率和服务水平的提升。

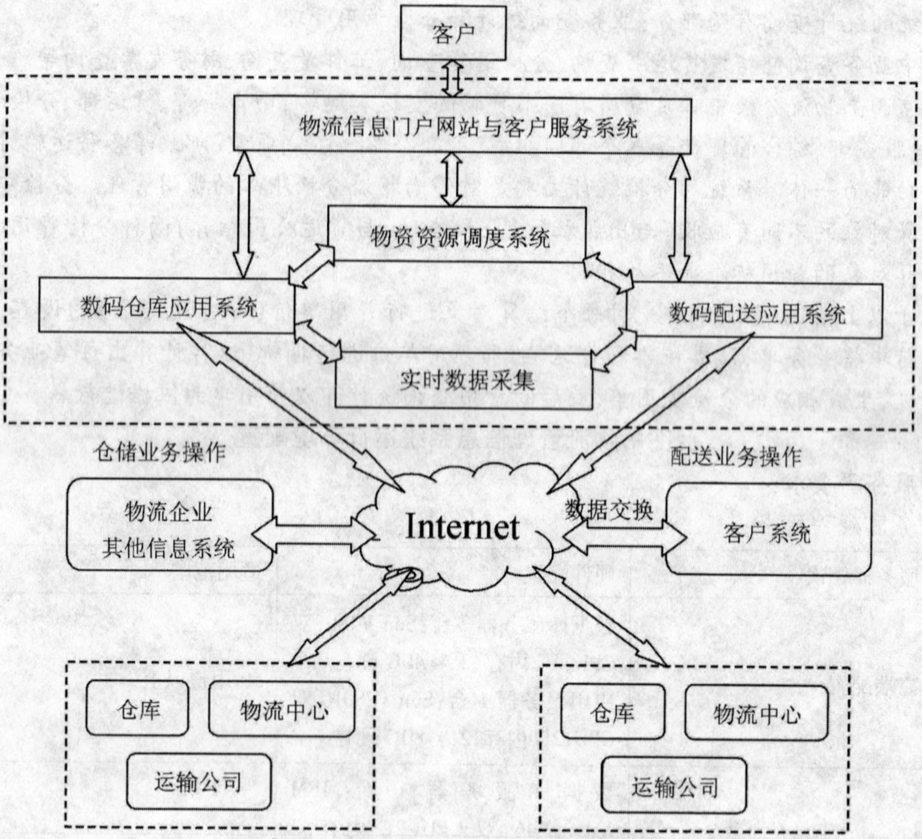

图书物流管理信息系统主要功能模块

图书物流管理信息系统由系统管理、标准化管理、业务管理、统计查询等功能模块组成。

◆系统管理模块

这一模块主要管理权限的设置以及系统选项设置，由系统管理员根据用户的级别设定访问权限以及留言簿——回复的管理。

◆标准化管理

标准化管理模块主要用于应用系统内的基础信息，通过这些基础信息的建立将会为物流企业或物流部门应用系统的顺利应用、扩展和信息管理提供有力保证。

标准化管理主要包括对以下基础信息的管理：部门信息、岗位信息、员工信息、库区信息、仓库信息、库位信息、客户信息、货运公司信息、图书信息、司机信息、车辆信息、到站城市信息、道路信息等。

在系统实际应用中，企业应根据实际业务管理需要对基础信息进行灵活授权相关业务部门。

◆业务管理

一般物流企业应用本系统的业务管理功能从入库管理、残书处理、在库管理、批销出库管理以及分检发运管理五个部分。根据企业的业务范围不同，For－LMS 解决方案将在基础功能基础上扩充相应子模块。以配送出库模块为例，其中就包括配送订单管理、仓储出货管理、配送保险单管理、配送派车单管理、监控计划管理、配送装车单管理、配送签收单管理等功能。

◆统计查询

系统的统计查询有两部分:业务查询统计和分检费用管理。

其中业务查询包括发货退书查询、分捡退货查询、工作量查询、财务发票查询等。

北京西南物流分检中心负责所有图书货物的发送和运输,由市场部、货运部、分检部、统计部、客户服务部、综合管理部等八个部门组成,整合公路、铁路、航空、邮政等各种运输方式及中转仓储功能为一体。系统的分检统计主要是对西南物流分检中心的费用管理。分检中心的费用按结算对象的不同有应收(与出版社结算)和应付(与货运公司结算)两种分检费用,而且对每个结算对象的费用标准也不尽相同。

基于以上情况,系统中首先对每个结算对象进行费用单价(即费用标准)的设置,而后在业务进行中将业务单据(委托单和货运单)和费用单价进行捆绑,这样计算出每笔业务的费用发生情况,生成相应的分检费用单,最后的费用查询统计即以费用单为依据进行。

图书物流管理信息系统运行环境配置

◆服务器要求:

服务器硬件要求:

服务器档次	硬件配置	适用范围
高端配置	数据库服务器2台:Sun V480,双CPU,4G内存,2 * 40G硬盘 应用服务器1台:Sun F280R,双CPU,2G内存,2 * 80G硬盘	50用户以上
中端配置	数据库服务器1台:IBM Xseries346,双CPU,2G内存,2 * 40G硬盘 应用服务器1台:IBM Xseries306,单CPU,2G内存,2 * 80G硬盘	15~50用户
低端配置	数据库服务器与应用服务器共1台:IBM Xseries346,双CPU,2G内存,2 * 40G硬盘	15用户

服务器系统软件要求:

系统软件档次	软件配置	适用范围
高端配置	操作系统:Solaris 8 数据库:Oracle 9i for Solaris 8 应用服务器:BEA Weblogic6.1 SP2 for Solaris 8 双机热备份软件:Legato	50用户
中低端配置	操作系统:Linux 数据库:Oracle 9i for Linux 应用服务器:BEA Weblogic6.1 SP2 for Linux	50用户以上

◆客户端要求:

客户端硬件要求:P-Ⅲ/赛杨、128MB内存、20G硬盘、1024 * 768彩显。

客户端软件要求：WIN98/WIN2000/WINXP、IE6.0。

北京西南物流中心以综合物流管理信息平台为支撑，整合物流组织体系，重构仓储配送管理模式，有效地降低了运营成本，取得了明显的经济效益，当年业务量提前突破200亿。良好的信息系统大大提高了服务水平，同时赢得了客户的尊敬与信赖。

讨论题：

1. 阅读这个案例，我们怎样理解物流、商流与信息流处理的一体化？

2. 根据案例试着画出图书物流管理信息系统流程图。

◆——第八章 物流中心的组织管理

＊本章主要内容

●物流中心组织结构

●物流中心组织

●物流中心组织职责

＊

青岛海尔集团的组织结构分为职能中心、产品本部和推进本部三大部分,其中推进本部由物流推进本部、商流推进本部、海外推进本部、资金推进本部组成。

海尔的物流推进本部由集团副总裁亲自负责,本部下设了三个事业部,即采购事业部、配送事业部和储运事业部。

采购事业部将原来分散在各个事业部的分散采购行为全部集中起来,形成了规模化经营、集约化采购的组织形式。采购事业部的具体职责包括:供应商的优化、招标、采购计划下达、零部件的采购、全球化采购以及管理全球网络资源。

配送事业部把原来分散于各事业部的仓储库存统一起来,收到了降低成本的效果。该事业部负责集团内部物流的运作,将原材料与零部件及时配送到各生产车间,实现车间 JIT 运作的要求。

在成立储运事业部以前,海尔的成品配送是找一些运输单位,竞价、报信、发送,这种方式的实际成本并不低,而且客户服务水平也得不到有效保证。储运事业部将各个事业部的运输资源成品和仓储统一起来,利用遍布全国的物流网络,实现高水平的配送服务。

这样,除了生产车间的物流活动由各个制造事业部完成以外,海尔物流推进本部的职权和工作内容基本上囊括了海尔集团物流运作的全过程。

想一想:青岛海尔集团的物流组织结构是如何设计的?

物流中心的物流服务活动渗透到各个环节之中,这就要求物流服务组织不但应当能够设计出符合中心特征和满足物流管理需要的组织结构,还应当能够协调中心各职能部门的关系,以实现物流活动的整体最优。

第一节　物流中心组织机构

物流中心组织机构，是物流中心内部组织机构按分工协作关系和领导隶属关系有序结合的总体。它的基本内容包括明确组织机构的部门划分和层次划分，以及各个机构的职责、权限和相互关系，从而形成一个有机整体。不同部门及其责权的划分，反映了组织机构之间的分工协作关系，称为部门结构；不同层次及其责权的划分，反映了组织机构之间的上下级或领导隶属关系，称为层次机构。无论是生产企业物流中心，还是商业企业物流中心，或第三方物流中心，它们都要进行经营管理活动，实现企业经营目标。所以，必须建立合理的组织机构。

一、物流中心组织设计程序与原则

物流中心组织设计就是要通过对组织活动和组织结构的设计，把物流服务活动的任务、责任、权力和利益在企业内部进行有效组合和协调，以提高企业物流服务绩效水平。

（一）物流中心组织设计程序

> 物流中心进行组织设计需要考虑的因素有：战略、技术、结构、制度、作风、人员以及共同的价值观。

对物流组织进行设计，一般出现在三种情况下：一是新建的物流中心需要设计管理组织系统；二是当物流中心原有组织结构出现大问题或是整个物流中心的目标发生变化时，需要对组织系统进行重新评估和设计；三是对原有物流中心组织系统的局部进行增减或完善。虽然三种情况不尽相同，但是进行组织设计的基本方法程序是一致的，一般需要经过以下步骤：

1. 按照物流中心的目标，确定细化的物流服务组织目标。

2. 围绕目标的完成，进行管理业务流程的总体设计。也就是说，应当在既定目标的引导下，使物流中心总体物流服务管理业务流程达到最优化，这是组织设计的目标。

3. 根据物流中心拥有资源的情况，按照优化原则对物流服务管理业务流程中的管理岗位进行设计，岗位的划分要适度，既要考虑流程的需要，又要考虑方便管理的需要。

4. 对每一个岗位进行工作分析，进行统一化、标准化的操作。规定其输入与输出的业务名称、时间、数量、实物、信息等，并寻找该岗位最优的管理操作程序，用工作规范将其固定下来。

5. 给各个岗位定员定编。

6. 制定必要的工作规范和奖惩标准，设置能够优化物流中心物流服务控制管理流程的组织结构。

（二）物流中心组织的建立原则

1. 结构合理原则

组织结构在很大程度上决定了物流中心运作是否有效。物流中心各类机构的组建应同物流中心的规模和经营的业务相适应，要求合理设计管理层次，配置工作人员。发达国家的物流中心和其他企业一样经历了从多层次的宝塔结构向扁平化演变的过程，也受到企业流程再造过程的影响，物流中心的组织结构伴随着技术水平的发展，在市场竞争的压力下发生着变化。物流中心应该在服从经营需要的前提下，因事设机构、设职位，因职用人，尽量减少不必要的机构和人员，力求精兵简政，以达到组织机构设置的合理化，提高工作效率。同时，各级组织机构要有明确的职责范围、权限以及相互间的协作关系；具有健全和完善的信息沟通渠道；制定合理的奖惩制度；还应有利于发挥职工主动性和积极性。

2. 责权分明原则

在物流中心管理层次设计中，各层次的机构要形成一条职责、权限分明的等级链，不得越级指挥与管理。实行这种管理的优点就是：谁指挥，谁执行都很清楚，执行者负执行的责任，指挥者负指挥的责任，自上而下地逐级负责，层层负责，保证经营业务的顺利开展。同时也要注意保证各部门、各环节机构在自己的职责和权限范围内，能够独立行使权力，发挥各级组织机构的主动性和积极性。

3. 利于沟通原则

物流中心组织机构的设置既要便于物流中心内部各部门之间的沟通，也要便于与物流中心外部、与客户之间的沟通。物流中心内部的沟通是要保证信息在企业内部的无障碍传递及决策的快速性。外部沟通是保证客户信息能有效、快速的传递到位，客户要求能得到快速反映。

4. 协调一致原则

物流中心不管是隶属于生产企业或商业企业，还是一个第三方物流独立实体，其各组成部分必须是一个有机结合的统一的组织体系。在这个组织体系中，所有的经营活动都要有效地协调起来，因为最终目标是一致的。现代物流管理与传统管理观念不同的地方就在于，现代物流追求的是整体最优，而不是单个或几个部分的最优，因此，所有组成机构都应该在一个目标的基础上，把作业活动协调起来，以期达到最佳的效果。无论是运输、仓储、流通加工，还是存货控制等部门都要把自己看作是组成系统的一个部分。

5. 效率效益原则

保证物流中心的高效率和高效益是建立物流中心组织机构所应遵循的原则，是验证组织机构合理性的准绳。物流中心的组织机构应同时追求管理运作的高效率和经营运作的高效益，单独强调任何一个方面，都是与物流中心的经营目标相背离的。

6. 客户服务原则

物流中心组织机构的设立既要考虑企业内部机构设置的合理性，同时要考虑机构设置对客户的影响。越来越多的物流中心为某一行业，或连锁企业提供专有的物流服务。客户开发、客户管理、客户服务是物流配送中心业务发展的龙头，应该从组织体系建设上强化这项工作的落实。应该设立专门的客户服务与管理部门和岗位，负责开发、服务和客户档案管理、资料查询工作，包括合同的签订、管理，客户的联系、访问、开发、服务，市场信息的采集、整理、分析，客户档案资料的建立和管理，受理客户投诉等业务。

7. 流程控制原则

应该坚持流程控制原则，改变长期以来我国许多单位一直沿用的仓库保管员从收货到发货一人全程负责以及各管一摊、相互独立封闭的传统管理方式。将对外业务受理、单证、资料及账务管理同货物的现场作业、管理业务分开，分别设置业务受理员和理货员岗位进行管理，明确各自的分工范围和岗位职责，实现相互监督、相互制约，改善服务功能如减少客户提货、办事来回找人和等候的时间，提高作业效率，进而从根本上克服以往流程当中保管员“一杆子插到底”的弊端。进行这种改变后，为了确保库存货物账面与实物相符，岗位之间的清点、交接、记录和动态盘点、定期盘点工作就显得尤为重要。

二、物流中心组织结构

物流中心组织设计的结果是形成组织结构,即中心的整个组织机构按部门划分和按层次划分组成纵横交错关系的组织形式。事实上,并不存在一种适合于所有中心的物流服务组织结构,物流中心的性质、传统、业务规模、经营内容、人员素质、经营管理水平和内外部环境以及物流本身在物流中心当中的重要程度都会对企业的物流组织结构产生影响。而且,物流中心组织形式,也是随着物流中心的发展、管理水平和技术手段的不断提高而不断改进的,有以下几种基本结构形式可供物流中心选择:

> 组织结构就是表明组织各部分排列顺序、空间位置、聚散状态、联系方式,以及各要素之间相互关系的一种模式,组织结构是组织的“框架”。

(一)直线制组织结构

这是早期的、也是最简单的形式。直线制组织结构是按照物流中心的物流职能,将组织中的各职位排列成从上到下的垂直系统,不另设专业职能机构。在这种结构中,物流中心经理必须通晓多种知识,掌握各种技能,对中心的一切物流活动负责。这种组织管理形式的优点是结构简单、权利集中、命令统一、联系简洁、责任分明、决策和执行迅速,工作效率高。缺点是管理者需要处理的事物太多,精力受牵制,不利于提高经营管理水平。该形式更适用于规模小,物流活动内容单一的物流中心,应用范围比较有限。直线制形式如图 8－1 所示。

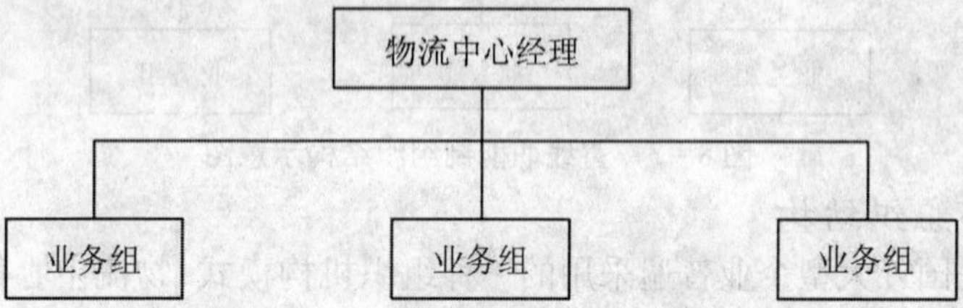

图 8－1　直线制组织结构示意图

(二)职能制组织结构

这种形式的特点是物流中心的经理把专业管理的职责和权限交给相应的职能管理部门,由他们在专业活动上直接经营指挥业务机构的活动。这种组织管理形式的优点是,能够充分发挥职能机构专业管理的作用和管理人员的专长,加强了管理工作的专业化分工,提倡内行领导,达到管理工作的正确性和高效率。缺点是各职能机构都有指挥权,形成多头领导,相互协调比较困难,另外,此结构不适于大型企业及网络化布置的物流中心。职能制形式如图 8－2 所示。

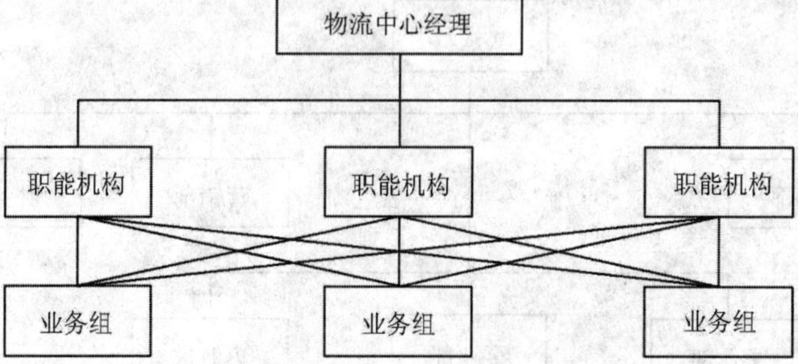

图 8－2　职能制组织结构示意图

(三)直线职能制组织结构

直线职能制形式是以直线制形式为基础将职能制形式结合在一起的一种组织管理形式。如设置运输部、仓储部、客户服务部、财务部、资讯部等。它的特点是专业分工明确,职责清楚;各管理层的负责人自上而下进行垂直领导,并设职能机构或职能人员协助负责人工作,但职能机构或人员对下级单位不能下达指示命令,只能在业务上进行指导监督,从与物流活动相关的计划、预测、技术、成本分析等方面为直线管理人员提供咨询建议和方案等,下级负责人只接受上一级负责人的领导。这种形式的优点是取直线制和职能制两种形式之长,舍二者之短,有利于集思广益,保证决策的正确性,同时可以协调各职能部门的关系;主要缺点是交易层次过多,信息传递路线较长;组织间整体协调能力不强;组织的应变能力较差;难以从物流中心内部培养熟悉全面情况的专业管理人才。

这种组织结构形式适合于大型的物流活动比较复杂的物流中心。如图 8－3 所示。

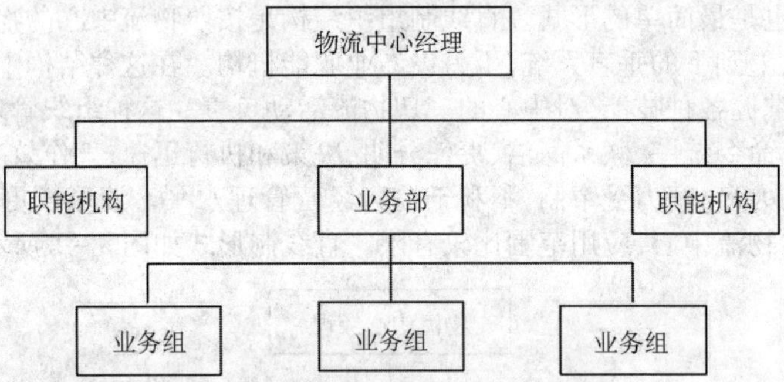

图 8－3　直线职能制组织结构示意图

(四)事业部组织结构

事业部形式是国外大型企业普遍采用的一种组织机构模式,物流中心作为独立的经济实体也可以采用这种模式。它的特点是按货品类别、经营业务或地区设若干个事业部,实行集中决策下的分散经营和分权管理。事业部是实现经营目标的基本经营单位,具体管理经营活动。这种组织结构的优点是:联系密切的流程化生产组织效率较高,分部门之间的独立性和竞争性较强,利于激发潜力和效率;部门的灵活性和市场应变能力较好;利于培养全面型专业管理人才。缺点是:机构重复,管理资源浪费;由于事业部是一个利益中心,往往只考虑自己的利益,分部门之间的协作支援较差;部门利益和整体利益存在冲突。

事业部形式适宜于规模大、货品种类多、分布面广的物流中心。事业部组织机构如图 8－4 所示。

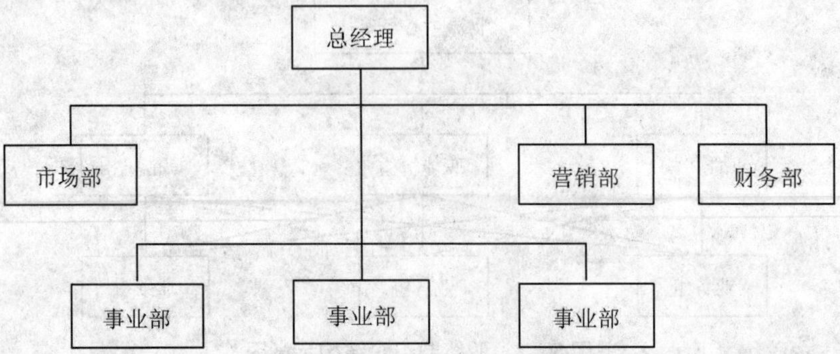

图 8－4　事业部组织机构示意图

（五）连锁业物流组织结构

服务于连锁企业的物流组织机构形式是目前发展最快的一种模式。物流中心为了更好的服务于客户，在运作方面要尽可能的贴近客户，各分公司有运营决策权。同时为了精简机构，避免决策权过于分散化，一部分功能实行矩阵型管理。矩阵结构的主要优点是联系密切的专业人员组合在一起，加强了职能部门间的横向联系，灵活性和应变能力较强；利于综合交叉专业的知识能力，激发创新灵感；适宜造就专业管理人才。其主要缺点是各专业部门的职责不清；协调困难，管理难度较大。连锁业物流组织形式如图 8－5 所示。

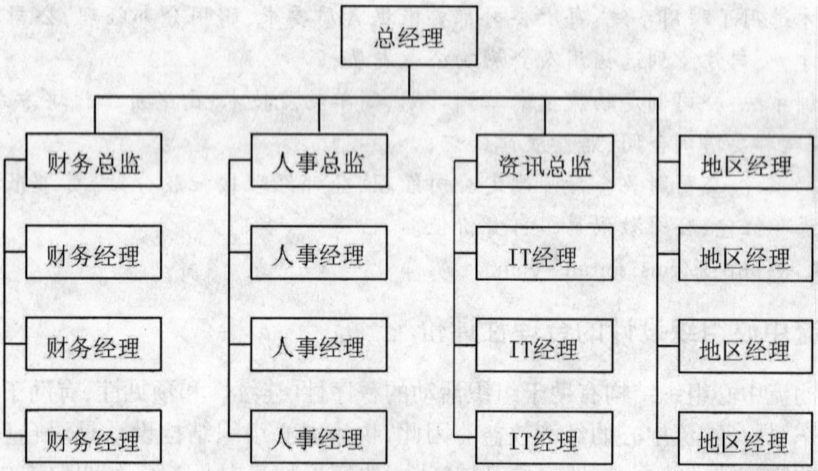

图 8－5　连锁业物流组织结构示意图

研究表明，不同时期、不同类型的物流中心的组织结构形式存在着较大的差异，但每种组织形式都有其相对有效的合理性，有其各自的适用条件，没有统一的组织结构形式，而且各种组织形式都还处在不断演变中；相对来说，新的组织结构形式比较有效。

近年来，随着管理科学理论的发展，现代信息技术和网络技术的广泛应用，以及受企业组织扁平化思想的影响，物流中心的组织结构也有扁平化的发展趋势。扁平化的物流中心组织结构就是一种比较新的组织结构形式。

物流窗口 8－1

济南可鑫通物流公司

公司组织系统：设立：（图书渠道部）便于同图书业客户商洽谈“订单”合作事项。

1. 公司首先建立：本省市图书批发商、零售店客户服务中心数据库；

2. 物流公司联络全国图书出版发行公司，洽谈：“图书服务代理协议”；

3. 向出版商递交：图书物流运作代理方案；图书物流配送中心方案；

4. 在全省地市建立图书渠道配送中心网络终端系统及客户服务中心。

公司文化系统：为客户服务，特编辑“图书音像渠道快讯”广告期刊。

公司在物流市场竞争中的独特体现，创造公司特色服务中心品牌。

公司垂直指挥系统：公司在各地市建立图书配送中心服务站网络，公司运用采用“易通——货运物流小管家物流软件”及“中国物流公司网络专业物流软件”给公司降低企业费用成本，利润增加200%以上，通过电脑上网随时查到货物情况，付款情况，经营情况，货物赔付情况等。

公司横向联络系统:公司管理中心通过电脑网络向外部联络,网点联络,分公司终端也可以相互货物单证数据交换,对账,解决运单查询难题。

建立:图书渠道客户服务系统,对没有开通货运线路,公司同线路货运竞争公司建立合作,货运价格要优惠40%,由于按管理模式经营得当,与客户建立长期共赢合作"服务代理"友好关系。

公司检查反馈系统:公司每月对每个网络进行"检查和反馈"数据的处理,接受客户投诉,发现哪个网点出现问题立即解决处理,真正规避服务与合作风险;

公司人才选用了聘用系统:每次公司都要根据素质要求,聘用分部经理,公司尽量选用有物流知识人才,公司注意到选错用人会影响公司发展;

公司培训系统:公司制定物流技术培训计划、简单物流技术,由老员工代培方式、试用期三个月,分部经理都要培训合同、赔偿法律知识;

公司激励系统:公司财务会计师制定公司经理,分部经理按配股分红,员工根据工作表现能力基本工资+红包,公司激励员工自身价值。

(资料来源:http://cms.jctrans.com)

三、物流中心组织设计的合理性评价

合理的物流中心组织结构有助于组织活动的秩序性、连续性和预见性,有助于提高物流中心的运作效率,提高物流中心的经济效益。因此,物流中心组织结构设计是否合理,直接关系到物流中心的物流活动能否顺利、有序开展,进而决定了物流中心能否达到既定的客户服务水平和实现既定的战略目标。评价物流中心组织设计的合理性,可以从下面几个方面进行:

(一)组织设计目标是否与物流中心目标相一致

如果企业当中的任何一个组织结构与既定的组织发展战略和目标无关,那么它就没有存在的意义。物流中心所选择的物流组织结构必须有利于实现物流中心追求的特定战略目标。

一般来讲,决定物流中心组织结构形式的组织战略目标有三种:一是追求以最高效率将处于原材料状态的货物通过加工过程转化成产品为目标的生产战略;二是以追求高水平客户服务为目标的市场战略;三是以追求通过信息管理实现对客户有效控制为目标的信息战略。在这三种特定的战略目标下,物流中心的物流管理的侧重点是不同的,从而决定了不同的组织结构形式。

> 物流中心的战略目标往往不是单一的,因此物流中心服务组织可能要同时为多个目标服务。

(二)分工是否协调

物流中心的组织设计应当能够反映为实现组织目标所必需的各项任务和工作分工,同时应当有利于各项分工之间的协调。组织中的各个管理层次、各个部门应当有明确的分工,组织中每个人都应当了解自己在现实组织目标中应当承担的工作职责和职权,并通过完善的组织设计将它们协调起来。

(三)是否将集权与分权有效结合

为了保证物流中心有效的物流管理,应当将该集中的权力集中起来,该下放的权力授权给下级。实行集权与分权相结合的领导体制,能够充分调动物流中心组织中所有人员的积极性和主动性,同时使组织有更强的灵活性和适应性。

(四)是否具有稳定性与适应性

物流中心的组织设计应当能够在稳定性与适应性二者之间做出平衡。组织结构一旦形成,就要有相对的稳定性,不能总是轻易变动,频繁变动的组织结构会给物流活动的正常运作带来有害的影响。但是,随着组织内外部条件的变化,又必须对组织结构进行适时的变革与调整,以保证组织结构与物流中心战略目标的一致性。

(五)能否实现组织结构的扁平化

在保证物流中心组织目标能够实现的前提下,应当力求减少管理层次,精简管理机构和人员,实现组织结构的扁平化。扁平化是对大型企业或跨国公司提出的,大型企业往往由于复杂的组织结构而影响其效率和竞争力。对于物流中心组织来说,同样应当避免出现组织层次过多、机构臃肿的现象。

(六)是否与经营模式和物流规模相适应

物流中心组织设计应当能够与其经营模式和规模相适应。对于物流活动单一或者集中在几个重要的环节的小型物流中心,不需要复杂的组织结构、严格的规章制度和分权决策。而对于大规模的物流中心来说,它必须负责从原材料采购到产品销售的所有物流活动的管理,合理的组织结构和高效的组织运作就显得尤为重要了。

物流中心应当适时地从以上六个方面对组织结构设计进行全面的审查,以便发现问题、及时调整,确保物流活动有效的开展和物流中心战略目标的最终实现。

第二节 物流中心组织

现代物流的实践表明,物流服务的对象是各类生产企业和商业企业。由于各种服务对象的经营流程与经营内容千差万别,因此,物流中心必须对其服务对象的常规及特定服务需求进行分析并提出整体性运作方案,即物流中心物流组织。

一、生产企业物流中心

生产企业物流中心是由企业销售商品的流通需求发展而来的,经过整合材料及零部件采购、原材料管理、产成品库存等功能部门最终形成面对客户,联系内外的物流中心。在国外物流中心的发展及演变过程中,生产企业的物流中心是演变成为第三方物流中心的原始主体。生产企业物流中心的组织结构有以下特点:

1. 生产企业物流中心是有销售部的部分功能分离出来的,所以与公司的销售系统的关系最紧密。

2. 生产企业物流中心作为企业的一部分,其财务、人事等功能不单独存在。

3. 生产企业物流中心一般将企业与物流相关的功能集合在一起,所以兼有原材料的采购功能。

二、商业企业物流中心

商业企业物流中心是现代商业流通的一种发展趋势。原始的商业由于分散的经营模式和规模的限制,商品多数来源于商业批发。随着商业规模的扩大和连锁商业的兴起,商业企业更愿用自建物流中心的形式来降低商品采购成本。商业企业的物流中心的组织结构有如下特点：

1. 商业企业物流中心是由商品采购部门的部分功能演变而来的，所以很多企业依然将物流中心与采购部门放在一起。

2. 商业企业物流中心随着商业连锁形式的发展，逐渐向着网络化的方向发展，商品采购实行统一管理，而物流组织采取连锁业的物流组织模式。

3. 商业企业物流中心的组织形式与商业规模有相当大的关系。商业规模较小的物流中心易实行直线制组织形式，而大型连锁商业企业易实行职能制组织形式。

三、第三方物流中心

第三方物流的概念是从 20 世纪 80 年代发展起来的，是为供给方和需求方提供物流服务的独立组织。第三方物流中心的形成发展也与连锁商业的快速兴起分不开。第三方物流中心的组织结构有如下特点：

1. 第三方物流中心是一个独立的经济组织，它的组织功能必须具备一般企业所应具备的功能，例如，财务、人力资源和 IT 等部门。

2. 第三方物流中心是为某一行业或某一连锁业而建立的服务组织，其组织机构的设置体现行业的特点。例如大型连锁快餐及快速消费品的物流中心采用的是连锁业的物流组织形式而为蔬菜、水果、鲜花的物流建立的物流中心采用的是直线制的物流组织形式。

第三节　物流中心组织职责

一、物流中心部门分工与职责

（一）物流中心组织内部的部门分工

物流中心内部的组织机构，从纵向来看可以划分成若干不同的部门。组织机构应该服从各种经营管理活动的需要，根据各自经营分工的专业、经营对象的技术复杂程度及其品种、经营操作的物质技术装配先进程度、经营规模等具体因素加以权衡，从经营管理的水平加以确定。一般来讲，物流中心的一级部门可以由业务部门、职能管理部门和行政事务部门组成。

1. 业务部门

业务部门是直接参加和负责组织物流中心业务活动的部门，包括各个物流业务机构，担负着从货品进入物流中心到按用户要求送达目的地的全部工作，按照不同的业务种类可以分为：仓储管理部、运输管理部、加工部、配送部、包装部、信息部等。物流中心的业务部门是其组织机构的主体。它们的主要任务是直接从事物流的经营、操作，对外建立经济联系，并负责处理经营业务纠纷等，是中心组织机构的主体。业务部门的规模和分工程度直接影响着其他部门的机构设置。

业务部门的组织机构划分和设置，主要有四种方法：

（1）根据处理对象的货品类别分设二级业务部门，即设置下级机构分别负责一类或几类货品的全部物流业务。

（2）根据经营业务的不同环节分设二级业务部门，即按入库、保管、出库、运输等不同环节设置机构，分别负责不同的业务内容。

(3)把前两种方法结合起来，就是在货品种类分工的基础上，再把该类货品处理的各个业务环节交由一个二级机构来负责。

(4)根据地理区域范围的划分分设二级业务机构。

2. 职能管理部门

职能管理部门是指与业务部门活动有着直接关系，专为业务部门开展工作而提供服务的管理部门。该部门直接承担计划、指导、监督和调节职能，包括计划统计、财务统计、劳动工资、价格等管理，以及在专业技术上给予帮助；按领导的委托向业务部门布置工作，负责收集、整理经营业务信息，是各级领导的参谋机构，不直接从事物流中心的经营活动。物流中心的职能管理部门是按照管理职能及管理工作的复杂性、分工的需要而设置的。

3. 行政事务部门

行政事务部门指的是既不直接从事物流业务经营活动，又不直接对经营业务进行指导和监督，而是间接地服务于经营业务和职能管理部门活动的行政事务机构，包括秘书、总务、教育、保卫等机构。它们的主要任务和职责权限是为经营和管理工作提供事务性服务、人事管理、安全保卫和法律咨询等。

以上的各个部门在不同类型的物流中心中会出现不同的组成形式。在生产企业和商业企业的物流中心里，可能不会单独设立行政事务管理部门，而由整个企业或公司对该部分工作进行统一管理；但在第三方物流中心中，由于第三方往往是以物流中心作为运营主体的，所以设立了所有的这三种部门才能正常地开展业务。

(二)物流中心组织各部门职责

1. 物流中心的主要职责

独立的第三方物流中心与生产企业和商业企业的物流中心由于地位不同，其主要的职责也有所区别。独立的第三方物流中心作为其他企业供应链中的一环，用规模效益和资源共享的方式提供价值。但作为独立的企业，在供应链中所提供的物流服务是一种交易的关系，不能用职责来划分。生产企业和商业企业的物流中心将企业涉及物流功能的活动进行一体化的协调管理，同意管理企业输入、输出货品和产成品的运输、保管、包装、装卸搬运和物流信息等业务，以加强各物流业务环节之间的协调作业，以及与企业其他各部门之间的业务联系，实现物流合理化，提高企业整体效益。

企业内部物流中心的主要职责有如下几条：

(1)制定和完善物流业务管理规程；

(2)根据企业总目标的要求，制定本部门的经营目标和物流计划；

(3)监督和协调本部门各业务环节按计划进行日常业务活动；

(4)为实现经营目标和计划任务，制定相应的策略和措施；

(5)规划和改进企业物流系统；

(6)生产企业的物流中心要注意加强与生产、采购、销售、财务会计等部门的联系，经常交换信息，协调物流活动，商业企业的物流中心要强调同采购、销售、营销、财会等部门的联系；

(7)职工培训；

(8)发展和巩固与供应商、用户之间的长期友好合作关系；

(9)评价计划执行情况。

2. 业务部门职责

作为物流中心的业务部门，无论它是第三方物流中心的还是隶属于生产或销售企业的物流中心的业务部门，其基本职责是相同的。以下列出了仓储、运输、存货控制和客户服务部门的典型职责，物流中心根据机构规模和组织复杂性对相应职责进行细化。

(1)仓储部职责：

①按照货品质量要求接收、检验货品；

②负责进出货品的装车和卸车工作；

③合理储存、保管在库货品，保证货品的存储环境；

④按货品出入库顺序要求理货(先进先出或后进先出)；

⑤按照订单要求分拣货品；

⑥及时传递货品信息，使相关部门做到快速反应；

⑦负责物流中心设备的维护及更新。

(2)运输部职责：

①按照订单数量运输到达或发出的货品；

②负责货品的在途质量及安全；

③以合理、经济的运输手段运输货品；

④合理安排路线，使单位货品的运输距离最佳；

⑤负责协调组织社会运输力量，完成物流中心运输能力以外的工作；

⑥传递客户信息，保证送货信息反馈及时；

⑦在联运方式中，负责货品的中转、交接，文件的完整性传递。

(3)存货控制部职责：

①客户市场信息的收集整理；

②物流中心库存货品的订单发出、确认及跟踪；

③物流中心安全存货量和最佳订货批量的确定；

④供应商的产品及库存信息收集及传递；

⑤存货成本最佳的控制；

⑥与货品相关的清关、检疫等事项的处理；

⑦库存产品的信息更新。

(4)客户服务部职责：

①客户订单的接收与输入；

②客户信息的收集与反馈；

③客户投诉的处理；

④送货实施情况的跟踪与处理；

⑤与客户协调订货批量、间隔及提前期，寻求满意方法；

⑥客户的定期走访，客户需求的及时跟踪和物流中心运作与客户运作的协调。

二、物流中心岗位设置与职责

物流中心可以根据规模和业务量大小设置相应的岗位，如果物流中心规模和业务量较大，岗位划分相对要细致一些；若规模和业务量较小，也可以将有关岗位合并起来，减少人员使用，降低成本。现将物流中心的主要岗位及职责整理如下。

(一)物流中心经理

物流中心的经理作为物流中心的领导,其工作内容是极具复杂性和挑战性的。物流经理必须既是一个技术专家,又是具有多方面才能的多面手,全面负责物流中心整个业务和生产的指挥、管理与协调工作。其职责主要包括以下几个方面:

1. 制定物流中心年度、月度生产经营工作计划,并负责组织实施与督促、检查。

2. 熟知货物运输运价率、仓库布局、库存分析,以及生产、采购、销售和运输法规。

3. 熟悉和善于处理各业务部门和各业务环节之间的关系,以及企业外部与供应商和用户之间的关系。定期召开生产经营分析会,掌握物流中心的生产经营状态,及时有效地发现、处理和协调生产经营中出现的各类问题,并检查、督促具体落实的情况和效果。

4. 负责物流中心的安全生产和业务质量管理。强化内部管理,杜绝和减少各类事故和差错的发生。

5. 负责审核、签发、授权业务部门提交的业务单证、资料及其变更申请。

(二)市场业务员

主要负责业务的接洽、客户的开发与合同的签订。

(三)合同管理员

主要负责客户合同及客户档案的管理。其主要职责包括:

1. 对客户合同进行分类、编号和归档管理。

2. 对签订合同时客户提供的预留印鉴、单证式样等进行妥善、严格管理,以便进出库时核对和验证。

3. 按照国家标准以及业务的需要,制定货物、客户等编码。

4. 建立并不断充实完善客户档案,为有关业务部门和领导以及系统内其他单位提供各种客户信息、资料的查询服务。

(四)生产调度员

主要负责物流业务部门内部各业务岗位间的组织、协调、指挥和收发货业务当中各种问题的处理。其主要职责包括:

1. 负责对各业务岗位进行管理、指导和协调。

2. 及时、妥善地处理、解决收发货业务中出现的各种特殊情况和问题,经常了解和掌握库存货物的储存、保管情况和质量状况,遇到问题指导和配合理货员及时、妥善处理。

3. 根据业务量大小和缓急合理组织和调配人力、设备。

4. 负责掌握仓容情况,合理安排货物储存和规划。

5. 负责货物储存、保管、装卸、运输当中的有关技术问题的处理,并提供相应的技术指导。

(五)业务受理员

主要负责受理客户的收、发货请求,对由物流中心出具的有关业务单据进行验证、复核以及打印提供。其主要职责包括:

1. 负责受理客户的收、发货业务。

2. 完成有关业务单证与资料的验证、审核、填制、建档、保管。

3. 主要负责进出库数量的统计、建账和出具各类业务报表。

4. 向有关业务部门以及客户提供所管货物的相关资料和信息查询咨询。

（六）收货、发货员

在货物到达仓储区后，主要负责对货物装载工具封装情况等进行检验，以及完成卸货、收货、发货、代运和货物中转的工作。其主要职责包括：

1. 负责与铁路运输部门（车站）的业务联系（包括有关单据、资料的送取、运输费用结算等），负责经由铁路专用线到达货物的接收与货物发运以及专用线营建与管理工作。

2. 负责由汽车运输（包括铁路、公路、水运、航空、邮件等运输形式）到库货物的接收（包括到承运单位或供货单位提货）和出库货物的发运（包括送货到承运单位或直接为客户送货）工作。

3. 负责现场的监装监卸和作业组织。

4. 负责到、发货物的交接及向有关部门索取、出具有关记录。

5. 负责专用线中转运输业务、专用线的营运与管理工作。

（七）理货员

负责完成货物检验和复核，进行仓储区、货位安排、码放、备货，并负责完成货物在库保管维护的工作。其主要职责包括：

1. 负责货物的现场收、发、保管、清点、交接工作。

2. 熟悉和掌握库存与仓容情况，合理安排货物存储与堆码。

3. 经常了解和掌握库存货物的保管情况和质量状况，遇到问题要及时通知业务受理员或存货人，并积极配合、妥善处理。

4. 负责库存货物的定期或动态清查、盘点。

5. 负责库房、货场、货区、货位的现场管理，如作业现场的清理，货物标志、货牌的制作等。

6. 负责收发货业务中货物检斤（过磅）、检尺工作；记录和出具计量的结果与凭证。

（八）配送业务员

负责处理货物从仓库运往目的地时，运输工具的组织、运输时间安排等事务。其主要职责包括：

1. 主要负责客户委托代运货物的运输计划安排和组织，为客户设计和提供科学合理的物流组织方案。

2. 负责与承运部门、客户间的提、送货等业务联系及有关问题的协调与处理。

3. 负责到车站、码头、机场、邮局提取货物的到货凭证、发货运单、结算单据等单证、资料交业务受理员。

4. 熟悉和掌握各种运输方式的业务规程和要求，了解和掌握社会运输资源、有关信息、收费标准、交通路况等，熟悉和掌握本单位自有运输能力和车辆、设备状况。

（九）质量管理员

主要负责对物流中心内部货物收发、储存保管、作业和配送运输等各业务环节的工作质量、安全生产等进行监督、检查和考核。其主要职责包括：

1. 制定质量管理计划及质量考核、奖惩办法。

2. 深入作业现场，对货物装卸、搬运、堆码等作业质量进行检查、监督、指导。发现不符合有关质量要求和安全生产规定的，有权当场立即提出纠正和制止。

3. 负责账物相符（或账、卡、物三相符）的检查与考核工作。填制自查、互查考核表，建立质量检查考核档案。

4. 负责处理货损货差事故和货物损溢情况。

5. 受理客户提出的有关质量与服务方面的意见和建议,进行跟踪、处理,出具质量事故处理报告。

6. 主动向主管领导提供质量分析报告和建议,积极配合有关部门和岗位,共同改进业务质量。

(十)流通加工业务员

负责为客户提供所需的包装或拆箱重装等流通加工作业,进一步提高物流的附加价值。其主要职责包括:

1. 本着节约能源、节约设备、节约人力、节约耗费的原则,根据客户的需要进行合理包装和加工。

2. 根据合理运输的需要,进行货物拼装、裁减等操作。

3. 根据客户的需要,进行简单改变包装等措施,形成方便的购买量。

(十一)代理销售业务员

负责向物流中心客户提供销售增值服务,具体完成有关存储货物的销售策划和直销工作。其主要职责包括:

1. 针对物流配送中心储存货物的特点和区域范围,制定合理有效的营销策略。

2. 具体负责储存货物的销售工作。

3. 负责客户的筛选、客户资料的整理与归类和客户关系维护工作。

4. 负责与客户的资金结算。

(十二)设备维修员

负责物流中心各作业设备的维护和保养,确保其正常运行。其主要职责包括:

1. 了解和遵守设备使用方面的有关制度与规定,熟练和正确掌握各类设备的使用和养护方法。

2. 随时掌握设备的使用状况,进行设备的日常检测和保养,确保设备正常运行。

3. 发现未经法定检定机构检定合格或超过检定使用期限的设备,有权向主管领导反映和拒绝使用。

(十三)电工员

负责物流中心电路、电气设施的正常运行。其主要职责包括:

1. 了解并宣传电路安全知识,熟练掌握电力维修工作。

2. 严格按照电力操作规程操作,杜绝野蛮作业。

3. 保证日常巡查工作,督促整改电力隐患,预防电力事故的发生。

4. 保持与当地供电局的良好关系,保障物流中心用电。

5. 参加建筑工程有关电力设施的审核验收。

(十四)系统管理员

负责物流中心内部计算机系统的维护和正常运行。其主要职责包括:

1. 认真做好系统运行环境的建立与维护。

2. 维护机器设备等硬件设施的正常运行,及时发现和处理各类机器设备故障。

3. 负责软件系统设置、运行维护和技术管理,监控软件和数据库管理系统运行状态,并通过适当的干预手段确保整个软件系统稳定、高效运行。

4. 做好微机使用人员操作应用辅导,监督操作员按程序操作微机,及时处理计算机系统运行过程中的异常情况。

5. 按时做好软件维护与数据备份,确保数据库数据的安全性、完整性和一致性,及时清理数据库中的“脏数据”。

6. 负责系统的安全保密工作,根据领导的决定,为各部门、各操作员分配相应的系统操作权限,并根据其工作岗位、职能变动情况及时做出调整。

(十五)市场信息分析员

负责市场、政策等信息的收集、整理和分析,为各相关部门决策提供支持。其主要职责包括:

1. 完成市场信息的调查和收集工作,负责市场信息数据库的建立和维护。

2. 负责市场调查数据和信息的处理、分析和整理。

3. 负责市场调查报告的撰写,为各级管理人员提供信息服务。

(十六)保安员

负责物流中心库区大门值班、警卫和进出库人员、车辆的登记、查验、管理,确保库区安全。其主要职责包括:

1. 严格执行进出库人员、车辆登记制度,对所有进库人员和车辆进行登记、验证,包括人员、事由、时间、有效证件、车辆牌照号、货物名称、数量、随车物品等。

2. 负责检查进库车辆及随车物品是否符合仓库关于安全与消防方面的规定和要求。

3. 根据发货单或出门证和进库登记内容,检查单证有无涂改、伪造;有关印鉴和经办岗位人员签字是否齐全;核对出库车辆装载货物品名、件数、车辆牌照号、随车物品等是否与之相符。发现不符或可疑之处,应当即与有关部门联系、核实。经确认无误后,方可放行出库。

4. 负责库区的安全保卫、交通疏导、特殊情况的处理与报警等。

(十七)消防安全员

负责物流中心消防安全工作。其主要职责包括:

1. 认真贯彻执行国家消防安全法规。

2. 建立健全各项安全防火制度,遵照“预防为主、防消结合”的原则,加强防范,抓好落实。

3. 加强防火知识教育,做好防火宣传、演练。

4. 坚持经常性地安全监督检查,督促整改火险隐患。

5. 搞好义务消防队的组织建设和业务培训。

6. 负责物流中心灭火器材的购置、配备、维修、保养,做到器材设备、底数清、情况明、档案全。

7. 参加建筑工程有关消防安全设施的审核验收。

8. 参加火警、火灾事故的扑救,查明原因,提出处理意见。

(十八)财务与会计

负责物流中心的财务与会计工作。其主要职责包括:

1. 主要参与公司财务、会计制度的制定、修改和完善。

2. 负责公司账务处理,外报报表的编撰,以及内部管理报表的编撰与分析。

3. 负责公司短期和长期预算的编制与控制。

4. 负责设计公司税务方案,并处理公司的日常税务问题。

5. 负责分析公司投资项目的运作情况，为公司的项目投资提供参考意见。
6. 审阅公司的经营合同。
7. 妥善保管会计凭证、账簿、报表和其他会计资料。
8. 审核并指导出纳的工作。

(十九)出纳

负责物流中心的出纳工作。其主要职责包括：

1. 认真执行现金管理制度。
2. 严格审核收付凭证，据以收付款项，并记录现金、银行存款日记账。
3. 严格支票管理制度，遵守支票使用手续。
4. 每日清查借款凭证，及时对拖欠借款者进行例行催报。
5. 编制银行存款余额调节表，做好银行对账、报账工作。
6. 配合会计做好各种账务处理。

(二十)业务结算员

负责收发货业务中各项费用的结算、收费，向客户出具结算和相关的收费凭证等。其主要职责包括：

1. 根据业务受理员转来的收货单、发货单等，按照实际收发货数量和有关收费标准，进行结算和收取费用，同时向客户出具发票或收款凭证。
2. 查验客户交付钱币、转账支票、汇票的真伪。

【本章小结】

物流中心的物流服务活动涉及到各个环节，为保证物流活动的正常进行，实现物流中心经营目标，要求物流中心不但应当能够设计出符合中心特征和满足物流管理需要的组织结构，还应当能够协调中心各职能部门的关系，以实现物流活动的整体最优。物流中心的组织管理主要包括物流中心组织结构设计的程序、原则以及组织岗位的设置等。

物流中心组织机构是物流中心内部组织机构按分工协作关系和领导隶属关系有序结合的总体。物流中心进行组织设计一般需要经过确定目标、设计流程、设置岗位、工作分析、定员定编、制定规范等，具体设计时应遵循以下原则：结构合理原则、责权分明原则、利于沟通原则、协调一致原则、效率效益原则、客户服务原则、流程控制原则等。一个合理的组织结构应与物流中心的经营模式、规模和目标相适应，分工合理，集权分权相结合，精干高效，具有较强的适应性。

物流中心组织机构的形式有多种，包括直线制、职能制、直线职能制、事业部制、连锁业物流组织结构等，不同时期、不同类型的物流中心的组织结构形式存在着较大的差异，但每种组织形式都有其相对有效的合理性，有其各自的适用条件，没有统一的组织结构形式。生产企业、商业企业和第三方物流企业的组织结构各有特点，物流中心可以根据实际选择适合的形式。随着经济的发展，物流中心的组织结构有扁平化的发展趋势。

物流中心内部的组织机构，从纵向来看可以划分成若干不同的部门。一般来讲，物流中心的一级部门可以由业务部门、职能管理部门和行政事务部门组成。这些部门在不同类型的组织结构中会有不同的表现形式，但其职责是一样的。物流中心可以根据规模和业务量大小设置相应的岗位，明确各自的分工范围和岗位职责，实现相互监督、相互制约，改善服务功能，提高作业效率。

【关键术语】

- 组织结构
- 宝塔结构
- 扁平结构
- 管理层次
- 集权与分权
- 授权
- 生产企业物流中心
- 商业企业物流中心
- 第三方物流中心
- 优化原则
- 等级链
- 直线制组织结构
- 职能制组织结构
- 直线职能制组织结构
- 事业部组织结构
- 连锁业物流组织结构

【思考题】

1. 什么是物流中心的组织结构?
2. 物流中心组织结构设计的程序是什么?
3. 物流中心组织结构设计的原则有哪些?
4. 如何评价一个物流中心组织结构设置的是否合理?
5. 生产企业物流中心组织结构有什么特点?
6. 商业企业物流中心组织结构有什么特点?
7. 第三方物流中心组织结构有什么特点?
8. 物流中心内部的部门是如何划分的?各部门的职责有哪些?
9. 物流中心经理的职责是什么?
10. 一般来讲,物流中心的岗位有哪些?

【课堂讨论】

1. 物流中心如何设计一个好的组织结构?
2. 在物流中心组织管理体系的建设上,流程控制原则的实施有何益处?有何弊端?

【参考阅读材料】

1. 冯耕中,《物流配送中心规划与设计》,西安交通大学出版社,2004
2. 贾争现、刘康,《物流配送中心规划与设计》,机械工业出版社,2004
3. 梁 晨,《如何进行物流服务管理管理》,北京大学出版社,2004
4. 汝宜红,田原,徐杰,《物流中心设计与运作》,中国物资出版社,2002
5. 王崇鲁,《如何进行运输与配送管理》,北京大学出版社,2004
6. 江超群、董威,《现代物流运营管理》,广东经济出版社,2003

【案例讨论】

医药连锁配送中心构建实例

改造前配送中心的运行

某医药连锁有限公司成立于2001年9月份，由于其借助母公司强大的医药行业经营背景和相关资源的支持，并附以股份经营的机制，快速地在某大城市发展几十家门店，并利用一年半的时间成为该市五大医药连锁企业之一，销售达7000万元，获得了良好的经营效益和社会效益。但是随即出现的一系列问题却使该公司管理层已经隐约感到了忧虑：门店每月销售不足300万元，库存却大到600万元，而且门店每两天仍需要总部配送货物，这时的配送满足率却仅为50% -60%，也就是说门店大约有近一半的商品是不周转的，于是公司管理层要求总部门店管理部解决门店库存，结果门管部就把门店多余的库存不加选择的退回总部，此时门店的库存是减少了，而总部的库存却增加了，于是总部采购部门马上开始退货给厂家，而此时门店却又形成了大批的上次退回货的缺货需求，于是采购部又立即进货。这样管理层解决库存的决定以失败告终。

为什么呢？原因很简单，采购部只是被动的接收门店订单而完成采购，采购部从来没有进行商品分析而有针对性的去满足门店需求，而门店的要货需求也是凭门店里老药师的经验进货，因此也缺乏理性依据。

除去问题表现在库存增大，进货的无目标性以外，表现在总部财务上是应付款没有商品明细，只有总量多少，因此对厂家付款不能确定进货的批次和哪些货有没有销售完（代销商品是销售完之后付款的），而使财务和采购部不能形成计划付款和厂家承诺的及时兑现；表现在与连锁店形成的配送差异和应收款上更是问题严重，采购部负责采购和配送账款回笼，也就是说采购既根据门店清货去采购、又根据门店订单去开单发货，并负责收款。结果，配送应收款（加盟店是结算关系，直营店是调拨关系）高达700万元（加盟店每月销售额280万元左右），并且各加盟店以总部不能准确提供对帐明细和存在配送差异为由，而拖延回款到账，管理层为此而苦恼，力求进行配送中心改造。

经过诊断，该配送中心承担采购订单处理、入库发票编辑、付款处理、门店请求配货处理、开单、配送单和发票编辑、发货和退货等任务，但是经营功能混杂、采购部承担任务过重，不能明确分工。解决的办法是：增设商品部，整合和强化配送中心经营功能。

改造前该公司经营商品品种已达6000种，分别由采购部、门管部、质管部和仓运部进行相关管理。各部门相关商品管理职能已体现出整体商品管理框架，并取得了良好的管理绩效。但是，随着所开门店、商品品种、销售数据的不断增加，这种分散式的商品管理便在公司日益增强的总部经营职能中显示出较大的局限性。

完善配送中心功能——设置商品部

为了彻底解决以配送中心为突出矛盾点的连锁发展瓶颈问题，加快连锁体系扩张，公司决策层统一了思想，进行组织扁平化，撤掉三个副总（分管门店的副总、分管配送中心的副总、分管财务和行政的副总），将原有的管理功能按照商品销售主线流程进行合并和重新设计，建立四个中心，即营运中心、财务中心、人事行政中心、配送中心。

这样，扁平化后的公司组织更加保证了配送中心拥有强大的商品配置功能，把原来分散到各部门的商品管理功能基本整合到配送中心。这有利于配送中心更好的进行内部改造。

总体思路是：一是分离出采购部的采购计划编制职能，也就是采购决策职能，保留采购订单执行，简化其复杂工作，利于跟踪订单执行过程；二是将采购计划编制职能上升到交给商品部的采购商务处理，形成配送中心采购决策准确性，利于连锁体系对商品的统一进货控制和商品品类管理；三是改造打单组为销售商务，设计出两个职能：高级职能是配送决策，就是根据各个门店的商品销售情况，分别编制商品需求并进行商品主动配送，改变过去单纯的门店销售清货制而成为清货和主动配送相结合。一般职能是缺货处理和门店订单处理，确保销售商务对门店的需求能及时相应，提高门店配送满足率，加强总部配送单和门店实收货的及时确认，使日清月结成为现实；四是撤消仓运部单据处理功能，改造为单据传递，货物存储和运输，确保运输到达及时和保管商品质量；五是强调医药商品两种基本属性，改变过去一味强调药品的质量和技术性，而忽视了本身药品的市场流通特性，药品质量和技术属性，归质量管理部进行分类管理，而药品流通属性，称之为市场性，归商品部进行品类管理。

商品部运行和流程重组

根据该公司经营现状整合采购部、门店管理部、质量管理部、仓运部等有关商品管理职能，结合未来业务发展的需求，建立专门的商品管理部门，其职能通过对商品结构、商品价格（进价、零售价、配送价、促销价）、商品进销存变动数据的分析，商品采购、配送的合理配置，安全库存的控制，供应厂商的科学评价形成统一的该公司商品管理体系。

商品部主要职能

商品配置管理：采购计划的制订和执行；对门店实现自动补货。

商品价格管理：价格政策的指定和维护，价格信息的处理。

商品品类管理：界定公司管理的具体品类以及该品类中的相关品牌；根据公司确定的标准，包括品类的战略地位（角色）、供应商和品类管理的能力、检测指标中的差距以及品类的复杂程度等，选择若干个品类制订其经营计划；界定品类在商店中的角色；进行市场细分，将已确定的品类分为各个档次，并在各档次下确定相应的品牌及其供应商；进行商品表现评估，通过数据分析进行商品评估，扩大和保留表现良好的商品，调整和改善表现欠佳的商品，淘汰那些表现极差的商品。

厂商管理：厂商分类、基本资料建档；各厂商商品台账建立；厂商销售数据的统计分析；厂商评价。

统计分析：进销存销售数据资料的分析整理；分类构成比分析；毛利率分析；商品周转率的分析；单品贡献率的分析；门店订货商品到位率指标分析；配送商品的销售率指标分析；商品有效销售发生率指标分析；新商品引进率指标分析；商品淘汰率指标分析。

商品部工作模式

参与核心业务流程分工与管理支持相结合，也就是保证商品部全部职能的发挥必须与核心业务流程相结合，承担流程工作；但是该部门作为配送中心的核心业务部门和经营部门，又必须作为配送中心的代表者向公司其他部门和领导提供商品体系的所有管理信息，比如对财务中心的商品业务核对，应收应付的计划安排等；对供应商起到采购安排、市场推广、重点品种的渠道选择等，对门店的品种管理、重点商品的考核安排等等，因此管理支持就是该部门的高级职能。因此该部门的工作模式是一般职能和高级职能的紧密结合，避免出现该部门仅成为配送中心的一个信息汇总或者成为一个事务性的部门。

管理支持体现在：厂商评价、数据分析、价格指数等以定期报表的方式向公司领导及其他有关部门汇报和传阅，利于公司对商品经营的决策管理。

商品部岗位设置

商品管理部是建立在连锁信息管理系统数据分析基础上，通过对供应商的管理、采购决策、存货控制、采购价格管理以及客户管理、销售分析与预测、销售价格管理等实现公司连锁体系经营商品的自动采购和自动补货的经营管理部门。

商品管理部按照其职能设置三个商务，采购商务、销售商务、采购商务，设采购、销售和信息数据分析三个岗位，定编8人（部门经理兼职其中的一个岗位）。

业务流程

商品部管理业务流程是基于公司核心业务流程而起管理支持的，主要是如何对公司采购部、门店管理部、仓运部等业务经营部门的商品经营进行职能支持和管理职能流转的，这个方面与公司新信息系统开发和设计人员制订好新核心业务流程后再确定管理流程，核心内容是经营数据的有效提取和准确分析处理和快捷智能化查询的。

改造启示

1. 医药连锁作为采取连锁经营模式最晚的商业业态，本身的医药经营行业的技术垄断性使其仍然封闭在老传统的药房操作模式里，而连锁经营模式的特有的标准和要求运用的不是很好，因此，建议医药连锁企业在进行任何组织机构改革和流程重组时，不能急于求成，操作过快，这与该行业连锁经营人才匮乏也有很紧密的关系。

2. 对于新部门或新的流程作用的发挥一定给予较大的关注。因为连锁是一个协作分工的经营模式，新部门承担的新任务需要与各部门协作，但是起初不可避免会出现一些不适应或者各配合部门的原来惯性。

现在该公司经营情况比改造前得以大幅度提高：商品周转已由过去的60天提高到现在的30天，配送满足率提高到90%左右，应收款月月清晰，单据差错率控制在0.1%以内，已完全消除人为差错，退货率也由原来的10%降低到现在的0.5%，主要是商品质量问题，对于销售结构性退货已基本消除。各门店都已由原来的想提多少货就从总部要多少货的局面，现在改为根据门店每月的销售额和销售结构进行信用额度控制，加盟店由原来的被动催款变为额度控制内的主动往银行卡内回款，从而及时补充信用余额，因此应付款每月仅为销售收入的1/2。经过本次改造，最大的变化是该公司已清晰的形成了厂家、总部（管理、市场营销、商品管理、结算管理）、门店的供应链关系，各环节工作效率大大提高，公司的各部门主管都明显感到比原来更从繁重的简单劳动中解脱出来了，现在的管理和分析决策的任务加大了，操作层面的员工基本上都是按照规定的流程和表格，按照设计好的程序工作，也感觉非常的轻松。

效率的提高、一般工作和管理工作的分开、经营职能和管理职能的分离和重新组合是改造的主题思路。

（资料来源：www.jctrans.com）

讨论题：

1. 该医药连锁配送中心改造前的组织结构是什么形式？

2. 该医药连锁配送中心改造后的组织结构又是怎样？

3. 试绘出该医药连锁配送中心改造前后的组织结构简图。

4. 该医药连锁配送中心的改造对现代物流中心组织结构的设计有什么启示？

◆——第九章　物流中心运作管理

＊本章主要内容

- 物流中心运输管理
- 物流中心仓储管理
- 物流中心库存控制管理
- 物流中心成本控制
- 物流中心 KPI 绩效管理

＊

在沃尔玛的日常物流运作中，大宗商品通常由铁路送达沃尔玛的物流中心，再由沃尔玛的卡车送达各区域的门店。每店一周收到 1 至 3 卡车货物，60% 的卡车在返回物流中心途中，又捎回从供应商处购买的商品（俗称为"公交车方式物流"），这样的集中运输配送为沃尔玛节约了大量的物流成本。

据统计，早在 20 世纪 70 年代初，沃尔玛的配送成本只占销售额 2%，比一般大零售商低了近一半。同时，集中运输配送还为各门店提供了更快捷、更可靠的送货服务，并能更好地控制存货。

如今，沃尔玛物流中心的运行完全实现了自动化。每个物流中心大约 10 万平方米，相当于 10 个足球场大，占地约 60 平方公里。物流中心的货物从牙膏、卫生纸、玩具到电视、自行车等应有尽有。

为了更好地进行仓储管理和运输管理，沃尔玛的每种商品都有条形码，由十几公里长的传送带传送商品、激光扫描器和电脑追踪每件商品的储存位置及运送情况，每天能处理约 20 万箱的货物。

商品在物流中心停留的时间不超过 48 小时，物流中心每年处理数亿次商品的进出库，而 99% 的订单都准确无误。

沃尔玛对物流中心的运行管理，是沃尔玛"天天低价"的营销策略的基础。

想一想：物流中心要成功运作，必须对哪些方面进行控制和管理？

物流中心设计与建设工作完成后，就要投入运行。运输、仓储和库存作为物流中心的主要活动内容,几乎涵盖了物流中心的所有物流作业项目,因此,物流中心的运作管理就是对运输、仓储和库存以及在运输、仓储和库存过程中发生的成本进行管理和控制,并对其绩效进行评估。

需要说明的是,物流中心运作过程中的管理与一般物流管理既有共性,也有不同之处。本章着重介绍物流中心运作管理的独特之处。物流中心运作管理中与一般物流管理相同之处,如运输路线最短路法、库存控制 ABC 分类法、经济订购批量等本书不再介绍。

第一节　物流中心的运输管理

一、物流中心运输管理的功能及业务流程

(一)物流中心运输管理的功能

物流中心的运输管理的功能和一般运输管理的功能既有相同之处,也有独特之处。相同之处在于,同是作为社会生产力的有机组成部分,主要是通过完成物品的空间位移来实现商品的增值。物流中心运输管理的独特性表现在以下几个方面:

1. 强调运输的协调性

物流中心一般是处于物流的末端环节的流转节点,它所体现的价值在于有效连接供方与需方的运作。物流中心的运作在于节奏的控制,不是越快越好,更不是越慢越好,而是寻求顺畅的流动过程中的最低成本。运输的协调包括运输工具的选择、与供方和需方的时间协调、运输方法协调等等。

2. 路线优化与合理性

物流中心服务于众多的客户是其实现价值的前提,客户小批量订货与物流中心大批量运输的利益驱动,要求物流中心的运输在同一辆车中装载多家货品。运输的路线优化是实现物流中心单位货品运输距离最短的有力手段。同时物流中心又是多品种的货品集散地,如何实现商品类别的搭配以达到车辆装载重量和体积的合理化,也是物流中心运输管理的任务之一。

3. 消除物流中心功能间的背反效应

物流中心是众多服务功能的集成,功能越多,所创造的价值也越大。但物流功能之间的背反效应也要考虑。例如存货控制要求按经济批量订货,要考虑供货商的订货价格因素;仓储部门要求整托盘装卸,不希望出现零散货品,这些都与运输管理的装满车运输的要求目标相矛盾。如何平衡各功能间的利弊,以求得整体效益的最大化,是物流中心运输管理的内容之一。

4. 多温度运输

服务于现代商业及大型连锁店的物流中心是物流中心的典型实例,也代表着当代物流中心发展的整体趋势与水平。由于连锁超市中温控食品及速冻食品的比例提高,冷冻冷藏运输也成了食品物流中心运输的不可缺少的部分。如何实现冷冻冷藏货品的有效运输,既能满足客户对送货及时、便利的要求,又能达到物流中心运输满车装载的要求,是物流中心管理的一部分。

(二)物流中心运输管理的业务流程

不同类型的物流中心,其运输管理部门的流程也有所不同。但一般的流程可以概括为如图 9 - 1 所示。

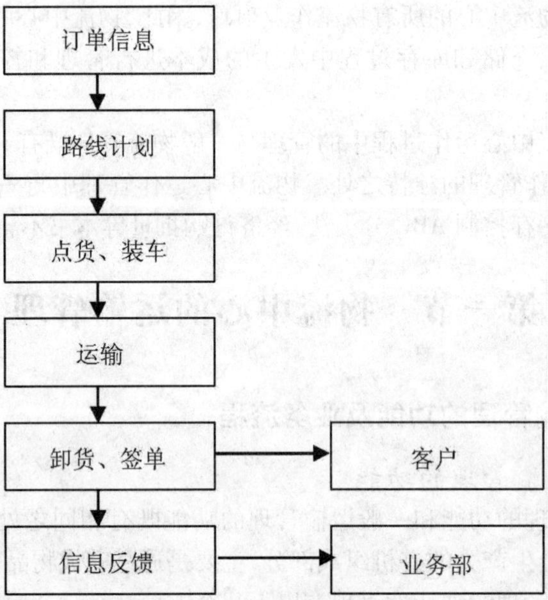

图9-1 运输业务流程

二、物流中心的运输合理化

运输合理化包括路线合理化和装载合理化,是物流中心进行运输管理的最基本要求。运输路线合理,可以节省运力,缩短运输时间;装载合理化是在有限的运输资源条件下,最大限度地利用车辆运载能力及空间。合理化运输的目的是节约运输成本,提高运输质量,增强物流中心的竞争优势。

> 运输合理化就是按照货物流通规律组织货物运输,力求用最少的劳动消耗得到最高的经济效益。也就是说,在有利于生产、有利于市场供应、有利于节约流通费用和运力以及劳动力的前提下,使货物运输走过最短的里程、经过最少的环节、用最快的时间、以最小的损耗和最低的成本,把货物从出发地运到客户要求的地点。

(一)运输安排不合理的表现形式

1. 运力选择不当。选择运输工具时,未选择具有优势的运输工具。例如,在同时可以利用水运及陆运时,不利用成本较低的水运或水陆联运,而选择成本较高的铁路运输或公路运输,未能发挥水运优势。

2. 运输工具承载能力选择不当。不根据承运货物数量及重量选择,而盲目决定运输工具,造成过分超载、损坏车辆及货物不满载浪费运力的现象,造成单位运输成本增加。

3. 空驶运输。即空车或无货载行驶,是不合理运输的最严重的形式。目前超过50%的车辆是在空驶或不满载的状况下运输。造成空驶的主要原因有:由于工作失误或计划不周,造成货源不实,车辆空去空回,形成双程空驶;由于车辆过分专用,无法搭运回程货,造成单程空驶运转;能利用社会化的运输体系而不利用,却依靠自备车送货提货,造成单程空驶的不合理运输。

4. 重复运输。重复运输的一种形式是,一种货物本可直达目的地,但由于物流网络设置不当或计划不周,而在中途停卸、重复装运的不合理运输现象;还有一种形式是,同品种的货物在同一地点一边运进，同时又向外运出。重复运输增加了不必要的中间环节，从而延缓了流通速度，增加了费用，增大的货损。

5. 对流运输。亦称“双向运输”、“交错运输”，指同一种货物或彼此间可以互相代用的货物，在同一线路上或平行线路上作相对方向的运输。

6. 倒流运输。是指货物从销地或中转地向产地或起运地回流的一种不合理运输现象。其不合理程度要甚于对流运输，因为往返两程的运输都是不必要的，形成了双程的浪费。

7. 迂回运输。是指运输车辆不按最短路线行驶却绕道而行的运输现象。迂回运输有一定的复杂性，如果最短距离由交通阻塞、道路情况不好或有对噪声、排气等特殊限制而发生的迂回，不能称为不合理运输。而因为计划不周、地理不熟、组织不当而发生的迂回运输，则属于不合理运输。

8. 过远运输。是指舍近求远的货物运输现象。近处有货源不调却从远处调，这就造成可采取近距离运输而未采取、拉长了货物运距的浪费现象。过远运输占用运力时间长、运输工具周转慢、物资占压资金时间长，而且容易造成货损，增加了费用支出。

（二）运输合理化的方法与控制手段

运输是物流中最重要的功能要素之一，运输费用一般占物流中心总费用的40%以上。因此，运输合理化对物流中心的成本控制是非常重要的。运输合理化除使用计算机辅助系统进行管理外，合理控制运输的各要素，并且设定控制指标对运输管理加以控制是有效的手段。影响运输合理化的要素包括：

1. 运输距离

在运输过程中，运输时间、运输货损、运费、车辆或船舶周转等运输的若干技术经济指标，都与运距有一定的比例关系。在运输定量商品时，运输距离越短，成本越低。因此运距长短是运输是否合理的一个最基本因素。缩短运输距离从宏观、微观看都会带来好处。衡量运输距离的指标包括单位货品运输距离、当月实载行驶公里等。

2. 运输时间

运输时间特别是满载运输时间是衡量车辆计划安排的有效指标。路线一定的情况下，运输时间越短越经济，而每辆车的运输有效利用时间则是越长效益越好。

运输是物流过程中需要花费较多时间的环节，尤其是远途运输，在全部物流时间中，运输时间占绝大部分，而且运输作业不能与其他物流作业同时进行。所以，运输时间的缩短对整个流通时间的缩短有决定性的作用。此外，运输时间短，有利于运输工具的加速周转，充分发挥运力的作用，有利于货主资金的周转，有利于运输线路通过能力的提高，对运输合理化有很大贡献。

衡量运输时间的指标包括车辆利用率、车辆空驶率等。

3. 运输费用

运输费用是衡量运输计划与管理的综合性指标，也是各种合理化措施是否行之有效的最终判断依据之一。运费在全部物流费用中占很大比例，运费高低在很大程度上决定整个物流系统的竞争能力。实际上，运输费用的降低，无论对货主企业来讲还是物流中心来讲，都是运输合理化的一个重要目标。运输费用可以用单位货品运输成本或吨公里运输成本来控制。

4. 运输装载率。运输装载率是在运输距离和运输工具不变的情况下提高货品装载量的指标，它反映了运输货物的合理配置，反映了运输管理中对路线、客户、订单等信息的掌握程度。衡量装载率的指标是车辆满载率。

5. 运输环节

每增加一次运输，不但会增加起运的运费和总运费，而且必然要增加运输的附属活动，如装卸、包装等，各项技术经济指标也会因此下降。所以，减少运输环节，尤其是同类运输工具的运输环节，对合理运输有促进作用。

6. 运输工具

各种运输工具都有其适用的优势领域，对运输工具进行优化选择，按运输工具的特点进行装卸运输作业，最大限度地发挥所用运输工具的作用，是运输合理化的重要一环。

(三)运输车辆的选择

运输车辆是完成运输任务的有效载体，选择合适的车辆是达到合理化运输的条件之一。车辆的选择分为两个方面，第一是车辆的购置，第二是车辆的租赁和选用。相对于车辆租赁和选用来说，车辆的购置程序更复杂，需要考虑的问题更全面。

车辆的购置应注意以下方面：

1. 车辆形式的确定

物流中心运输货品的类别决定了所购置的车辆的形式，例如冷冻、冷藏食品物流中心的运输车辆要选择冷藏车，一般食品物流中心应选择厢式货车，而为了节约成本，也有些物流中心购置敞篷式平板车用于批量货品的运输。但随着食品安全的要求和运输规范的提高，城市物流特别是快速消费品物流，使用厢式货车是必然趋势。

2. 车辆吨位的确定

对于单位货品运输成本，车辆越大，承载能力越大，每次运输的单位货品运输费用越低。所以在可能的情况下，选择大吨位的车辆进行运输无疑是降低成本的好方法。但选择大吨位的车辆运输受到很多条件的限制：第一，订单批量的限制，一个或几个客户的运输量在路线排定以后达不到一定的吨位，使用大承载能力的车辆进行运输无疑是一种浪费；第二，交通法规的限制，城市对车辆都有时间和吨位的限制，一般不允许大吨位车辆在白天进入市区送货。所以车辆吨位的确定一定要权衡各种条件，选择恰当的承载能力的车辆。

3. 车辆厢体体积的确定

选择车辆厢体体积要根据运输货物的比重确定。运输较重的货品，例如冷冻货品、饮料等，应选择厢体较小或标准配置的车辆厢体；运输货品如果比较轻，应选择较大的车辆厢体。对于物流中心而言，管理者会考虑尽可能少配备车辆，最大限度地发挥车辆的运输能力，将有限的车辆用于运输重量、比重、温度要求不同的货品，在可选择的范围内选择较大厢体的车辆会方便车辆的运营调度。

4. 车辆标准的确定

物流中心选择车辆，要按照标准化的原则。这里标准化包含两方面含义：第一是在标准的车辆系列中选择适合物流中心的系列车辆，车辆品种尽可能少；第二是车辆的配置、尺寸、侧门等要求要统一。标准化的车辆系列和配置是物流中心运输高效化的保证，能增加车辆的替代性，减少维修成本。

5. 车辆其他配置的确定

车辆附属装备的配置是车辆型号选择和再设计的重点。车辆附属装备是为了更好地实现运输、装卸、监控等目的，配置车尾板、侧门、车厢内滑动地板等装置，可以加快运输运作速度和提高服务质量。

三、物流中心运输路线的选择

物流中心的车辆在运输生产活动中,按预定计划在道路上的运行路线,就是车辆运输路线。物流中心在实际运作过程中,由于面对的客户分布在不同的地点、道路条件不同以及车辆类型不同,所采用的运输路线方案也可能不同。为提高车辆的利用效果,就必须对运输路线进行慎重的选择。

(一)运输路线选择的目标

运输路线选择的目标就是运输路线的合理化。所谓运输路线的合理化就是按照货物流通规律,组织货物运输,力求用最少的劳动消耗,得到最高的经济效益。

> 运输路线合理化即在满足客户需求的前提下,以最短的里程、最少的环节、最快的时间、最低的成本完成货物运输任务。

合理化的运输路线可以节省运力、缩短运输时间,最终表现为节约运输成本和提高运输质量,增强物流中心的竞争优势。在确定运输路线选择的目标时,可根据物流中心的具体情况,选择如下的某一个作为目标:

1. 以效益最高或成本最低为目标

即以利润最大化或成本最小化为目标值,这也是所有企业的追求。因此,此目标是运输路线选择时常用的一个目标。

2. 以里程最短为目标

如果运输成本与运输里程相关性较强,而与其他因素相关性较弱时,运输里程最短的实质就是运输成本最低,则可考虑用运输里程最短为目标;当运输成本不能通过运输里程来反映时,如道路收费、道路运行条件严重影响成本,以最短里程作为目标就不合适。

3. 以配送服务水平最优为目标

如准时配送要求成为第一位时,或需要牺牲成本来确保服务水平时,以服务水平为首选目标。这种成本的损失可以从其他方面弥补回来,如优质服务可以采用较高的价格策略。

4. 以运输周转量最小为目标

在完成货运任务的前提下,运输周转量越小运输费用有可能越低。

(二)运输路线的类型

1. 往复式运输路线

车辆在两个装卸作业点之间的路线上,作一次或多次重复运行的运输路线。这种运输路线的几何形状可近似看作直线型,可分为单程有载往复式、回程部分有载往复式和双程有载往复式三种。这三种路线类型,以双程有载往复式路线的里程利用率最高,而单程有载往复式路线的里程利用率最低,在实际的运输组织工作中尽量避免选择单程有载往复式运输路线。

2. 环形式运输路线

环形式运输路线是指车辆在若干个装卸作业点组成的封闭回路上,作连续单向运行的运输路线。在环形运输路线的选择中,以里程利用率最高为原则。

3. 汇集式运输路线

汇集式运输路线是指车辆沿分布于运行路线上各装卸作业点,依次完成相应的装卸作业,且每次货物装卸量均小于额定载重量,直到整个车辆装满(卸空)后返回出发点的行驶路线。

这种形式的运输路线其组织工作较为复杂,但有利于做到“取货上门,送货到家”,能为客户提供良好的服务。这种路线在配送运输中被广泛应用。在汇集式运输路线的选择中,以运输费用最低为原则。

(三)运输管理的路线优化系统

运输的路线优化和装载合理化是物流中心运输管理的重要部分。路线优化是在运输的外部条件已确定的情况下寻求运输距离的最小化。比如,上海有100家便利店要求同一天送货,如何在车辆装载量最大的情况下实现运输距离最短就是路线优化的任务。一般情况下,人工编排路线用以下方法:

1. 区域路线法:将送货点按区域划分,然后按区域送货。

2. 扇形路线法:将送货点以物流中心为中心划圆弧连接,满车为送货计划。

3. 水滴形路线法:将送货点按顺时针或逆时针排定路线。

这三种人工编排路线的方法当中,水滴形路线法是人工编排路线的最短的方法。但人工编排路线的方法在面对大量客户的情况下显得力不从心,而且受人为影响太大。计算机技术的发展使电子信息系统辅助排定运输路线成为可能。目前,由 Manugisitics 公司开发的 TR 系统,将以下信息输入系统后,计算机自动生成优化后的运输路线:

(1)产品信息:包括体积、重量、类别、订货量;

(2)道路信息:包括地图、道路行驶限制、速度、路费;

(3)客户信息:包括客户位置、接货窗口;

(4)车辆信息:包括数量、体积、载重、司机等等。

物流窗口9-1

沃尔玛物流中心的运输管理

沃尔玛为了更好地促进商品在全球的销售,它建立了自己的运输车队,专司货物配送,以保持物流的灵活性,并保证为一线门店提供最好的物流配送服务。

沃尔玛的车队拥有2000多辆运输卡车,一年能运送75000吨货物。同时,通过建立运输网络,一辆卡车能够到不同的物流中心去,保证货物从仓库到任何一家门店的时间不超过48小时,相对于其他同行业门店平均两周补货一次,沃尔玛可保证门店货架平均一周补货两次。

沃尔玛的运输策略,主要是通过集装箱运输,也有夜间运输。事先制定运输计划,与用户做好沟通,确保配送程序非常准确,避免多余的检查成本,货物运到物流中心,立刻就可以入库。

沃尔玛采用全球定位系统对运输车辆进行定位。因此,调度中心可以时刻掌握车辆到了什么地方,离门店还有多远,还有多长时间可以到达目的地。知道卡车在哪里,产品在哪里,就可以提高整个运输系统的效率。

沃尔玛的物流中心全天候24小时不间断地工作,它们与供货厂商和门店两边都约好时间,都按照运行的时间表来进行。货即使晚上送到,也都能立即卸货。这样可以对时间进行很好的管理,进而节约时间,提高效率。

(资料来源:胡松评,《向沃尔玛学供应链管理》)

第二节　物流中心的仓储管理

物流中心作为物流网络的节点,它的作用在于有效地连接供应方与需求方。这个连接过程中,如果说运输是物流中心的输血管,仓储则是物流中心的中枢神经系统。因为,在物流中心的所有作业中,仓储功能涵盖了大部分作业。物流中心仓储管理的重要性由此可见一斑。

一、物流中心仓储管理的特点

物流中心的主要功能是仓储和运输,仓库作为物流中心的运作活动地点,是物流中心得以有效运转的根本保证。仓储是物流中心不可缺少的主要功能之一,但物流中心的仓储功能有别于一般意义的仓库储备管理。

和一般意义的仓库管理功能相比,物流中心的仓储管理主要有以下特点:

(一)物流中心的仓储管理强调商品的流动性

物流中心的商品无论是存货区的库存状态还是拣货区的流动状态,其目的都是在物流中心的合理流动。

(二)物流中心的仓储商品的多样性

无论是生产企业的物流中心还是零售企业的物流中心,商品的种类、数量越来越多。这既增加了物流中心仓储管理的难度,同时也给仓储管理提出了更高的要求。

(三)物流中心仓储管理强调与其它功能的配合要求

仓储功能是物流中心的功能之一,但物流中心的在库商品不以商品的时间的转移为实现商品增值的主要功能,而是通过于其他的物流功能的合理配合来实现物流中心的增值服务。如何解决物流各功能之间的悖反效应,达到物流总体的最优化,是物流中心仓储管理的重要任务。

二、物流中心仓储作业流程及作业管理

物流中心包含的范围非常广泛,从物流园区、配载中心到服务于末端环节的消费品物流中心,从生产厂的供应物流中心到流通环节的物流中心,业务范围不同,作业的流程也不同。但简单来说,物流中心的仓储作业的主要运作环节包括入库作业、在库保管作业和出库作业三大内容,如图 9 - 2 所示。

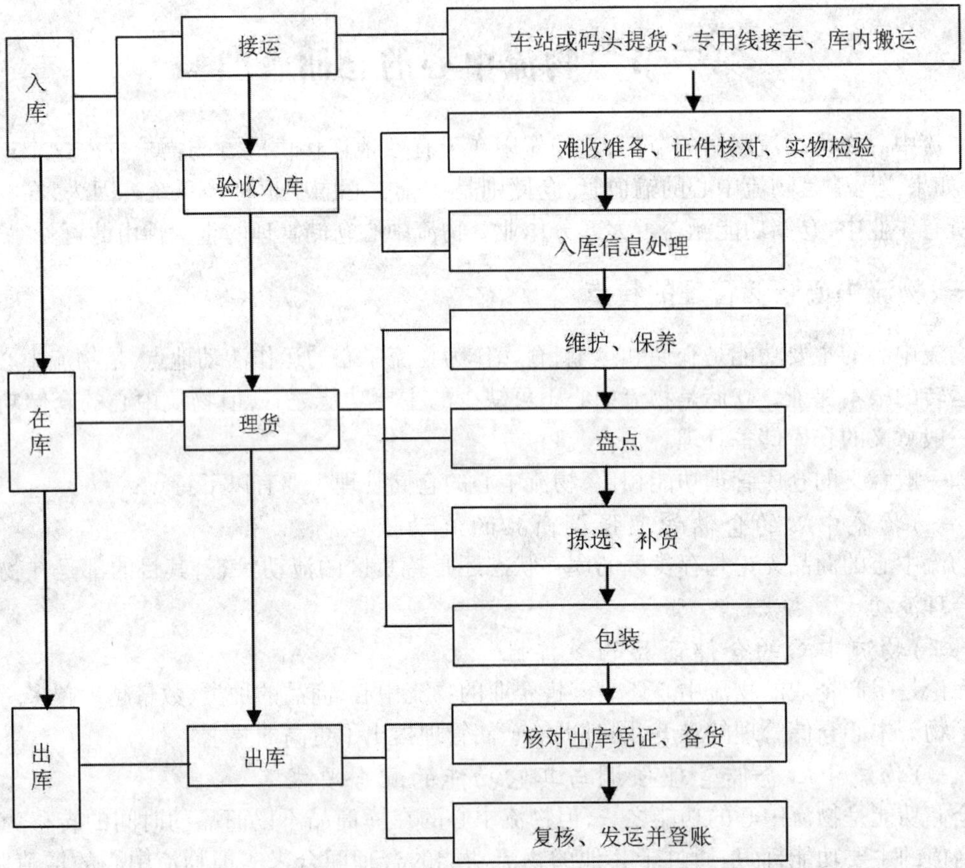

图9-2　物流中心仓储管理作业流程

(一)入库作业管理

在物流中心的基本作业流程中,入库作业是物流作业的开始。主要内容包括核验单据、装卸、搬运、分类、验收、确认商品后,将商品按预定的货位储存入库的整个过程。商品入库作业是后续作业的基础和前提,入库作业的质量直接影响到后续作业的质量。入库作业流程包括:

1. 入库作业计划

物流中心为了有计划地安排储位,配备作业所需的劳动力,使物流中心的仓储业务做到有准备、有秩序地进行,须根据进货进度计划,结合物流中心的储存能力、设备条件、劳动力情况和各种仓储业务操作过程所需的时间,来编制入库作业计划。

2. 入库前的准备

商品入库的具体准备工作,是在掌握入库商品的品种、数量、到货地点、到货日期等具体情况的基础上确定的。主要包括人力的组织、工具的准备、仓位的安排以及苫垫的准备等。

3. 接运

物流中心接到到货通知后,接运人员应及时做好接货准备工作,处理接运中的各种问题。根据供货单位将商品送达的方式不同,接运有铁路专用线接运、车站码头提货、自提货等。

4. 核对单据

商品运抵物流中心后,收货人员首先要检验商品入库凭证,然后按商品入库凭证所列的收货单位、货物名称、规格数量等具体内容,与商品各项标志核对,如发现错误,应拒收退回,一时无法退回的，应进行清点并另行存放，且必须做好记录，待联系后再处理。

5. 入库验收

物流中心须对将入库的商品作全面、细致的验收，核对商品条形码、商品的总件数、商品包装上的品名、规格、细数等。商品验收是交接双方划分责任的界限，要实现把完好的商品收进来，通过配送再把完好的商品送给客户，必须要经过商品条形码标识、数量、质量、包装四个方面的验收，发现问题，应及时通知发货方并按规定做出相应处理，一般分别按溢余、短少、残损、变质等情况以书面形式通知货主或发货方查明情况。

6. 入库信息的处理

对入库的商品进行登账、立卡和建档工作。登账即建立商品明细账，就是根据商品入库验收单和有关凭证建立商品保管明细台账，并按照入库商品的类别、品名、规格、批次等，分别立账。立卡即填制商品的保管卡片并由保管员集中保存管理或者将填制的卡片直接挂在商品垛位上。建档时将商品入库业务全过程的有关资料证件进行整理、核对，建立资料档案，为商品的保管、出库业务活动创立良好的条件。

（二）商品在库管理

商品的在库管理的基本作业活动是理货，具体的作业内容一般根据物流中心的业务、处理对象、客户要求的不同而不同，但基本都包括：储存保管、盘点、拣选、补货、再包装等工作。

1. 货物保管与养护

> 在仓储活动中，货物保管与养护是指根据货物属性、货物存储对环境的要求等，对货物进行不定期检查、保养、对环境因素进行调整，确保货物质量和数量的过程。

货物的保管养护是在库保管工作的重点。为了能够及时、准确、完好地将货物保管好，物流中心应遵循一些基本要求：

（1）商品的储存要符合环境及卫生要求，防虫防鼠，保持温度范围，防锈防霉，避免商品间污染；

（2）商品要按规定区域存放，容易识别和查找；

（3）商品出入要有序，按先进先出或后进先出的原则；

（4）商品在库房中的移动路线要尽量缩短，以保证仓库内部物流的合理化。

2. 盘点

> 盘点是针对实际货物状况与账簿上记载的货物码放、数量、品质以及在库状态进行核对的作业过程。

盘点主要由理货员负责。根据进出库货物的情况，随时掌握各类库存货物的动态变化，确保库存账面与实物完全相符。对于进出库频繁、批量较大的货物，要及时进行动态盘点、复核，并且应有严格的交接班制度。一般货物应做到至少每月定期盘点一次。

盘点作业可以采取动态盘点、定期盘点、循环盘点三种方法。动态盘点是指在每次码放或取货的过程中，对与之有关的货位核对货物数量；定期盘点是按照固定的周期（一个星期、月）核对货物数量；循环盘点是指根据一定的盘点原则，自动抽取一部分货物，由工作人员进行盘点，循环盘点要保证在一个周期内所有种类的货物或货位都能盘点到。

盘点工作是一项极其繁重、花费时间的作业。盘点工作不仅仅是对现有的货物库存状况的清点，而且可以针对过去的货物管理的状态作出分析，进一步为将来货物管理的改进提供参考依据。因此,盘点作业是衡量物流中心经营管理状况好坏的标准尺度。

3. 拣选

> 拣选是按订单或出库单的要求,从储存场所中选出货物,并放置到指定地点的作业过程。

在物流中心内部所涵盖的作业范围中,拣选作业是极为重要的一环,其重要程度相当于人的心脏部分。拣选作业的目的在于正确而迅速地把客户所需的货物集中起来。

一般来说,拣选是物流中心最复杂的一项作业,其成本占物流装卸搬运成本的绝大部分。为此,若要降低物流搬运成本,首先应从拣选作业着手改进。要提高拣选作业的效率和效益,必须把握好人员、设备、策略、质量等几个因素。

拣选单位分为托盘、箱和单品三种形式。拣选单位是根据订单分析结果而决定的。如果订货的最小单位是箱,则拣选单位最少是以箱为单位。对于大体积、形状特殊的、无法用托盘和箱来归类的特殊品,则用特殊拣选方法。

拣选作业一般有两种方法:摘果法和播种法。摘果法是让拣选搬运车循环于储存场所,按客户订单挑出每一种货物,巡回完毕一次也就完成了一次配货作业,将配齐的货物放置到发货场所指定的货位,然后再进行下一个客户的配货。播种法是将每批订货单的同种货物各自累加起来,从储存仓位上取出,集中搬到理货场,然后将客户所需的数量取出,分放到该客户的货物暂储待运货位,直至配货完毕。

4. 补货

补货作业是从保管区把货物运到另一个拣选区的工作。补货作业的目的是确保货物能保质保量按时送到指定的拣选区。补货的单位一般是托盘。

拣选区存货量的多少是决定补货的重要因素。补货主要有如下三种形式:

(1)批次补货:每天由计算机系统计算出所需货物的总拣取量,再查看拣选区存货量后,在拣货之前一次性补足,从而满足全天拣货量。

(2)定时补货:把每天分成几个时点,当拣选区存货量小于设定标准时,立即补货。

(3)随即补货:巡视员发现拣选区存货量小于设定标准时,立即补货。

5. 包装

包装是物流的起点,包装的合理化和现代化是物流的合理化和现代化的组成部分和基础。从现代化流通的观点来分析,物流包装的合理化及现代化不是包装本身的事情,而是在整个物流系统实现合理化及现代化的前提下的包装合理化及现代化。这种合理化及现代化一般是用宏观的物流效益与微观的包装效益的统一来衡量的,包括包装材料、包装技术、包装方式的合理组合及运用。因此,应该从物流总体角度出发,用科学方法确定最优包装。

例如,由于包装强度不足,包装材料不足等因素所造成货物在流通过程中发生的损耗不可低估。由于包装强度设计过高、保护材料选择不当而造成的包装过剩问题,在发达国家表现得尤为突出。

另外,物流包装标准化是物流管理现代化的重要组成部分。物流包装标准化是以物流包装为对象,对包装类型、规格、容量、使用材料、包装容器的结构造型、印刷标志、产品的盛放、衬垫、封装方法、名词术语、检验要求等给予统一的政策和技术措施。

(三)商品出库作业管理

物流中心的商品出库作业是依据客户服务部门或业务部门开出的送货单和商品出库凭

证,按其所列的商品编号、名称、规格、数量或生产日期等项目组织商品出库的一系列活动。商品出库作业的完成标志着商品保管工作的结束。

货物出库要根据“先进先出,推陈出新”和“接近储存期限的货物先出库”的发货原则,做到先进的先出、保管条件差的先出、包装简易的先出、容易变质的先出。对有保管期限的货物要在限期内发出。

出库作业按照如下程序进行:

1. 核对出库凭证

货物出库(包括过户、转库、取样)必须凭客户(货主)或物流中心有关部门(业务受理员)开出的货物提货单发放。

如果发货业务是完全依据客户(货主)的指令进行,那么在发货之前要认真核对如下内容:对照货主留存的货物提货单样张,防止假冒;对照货主留存的印签,查验提货单上的印签是否与之相符,印签是否齐全,否则不予发货。同时核对货物提货单所开各项内容与所存货物是否相符,发现错开、漏开、涂改等情况要与货主联系,拒绝发货。查对提货日期,超过提货期限的出库凭证不发货。

2. 备货

接到提货单后,要查对账和货物档案,逐项检查提货单所开品名、规格、型号、材质等是否正确,是否属于客户存放的货物,数量是否在库存数额之内。如有不符要与货主或业务受理员联系更正,完全相符后方可备货。

开始备货前,要根据账卡上记载的库区货位,查对货垛上悬挂的货牌和实物,确认无误后方可备货,避免张冠李戴,造成备错、发错货事故。应该做到按单备货,即备货数量(实发数)要根据提单开列的数量(应发数)从严掌握。备好货后要在出库码单和发运单上分别详细写明数量。将出库码单、质量证书(合格证)、包装计费单等与实物同行的有关资料配齐,签单送配送发运部门托运,做到单货同行。

3. 复核

认真坚持发货复核制度可以防止多发、少发、错发等差错事故,避免由此造成的经济损失。未经复核的货物不准出库发运。

4. 包装整理

理货员或复核人员在复核发货的同时,要检查包装或捆扎是否符合作业标准,以确保货物安全。例如,箱(包)装货物出库,包装要完整,破损不出门;捆扎货物出库,腰箍要捆紧扎牢,散(松)不出门;化工桶用草绳捆扎牢固,达成二横四竖,等等。

另外,理货员还要检查防止货物混淆。例如,品名相同、规格一样而材质不同、互有影响的货物不得混装在一起,以防混淆;品名、规格、材质等都相同,同一时间、同一到站的货物,要做到用不同的发货标志以便区分和识别,避免到达目的地后发生错误、错收等事故。

5. 发运

货物发运质量直接影响货物流通的速度和货物运输安全。按照“及时、准确、安全、经济”的货物发运原则,做到出库的货物包装牢固,符合运输要求,包装标志和发货标志鲜明清楚,要单证齐全、单货同行、单货相符;要手续清楚,货物交接责任分明,确保货物运输顺利进行,收货单位能准确、及时收到货物。

6. 登账

货物发出后要及时登销账目,同时核对库存实物,避免因登错或漏登造成账、卡、物不符。出库凭证记账完毕后,要按月份和发货时间的先后顺序装订成册备查。

物流窗口9－2

沃尔玛的仓储管理

沃尔玛的供应商将商品送达到沃尔玛的物流中心后,经过核对采购计划、进行商品检验等程序,分别送到货架的不同位置存放。零售门店提出要货计划后,电脑系统将所需的商品直接由货架送往13.7公里长的、由激光控制的传送带,零散的商品有工作人员取出后也送到传送带上。一般情况下,商圈内的门店要货,当天就可以将商品送出。

沃尔玛的物流中心每星期处理的商品是120万箱。沃尔玛的门店众多,每家门店的需求各不相同,沃尔玛的物流中心能够把产品根据门店的需要,自动分类放入不同的箱子当中。这样,员工可以在传送带上就取到自己所负责的门店所需的商品。

那么在传送的时候,怎么知道应该去那个箱子呢?传送带上有一些信号灯,有红色的、黄色的、绿色的,员工可以根据信号灯的提示,来确定商品应被送往那个门店,并将商品取出。

三、直接转运的管理

直接转运方式是现代物流中心作业中对物流运作管理要求较高的运作模式。沃尔玛85%的商品采用直接转运的方式,它所节省的成本达到销售额的3%。但是这种模式对仓储及运输管理的配合度要求较高,也提出了更大的挑战。

直接转运对供应商、车辆、信息传递等都有一定的要求,归纳起来有以下几点:

1. 对物流中心规划而言,直接转运要求物流中心提供较大的空间位置来进行商品的接收、临时存放、拆板等作业。在进行物流中规划时,对采取直接转运的商品比例要认真考虑,要留有充分的余地,以便于运作。

2. 物流中心的接货、检验、拣货、配装程序要更加严格地控制和执行。直接转运的货品由于在物流中心滞留的时间较短,容易造成信息传递、文件履行、质量控制等方面的遗漏,所以必须严格控制各个运作环节。

3. 直接转运对运输管理提出了更高的要求,要求运输信息做到即时跟踪和传递,要求有快速调配运输线路的能力,要求运输配备应急系统以防紧急情况的发生。

4. 运输与仓储管理的协调配合。直接转运方式是物流系统运输与仓储的一体化作业方式的体现,要求运输与仓储在信息传递方式、作业设备的统一、组织机构的配置、应急方案的制定等方面都要协调一致。

物流窗口9－3

沃尔玛的“直通作业”

沃尔玛利用电子数据交换系统(EDI)与供应商建立了自动订货系统,实现无纸贸易。并且,产品在供应商那里就贴上了沃尔玛设计的专用条码,可以直接送到沃尔玛的发货区,这种直通作业大大简化了流程,节省了人力与物力。

第三节　物流中心的库存控制管理

传统意义上的库存是指处于储存状态的物品，现代物流管理对库存概念有了更进一步的解释。库存可以理解为流转过程中处于停歇状态的货品。所以说，处于JIT管理中的货品，直接转运中的货品，以及在长途运输中的货品都在库存控制管理的范围内。

库存管理与仓储管理既有区别又有联系。物流中心的仓储管理主要是指对于仓库和仓储作业的管理，库存管理主要是对库存商品数量控制的管理。但是，二者又是紧密联系的，因为仓储管理和库存管理都属于物流中心的主要工作，它们都围绕如何保证仓库的正常运转而展开。比如，确定每次订货批量的大小是库存管理的任务，而决策时所用的数据资料很大一部分来源于仓储管理中的工作记录。所以，要提高仓库作业水平，二者是缺一不可的。

一、物流中心库存控制管理的目标和特点

（一）物流中心库存控制管理的目标

物流中心库存管理的目标有两个：一是保证供应；二是降低成本。

首先是保证商品供应，不出现缺货现象。保留库存的根本目的就是要能够随时满足商品需求。无论是生产、流通还是消费，都离不开库存商品，物流中心的第一任务就是要保证供给。

但是，如果盲目地追求供应不间断而增加库存量，就会带来库存积压的风险，还会增加仓储管理的成本。因此，库存管理的重要目标还包括降低成本。在快速流转型的物流中心，合理控制库存量，降低存货成本，是最重要的库存控制目标之一。因此，在保证供给的同时，千方百计地降低成本，要通过科学的管理方法和手段才能把这两个看似矛盾的目标统一起来。

（二）物流中心库存控制管理的特点

物流中心的库存控制管理与处于供应链其他环节的库存控制管理有不同之处，主要表现在以下几个方面：

1. 库存控制管理的主要增值手段不同

以仓储为目的的库存控制管理是以改变商品时间作为增加商品价值的手段；而物流中心的库存控制管理不以改变商品时间为主要增值手段，而是依靠合理控制物流环节的存货流量，用商品流通的顺畅化，通过合理物流来实现商品增值的作用。

2. 库存控制管理的方法不同

以仓储为目的的库存控制管理，由于品种数量有限，没有必要采用复杂的信息系统进行管理；而物流中心的多品种是发展的趋势，同时也对物流中心的库存控制提出了挑战。商品种类的增加是现代信息技术发展所带来的结果之一，也决定了现代物流中心的库存控制离不开现代信息系统的支持。另外，众多品种的库存控制由要求使用ABC控制、永续盘存等方法来实现库存管理的最优化和准确性。

3. 库存控制管理的目标不同

以仓储为目的的库存控制管理多数情况下更多地关注库存成本的最小化；而物流中心的库存控制要考虑物流功能之间的悖反效应，考虑库存成本最小化的同时要兼顾其他功能的运作成本，以求得综合功能的成本最优。

> 悖反效应是指物流要素之间存在交替损益特性，改变系统中的某一个要素，将会影响到其他要素的改变。具体地说，要使系统中某一个要素增益，必将对系统中其他要素产生减损的作用。

4. 库存控制管理的要求不同

物流中心是商品流通网络的一环，一般接近流通的末端环节。物流中心也是供应链中的重要组成部分，是网络的中枢环节。物流中心的库存控制要体现供应链管理的功能，消除供应链环节的"牛鞭效应"是物流中心的任务之一。物流中心承担了越来越多的商品合理化流通和供应保障功能，使其对供应链上下游信息的把握程度和物流运作的有效控制变得越来越精细和复杂。

以仓储为目的的库存控制管理不要求其对供应链的上下游企业负责，而只是将库存控制管理作为一个点来加以控制。

> 牛鞭效应是供应链上的一种需求变异放大（方差放大）现象，是信息流从最终客户端向原始供应商端传递时，无法有效地实现信息的共享，使得信息扭曲而逐级放大，导致了需求信息出现越来越大的波动。这种信息扭曲的放大作用在图形显示上很像一根甩起的赶牛鞭，因此被形象地称为牛鞭效应。最下游的客户端相当于鞭子的根部，而最上游的供应商端相当于鞭子的梢部，在根部的一端只要有一个轻微的抖动，传递到末梢端就会出现很大的波动。在供应链上，这种效应越往上游，变化就越大，距终端客户越远，影响就越大。

5. 库存控制管理的任务不同

库存成本的逐步显性化和买方市场的形成使得商品在销售环节的库存量越来越小，而供应商和物流中心环节加大了库存管理的难度。因此，在满足供应的情况下，如何控制库存量是物流中心库存控制的重要任务。

二、物流中心库存控制管理与供应链管理

把库存控制作为一个点来加以控制的传统方法受到现代商业流通模式的冲击，产品的竞争向着市场的竞争演变，企业间的竞争变成了供应链之间的竞争。物流中心是供应链的重要环节，物流中心的库存控制也是供应链库存合理化的重要参与者之一。

把库存控制的视野从单一的存货点扩大到原材料供应商、制造商、批发商、物流中心和零售商组成的供应链范围，就会发现存在很多不合理的库存。组成供应链的各企业之间的关系在过去是相互买卖交易关系，因而企业并不习惯彼此之间交流信息，也不习惯相互协调进行库存管理，更不用说在整个供应链水平上分享信息和共同协调进行库存管理。比如，过去供应链的各个企业对各自的供应商及时、准确交货的承诺并不能完全信赖，有时也确实是难以达到，因而，它们各自的储存量往往超过实际需要的库存量，就是以防万一出现供应商延期交货或不能交货的情况。这种超过实际需要量的库存常常被称为"缓冲库存"。

从另一个角度来看，由于过去组成供应链的各个企业与各自的顾客（需求方）之间缺乏必要的信息交流与沟通，从而对顾客的需要，特别是最终消费者的实时需要难以把握，往往依靠预测来安排生产。由于预测与实际往往存在差距，容易产生库存不足（缺货）或库存过剩（积压）的现象。另外，企业为了满足顾客的大量突发性订货也会准备"缓冲库存"。根据有关资

料统计，这种缓冲库存差不多占整个零售业库存的三分之一。因此，从供应链整体来看，过去这种传统交易习惯往往会导致形成大量不必要的库存，同时这部分成本还会转嫁到顾客身上，供应水平也往往不能满足顾客的要求。

现代供应链管理的重点是合理规划和控制供应链各环节的存货水平，以减少资金占用和库存维持成本，而且还可以提高最终客户的满意度。物流中心是商品、运作、信息的集中地，在库存控制合理化方面理所当然应当发挥作用。具体来讲，物流中心的库存控制管理可以从以下几个方面对供应链存货合理化发挥积极的作用：

1. 通过信息的透明化使供应链中的成员或参与者得到真实的商品流通信息；
2. 通过信息的快速传递使供应链成员随时跟踪商品流通状态；
3. 通过 VMI 管理使商品物权属性的转移滞后，扩大共同库存量；
4. 通过合理约定各供应环节的库存水平来实现库存合理化。

三、物流中心的库存预测和库存控制决策

库存预测是物流中心库存控制管理的重要组成，在做出最佳的库存决策时，必须先设法掌握和了解商品的需求情况、订货性质及其他相关因素。在以市场为导向的生产和营销方式下，库存控制决策的拟定仍将需求状况作为最重要的考虑因素。对商品的需求情况可以按照掌握程度分为三种：

1. 固定或可确定的情况：已经清楚了解未来的需求状况；
2. 具有风险的情况：只大概知道未来需求的情况；
3. 不确定的情况：对于未来的需求情况一点都不知道。

影响一种商品需求状况的因素有很多，比如经济是否景气、产品所处的生命周期、流行趋势、顾客偏好等等，因此，大部分情况下，未来的需求情况都是无法确定或极难确定的。许多企业长期购进过多的存货而滞销存放，造成物流中心效益不佳，对此应先由科学的需求预测来控制，而后再凭经验加以修正。通常，需求预测可以利用下面的方法来进行调整，以求更加贴近实际：

(1)直接由客户方索取需求信息；

(2)进行市场调查；

(3)直接由过去的实际出库量来预测未来的销售情况；

(4)根据客户购买力分析；

(5)根据全国商业或政治趋势资料分析；

(6)根据目前订单上的商品总需求量来预测，即根据订单处理系统的汇总统计，得出商品总量，然后再利用以往各期的总量数据，通过数学方法，预测下期的总需求量。

由需求预测确定需求状况后，物流中心根据需求状况再考虑订货性质、订货时间、订货数量、前置时间等，并结合其他如财务状况、供应商、储存空间等限制因素，做出库存决策。然后再根据库存决策制定库存的管理标准，以此标准来对实际库存量情况加以控制。之后，再由控制结果的反馈来修正最初的库存决策。上述过程即为库存控制决策的重要环节。图 9－3 是库存控制决策因素关系图。

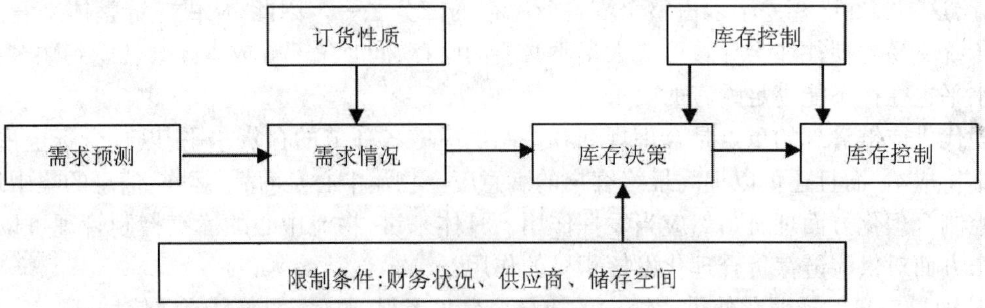

图 9－3　库存决策因素关系图

四、供应商管理库存系统(VMI)

供应商管理库存(Vendor－Managed－Inventory)方法,是指在物流中心的商品所属权为供应商所有。供应商管理库存可以为供应链系统带来以下好处:

(一)减少供应链体系中存货逐级放大的“牛鞭效应”

由于物流中心的存货属于供应商,而非物流中心,物流中心的在库商品数量和发出数量必须由供应商掌握,或快速通知供应商。信息的快速传递是消除供应链存货放大的有效手段。

(二)减少物流中心的库存资金成本

由于存货所有权属于供应商,无论物流中心是否进行商品的物权转移,都减少和缩短了由于购买商品的资金占用,这对物流中心和供应链体系来说都会带来成本的减少。

(三)减少商品库存量

物流中心的存货所有权属于供应商,供应商就可以将物流中心的库存量与自有库存量统一考虑,会使整体库存量减低,从而达到保证安全库存的目的。

(四)减少运作环节

由于物流中心存货属于供应商,物流中心发生的紧急退货、返货等需要繁琐文件程序的工作,可以大大简化。

供应商管理存货的实施也需要相应的条件:

1. 需要稳定的供应链体系;
2. 要有可以支持信息快速传递的信息系统;
3. 要有良好的诚信市场经济环境;
4. 供需方要有良好的联盟伙伴关系。

物流窗口 9－4

台湾雀巢与家乐福的 VMI 计划

过去在实际运作上,因供应商与零售商的价格对立关系以及系统和运作方式的不同,VMI 很难有具体的合理协作运用。台湾雀巢与家乐福两家公司协议在 ECR 方面做更密切的合作。整体运作的重点在于,台湾雀巢建立整个计划的机制,总目标要增加商品的供应率,降低顾客(家乐福)库存持有天数,缩短订货提前期,以及降低双方物流作业的成本等。

就雀巢与家乐福既有的关系而言,只是单纯的买卖关系,惟一特别的是家乐福对雀巢来说是一个重要的顾客,所以设有相对应专属的专业人员,买卖方式也仍是以家乐福具有十足的决定权,决定购买哪些产品与数量。在系统方面,双方各自有独立的内部 ERP 系统,彼此间不相容,在推动计划的同时,家乐福进行与供应商以 EDI 连线方式的推广计划,雀巢的 VMI 计划也打算以 EDI 的方式进行连线。

因此整体系统的构建就是为了改善上述的状况。经费的投入上,家乐福方面主要是在 EDI 系统建设的花费,没有其他额外的投入;雀巢方面除了 EDI 建设外,还引进了一套 VMI 的系统。

经过近半年的实际上线执行 VMI 运作后,雀巢对家乐福物流中心产品到货率由原来的 80% 左右提升 95%(超越目标值),家乐福物流中心对零售店面产品到货率也由 70% 左右提升至 90% 左右,且仍在继续改善中;库存天数由原来的 25 天左右下降至目标值 15 天以下,在订单修改率方面也由 60% -70% 的修改率下降至现在的 10% 以下。除了在具体成果的展现上,对雀巢来说最大的收获却是在与家乐福合作的关系上,过去与家乐福是单向的买卖关系,所以顾客要什么就给什么,甚至是尽可能地推销产品,彼此都忽略了真正的市场需求,导致卖得好的商品经常缺货,而不畅销的商品却有很多库存,经过这次合作让双方更为相互了解,也愿意共同解决问题,并使各项问题的症结陆续浮现,有利于根本改进供应链的整体效率,同时掌握销售资料和库存量来作为市场需求预测和库存补货的解决方法。另外,雀巢在原来与家乐福的 VMI 计划基础上,也进一步考虑针对降低缺货率,以及在促销等方面加强合作。

(资料来源:宁厦物流商会网站:www. nxwlsh. com)

第四节　物流中心成本控制

物流中心的运作过程中,任何一项作业都会发生一定的费用。不同的企业,不同的作业方式和设施设备、不同的管理方法,所发生的费用也大不相同。美国经济学家斯通博士,在对美国零售企业的研究中发现,在美国的三大零售企业中,物流成本占销售额的比例:沃尔玛是 1.3%,凯马特是 3.5%,西尔斯则为 5%。因此,物流中心在运作过程中,成本控制是至关重要的。

一、物流成本的构成

物流成本是(Logistics cost)是指伴随着物流活动而发生的各种费用,是物流活动中所消耗的物化劳动和活劳动的货币表现。

在物流的全过程中,时刻都凝聚着所消耗的物化劳动和活劳动。物化劳动的消耗为转移到物流产品中的生产资料价值,活劳动又分为两个部分:一部分是劳动者为自己劳动所创造的价值,即劳动者的工资部分,另一部分是劳动者为社会劳动所创造的价值,即企业上缴的税金和企业创造的利润。其中,在物品流动过程中所消耗的部分生产资料价值和员工的工资部分构成物流总成本。

物流成本占商品销售额的比例从 10% 到 40% 不等。由于物流活动是随产品特点、行业特点而发生变化,其成本表现形式也千差万别。国际上没有一套标准的物流成本计算方法,各国根据各自特点运用不同的方法进行物流成本的统计和分析,比较流行的方法为基于物流功能的计算方法。这种方法将物流成本分为以下几类:

(一)运输成本

在所有物流成本中,所占比例最高的是运输费,通常运输成本占物流总成本的 40% 以上,因此,在总成本分析中,最为重要的是严格可控制在运输方面的开支,加强对运输的经济核算。物流中心的运输成本控制的关键是制定周密可行的运输规划,进行全程运输合理化,避免浪费运力、人力和相关资本。

鉴于运输成本对物流总成本的重要影响,物流中心无论是拥有自备运输力量,还是采用合作、联合、租赁、临时雇用社会车辆等形式,都必须清楚地了解运输成本的构成,以便对运输成本进行有效控制。运输成本主要有以下四个主要方面构成:

1. 固定成本

固定成本是指在短期内不随运输量的变化而变化的成本。它主要包括运输基础设施,一般包括车辆、车辆附属设施和与运输有关的固定资产。这些成本的大小不受营运量的直接影响,因此叫固定成本。控制固定成本的手段,一是在车辆购置时控制采购成本;二是在车辆使用时增加车辆利用率,减少分摊到单位货品的固定成本费用。

2. 变动成本

变动成本是指在一段时间内,由于运输工具投入使用所发生的费用。使用运输工具要花费劳动力、燃料、维修保管费等,运输数量越多,运输路线越长,费用就越高。这些随着运输数量、里程而变动的费用,就是变动成本。因此,变动成本只有在运输工具投入营运时才发生。变动成本包含承运人运输每一票货物有关的直接费用,如劳动成本、燃料费用和维修保养费用等。运输费率至少必须弥补变动成本。控制变动成本的方法是增加车辆满载率,减少空驶率,降低车辆租赁费用等。

3. 运输管理成本

运输管理成本是为完成车辆的运输所付出的管理成本,包括管理人员的工资、联系费用、设施和设备的维修费用等成本费用。控制运输管理成本的方法可以从加快信息化水平、提高效率入手。

4. 联合成本

联合成本是指为提供某种特定的运输服务而产生的不可避免的费用,例如运输返回的空车费用等。承运人将货物从 A 运往 B,则从 B 至 A 空车返回发生的费用就是从 A 至 B 运输的联合成本。这种联合成本要么必须由最初从 A 至 B 的运输弥补,要么必须找一位有回程货物的托运人以得到弥补。联合成本对于运输成本有很大的影响,因为物流中心的运价中必须包括隐含的联合成本,而加大回程运输是降低联合成本的有效手段。

(二)仓储成本

仓储成本包括由于仓储设施数量变化和为仓储运作而发生的所有费用。有时,仓储成本被很不合理地归到存货成本中,分清仓储成本和存货成本,有利于发现问题并制定合理的应对措施。大多数仓储成本不随存货水平的变动而变动,而是随存储规模和运作模式而变化。仓储成本可以分为:

1. 空间成本

空间成本是仓储设施投入仓储生产的固定成本的体现,或者说是存货占用仓储建筑内立体空间所支付的费用,包括场地租金、货架等仓储设备和建筑成本。

2. 设备维护成本

指仓储的机械设备、搬运工具、工具器具备件等固定资产的使用、运转和维护修理所产生的费用,包括维护修理费、折旧费、保险费等。

3. 人工成本

人工成本是仓储作业过程中,因人力劳务的消耗而发生的费用,包括工资、奖金、福利费、医药费、劳动保护费以及其他一切用于职工的费用。目前,和发达国家相比,我国物流业的人工成本相对较低。

4. 管理成本

管理成本是组织和管理仓储作业所发生的费用,包括行政办公费用、公司费用、职工教育费、咨询设计费、业务费等等。

(三)存货成本

存货成本只包括那些随存货量变动的成本。存货成本具体分为存货管理成本、资金成本、存货风险成本三类。

1. 存货管理成本:存货管理成本包括为持有存货而支付的税收与保险费,包括为取得存货而发生的订货费用。保险是为担保特定时段一定产品的价值,目前我国不收取持有存货税。

2. 存货投资的资金成本:物流中心持有存货所用资金是构成存货投资的资金成本的主体,资金机会成本是投资其他业务收益的平均期望值。对于不同期间进入和流出物流中心的存货价值可以用不同的方法核算,现行会计中使用以下几种方法计算存货成本:先进先出法、后进先出法、加权平均法、移动平均法、计划成本法、毛利率法、零售价法等等。不论采用哪种方法计算存货成本,有一点是肯定的:即存货越多,全部存货的资金成本也就越高。物流中心在存货上的投资是市场战略的组成部分。

3. 存货风险成本:存货风险成本有四种,包括损坏成本、窃损成本、陈旧成本、异地成本。

二、物流中心成本控制的思路

物流成本的高低,直接关系到物流中心的盈利空间和客户价值。因此,如何进行物流中心的成本控制是决定物流中心经营运作成败的一贯重要决定因素。从物流管理的发展历史看,降低物流成本是最初的出发点,当前仍然是人们采用现代物流技术和管理手段的主要原因。物理成本管理与运输管理、库存管理、配送管理等职能性管理不同,它贯穿物流管理的全过程,涉及到人、设备与技术、资金、物料等全部生产要素。掌握物流成本的分析与控制方法,是合理组织物流、进行各层次物流系统决策分析的基础。

值得提出的是,物流成本之间存在悖反规律——物流功能之间,一种物流成本的削减会使另一种功能的成本增多。因为各种费用互相关联,必须考虑整体的最佳成本。

广义而言,物流中心运营产生的所有成本皆归属于物流成本;狭义的物流成本指物品在流通过程中产生的仓储和运输费用。物流中心一旦建立起来,运作管理中的成本控制就成为日常管理工作的重点。物流中心的成本控制的思路方法如下:

(一)设定KPI指标,控制各环节物流成本

对物流中心而言,大部分的物流成本产生于物流中心运作过程中,重视物流中心的历史运作信息收集,设定合理的KPI(关键运作指标)是实现物流运作成本控制的有效方法。KPI指标的设定可以使管理者有明确的努力方向,使物流中心有统一的管理目标,使管理公平、透明化。物流中心通用的KPI指标包括:仓库总效率、分拣效率、盘库准确率、车辆满载率、送货准时率、服务水平等等一系列指标。合理地选择KPI指标,使运作评价指标有效地服务于公司物流战略是物流中心管理的任务。

(二)完善信息系统,降低物流成本

信息系统是现代物流的重要体现,缺少及时、准确、全面的信息是产生车辆空驶、重复装卸、对流运输等无效物流现象的根源,也是导致库存周转慢、库存量大的重要原因。配合合理、先进的物流信息系统,节省由于信息传递速度慢和准确率低而发生的成本,也从增加客户满意度上得到更多的实惠。物流中心建立方便快捷、高效的信息系统,可以增加供应链体系的信息透明度、加快信息传递速度,从而为降低物流成本提供有效帮助。

(三)合理设计供应链,降低系统成本

物流中心是供应链中的一环,是连接客户与供应商的关键环节。物流中心的运作是与供应链上下游紧密相连的,不是完全独立存在的,供应链体系中的诸多运作形式对物流中心的运作成本都会产生影响。比如,供应链体系中托盘的共同化是保证货品有效流动、避免多次人工搬运的前提;供应链体系中上下游的合理存货水平的设定是减少过度存货的有效手段;合理安排运输过程,避免车辆长时间等待、回程装货可以大大减少运输的运作成本。

(四)加强客户关系管理,实现双赢

在当今市场越来越趋向于买方的趋势下,物流中心所面对的客户的要求成为决定物流中心运作成本最关键的决定因素。客户的每一个需求都会对物流中心的运作成本产生影响,比如送货的频率、送货的时间、订货的批量限制、订货提前期等等。多频率、少批量配送会增加成本,太短的订货提前期和订货的满足率会增加订货处理成本和仓储成本。一味地满足客户的要求必然会增加物流成本,并且此成本最终会转移到供应链中去。物流中心所发生的物流成本与给客户创造的价值不是等比例的关系,所以如何在满足客户需求的情况下求得物流中心的成本最小化是物流中心客户管理的重要任务之一。显然,我们不可能通过降低服务水平来削减物流成本,但是,我们可以通过对客户服务的优化,在不降低服务水准甚至提高服务水准的前提下,降低物流成本。优化客户服务的第一步是要明确客户究竟需要什么样的服务项目和水平。为此,必须与客户进行全方位、频繁的沟通,深入了解客户的经营特点和运作特征,在满足客户需求的基础上求得系统的成本最优。

(五)扩大物流规模,增加效益

物流中心的运作特性决定了成本与运作规模的关系,物流中心的仓储成本、管理成本、车辆满载率等关键成本指标都与物流规模有着相当大的关系。物流规模包括运作量的大小,也包括供应链的长短,还包括增值服务的覆盖范围。物流中心运作的量越大,平均单位的运作成本越低;物流中心所连接的供应链越长,所提供的物流运作越顺畅,越容易达到供应链优化的效果;物流中心提供的增值服务功能越多,给客户创造的价值也越多,在客户供应链中的地位也越重要。

物流窗口9－5

沃尔玛的"天天平价"

在沃尔玛,物流中心的重要性仅次于员工,如果说员工对沃尔玛健康发展的重要程度是75%的话,那么物流几乎占了余下的25%。因为顾客之所以能在沃尔玛以最低价格买到最优的产品,在很大程度上都依赖于物流体系在发挥作用。

沃尔玛的"天天平价"不是像其他零售商那样来自对供应商收取各种进场费等方式的"盘剥",更不是来自对内部员工克扣工资、降低福利待遇的"压榨",而是靠不断地改善和提升物流中心的效率来降低成本,从而进一步降低商品价格。

例如,沃尔玛通常为每家门店的送货频率是每天一次,而其竞争对手凯马特平均5天一次,塔吉特零售公司平均每3～4天一次。沃尔玛的门店通过电脑向总部订货,平均只要两天就可以到货,若急需,第二天就可到货,这一速度同行业中无人能及。

同时,沃尔玛的货架总能保持充盈,并能随时掌握到货时间,其运输成本也总是低于竞争对手,所有这些都使得沃尔玛享有不可替代的竞争优势,在零售业中拥有独特的核心竞争力。

沃尔玛如今的物流中心已经发展到100多个,规模已多达10多万平方米,作业高度自动化,每天可配送150卡车货物。

1993年,沃尔玛只有2440家门店,却获利23亿美元;而美国第二大零售商凯马特有4274家门店,却亏损97万美元。

由此可知,沃尔玛的利润是以其物流体系的低成本为基础的,所销售的商品85%是由沃尔玛自己的物流中心提供的。沃尔玛的物流成本一直以来都低于行业平均水平的50%。

(资料来源:胡松评,《向沃尔玛学供应链管理》,北京大学出版社)

第五节　物流中心KPI绩效管理

物流中心在投入使用后,在运营过程中,管理者如果只重视业务量,而不对业绩和人员进行评估考核,就好像大海中的一艘船只管航行却不看航向。因此,在物流中心的运作及其管理的过程中,绩效评估时必须重视的。

企业绩效评估经常遇到的一个很实际的问题就是,很难确定客观、量化的绩效指标。其实,对所有的绩效指标进行量化并不现实,也没有必要这么做。通过行为性的指标体系,也同样可以衡量企业绩效。

> 企业关键业绩指标(KPI:Key Process Indication)是通过对组织内部流程的输入端、输出端的关键参数进行设置、取样、计算、分析,衡量流程绩效的一种目标式量化管理指标,是把企业的战略目标分解为可操作的工作目标的工具,是企业绩效管理的基础。

对于物流中心,KPI可以使管理者判断现有经营活动的获利性、及时发现尚未控制的领域、有效地配置物流资源、评价物流中心的运作绩效。因此建立明确的切实可行的KPI体系,是做好物流中心绩效管理的关键。

一、物流中心实行KPI控制的障碍

KPI绩效管理的意义和作用已经被多数企业所了解和认识,但真正在企业内部有KPI控制指标的企业并不多,特别是物流企业。很多物流中心不能有效实行KPI管理的问题在于:

(一)对设立KPI评价系统的重要性认识不足

很多物流中心或物流企业没有KPI评价指标,其中原因之一是对KPI指标体系能给企业管理带来什么影响认识不清。

(二)不知道如何实施

KPI指标评价体系的建立要求从数据的收集、指标的确定、定期的考核、数据的核对,到对被测评者的奖惩机制的建立等一系列管理方法。不能有效地建立KPI管理的测评体系,或不能通过建立此体系达到管理者所要达到的目的,KPI就形同虚设,KPI管理也就只是一句空谈。

（三）不知道哪些指标适合本企业

KPI 指标各个企业各不相同，在众多的指标中选择适合本企业的指标才能达到测评的目的。由于物流企业内部管理信息交流不畅，企业间信息缺乏交流平台，企业不知道同行业在使用哪些 KPI 指标。

（四）数据收集的不完善

数据收集是制定 KPI 指标和进行测评的基本。没有完整的数据收集就不能制定合理的指标评价体系，也不能对统计的结果进行有效的评价。

（五）KPI 定义不明确

在生产企业和流通企业，生产指标和销售指标是被清楚定义的，也被同行业所广泛接受；而在物流行业，KPI 指标的定义有着不同的解释，所以 KPI 指标作为同行业的比较标准，还需要有更明确的定义。

（六）企业粗放管理

KPI 指标管理是企业管理精细化的标志，也是企业提高管理水平的必要手段。而我国目前多数物流企业还处于低水平和粗放管理的阶段，竞争仅在价格方面，而没有深入到强调企业内部管理并把竞争提升到管理水平的层面进行比较。

（七）与客户未达成共识

KPI 指标的设定不但需要企业内部的共识，同时也需要客户或供应商的认可。有些指标是与对客户的承诺有关，也需要客户的配合。比如准时送货的达到就必有客户的认可和配合，准时的误差范围、客户留人卸货及签字等都是运作的组成部分。

二、物流中心建立 KPI 绩效评价体系的原则

（一）简单适用

KPI 指标体系是要以最直接、定量、公开的手段来达到最优化管理的目的，繁琐的信息收集程序和评价手段会增加工作量，并不一定能达到好的效果。所以选择适当的指标、简单可量化的评价体系是 KPI 指标体系所追求的。

（二）客观公正

定量与定性相结合，建立科学、适用、规范的评价体系及标准，避免主观臆断是 KPI 指标体系的关键。以客观的立场、公平的态度、合理的方法对物流运作的各个环节及表现进行评价才能够达到评价的目的。

（三）责、权、利相结合

物流中心的 KPI 指标要体现责、权、利相结合的原则，指标的相关责任要与其控制人相联系，避免责任和权力脱离的现象发生。

（四）目标与激励

物流中心绩效评价体系的设计目标和激励是必不可少的。目标的实现是很重要的激励机制；另一方面以报酬作为激励也是现代化物流中心不可缺少的有效管理机制。

（五）时效与比较

评价绩效，数据是最佳的衡量工具，但是如果没有比较的基准数据，再及时的评价也是徒劳的。因此，物流中心的盈余或亏损，须同过去的记录、预算目标、同行业水准、国际水平等进行比较，才能鉴别其优劣。

(六)稳定性

物流中心绩效评价的建立要有一定的稳定性,避免设定指标的大起大落和指标定义的变动。

(七)经常化和制度化

物流中心必须明确评价的原则、程序、方法、内容及标准,制定科学合理的绩效评价制度,将正式评价与非正式评价相结合,形成评价经常化、制度化。

三、物流中心 KPI 评价指标

(一)运输系统 KPI

对于运输而言,无论是外包运输还是物流中心自备车辆运输,以下的指标都可以用来作为衡量运输管理效益高低的标准:

1. 评价客户服务水平的 KPI

(1)准时送货率 =(准时送货次数/送货总次数)×100%

(2)服务水平 =(满足要求次数/客户要求次数)×100%

2. 评价运输管理水平的 KPI

(1)运输费用率 =(运输费用总额/商品纯销售总额)×100%

(2)车辆满载率 =(车辆实际载重量/车辆装载能力)×100%

(3)车辆里程利用率 =(报告期内车辆重车行驶里程/报告期内车辆总行驶里程)×100%

(4)吨公里成本 = 报告期内运输总成本/报告期内货物总周转量(t. km)

3. 评价运输车辆管理水平的 KPI

(1)车辆完好率 =(报告期内完好车日/报告期总车日)×100%

(2)车公里维修成本 = 车辆维修费用/行驶公里数

(3)万公里事故率 = 报告期内事故次数/(报告期内总行驶公里/10000)

(4)百公里油耗 =(报告期内油耗/报告期内行驶里程)×100

(二)仓储系统 KPI

1. 评价库存管理水平 KPI

(1)仓容利用率 =(储存商品实际数量或容积/设计库存数量或容积)×100%

(2)仓库面积利用率 =(库房、货场等占地面积总和/仓库总面积)×100%

(3)库存商品缺损率 =(某批商品缺损量/该批商品总量)×100%

2. 评价库房工作效率的 KPI

(1)仓库吞吐能力实现率 =(期内实际吞吐量/仓库设计吞吐量)×100%

(2)平均出入库时间 =(每日出、入库作业时间之和)/每日工作时数

(3)储存吨成本(元/吨) = 储存费用/库存量

(4)批量拣货时间 =(每日拣货时数 × 工作天数)/拣货分批次数

(三)存货控制系统的 KPI

1. 库存周转率 = 出货量/平均库存量 = 营业额/平均库存金额

2. 缺货率 = 接单缺货数/出货量

3. 订单延迟率 = 延迟交货订单数/订单数量

【本章小结】

运输、仓储和库存作为物流中心的主要活动内容,几乎涵盖了物流中心的所有物流作业项目,因此,物流中心的运作管理就是对运输、仓储和库存以及在运输、仓储和库存过程中发生的成本进行管理和控制,并对其绩效进行评估。

和一般运输管理相比,物流中心运输管理的独特性表现在强调运输的协调性、路线优化与合理性、消除物流中心功能间的背反效应以及多温度运输。运输合理化包括路线合理化和装载合理化,是物流中心进行运输管理的最基本要求。运输路线合理,可以节省运力,缩短运输时间;装载合理化是在有限的运输资源条件下,最大限度地利用车辆运载能力及空间。合理化运输的目的是节约运输成本,提高运输质量,增强物流中心的竞争优势。

物流中心的仓储功能有别于一般意义的仓库储备管理。和一般意义的仓库管理功能相比,物流中心的仓储管理强调商品的流动性、多样性以及与其他功能的配合要求。物流中心的仓储作业的主要运作环节包括入库作业、在库保管作业和出库作业三大内容。

物流中心的库存控制管理与处于供应链其它环节的库存控制管理有不同之处,主要表现在库存控制管理的主要增值手段不同、库存控制管理的方法不同、库存控制管理的目标不同、库存控制管理的要求不同以及库存控制管理的任务不同。物流中心是商品、运作、信息的集中地,在库存控制合理化方面理所当然应当对供应链存货合理化发挥作用。

物流中心在运作过程中,成本控制是至关重要的。由于物流中心的运作成本主要有运输成本、仓储成本、存货控制成本构成,因此,通过设立 KPI 指标控制物流中心的运输系统、仓储系统以及存货控制系统中各个环节的成本是节约物流总成本的关键措施,还可以通过完善信息系统、合理规划供应链等缩短来控制物流总成本。

企业关键业绩指标(KPI:Key Process Indication)是通过对组织内部流程的输入端、输出端的关键参数进行设置、取样、计算、分析,衡量流程绩效的一种目标式量化管理指标,是把企业的战略目标分解为可操作的工作目标的工具,是企业绩效管理的基础。

物流中心 KPI 评价指标主要包括三个方面:运输系统 KPI,仓储系统 KPI 和存货控制系统 KPI。

【关键术语】

- 运输合理化
- 运输路线合理化
- 货物养护与保养
- 盘点
- 拣选
- 直接转运
- 供应商管理库存系统(VMI)
- 关键业绩指标(KPI)

【思考题】

1. 物流中心的运输管理与一般运输管理在功能上有什么不同？
2. 车辆购置应注意哪些问题？
3. 和一般意义的仓库储备管理相比，物流中心的仓储管理有何特点？
4. 物流中心存货控制管理的目标是什么？
5. 物流中心存货控制管理的特点是什么？
6. 物流中心的成本由哪些方面构成？
7. 何谓 KPI？KPI 控制管理有何意义？

【课堂讨论】

1. 物流中心如何才能做到运输合理化？
2. 物流中心的库存控制管理对供应链库存合理化有何意义？
3. 如何控制物流中心的总成本？

【参考阅读材料】

1. 冯耕中，《物流配送中心规划与设计》，西安交通大学出版社，2004
2. 胡松评，《向沃尔玛学供应链管理》，北京大学出版社，2006
3. 李万秋，《物流中心管理与运作系列讲座》，万方数据
4. 张建伟，《物流运输业务管理模版与岗位操作流程》，中国经济出版社，2005
5. 许胜余，《配送中心管理》，四川人民出版社，2002
6. 秦龙有，《仓储与配送管理》，机械工业出版社，2005

【案例讨论】

麦当劳的冷链物流

谈到麦当劳的冷链物流，不能不说到夏晖公司，这家几乎是麦当劳"御用 3PL"（该公司客户还有必胜客、星巴克等）的物流公司，他们与麦当劳的合作，至今在很多人眼中还是一个谜：麦当劳没有把物流业务分包给不同的供应商，夏晖也从未移情别恋，这种独特的合作关系，不仅建立在忠诚的基础上，麦当劳之所以选择夏晖，在于后者为其提供了优质的服务。

麦当劳对物流服务的要求是比较严格的。在食品供应中，除了基本的食品运输之外，麦当劳要求物流服务商提供其他服务，比如信息处理、存货控制、贴标签、生产和质量控制等诸多方面，这些"额外"的服务虽然成本比较高，但它使麦当劳在竞争中获得了优势。"如果你提供的物流服务仅仅是运输，运价是一吨 4 角，而我的价格是一吨 5 角，但我提供的物流服务当中包括了信息处理、贴标签等工作，麦当劳也会选择我做物流供应商的。"为麦当劳服务的一位物流经理说。

在餐厅一端，是麦当劳的采购工作。餐厅经理需要接受一项专门的培训——对销售、进货和库存量进行预测。这项复杂而琐碎的工作，也是他们每天的必修课。

在一周为单位的进货周期中，餐厅经理需要预先估计安全库存，在每周二与配销中心联

系,对冷藏货下订单。麦当劳认为,订货量太多太少都是不允许的,过多会增加成本,积压资金,使产品品质下降;不足则会使营业额和利润下降,并对公司信誉和员工士气产生不利影响,而紧急订货成本就会上升。订单被配销中心接受之后,周三、周五分批进货。餐厅订货组要按时完成盘存报告,这项工作包括货品的编号、名称、计算单位、库存及货品盘点表、每日送货及退货单、损耗表、产品销售日报表、周报表、月报表、员工餐饮、餐厅调拨单等等。每天,餐厅经理都要把订货量与进货周期对照,一旦发现问题,立刻进入紧急订货程序。虽然紧急订货不被鼓励,但一经确认,2 个小时后货品就会被送到餐厅门口。

送货和接货也有固定的程序和规范。在货物被装车之前,必须根据冷冻货对温度的敏感程度,按照由外向里分别是苹果派、鱼、鸡、牛肉、薯条的顺序装车;接货时,则要对这些情况进行核查。接货的检查项目包括,提前检查冷藏和冷冻库温是否正常,记录接货的时间和地点,检查单据是否齐全,抽查产品的接货温度,检验产品有效期(包括估计是否有足够的使用时间),检查包装是否有破损和污染,糖浆罐是否溢漏,二氧化碳罐压力是否正常,最后才是核对送货数量,签字接收。

麦当劳利用夏晖设立的物流中心,为其各个餐厅完成订货、储存、运输及分发等一系列工作。这个物流中心恰似一个具有造血功能的“心脏”,每时每刻不断地向分布于大江南北的各家麦当劳餐厅输送着新鲜血液,使得整个麦当劳系统得以正常运作,通过它的协调与联接,使每一个供应商与每一家餐厅达到畅通与和谐,为麦当劳餐厅的食品供应提供最佳的保证。目前,夏晖在北京、上海、广州都设立了食品分发中心,同时在沈阳、武汉、成都、厦门建立了卫星分发中心和配送站,与设在香港和台湾的分发中心一起,斥巨资建立起全国性的服务网络。

例如,为了满足麦当劳冷链物流的要求,夏晖公司在北京地区投资 5500 多万元人民币,建立了一个占地面积达 12000 平方米、拥有世界领先的多温度食品分发物流中心,其中干库容量为 2000 吨,里面存放麦当劳餐厅用的各种纸杯、包装盒和包装袋等不必冷藏冷冻的货物;冻库容量为 1100 吨,设定温度为零下 18 摄氏度,存储着派、薯条、肉饼等冷冻食品;冷藏库容量超过 300 吨,设定温度为 1－4 摄氏度,用于生菜、鸡蛋等需要冷藏的食品。冷藏和常温仓库设备都是从美国进口的设备,设计细致而精心,目的是为了最大限度地保鲜。在干库和冷藏库、冷藏库和冷冻库之间,均有一个隔离带,用自动门控制,以防止干库的热气和冷库的冷气互相干扰。干库中还设计了专用卸货平台,使运输车在装卸货物时能恰好封住对外开放的门,从而防止外面的灰尘进入库房。该物流中心并配有先进的装卸、储存、冷藏设施,5 到 20 吨多种温度控制运输车 40 余辆,中心还配有电脑调控设施用以控制所规定的温度,检查每一批进货的温度。从设立至今,夏晖设在北京的物流中心已向麦当劳餐厅运送货物近 1000 万箱。

讨论题:

1. 麦当劳是如何利用夏晖的物流中心,为自己的餐厅完成订货、储存、运输及分发等一系列工作的?

2. 在为麦当劳提供物流服务的过程中,夏晖公司如何在运输、仓储等方面令麦当劳满意的?

3. 麦当劳是如何控制存货水平的?

4. 麦当劳与夏晖的合作能否做得更好?

◆——第十章　物流中心客户服务质量管理

＊本章主要内容

●客户服务的基本理论

●客户服务战略策划管理

●客户物流运作方案设计管理

●客户服务质量管理的内容

＊

浙江海盐物流中心做好市场和客户文章

2005年1～11月，浙江海盐县公司物流中心共销售卷烟13 899箱，实现毛利8197.2万元，销售名优烟9300箱，同比增幅超过20%。电话订货率达到99%，卷烟入网销售率达到100%，市场占有率达到100%，电子扣款签约率达到72%，电子货币扣款成功率达到95%。这是海盐物流中心年底向公司交出的满意答卷。

今年，物流中心在业务流程重组再造这一主题背景下，抓住新型客户关系这条主线，把重点侧重在“市场”和“客户”两个关键要素，从原先市场主体职能转变到侧重营销服务职能上，重点做好市场服务，从过去的侧重于经营管理向品牌管理、市场管理、服务管理和现场管理方向转变。

一、“以客户订单组织货源”试点工作在摸索中提高。首先，在实施步骤上，物流中心按照制定客户分类标准、区分经营烟户类别、分类定量供应货源等内容，循序渐进推进试点工作。特别是在卷烟投放上注重宏观调控，保证零售户的合理利润空间，年末从市场的调查看卷烟零售价格到位，恶性竞争得到充分遏止。其次，在管理方式上，每月针对不同客户，实行双向性销售预测，实行销售目标管理。并以月度预测为重点，突出客户经理的核心地位，正确处理市场需求和订单需求的关系。再次，在环节上，注重信息的传递速度和精确度，保证各个环节的沟通畅通。要求客户经理在预测过程中要特别关注市场的情况变化，不能看几个数据就简单地对零售户做出判断，要积极引导、教会零售户掌握需求；最后，在细节上，物流中心在坚持以市场要求为导向，以客户订单为核心，使卷烟产品能真正适应市场、满足消费，同时密切关注市场动态，充分发挥计划调控作用，注意投放节奏，根据供求关系，做好品牌衔接。特别针对工作开展的前两个月预测出现的过大过小的情况及时进行了总结和分析，保证了预测的客观性。

二、重视客户关系管理，建立批零联盟战略关系。物流中心以最大限度合理配置市场资源出发，合理制定零售客户进货周期和进货数量，保障零售客户本店化销售。一方面根据经营烟户的不同时期的销售对比分析数据，在与经营烟户沟通中确定销售计划，使经营烟户初步明确销售目标。同时对目标客户的定制计划进行汇总、平衡，对照目标客户的销售实绩与烟草公司的期望效益，寻找差距。另一方面要对销售预测和销售实绩做出分析评估，检验得失，总结经验。对目标客户实施货源倾斜和销售奖励，提高客户满意度。另外，以差异化服务凝聚客户，创造需求管理，对不同类别客户实行定量服务管理。2005 年物流中心通过差异化服务，在卷烟货源较为紧张的情况下，最大限度地满足客户的合理需要，形成一种双赢的利益格局，增强客户对网络的依附度、凝聚力。

（资源来源：www. cangchu. com. cn）

想一想：浙江海盐物流中心是如何做好市场和客户服务的？

第一节　客户服务基本理论

一、客户服务的概念和内涵

客户服务的内涵随企业的不同而千差万别，不同的企业对客户服务这一概念往往有不同的理解。例如零售商的客户服务目标是为市场上成千上万的顾客提供多种产品，满足多样化的需求；而制造商的客户服务目标则是及时组织生产保证销售。从物流的角度看，客户服务可以理解为衡量物流系统为某种商品或服务创造时间和空间效用好坏的尺度，这包括从接收客户订单开始到商品送到客户手中为止的所有服务活动。

客户服务的内涵和外延十分广泛，有着不同的表述方法。以日本神奈川大学唐泽丰教授提出的概念为例，可以将顾客服务划分为营销服务、物流服务和经营技术服务三个领域，不同领域都有一些相应的可度量或不可度量的要素（图 10 - 1）。而无论顾客服务如何表述，其本质都是一种供应、生产、营销、物流合而为一的综合经营行为，比狭义物流系统所理解的服务要宽广得多。结合客户服务的观点，物流服务就是为了满足物品的可获得性，因此可以将物流服务要达到的客户服务目标概括为下列三个基本要素：可靠性、及时性、准确性。

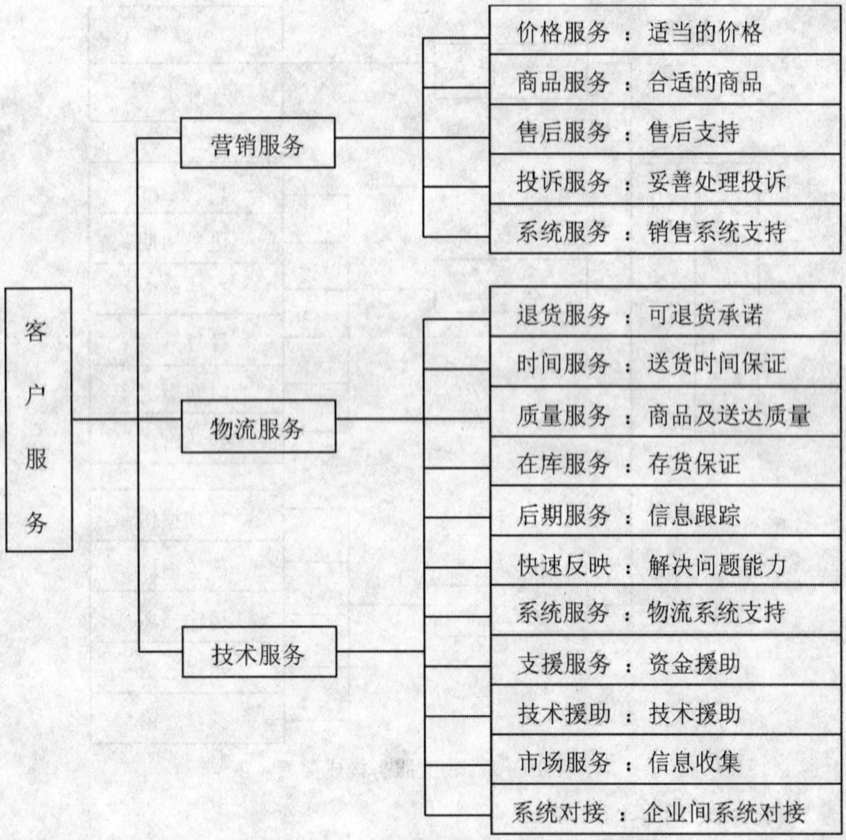

图 10－1　客户服务的构成要素

二、物流客户服务的含义、内容和意义

(一)物流客户服务的含义

广义上讲，任何能提高客户满意程度的项目，都属于客户服务的范畴。满意程度是客户“期望”的待遇与“获得”的待遇之间的差距。形成“期望”与“获得”之间差距的因素有许多，从物流企业服务产品广告宣传到产品本身的设计，以及员工的行为、客户本身的地位、素质，甚至感受服务当时的心情等，这些因素都很难控制。因此，满意的根源即构成客户服务的要素，而这些要素可以说是形形色色，甚至是难以捉摸的。

物流客户服务是指物流企业为促进其产品或服务的销售，发生在客户与物流企业之间的相互活动，该活动导致交易的产品或服务升值。

物流客户服务的意义一方面是指从物流中心向客户递送商品与服务的过程中提供“时间和场所效用”；另一方面，除非商品与服务已经递送到客户或消费者手中，否则就没有实现商品与服务的价值。本质上讲，销售的功能就是实现商品或服务的可获得性。可获得性是一个复杂的概念，受构成客户服务所有因素的影响。这些因素包括仓储、运输和运作品质等方面(图 10－2)。事实上，客户服务是由这些因素的综合作用决定的。

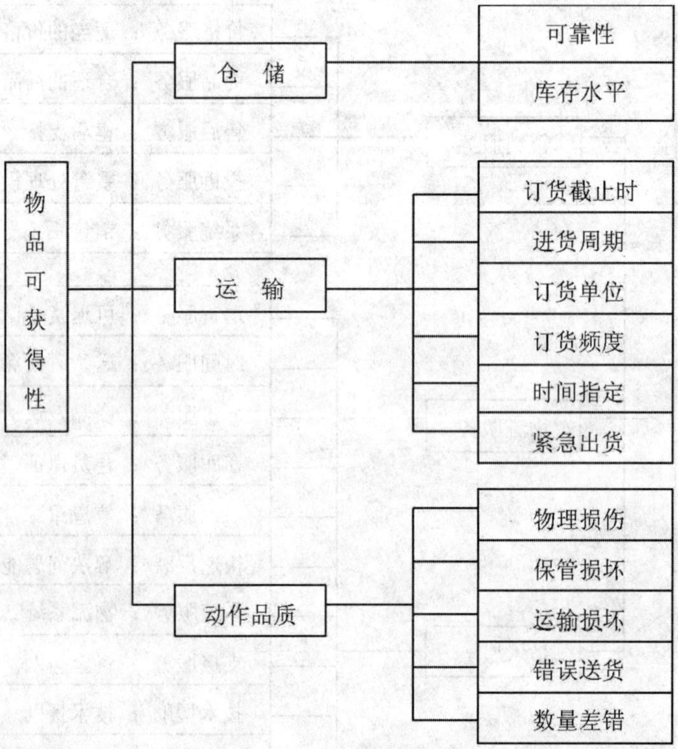

图 10－2　物流服务构成要素

(二)客户服务的内容

物流中心在制定客户服务战略的过程中,常常遇到这样的问题:为哪些客户服务？是否向所有的客户提供一样的服务,还是针对不同的客户提供不一样的服务？为了回答这些问题有必要先来了解物流服务的内容。

按照物流服务的水平分类,物流服务一般可以分为基本服务、增值服务和零缺陷服务。按照交易过程分类,可以分为交易前服务、交易中服务和交易后的服务。下面来分别讨论这两种分类的服务。

1. 基本服务

基本服务,顾名思义是指向所有的客户提供的最低服务水准。一旦接受了订货,物流中心有义务按照基本服务的承诺向各个客户服务。客户服务包括三个方面的内容:可得性、作业绩效和可靠性。

(1)可得性

可得性是指当客户需要存货时物流中心所拥有的库存能力。可得性可以通过各种方式实现,其一个重要方面就是安全储备政策,最普通的做法就是按预期的客户订货进行存货储备。于是,仓库的规模大小和储存政策等便成了物流中心设计的基本问题之一。

许多物流中心开发了各种物流安排方案,以满足客户存货需求。例如可以建立两个配送中心,一个为主要服务地点,储备关键商品,另一个作为次要的或后援的供给来源。例如,主要仓库是位于上海一个大型的自动化配送中心,而次要的物流设施则是位于昆山的一个效率较低的小型作业仓库。主要仓库是用于输出其绝大多数商品的地点,以便利用自动化设施、效率及其所处地点的优势。一旦主要仓库发生缺货且情况继续恶化时,就可以利用次要仓库或后援仓库。这一事实会转变成一种积极的形象，说明物流中心为满足客户需求尽心尽力，例如，由于物流中心已尽了额外的努力保持存货可得性，而不是延交部分订货。但是，需要注意的是分开递送会使客户感到不便。

应该清楚的是，要实现存货可得的一致性需要进行大量的精心策划，关键是对首选客户或核心客户实现高水准的存货可得性。这样的物流表现需要所有的物流资源都实现一体化，并明确对特定客户所承诺的可得性目标。可得性可以用以下三个指标进行衡量：缺货频率、供应比率和订货完成率。

这三个衡量指标可以确定一个物流中心满足特定客户对存货需求的能力。

①缺货频率：缺货频率指缺货将会发生的次数。换句话说，该衡量指标用于表示一种商品可否按需要装运交付给客户。当需求超过商品可得性时就会发生缺货。缺货频率就是用于衡量特定的商品需求超过其可得性的次数。将全部产品所有发生缺货的次数汇总起来，就可以反映一个物流中心实现其基本服务承诺的状况。

②供应比率：供应比率衡量缺货的程度。例如一位客户订货 50 个单位，只有 47 个单位有库存，那么订货供应比率是 94%（47/50）。供应比率可以用来衡量对某个特定的客户或客户群的服务情况。要注意是在一段特定的时间内对多个客户订货完成情况进行衡量，这样才能记录企业在满足客户需求方面的工作。在对供应比率进行分析时要注意，一种商品缺货并不必然意味着其客户的需求得不到满足。在判断缺货是否影响到服务绩效以前，首先要弄清客户的真实需求。所以供应比率随客户的服务目标不同而有所不同。对关键客户的供应比率可以定的高些，对一般客户可以定的低些，这是从成本角度来考虑，这方面的分析将在后面详细讨论。

供应比率除了可以按客户的重要程度来确定外，还可以根据商品的重要性来确定。例如对于有的商品，客户绝对不能容忍一点缺货，在这种情况下即使是 99% 的供应比率，也不能使客户满意。而对有的商品客户能够容忍短时间的递送延迟甚至是长时间的递送延迟，这时即使能完成 90% 的供应比率，客户也是满意的。所以对物流中心而言重要的是识别重要商品，并在客户需求的基础上提高供应比率。因此，物流中心可以开发供应比率战略来满足客户期望。

③订货完成时间：订货完成时间是指物流中心按客户订货要求准备好全部所需商品的时间。这是一种最严格的衡量，因为客户认为物流中心应该拥有充分的存货，客户在订货时能很快得到所需商品，并把它作为衡量企业服务的标准。如果要做到这一点，物流中心必然要维持高库存，所以就存在如何确定订货完成时间的问题。

将上述三种衡量指标结合在一起，就可以判别物流中心的存货战略，满足客户期望的程度。除了用这些指标衡量企业的服务绩效外，物流中心还可以把他们结合进企业的服务战略中去，按照成本——效益的要求，对不同的客户，对不同的商品制定出适合的具体指标。

（2）作业完成情况

作业是指从完成客户订货到交付订货整个周期内的具体物流活动。衡量作业情况的指标主要有：作业完成时间、递送的一致性、作业的灵活性、作业故障与恢复。

①作业完成时间：作业完成时间是指从订货开始到货物装运实际抵达时止的这段时间。这项指标的考察要从客户的角度来进行。因为根据物流中心系统设计的完成周期所需的时间会有很大的不同，即使在今天高水平的通信和运输技术条件下，订货周期也可以短至几个小

时,或长达几个星期。

一种加快速度的办法是利用较快的运输方式进行递送。对于那些周转率低,但是又能带来高利润的商品,可以将它们储存在较远的但租金便宜的仓库中,一旦需要采用快速递送来解决。

②递送的一致性:虽然客户希望订货完成时间越短越好,但他们更希望递送的一致性。不要出现有时递送提前,有时又递送延迟的递送不稳定的现象。持续地按时递送是物流作业最基本的问题。

③作业的灵活性:作业的灵活性是指企业处理异常的客户服务需求的能力。在许多情况下,物流优势的精华就存在于灵活能力之中。一般说来,企业的整体物流能力取决于在适当满足关键客户的需求时所拥有的“随机应变”的能力。

④作业故障与恢复:不管物流中心的物流作业有多么完美,故障总是会发生的,使服务中断。物流中心应制订一些有关预防或调整特殊情况的方案,以防止故障发生。物流中心要有能力预测服务过程中可能会发生的故障,并有适当的应急计划来完成恢复任务。

(3)信息的可靠性

可靠性是衡量物流质量的指标。物流活动中最基本的质量问题就是如何是否能保证客户的订货,即存货的可得性如何,以及完成订货的一系列作业表现。除了这些服务标准外,质量上还包括物流中心是否能够及时收集和整理有关物流作业和客户订货状况的精确信息。研究表明,收集和整理精确信息的能力是衡量其客户服务能力最重要的一个方面。客户们通常讨厌意外事件,如果他们能够提前收到信息的话,就能够对缺货或延迟递送等意外情况作出调整。因此,有越来越多的客户表示,有关订货内容和时间的事前信息与完美订货的履行相比更加重要。

2. 增值服务

增值服务是指在基本服务的基础上为特定客户提供的额外服务。它是独特或特别的活动,它建立在基本服务的基础上,只有先满足了基本服务才会考虑增值服务。增值服务需要更多的成本,所以企业希望通过提高服务收费或获得更多的业务予以补偿。企业之所以愿意提供增值服务,是因为它能够使厂商们通过共同努力提高其效率和效益,而且增值服务能够巩固业务。

增值服务具体包括哪些内容呢?通过举例来说明。例如,在包装上按客户的要求进行特殊包装,设定特定的标记;在运输中提供运输途中货物位置的信息,以及为客户采用特别装运等。但不管增值服务的内容如何,提供增值服务的物流企业要首先完成对基本服务所作出的承诺。

另外还有 Exel 配送公司为刚出世的婴儿安排将宝洁公司的一次性尿布送货到家。除了传统的增值服务形式外,各种范围很广的服务都可以通过专业人员来提供,以支持所有的物流需求。有许多公司不仅承担运输服务和仓储服务,还提供一系列附加的创新服务和独特服务,诸如存货管理、订货处理、开票和回收商品处理等,覆盖了物流供应链的全域;有许多运输公司还提供全套的物流服务,向托运人提供类似于包干的物流服务。其他的例子还有处理客户向制造商的订货,直接送货到商店或客户家,以及按照零售店货架储备所需的明细货品规格持续提供递送服务。

物流窗口 10 - 1

UPS 公司的增值服务

UPS 公司是一家提供包裹递送服务的公司。它的基本服务就是提供包裹的递送服务。但是 UPS 公司利用它的物流网络以及物流专业化水平还为食品公司递送快餐。公司 2006 年 2 月 24 日对外宣布,该公司开始为客户提供货件状况电子邮件通知服务。客户在登录 UPS 网站查询货件时,可以要求通过计算机或手机收取电子邮件,掌握货件最新的运送情况。据了解,电子邮件通知服务有 16 种语言版本,其中包括简体中文、繁体中文、日文和韩文四种亚洲语言。客户货件在因各种理由未能送达或货件已送达的情况下,可要求免费获得电子邮件通知服务。若货件因清关程序延误或因其他常见的理由而未能送达,电子邮件中会为客户提供建议,帮助客户解决问题。此外,UPS 还向客户提供贷款服务等等。这些都是增值服务的内容。

(资料来源:中国交通报,2006)

其次是物流中心提供的与促销有关的增值服务。他们的增值服务涉及到销售点展销台的配置,以及刺激销售的其他各种服务。销售点展销可以包含来自不同供应商的多种产品,组合成一个多结点的展销单元,以便于适合特定的零售商店。在有选择的情况下,以促销为核心的增值服务还包括对储备商品的样品提供特别介绍,甚至进行直接邮寄促销。许多以促销为核心的增值服务包括销售点扩大宣传和促销材料的物流支持等。

目前还有一种比较流行的增值服务就是 JIT 递送服务。在需要的时间,准确地将商品送到。这种以时间为核心的增值服务的一个特征就是排除不必要的仓库设施和重复劳动,以期最大限度地提高服务速度。基于时间的物流战略,是竞争优势的一种主要形式。

准时制(Just in Time ,简称 JIT):在精确测定生产各工艺环节作业效率的前提下按订单准确地计划,以消除一切无效作业与浪费为目标的一种管理。准时制物流(Just in Time Logistic):一种建立在 JIT 管理理念基础上的现代物流方式。

3. 零缺陷服务

零缺陷服务又称为完美订货。它是物流质量的最高标准,就是从订货开始正确地做每一件事。从收到订单到交付货物的各个方面,连同开票,都没有一点错误。这意味着存货的可得性和作业绩效得到了完美的履行,都是严格按照对客户的承诺进行的。如果客户期望物流中心以及时、无差错的方式提供 100% 的存货可得性的话,那么这种服务就是零缺陷服务。

在今天的技术条件下,零缺陷服务完全可以实现,但代价是昂贵的。所以物流中心是不会向所有的客户都提供这种服务,而把它作为一种服务战略。在实现零缺陷服务的过程中,最难的就是存货方面的支持。因为零缺陷服务一般要求很高的供应比率,这就要求很高的库存,以满足客户订货需求和作业的变化。所以要事先确定各种程序以便及时地适应各种服务需求。

物流中心一般把零缺陷服务的客户确定为订货数量最大的客户或首选客户。承诺在预定提供的服务时间内对客户定购的每一种商品都给予精确的数量保证。为了兑现这种完美服务的承诺,物流中心要实行各种意外事故保障措施,以便在主要供货地点缺货时能够获得所需的存货来完成零缺陷服务。这些保障措施的范围包括从次要的储备地点将存货转移出来,以及在整个网络内搜寻其他仓库设施中的储备商品,一旦上述应急措施就绪,立即利用溢价运输服务来安排直接递送。在特殊情况下，物流中心甚至"借用"早已出售给其他客户的存货，来满足新订货需要，其目的是要做到决不延迟任何一个商品的订货，由此来充分表明，完美服务对关键客户来说是一种现实。当然，这种完美订货的战略目标就是要建立顾客对物流企业的忠诚，封死客户与竞争对手合作的机会。

履行零缺陷服务需要在管理上和作业上做出努力、耗费巨资，并且需要高水平的信息支持。这种卓越的服务要求物流中心必须能够识别那些对零缺陷服务做出反映，且愿意提高购买忠诚度的关键客户，这是一种长期的合作关系，要求彼此间以建立供应链联盟的观点来看待这种优质服务。一旦物流中心决定展开零缺陷服务的战略，那么，它就必须充分了解潜在的风险和行情下跌的可能性。零缺陷服务的承诺是没有错误的余地。对客户来说，只有当企业的承诺是具体的、可信的，以及连续地实现时，这种物流绩效才能被解释成为效率。

综上所述，物流中心在形成服务战略时，首先要先规定一个基本服务平台，其中包括服务在可得性、作业表现、可靠性这几个基本方面的基本承诺，即至少企业要提供什么样的具体服务。这是对所有客户而言的。随着企业的发展，各个客户、各种商品给企业带来的利润是不同的。为了进一步提高服务水平，对某些客户提出的额外服务要求，也应该满足，这就是在基本服务之外的增值服务。增值服务的内容因为是针对具体客户的，所以不像基本服务，它很难有固定的模式。当这种增值服务发展到极至时，100%的满足客户的要求，这就发展到了零缺陷服务，可以提高客户的忠诚度，把竞争对手拒之门外。

（三）交易过程中的客户服务内容

实践中，可以看到许多物流中心对客户服务有着不同的观点。客户服务实践还可以从交易过程的三个方面来理解：交易前要素、交易中要素和交易后要素。

客户服务的交易前要素与物流中心的政策与程序有关。例如，书面的服务政策、企业组织结构的灵活性等。交易中要素是指在执行销售功能时与客户服务直接有关的变量，如商品与递送的可靠性。交易后的要素一般是指商品销售后对商品的服务支持如维修服务、客户投诉处理过程等。表 10－1 显示了客户服务的主要要素。

表 10－1　客户服务要素

交易前要素	交易中要素	交易后要素
◆书面的客户服务政策 ◆接近性 ◆组织结构 ◆系统灵活性	◆信息的完全性与准确性 ◆订货周期的稳定性 ◆存货可得性 ◆订货完成率	◆配件的可得性 ◆服务保证 ◆客户投诉、批评和退货

许多的事实表明：如果服务不能在客户需要的时候获得，就要有替代的方法来满足客户的需求，否则就会丧失营销机会。甚至在品牌有着很高忠诚度的市场中，缺货现象会严重影响企业的声誉。在美国进行的一个调查发现，在一个中等规模的超市中，所调查的商品目录中，约有 8.2% 的商品处于缺货状态。而且，在这些缺货的商品中，只有 34% 的商品有替代品。有替代品可以稍微延迟采购。缺货对零售商的最直接的影响是由于客户无法购买那些缺货的商品，使商家失去了近 46% 的销售额。

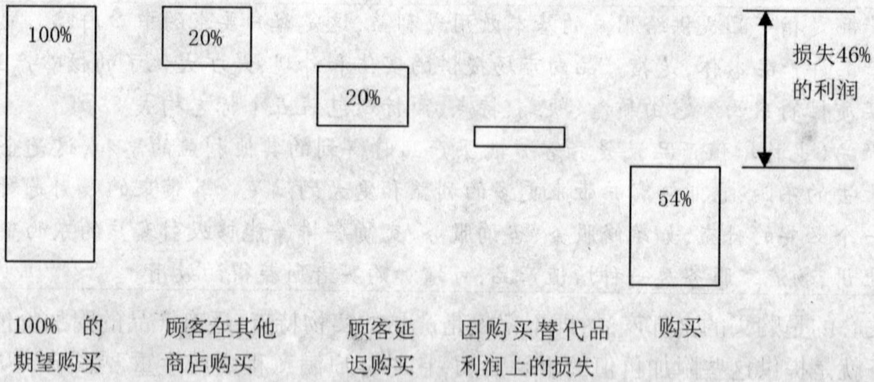

图 10－3　由于缺货造成的利润损失

图 10－3 说明了缺货对零售商利润的重大影响。有 100 个客户来购买某商品，由于只有 54% 的存货，所以有 20% 的客户在其他店购买，20% 的客户推迟购买，另外 6% 的客户购买了替代品。最后商店在该商品上丧失了 46% 的利润。对于生产商来说，缺货带来的影响会更大。因为零售商为了减少缺货影响会陈列替代品，这将直接减少特定生产商的利润。

另外，为了使客户库存降至最低，甚至根本不设置库存，越来越多的物流中心采用 JIT 战略对客户进行配送，这时需要物流中心能够更加快速的反应，能够保证在更短的时间内递送且保证递送的可靠性。所以在今天要成为一个有竞争力的物流中心意味着更高水平的客户递送服务。

（四）物流服务的重要意义

物流服务对企业经营的重要意义是人们在长期的企业经营实践活动过程中逐步认识到的，人们越来越认识到客户服务已经成为物流系统，甚至整个企业成功运作的关键，是增强服务产品的差异性，提高产品和服务竞争优势的重要因素。物流服务的作用主要表现在以下几个方面。

1. 提高销售收入

客户服务通常是物流企业的重要要素，它直接关系到企业的市场营销。通过物流活动提供时间与空间效用来满足客户需求，是物流企业功能的产出或最终产品。物流客户服务无论是面向生产的物流，还是面向市场的物流，其最终产品是提供某种满足客户需求的服务。

目前，物流行业呈现不断发展的趋势，即期望通过服务使产品差异化，通过为客户提供增值服务与竞争对手有所区别。在许多情况下，客户对企业所提供的服务水平的变化与对产品价格的变化一样敏感。提高客户服务水平，可以增加企业的销售收入，提高市场占有率。

2. 提高客户满意程度

客户服务是由企业向购买其产品或服务的人提供的一系列活动。从现代市场营销观念的角度来看产品，对满足消费者需求来说，它具有三个层次的含义，即核心产品、形式产品、延伸产品。

核心产品是指产品提供给用户的基本效用或利益,这是客户要求的中心内容。

形式产品即产品本体,是指产品向市场提供的实体和外观,是扩大化了的核心产品,也是一种实质性的东西。它由质量、款式、特点、商标及包装五个标志构成。

延伸产品(也称增值产品),是指客户购买产品时得到的其他利益的总和,这是企业另外附加上去的东西,它能给客户带来更多的利益和更大的满足。其带来的效用是对有形产品的一个必要的补充,如维修服务、咨询服务、交货安排等能够吸引客户的东西。从这个意义上讲,物流客服务是一种增值产品,可增加购买者所获得的效用。

客户关心的是购买的全部产品,即不仅仅是产品的实物特点,还有产品的附加价值。物流的客户服务就是提供这些附加价值的重要活动,它对客户满意程度产生重要影响。从本质上来说,物流功能是买卖交易的最后阶段。客户服务的水平在交易时自动产生,良好的客户服务会提高产品的价值,可提高客户的满意程度。因此,许多企业都将客户服务作为企业物流的一项重要功能。

3. 留住客户

过去,许多企业将工作重点放在新客户开发上,而对如何留住现有客户研究较少。最近研究表明,实际上留住客户的战略更为重要,留住客户已成为企业的战略问题。老客户与公司利润率之间有着非常高的相关性。客户买的不单是商品,还有服务。一个简单的说明就是,在仓库中的商品和在客户手中的商品在具体特性上是一样的。但是在客户手中的商品比在仓库中的商品有了更多的价值。在这个例子中,物流服务增加了商品的价值。图 10－4“服务圈”说明了这个概念。

在圈的中心是核心商品。外面的环代表客户服务与物流的增值。很明显客户服务与物流活动可以增值。事实表明,老客户比新客户给公司带来的利润要多。首先公司在维持老客户时所花费的成本低。其次,维持老客户有利于形成合作关系,建立联盟。最后,满意的客户会将公司的作为告诉其他客户,这是开发新客户的一种有效方法。

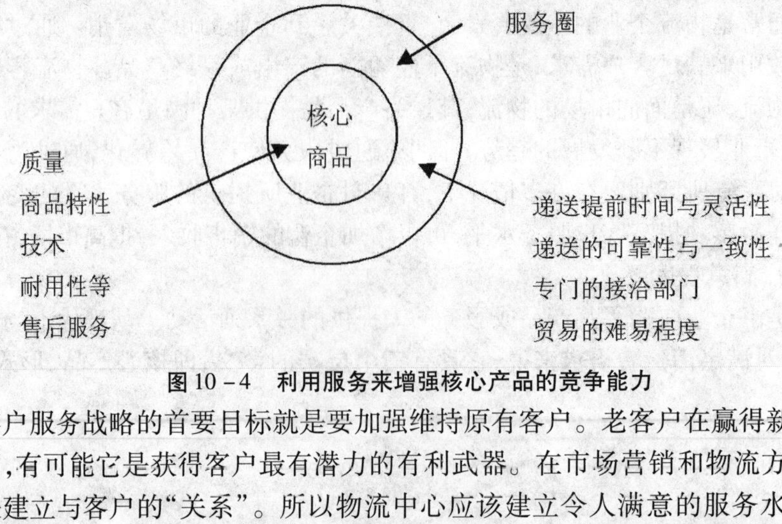

图 10－4　利用服务来增强核心产品的竞争能力

建立客户服务战略的首要目标就是要加强维持原有客户。老客户在赢得新客户方面起着重要的作用,有可能它是获得客户最有潜力的有利武器。在市场营销和物流方面出现的新重点问题就是建立与客户的“关系”。所以物流中心应该建立令人满意的服务水平以使客户感觉到没有必要再去寻找其他的生意伙伴。关系营销的关键所在就是不断的维持和加强客户的忠诚度。例如,许多航空公司都有常旅客户政策,发给客户优惠卡,用以积累飞行里程,达到一定程度可享受一些优惠机票等服务项目。IBM 公司在这方面做得很成功，他们经常与客户进行沟通，为客户进行培训等，所有这些都是为了维持并留住客户。

物流窗口 10－2

美国联邦快递公司

美国联邦快递公司在 2003 年推出逆向物流服务，该服务主要面向每天退货在 150 件以上的零售商，接受这项服务的客户可以把退货放在联邦快递全球服务中心或授权运送中心，存放成本根据货物重量和运送距离而定。退货经过整理后，由联邦快递地面运输公司运到联邦快递加工中心，在那里，来自同一个零售商的所有商品被放在一起，并运到零售商指定的地点。零售商可以随时在联邦快递的网站上跟踪退货情况。

通过对市场的敏锐观察，不断开发出能够满足客户需求的产品，从而巩固了原来的老顾客，因此联邦快递公司始终牢牢占据着快递行业的领先位置。

第二节　客户服务战略策划管理

战略是一种思维模式和思维方向，它决定人们如何审视周围的世界。在全球化和技术创新的时代，企业能否在激烈动荡的市场竞争中制定和执行正确的企业经营战略，已经成为决定企业能否立于不败之地的关键。可以说，战略是公司的命脉。物流服务战略作为企业经营战略的重要组成部分，其重要性正逐渐被企业所认同。

物流服务战略是通过对物流服务的未来需求进行预测和对整个供应链的资源进行管理，形成优越的客户满意度的长期规划。

一、环境分析

（一）物流客户服务环境分析

客户服务环境是一个层次多样的环境。物流客户服务战略的制定在于管理人员对企业内部环境因素和外部环境因素的正确分析，常用的分析工具是波特的 SWOT 分析及五种力量模型。具体来看，推动物流客户服务发展和物流职能改变的环境要素主要有以下内容：

1. 消费者行为的变化。以个人所得水准和余暇时间的增加等状况为背景，20 世纪 90 年代以后，人们对生活的追求从原来温饱型、数量型转向小康型、重视生活的质量。伴随着这种生活意识的变化，在经济社会向国际化、信息化以及人口结构高龄化急剧转变的基础上，出现了消费者价值的多元化以及生活类型的多样化的趋向，消费开始向个性化和多样化方向发展，消费行为的变化对企业的生产和经营产生了深远的影响，同时对物流管理产生了重大影响。

2. 多品种、少批量生产的转变。传统企业的运行过程中，各成员有着不同的相互冲突的经营目标，供应商一般希望制造商进行大批量、小批次的采购并要求灵活的交货期；与之相反，由于顾客需求的不确定性和要求的多变性，制造商为了更好地满足顾客，也要做出灵活的快速反应，从而，对供应商的供货也提出了小批量、多批次的要求。与此同时，制造商大批量的生产和物流中心降低库存的目标相冲突。另外，物流中心降低库存水平通常意味着运输成本的增加。企业运行在一个动态系统中，不仅供应商的能力或顾客的需求都是动态的，而且各企业间的关系也是多变的、不稳定的。随着顾客购买力的提高，制造商和供应商面对更大的压力来生产更多更高质量的产品及提供更好的服务，最终生产大量、定制化产品和完全个性化服务。同时，企业的库存水平和延迟交货水平也会有大的波动。这一切都给传统的企业链运营带来压力，如图 10－5 所示。

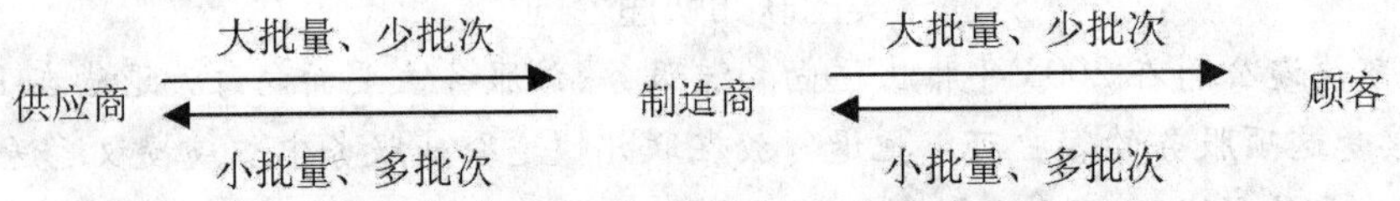

图 10－5　传统企业链构建的矛盾示意图

SWOT 分析是企业经营环境分析的基本架构，即分析内部环境找出企业经营的优势(strengths)时和劣势(weaknesses)，分析外部环境找出经营的机会(opportunities)和威胁(threats)。把这四种因素综合起来进行分析，就是 SWOT 分析。SWOT 分析的第一步就是明确企业的优势与劣势；第二步是对企业所处环境中的当前或将来可能出现的机会和威胁进行分析。企业制定的战略应该能够使企业利用机会、抵制威胁、建立优势、改善劣势，实现公司的目标。美国学者迈克尔·波特提出了产业竞争结构的分析模型，通过对五种竞争力的研究来分析任务环境。他认为一个产业的竞争状态取决于五种基本的竞争力量。这五种竞争力量就是：行业内部竞争对手数量、行业进入难易程度、供应商的力量、客户的力量、替代产品的威胁。

3. 无库存经营的倾向。零售业中与消费个性化、多样化以及厂商多品种生产相对应，无论是百货店和超市，还是新型的 24 小时便利店，经营的商品品种越来越多。但是，与此同时，由于政策、环境、房地产价格等原因，店铺的规模和仓库规模不可能无限扩大，特别是在大都市中，由于人口密度大、地价高昂、消费更新快、环境限制严格等原因，更加限制了仓储点和仓储空间的扩大，在这种情况下，只有提高管理效率，通过加快商品周转来抵消仓储空间不足等问题。如今，在国际上，大型零售业的经营方针均已从原来通过开设新店寻求外延型发展，转向充实内部管理和投资，积极探索内涵型发展。除此之外，另一个推动无库存经营的原因是，由于消费者行为的多样化、个性化发展，生产企业在这种状况下，库存越大，零售企业承担的风险也越大，因此，为了降低风险，零售企业必须尽可能地压缩库存，实现实时销售。

4. 物流企业间竞争加剧。经过几年的发展，中国第三方物流服务企业扩张的步伐逐步加快，形成了四类企业竞争的格局。一是传统国有企业转型的物流企业，如中外运、中远物流、中海物流等，在目前阶段仍占市场的主导地位；二是新兴民营物流企业，如宝供、大通等，市场份额快速上升；三是外资物流企业，如 UPS、DHL、TNT、EXEL 等，市场份额逐步扩大，并主要占据高端市场；四是源自生产流通企业的物流企业，如海尔物流等，利用其与生产企业的密切联系发展供应链服务。

随着传统企业加快业务重组与资源整合的步伐，新兴企业努力扩大规模和提升水平，外资企业在中国完全开放物流市场前夕加紧“抢滩登陆”，各类企业的竞争日益加剧，这种竞争迫使物流企业调整自己的服务战略，以适应外部环境的变化。

物流窗口 10－3

北京西单华联超市有限公司

2001 年元月，北京西单华联超市有限公司的成立，揭开了华联超市全国发展战略的序幕。从 1995 年公司开始向发展加盟连锁店转变以来，不足十年时间，华联超市已经覆盖了上海、江苏、安徽、北京、河南、山东等10余个省市的特许经营网络。

华联超市的优势可以归结到以下几个方面：

- 管理优势
- 物流配送优势
- 信息系统优势
- 人才优势
- 品牌优势

华联超市决策层经过全国调研、反复论证制定了华联超市五年发展战略。总体目标：计划用五年时间构建全国六大市场板块：华东、华北、华中、华南、西部、东北地区；在条件许可的情况下，跨国出门，开拓亚洲市场。力争到2005年门店规模达到5000家，销售额达到600～700亿元。业务方面，华联超市将拓展四个层面：第一，传统的食品超市。这是企业比较成熟的核心业务，为企业主要利润来源。第二，大型卖场。这是企业下一阶段的经济增长点。第三，便利店。第四，电子商务。华联超市根据不同形态的城市和地区，开发不同的层面，构建一个互补型的全国发展战略布局。

（二）物流服务战略分析

随着物流客户服务竞争的日益激烈，任何短期行为都会招致企业的损失，面对多变的环境、多样的需求，企业只有站在战略的高度上以优于对手的策划，才能为企业赢得先机。物流服务战略是企业经营战略的重要组成部分，对企业的物流服务战略进行分析可以从以下几方面入手：

1. 是否满足高层次物流需求

物流需求不断向高层次方向发展是整个物流服务环境变化中最为重要的因素。现代物流服务必须真正达到5R的标准才有可能满足个性化、准时制（JIT）和高附加值的需求。原来那种大量生产、大量销售体制下产生的大量运输将会越来越少，从而对物流企业原有的利益格局产生冲击。在这种情况下，对物流服务战略的重新审订势在必行。

> 现代物流服务的要求可以用5R——5个“合适”来表示，即将合适的产品（Right Product），以合适的数量（Right Quantity）、合适的价格（Right Price），在合适的时间（Right Time）送到合适的地点（Right Place）。

2. 是否满足激烈竞争的要求

经营环境对战略的影响除了需求方面的因素外，对供给方面也有相当大的作用。这一方面表现在参与物流服务竞争的企业越来越多，使竞争的范围越来越广；另一方面则表现在先进物流技术和手段的运用使物流服务竞争的程度也越来越深。企业的物流服务战略必须综合竞争对手的因素全面考虑。

3. 是否满足可持续发展的要求

在战略上合理安排、管理物流不仅关系到企业自身的效益问题，也关系到整个社会可持续发展的问题。物流中心企业对社会的发展是有责任的，如何选择运输工具、如何运用共同配送以减少物流活动对环境、交通等方面的负面影响等问题，都是在企业物流服务战略中应当涉及到的。

从以上三个方面对物流服务战略进行分析，将有助于企业在变化的环境中做出正确的战略决策，为企业制定整体的、长期的经营战略提供重要的依据。

物流窗口 10-4

中外运物流

经过50年的不懈努力，中外运已成为一家以运输为主业，全面发展的跨地区、跨行业、跨国经营的大型企业集团。

近年来，中外运敏锐地认识到世界经济环境正在发生变化，随着经济全球化和信息技术的不断进步，客户对物流服务越来越"挑剔"，原有的服务方式已不能满足需要，客户需要更高层次、更个性化的服务。2000年初经过集团内外广泛和深入的论证，集团制定并实施了面向21世纪的企业发展战略，即从传统的外贸运输企业转变为由多个物流主体组成的，按照统一的服务标准流程和规范体系运作的，国际化、综合性的大型物流企业集团。

随后中外运成立了物流发展部，将食品饮料、电子通讯产品、电子消费产品三大行业定为目标市场，为用户提供全新的物流服务。中外运以客户为中心，以降低客户成本为服务目标，以伙伴式双赢策略为准则，为客户提供完善的物流解决方案和全方位的物流服务。如今，中外运已经为明基、爱立信、夏普、联想、飞利浦、摩托罗拉、卡夫、帕玛拉特、柯达等一批知名跨国公司提供产品的库存管理、分拨和配送等服务，不断扩大自己的市场份额。

（资料来源：http://cms.jctrans.com）

二、客户服务战略类型选择

客户服务战略是指物流中心为了适应未来环境的变化，提高客户满意度而寻找长期生存和稳定发展的途径，并为实现这一途径优化配置企业资源，制定的总体性和长远性的服务战略。企业必须在每个细分市场上确定服务战略，向消费者说明本服务与现有竞争服务以及潜在竞争服务之间有什么区别。服务战略是多种多样的，按企业的竞争优势可分为低价战略、优质战略、地位战略、先进技术战略、全方位战略等。不管采取何种战略，对企业来说，其目的是建立强有力的竞争优势，以获得并留住本细分市场内的大量客户，其核心是增值和关系。以下是几种典型的客户服务战略。

1. 增值为本战略。增值服务是建立在基本服务基础之上，企业提供超过承诺的服务。主要涉及五个领域，即以客户为核心的服务、以促销为核心的服务、以制造为核心的服务、以时间为核心的服务，以及基本服务等。

(1) 以客户为核心的服务。以客户为核心的增值服务是物流中心向买卖双方提供配送产品的各种可供选择的方式。如提供"精选——定价——重新包装"服务，以便于按不同客户的要求进行独特配置，体现"一对一"的服务理念来递送制造厂商的标准产品。以客户为核心的专门化服务的履行通常包括以下活动：处理客户向制造商的订货、直接送货到商店或客户家，以及按照零售店货架储备所需的明细货品规格持续提供配送服务。这类专门化的增值可以被有效地用来支持新产品的引入，以及基于当地市场的季节性配送。

(2) 以促销为核心的服务。以促销为核心的增值服务通常围绕3Rs服务促销理论来开展，即顾客保留（Retention）、相关产品销售（Related Sales）和顾客推荐（Referrals）。物流中心通过提供以促销为核心的增值服务如直接邮寄或POP宣传和材料的物流支持等，引导、吸引和拉动消费者做出购买决策，持续、积极地与客户维持关系，以保留现有客户。物流的促销服务侧重为客户提供服务，依靠人际传播媒介传播企业信息，而减少广告和旨在刺激销售的其他促销投入。

(3)以制造为核心的服务。以制造为核心的增值服务是通过物流中心独特的产品分类和配送来支持制造活动的。绝大部分物流客户的实际设施和制造装配是独特的,那么,在材料和部件的制造上应进行客户定制化。在物流客户服务中通常雇用专业人员承担增值服务,以减少与生产不正确产品有关的预期风险。也可以说,以制造为核心的服务是为适应特定的客户需求而对基本产品进行修正的活动,其结果是改善了服务,提高了客户满意度。

(4)以时间为核心的服务。以时间为核心的增值服务涉及到物流中心在配送以前对存货进行分类、组合和排序。对以时间为核心的增值服务来说,准时化(JIT)配给仓库是典型代表,其主要的一个特征就是排除必要的仓库设施和重复劳动,以期最大限度地提高服务速度。基于时间的物流战略,是竞争的一种主要形式。

(5)基本服务。除了独特的或传统的增值服务形式外,物流中心还可以被用来执行厂商全部的或部分的基本服务方案。各种范围很广的服务都可以通过物流中心来提供,以支持任何的或所有的物流需求。许多物流中心不仅承担运输服务和仓储服务,而且还提供一系列附加的创新服务和独特服务,诸如存货管理、订货处理、开票和回收商品处理等,覆盖了物流服务的全域。

2. 关系至上战略。在现代市场营销理论中,随着消费者个性化日益突出,加之媒体分化,市场营销的变量从传统的"4P"向以客户关系为中心的"4C"推进,具体表述为 Customers´needs and wants(客户需求和要求),基于 Product(产品和服务);Cost to customers(客户购买产品的代价),基于 Price(价格);Convenience(方便程度),基于 Place(地点、产品的销售和运输渠道);Communication(与客户的交流),基于 Promotion(促销、媒体宣传和客户联系)。

如果说 4P 的出发点是卖方,4C 的出发点是买方,那么关系营销则是将买卖双方看作是一个统一的整体。研究市场营销中的"关系",是指建立维系和发展客户关系的营销过程,目标是建立客户的忠诚度。关系营销理论的提出,使越来越多的企业重视起"关系"来。

物流客户管理也应紧随这种推进,由传统的客户管理向关系至上的客户关系管理推进。客户关系管理是获取、保持和增加可获利客户的过程,是"以客户为中心"管理理念的应用过程,是企业有利、有序、有度地发展的保障。

在开展客户关系管理的过程中,可以将企业和客户的关系过程简化为:建立关系——维持关系——增进关系。"关系"意味着良好的联系,同时也是企业一个潜在的资产。从毫无联系到建立良好的联系需要一个过程,这正是一个企业资产逐步增值的过程。企业通过技术投资,建立能收集、跟踪和分析客户信息的系统,或可增加客户联系渠道、客户互动以及对客户渠道和企业平台的整合的功能模块,主要范围包括销售自动化、客户服务的支持和营销自动化、呼叫中心等。

3. 顾客满意战略。顾客满意战略,简称为 CS 战略,是英文 Customer Satisfaction 的缩写,最早始于 20 世纪 90 年代日本的汽车工业,随后日本及许多发达国家的其他产业包括服务业也纷纷引进。这一战略的指导思想是:企业的整个经营活动要以顾客满意为方针,站在顾客的立场上,按顾客的观点来考虑和分析顾客的需求。实际上,顾客满意本身并不是什么新思想,无论是 20 世纪 50 年代的消费者市场营销,60 年代的产业市场营销,70 年代的社会市场营销,80 年代的服务营销,还是 90 年代的关系市场营销,其核心都是追求顾客的满意。但将顾客满意作为一种战略提出来,却有其重要的理论与实践意义。在理论上,正是顾客满意战略的提出,推动了顾客满意与顾客忠诚度、企业经营绩效间的关系、影响顾客满意的因素、如何衡量顾客满意度等方面大量研究成果的出现。在实践上,则推动企业将其战略重点由过去的市场份额规模增长,转向了市场份额质量(用市场份额中忠诚顾客的百分比来衡量)的提高。这是一个很大的飞跃,不仅有利于增加顾客的利益,而且有利于改善企业的经济效益。

顾客满意战略的主要内容有:

(1)站在顾客的立场上而不是站在企业的立场上去研究设计产品(包括有形商品和无形服务);

(2)不断完善服务生产与提供系统,最大限度地使顾客感到安全、舒适和便利;

(3)重视顾客的意见、顾客参与和顾客管理;

(4)千方百计留住顾客并尽可能实现相关销售和推荐销售(即3Rs);

(5)创造企业与顾客彼此友好和忠诚的界面,使服务手段和过程处处体现真诚和温暖;

(6)按照以顾客为中心的原则,建立富有活力的企业组织。

三、客户服务战略的策划与实施

物流客户服务战略的策划是企业经营管理活动中一项十分重要的职能,它通过影响物流绩效影响客户满意度。

(一)物流客户服务战略的策划

1. 物流客户服务战略的策划的步骤

科学合理地制定物流服务战略主要有以下几个步骤:

(1)确定物流服务的要素。一般来讲,明确备货、接受订货的截止时间、进货期、订货单位等要素是物流服务战略策划的第一步。只有清晰把握这些物流服务的要素,才能使以后的决策顺利进行,并加以控制。

(2)收集有关物流服务的信息。制定物流服务战略需要收集的信息主要包括客户对物流服务重要性的认识、客户的满意度以及与竞争企业的物流服务相比是否具有优势等。

(3)整理物流服务信息。对因企业收集而形成的信息,要进行筛选、分类、归集,以供企业定向地选择使用。

(4)划分客户群。由于客户需求受到客户思维方式、行动模式以及地区差异等多种因素影响,因此以什么样的特性为基础来区分客户群成为制定物流服务战略的重要问题。同时,在划分客户群的过程中,应当充分考虑不同客户对企业的贡献度以及客户的潜在能力。

(5)制定物流服务组合。在对客户群进行划分后,首先要做的就是针对不同的客户群制定相应的物流服务基本方针,确保将企业资源优先配置给重点群。此后,在对企业物流服务水平预算分析和对主要竞争对手的服务水平分析的基础上为不同的客户群制定相应物流服务组合。

物流服务战略的制定是一项系统工作,应当按照上述步骤综合考虑企业外部和内部的影响因素有序进行,只有这样才能使制定的战略成为企业朝正确方向前进的有力保障。

物流窗口 10-5

中外运总公司

1981年,为了确保21世纪的竞争优势和可持续发展,中外运总公司开始进行发展战略的研究。经过一年多深入、广泛的调研和论证,中外运确定了面向21世纪的发展战略,并制定了《中国对外贸易运输(集团)总公司发展战略纲要》,明确了把中外运从一个传统的对外贸易运输企业建成由多个物流主体组成的，按照统一的服务标准流程和规范体系运作的现代化、国际化、综合性的大型物流企业集团。

2000 年，中外运总公司已经开始贯彻实施《纲要》，与此同时，总公司物流部又提出了《中外运物流营销体系建设方案的设想》、《中外运物流作业体系方案的设想》和《中外运物流仓储信息系统实施方案的设想》等实施方案，形成了一套相对完善的物流服务战略。

（资料来源：http://cms. jctrans. com）

2. 物流客户服务战略策划的内容

一流的客户服务是高水平物流服务企业的标志。客户服务不仅决定了现有的客户是否继续保持成为客户，而且也决定了有多少潜在的客户会成为现实的客户。策划物流客户服务战略可以根据交易前、交易中和交易后的客户服务要素进行，具体应当涉及以下几个方面的内容：

（1）物流客户服务政策

给客户提供书面的声明，可以减少客户对某些不切实际的服务存有期望。客户服务政策的声明应当基于客户需求，有明确的服务标准，同时应当是能够被实施的。声明必须为客户提供当服务没有达到既定的服务水平时，与公司沟通协调的方法。

（2）物流客户服务的组织结构

为保证客户服务政策的顺利实施，公司应当选择一种有利于职能部门之间沟通与合作的组织结构形式，并且明确各职能部门的权责范围。

（3）应急服务方案

一般而言，管理人员的规划和控制工作是为了保证物流系统在正常情况下的高效运作。但是，对于客户服务，还要准备处理由于可能的意外事件导致的系统瘫痪或系统运行在短时间内剧烈变化的情况。

（4）增值服务方案

增值服务是企业保障竞争力的重要武器。客户服务的增值方案可以有很多形式，比如计划一项用来帮助客户提高库存管理水平的培训活动，就是客户服务增值的一种体现。

（5）交易过程要素控制方案

①缺货水平。当出现缺货时，可以通过加速发货或者安排合适的替代产品来维持与客户的良好关系。为了找出引起缺货问题的环节，缺货情况应当根据产品和客户来进行登记。

②订货周期。虽然客户主要关心的是订货周期的总体时间，但是控制和管理好组成订货周期的订单传递、输入、处理、分拣、包装和交付等每一个组成部分，用来确定订货周期变动的原因，对于客户服务来说是非常重要的。

③订货信息。应该确定那些需要立即处理的订单，并建立相应的订单处理程序。

④加急发货。尽管加急发货的成本要比正常发货的成本高出许多，但是可能仍然要比失去客户的成本要低。客户服务战略的策划应当考虑这些客户应当得到的服务。

（6）售后服务方案

售后服务是物流客户服务中最容易被忽略的要素。客户服务政策应当规定如何进行索赔、投诉和退货的处理。同时，在设计物流系统时，售后服务所形成的逆向物流也是需要特别引起重视的。

客户服务对于公司的市场份额的大小、物流总成本以及最终的赢利水平具有直接的作用。

为此,客户服务战略的策划对于企业来说是不可缺少的。

(二)物流服务战略的实施

物流服务战略实施是在战略选择的基础上进行的。通过对物流中心内外部环境的分析,确定物流中心的战略,接下来战略管理的重点就转向了战略实施。所以,战略选择是战略实施的前提,而战略实施是战略选择得以实现的保证。

战略实施的主要内容即是制订物流中心的战略实施计划。计划是物流中心系统地开发可以达到预定经营目标的各种行动和项目,而战略实施计划强调物流中心组织的整体性,它是一个在3~5年的期限内,将物流中心视为一个整体,共同实现物流中心目标的长期计划。

1. 战略实施计划系统的设计

战略实施计划没有统一的模式,而且不同的物流中心由于影响其计划系统设计的因素不同,在进行战略实施计划设计之前,首先要分析影响战略计划设计的因素。这些因素包括:物流中心的规模、管理风格、经营过程的复杂程度及物流中心环境的复杂程度等。

物流中心的规模是影响战略实施计划系统设计的一个主要因素。包括物流中心的形态、计划角色、组织结构等,小物流中心因规模较小,组织结构简单,比较宽松、灵活性强、非正式程度高,其战略实施计划趋于非规范化,较为简单。大物流中心的特点正好相反,一般情况下,大物流中心规模大,组织结构复杂,业务多,因而它的战略实施计划规范程度较高,较为详尽。环境的复杂程度是另一个重要的影响因素。物流中心处于一种竞争较弱的、相对平衡环境中时,一般很少有计划,即使有计划,也往往是形式上的。如果物流中心处于动荡的环境之中,竞争压力较大,则物流中心需要有相应的战略实施计划,而且该计划要有相当大程度的灵活性与非正式性。

不同条件的物流中心要根据自己所处的环境来考虑影响因素,从中找出关键因素,不能照抄照搬其他成功物流中心的战略实施计划。

2. 战略实施计划系统设计的方法

战略实施计划系统设计一般有三种不同的方法:

(1)自上而下的方法。即先由高层管理人员制定出整个物流中心的计划,然后各部门再根据自己的实际情况以及高层管理者的要求来实施计划。这种方法最突出的优点是高层管理者决定着整个物流中心的经营方向,可以对各部门如何实现经营方向提供具体的指导。这样,高层管理人员可以集中精力去思考经营方向,制定应达到的战略目的,以及可能贯彻实施的战略。不足之处是,高层管理者可能会因为没有经过深思熟虑,对下层各部门提不出详尽的指导。另外,部门或基层管理人员也可能会认为这种自上而下的指导是一种约束,不能发挥他们的作用。

(2)自下而上的方法。即先由各部门提交计划,高层管理人员从中掌握主要的机会与威胁,主要的目标、实现目标的战略、计划实现的市场占有率等信息,对此加以检验平衡,然后给予确认。此方法的优点是,由于高层管理者对各部门没有具体的指导,各部门会感到计划中的约束较少,可以提出更加完善的计划。不足之处是,有些习惯于指导方式的部门的管理人员会感到无所适从,从而影响计划的质量。

(3)上下结合的方法。在制定计划的过程中,既有高层管理人员参加,也有部门的管理人员参与。此方法的最大优点是,可以产生较好的协调效果,而物流中心可以用较少的时间和精力完成更具有创造性的计划。这种方法多为分权制的物流中心所采用。

3. 战略实施计划的制定程序

物流中心的管理层次一般分三层，即经理层、部门与基层，因而产生三种主要战略与计划，总体战略与计划、经营战略和计划、具体执行计划。为使这三种战略与计划相互衔接，密切配合，有必要考虑运用一定的程序来制定战略实施计划。

（1）建立物流中心总体目标

在计划的最初阶段，物流中心的经理与部门负责人之间要进行初步对话，共同探讨企业总体目标。在探讨过程中，各部门对目标深入的程度与范围可以有不同的看法。在对话的基础上，中心高层为各部门制定本部门的战略实施计划规定了一定的方向，然后，各部门根据自己的战略来制定计划，最后，物流中心高层在均衡配置企业各项资源的基础上，阐明物流企业的总体战略。

（2）制定部门的战略方案

在总体目标确定以后，高层管理者应要求各部门的负责人制定出本部门的战略方案，详细说明该部门所确定的经营活动范围和目标，提出经营战略与下一年度的临时目标。在计划过程中，这一步骤相当重要。一个清楚的战略方案可以使各部门更加明确自己的经营范围，减少各部门之间相互竞争的风险。

战略方案制定以后，部门负责人要向企业高层管理人员提交自己的经营目标与战略，以及贯彻实施的计划，最后由高层管理人员来平衡。

（3）达成贯彻实施的行动计划的临时协议

各部门的负责人与经理达成有关要贯彻实施的行动计划的临时协议。之所以是临时协议，是因为这时不可能明确地指出经营目标或利润目标，因为过细的计划会约束部门的行为，使他们失去了创造性地实现部门目标的机会；另一方面是因为只有在高层管理人员同意了部门的计划并给予相应的资源后，各部门的目标才能最后确定下来。

（4）确定资源分配，安排详细的资金预算

部门负责人与总部再次协商，最后决定资源的分配，安排详细的资金预算。在资源分配上，高层管理人员既要考虑满足每个部门的要求，也要有个通盘的安排，确保整体的平衡。

第三节　客户物流服务设计管理

物流中心的作用就是满足客户的需要。这是客户驱动的物流系统，是根据既定服务目标而设计的系统。经常可以看到许多物流中心设计的物流系统总是强调内部成本目标，而不强调外部服务目标。实际上，一个有效的物流系统应该是市场定位的。换言之就是必须充分理解市场上对服务水平的需求，然后再开发出低成本的物流服务方案来达到目的。以下就是理想的物流服务方案设计的步骤：

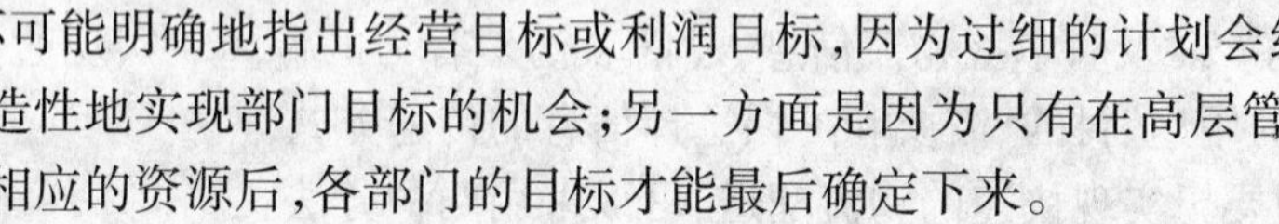

图 10－6　物流服务方案设计的步骤

通过对消费者调查研究会发现，不同商圈的消费者所需要的商品的种类、质量、价格、服务等是不同的。所以物流中心首先就要详细地了解客户的需求，做出详细的规划，而不是对所有客户提供千篇一律的服务。这些都是物流服务方案设计的基础。

一、客户物流信息的收集与整理

因特网和信息技术的飞速发展,对物流客户管理有着决定性的意义。迅速和准确的物流客户信息的取得是物流管理的关键,它们不仅能够改善物流运作,设计出新的和独特的物流解决方案,而且还能够拓展物流管理的赢利能力,使物流达到前所未有的作用。

(一)物流客户信息的收集

物流客户信息是随企业的物流活动同时发生的,是与物流订货信息、库存信息、生产指标信息、发货信息、物流和信息流等信息相对应的组织或个人的集成。具有涉及面广、数量大,信息量的波动性强等特点。它是物流预测的基础,也是控制物流作业的依据。

1. 物流客户信息收集的要求

有效的物流客户管理有利于服务水平的提高。在物流作业中,及时运输、库存水平、订货状态、激发客户需求等相关事项的处理都依赖于及时、准确的客户信息,一流的客户信息系统有助于物流功能的实现。物流系统对客户信息质量的要求表现在以下三个方面:

(1)信息充足。充足的信息是物流系统提供有效服务的前提,物流专业人员应了解物流信息系统并科学地运用、管理物流信息系统;而相关部门人员也应在管理中懂得适应物流信息管理的需要,以更好地开展企业的营销工作。

(2)信息准确。准确的信息才能为物流系统提供帮助,少量的、模棱两可的信息只会导致物流决策的失误。传统的借助会计核算和管理控制系统所提供的信息已经无法满足物流决策的需要。借助物流客户管理收集物流客户及相关信息成为客观必然。

(3)通信顺畅。要及时掌握物流信息,通信顺畅是有力的保障。实现通信顺畅,应根据信息使用者对信息的用途、目的、需要和习惯选择信息的传递方式。

例如,某公司要想实现快速的物流配送,可以采用两种方法:

其一,在当地的销售办事处累积一周的订单,再将之邮寄到地区办事处,在批量的基础上处理订单;将订单分别送往仓库,然后通过航空进行装运。

其二,通过来自客户的电子数据交换系统(EDI),随时取得订单和货物提单,然后使用速度较慢的水上运输。

很显然,方法一意图通过采用航空运输方式,加大物流运输成本来弥补信息滞后带来的不良影响;而方法二因为有了及时的信息传递系统,实现了信息的快速传递和共享,所以为以较低的成本实现更快的全面交付奠定了基础。由此可见物流客户信息的及时性对物流服务的重要影响。

2. 物流客户信息收集的原则

信息的收集是信息流运行的起点,信息的质量决定着信息时效价值的大小,是信息系统运行的基础。在物流客户信息收集过程中应遵守以下原则:

(1)针对性。围绕物流活动针对不同的信息需求、不同经营管理层次、不同目的和要求收集有用的信息。

(2)系统性和连续性。系统的、连续的信息是对一定时期客户状况的全面、综合、动态的描述,它既对预测未来的物流经济发展具有极高的使用价值和研究价值,又对眼前的物流客户管理和物流服务运作提供极大的帮助。

(3)信息收集过程的管理工作具有计划性。收集物流客户信息以科学合理的计划为指导将使得信息收集工作具有更强的目的性和效率性。

3. 物流客户信息收集的内容

物流客户信息的内容是指企业内部上流程与下流程、内部客户与外部客户在企业现实环境下的合作程度、服务质量、适用客户层面、响应时间、场合、价格、方式、预计需求满足程度、内部职能协调等信息。其目的是及时调整和改进客户管理方法。

反映物流客户信息的指标有：

(1)市场占有率。

(2)市场覆盖率。

(3)投诉抱怨率、投诉问题的细分与概率。

(4)内部职能协调与响应流程及时间。

(5)企业对客户响应时间的统计。

(6)妥善处理各项问题所需时间。

(7)环境与产品。

(8)服务的协调性。

(9)价格适度性。

(10)员工服务态度和技能水平。

(11)客户关系管理系统运行性能和状况。

4. 物流客户信息收集方法

物流客户信息的收集程序一般包括确定收集的范围及目标，制定收集计划，选择收集方法，进行信息收集等。其中最重要的是物流客户信息收集方法的运用。物流客户信息收集按获取方式可分为一般收集方法、实地调研法以及现代收集方法等。

(1)一般收集法。一般收集法是常用的信息收集方法，在具体形式上有统计资料法、观察法、会议现场收集法、阅读法、视听法、多项沟通法、聘请法、购买法、加工法等。各种方法的主要特点如表10－2：

表10－2　常用信息收集方法一览表

收集方法	特　征
统计资料法	主要方法，借助各种原始记录收集资料，资料分散，需汇总整理
阅读法	通过阅读报刊、图书等信息传播媒介收集信息
视听法	通过电视、广播等信息传播媒体收集信息
多项沟通法	通过建立信息联络网，在相关单位或部门间互通情报的信息交流方法
聘请法	聘请企业外部人员为企业收集信息
购买法	向信息中介公司有偿取得资料的一种方法
加工法	依企业建制，按需要汇总基础数据形成有用信息的方法

(2)实地调研法。通过实地调研有意识地获取客户的意见，包括需要尽量收集所有与客户经历相关的信息——物流服务的质量、客户经历等的调查方法。倾听客户的意见，尽量抽出时间与客户交谈，是了解企业业务运行状况、企业客户服务状况和客户需求的有效方法。实地调研法一般采用以下方式：电话回访、邮件调查、会议调查、现场观察、实验模拟等。

(3)现代收集法。现代收集法的最显著特征是运用现代信息技术，当前常用的现代信息收集法主要有网络收集法和数据库收集法两种。

现代信息快速通道——网络，是现代信息收集的主要手段，它具有快捷、直观、丰富的特点。在互联网上，企业可以自设网站征集信息，也可从别的网站下载自己需要的信息。而建立数据库从大型数据组中寻找所需客户资料是数据库收集法的特点。

（三）物流客户信息的整理

通过物流经营活动或有意识的调查活动所获得的资料是零散的、相互孤立的，要合理利用这些不规范的信息就必须对它进行系统的加工和整理。物流客户信息整理是采用科学的方法，对收集到的信息进行筛选、分类、比较、计算、储存，使之系统化、条理化，综合反映物流客户特征的工作。对客户信息的整理可以从以下两个角度出发：

第一，提供有效客户服务。客户在提出问题时都希望能够获得快速、准确的答复。因此，整理后的信息应满足客户服务的要求，包括产品的特点、产品的库存、产品的升级、是否有现货、安装调试、保修、合同条款以及货物跟踪查询等。使得客户的反馈得到及时的响应，提高客户服务活动的反应能力和反应速度。

第二，提供决策支持。收集和整理客户信息的主要目的是为了向企业的管理人员提供决策支持。比如：与客户使用经历有关的信息，可以帮助企业进行产品改进和新产品的开发；与客户需求有关的信息可以帮助企业有效调节库存；与客户地理位置有关的信息可以帮助企业进行合理的物流系统规划等。

1. 物流客户信息整理的目标

物流系统运行与客户服务相伴而行，客户服务是物流系统的载体，物流客户信息是物流系统的窗口。物流客户信息整理的目标主要有：实现物流系统服务目标、快速及时目标、节约和规模化目标以及库存调节目标。

2. 物流客户信息的整理方式

物流客户信息的整理有人工整理和计算机整理两种方式。物流客户信息的人工整理是利用手工，借助各种图表形式对物流客户信息进行归类、计算、分析的整理方法。在这种方式下，企业内部物流客户和外部物流客户的信息整理依据和要点是不同的。

（1）内部客户工作协调信息的分类整理。物流是包装、装卸搬运、储存保管、流通加工、配送、废弃物流的回收与处理等各系统与功能的有机组合，物流整体职能的发挥，是通过物流各职能部门的互相依赖、互相联系和互相作用来实现的。内部客户工作协调信息的分类整理实质上是物流系统及物流系统信息管理，它强调的是快速反应性、连贯性及协同性。对物流环节信息进行分类整理，有助于企业从总体上把握物流系统的现状，寻找物流系统存在的问题，明确物流改善的方向。内部客户工作协调信息的分类整理一般依据企业的各种内部凭证、计划进行，如采购计划单、质量跟踪卡、领料凭证、结算凭证等。

（2）外部客户服务信息整理。物流外部客户信息的涉及面广、信息量大，按其反映的内容不同，可以分为客户基础资料、客户特征资料、业务状况资料、财务及信用资料和客户行为资料等五个方面。实际中对物流外部客户服务信息的整理是借助各种整理分析表来完成的。

3. 计算机分类整理

物流客户信息的计算机分类与整理实质上是建立一个企业甚至整个社会都能随时调用的物流客户信息系统和信息网络。

物流客户信息计算机分类与整理过程由数据储存、数据传输、数据加工和信息输出等五个

环节组成,在内容上主要涉及:

(1)对用户的订货能否快速送到;

(2)接受用户的订货时商品的直送率如何;

(3)运输途中的交通事故、货物损伤、丢失和发送错误情况;

(4)保管中变质、丢失、破坏现象;

(5)是否具有能很好地实现运送、保管功能的包装;

(6)装卸搬运功能满足运送和保管的要求;

(7)物流情报信息系统能否及时地反馈信息;

(8)合理的流通加工,是否能保证生产、物流费用之和最小。

物流窗口 10 - 6

IBM 公司

在全球,IBM 公司每年接到超过 50000 个客户的投诉(不包括向公司的免费技术支持系统打进的电话)。IBM 从整个公司不同领域抽调员工组成小组,每一个小组都被赋予必要的立即采取措施的权力,来解决客户投诉问题。IBM 公司的客户会收到含有关于产品质量和客户满意度的 10 个具体问题的调查问卷,这些小组对来自于他们已经交往过的客户反馈的调查问卷进行研究。

公司将 IBM 研究中心的 1200 多位员工分配去与具体的客户一起去工作,他们长驻在客户地,了解并反馈客户信息,提供解决方案。

每年,IBM 公司以 26 种语言,在 71 个国家进行 40000 次客户访问。一个中央数据库对得到的数据进行分类,并使经理们能够获得这些结果,从而采取全公司范围内的行动,对客户的问题做出快速的反应,并将其解决。

二、分析客户物流需求

没有任何两个客户在服务需求方面是完全一致的。客户总是以群体出现,彼此互相影响,最后形成某些共同的特性,所以就这个群体而言,客户有着相似的服务需求。所以物流中心必须能够区分出什么因素使客户群的服务需求有所不同,这可以在对收集到的客户信息资料整理分析来发现。

(一)识别客户的物流服务需求

客户对服务是否满意主要依靠自己的感觉,而感觉是主观的东西,同样的服务,不同的客户会有不同的感觉。所以无论企业内部的绩效衡量程序有多么严格,但重要的是看客户对此的感觉。例如"库存可得性"是内部绩效衡量指标,而对于客户而言是"准时递送"。因此,物流中心应该站在客户的立场上研究其需求。

识别客户的服务需求时,可以使用下列三段式过程(图 10 - 7):

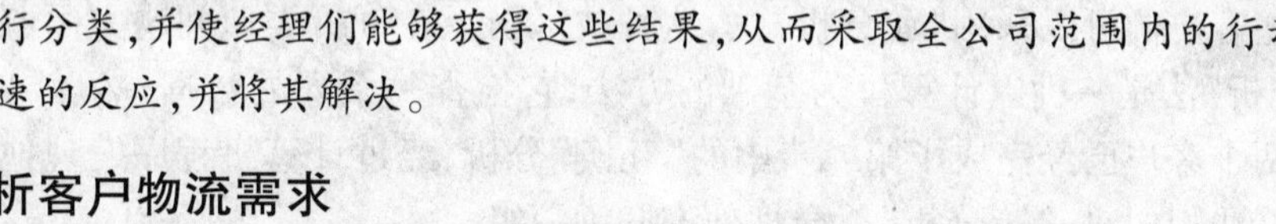

图 10 - 7　识别客户服务需求过程

1. 识别客户服务的关键要素

通过对客户信息的整理分析,首先是要识别影响购买决策的重要因素。一是了解与物流中心合作的真正决策者；二是了解物流中心在向客户提供服务的过程中，有哪些因素会间接影响到客户的购买决策。例如有的供应商在外地，递送时间经常不准确，虽然不是物流中心的过错，但这必将影响到客户的购买决策。

其次了解客户服务的内容及每项服务的相对重要性。即了解不同类型的客户对服务的要求，以及他们对服务要素的重视程度，从客户角度确定物流服务要素之间的权重分配。

2. 分配权重

给客户服务要素分配权重最简易的方法是，请典型客户对客户服务要素，按照他理解的重要性，从最重要到最不重要给出权重。事实上这样做是很困难的。利用客户调研技术可以用简单的方法判断出客户服务要素暗含的重要性。这项技术是以"互换"概念为基础的。例如，我们在购买新轿车时，会考虑一系列的性能。在操纵性上要求速度、加速性能；在经济上考虑油耗性能；在大小上考虑容积，当然还要价格低。任何一辆轿车都不可能同时满足所有的要求，所以我们在购买时只能适当取舍，选择一个或几个对我们来说最重要的性能。这与客户在选择服务选项时是一样的道理。例如客户为了保证递送的可靠性，他不一定要求供货一到两天的前置期；或是为了要求更好的订货完成服务，而不要求订货完成时间。所以"互换"技术就是给客户出示服务要素的各种可能的组合，然后要求客户给这些组合进行打分。最后，将结果输入计算机，由计算机来分析每一个要素暗含的重要性。

3. 识别客户群

如果一组客户对服务要素分配的权重与另一组明显的不同，那么这两组就是两种需要不同客户服务的客户群。

识别这些客户群可以采用"簇分析"法，这种技术已经在分析类似问题方面取得了很大的成功。"簇分析"法是一种以计算机为基础的方法，它检查一系列的数据，然后寻找可匹配的客户。如果两个客户已经完成了第二步中的"互换"分析，经过计算机程序发现他们对服务要素的重要性看法相似时，"簇分析"就会把他们归为一组。

（二）确定客户服务目标

物流战略目标就是以最低的供应链成本提供给客户既定水平和质量的服务。在制定以市场驱动的物流战略时，要达到的目标就是以低成本持续提供"优质服务"。优质服务目标的定义可以通过前面介绍过的完美订货来描述。完美订货就是客户服务需求完全满足。这样的定义一般针对个别客户的，其实它也可以用于客户群，但是必须要识别客户群所需要的关键服务是什么。只有当客户对每一项服务的完成都满意，才是完美订货。

可以用一定时间内完成所有客户服务要求的百分比来衡量服务完成情况。因此可以用百分比的方法衡量单个客户、客户群以及任何水平的客户服务绩效。

一种经常使用的方法 OTIF 法。它是准时（On – Time），订货完成（In – Full）、无错（Error – Free）的缩写。无错是指文件、标签、货损、包装方面没有出错的情况。为了计算出实际的服务绩效需要监控完美订货中的每一项工作的完成情况，以百分比形式表示出来，最后将所得百分比相乘。

例如：如果去年一年所有订货完成情况如下：

及　　时：90%

订货完成：80%

没有错误：70%

实际的订货绩效就是：90% ×80% ×70% =50.4%

换言之，在去年里订货完成绩效只有 50.4%。

三、物流服务方案设计

（一）客户服务的成本——效益分析

物流中心在运作中要面对这样的事实：客户产生的利润是不同的。不仅不同的客户对商品的数量要求不同，而且提供给客户服务的成本也是不同的。80/20 规则可以说明这个问题。80% 的利润来自于 20% 的客户。80% 的服务成本集中在 20% 的客户身上。也就是说大部分的利润是由少量的客户产生的，大部分的服务成本花在了少数客户的身上。这个规则也叫做巴雷特规则，是根据 19 世纪意大利经济学家巴雷特的名字命名的。

所以在客户服务方案设计中要根据不同的客户，制定出相应的服务战略以提高客户利润。同时还要注意识别客户服务的成本 - 收益，服务水平与服务组合会随客户类型的不同而有所改变。这个关系可以通过服务水平与成本关系图 10 - 8 来说明。

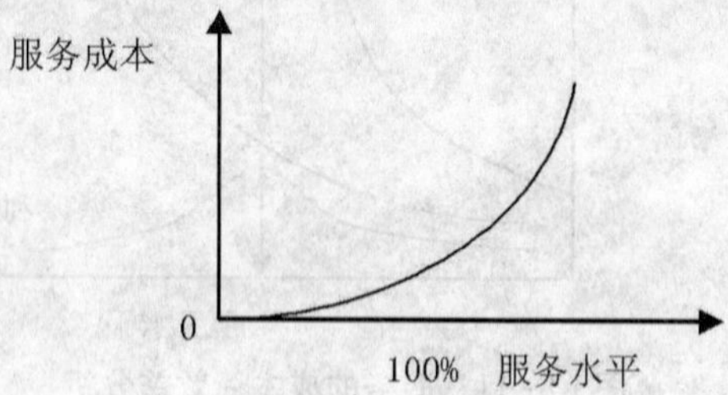

图 10 - 8　服务水平与成本的关系

服务水平越高成本越高，出现这种现象的原因是为了满足高服务要求，不得不备足库存，所以增加了库存成本。但也可以找到其他的服务战略，不增加库存的情况下达到同样的服务要求，例如加快有关客户需求方面的信息流动，使用更快的递送方式。结果曲线向右移动（如图 10 - 9 所示）。这就是以信息和响应速度来代替库存的战略。

所以投入服务成本时要考虑这样的投入所带来的服务利益是什么。如果服务成本高于所带来的收益，这样的成本投入是不合适的。同样也要意识到不同市场中的客户对不同水平的服务的反映也是不同的。

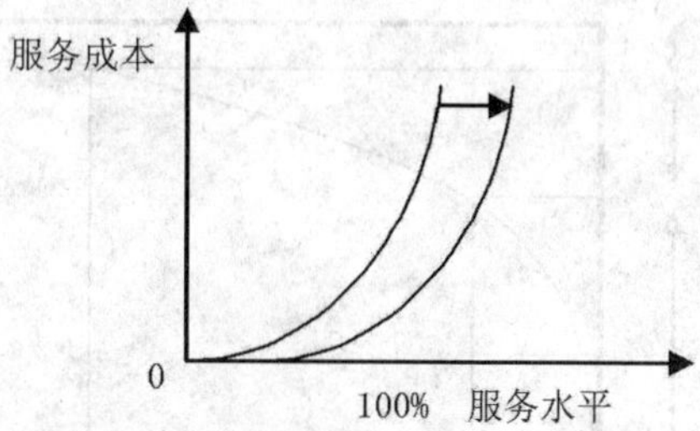

图 10 - 9　服务水平与成本的关系

研究结果表明，服务水平对客户购买行为的影响是一条 S 形的曲线。如图 10 - 10 所示。服务水平越高，销售收入也越多，但也要注意到，服务水平越高，服务成本也会相应提高，肯定会出现一个点，在这一点上利润开始减少。

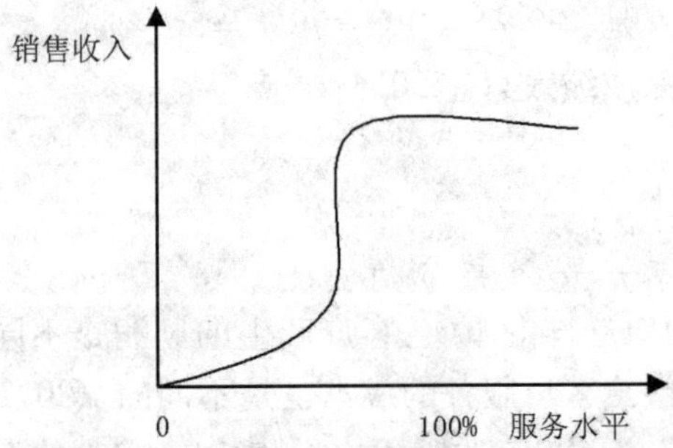

图 10－10　服务水平与销售收入关系曲线

如果把图 10－9 与图 10－10 合并在一起，就得到了图 10－11，能更好地说明在服务水平决策中，成本－效益的互换性质。

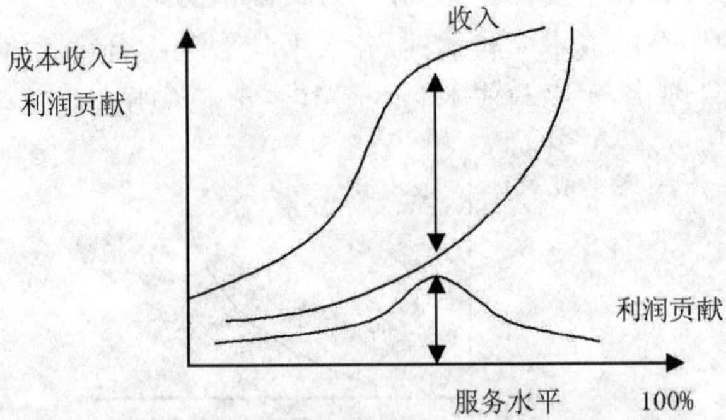

图 10－11　服务的成本－效益分析

从模型中可以看出，无论服务响应曲线的形状是什么样的，也无论利润转折点在哪里，只要将成本曲线向右移动，要达到相同利润的服务水平就会得到改善。因此物流中心在制定物流服务决策时，不但可以通过增加投入来改善服务，还可以通过提高信息化程度，改善流服务，使转折点右移。

（二）根据顾客和商品类别设定物流服务战略

通过以上分析，物流中心不可能对任何客户都提供令人满意的高水平服务，必须区别客户服务的优先级。巴雷特的 80/20 规则提供一种非常有效制定的成本－服务战略的方法。图 10－12 说明了在典型的物流企业中不同客户、不同商品的利润情况。

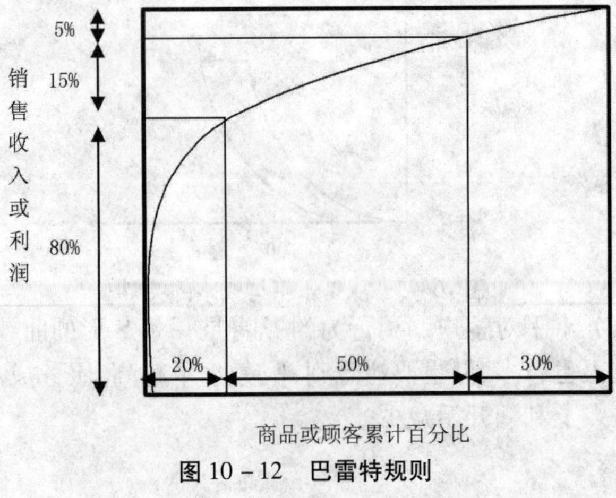

图 10－12　巴雷特规则

图中的曲线被分成三个部分：20%的商品/客户取得80%的销售收入/利润，被定为A类；50%的商品/客户取得15%的销售收入/利润，被定为B类；最后的30%的商品/客户只取得5%的销售收入/利润，被定为C类。这些比率不是固定不变的，它们因公司或市场的不同而有所变化。

图中最好选用利润指标作为纵坐标，因为销售收入或销售量这两个指标会掩盖相当大的成本变化，这里的成本主要是指为提供物流服务而投入的成本，即服务成本。在计算商品的利润时，要识别商品中与服务有关的成本。因为不同的商品的服务成本是不同，如有的商品需要拆零配送，有的商品需要额外的加工等。

在上一步的基础上，就可以计算出每一种商品的利润（以SKU为单位）。商品的利润率是不同的，进行商品的A、B、C分类有什么用处呢？它是库存控制分类的基础。库存的可得性是客户服务中的重要内容，重要商品的库存水平（以安全库存表示）可定为A类；其次是B类；最低水平是C类。然后在此基础上确定库存政策：

商品类别	存货可得性
A	99%
B	97%
C	90%

结合商品利润贡献和商品本身的要求，得到一个矩阵，如图10－13所示。

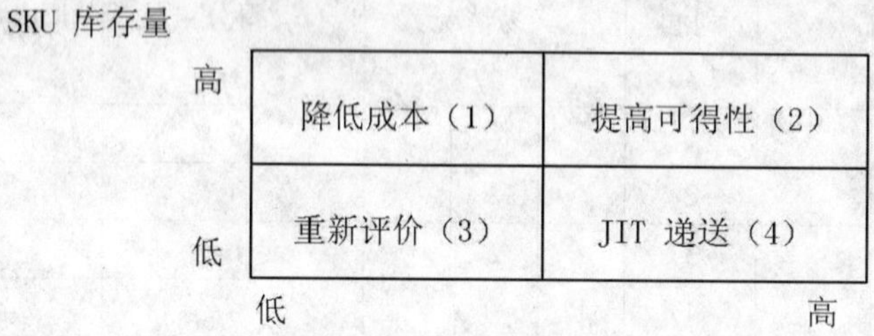

图10－13　利润贡献

对图10－13的说明如下：

象限1：降低成本。这个象限中的商品周转率高，库存数量大，但是这些商品的利润贡献低，在ABC分类中也处于较低的级别。对于这些商品的管理是重新检查这些商品的目录以及它们的物流成本，看是否有增加利润的可能。

象限2：提高可得性。这个象限中的商品不但周转率高，且利润贡献大。由于这些商品的种类不是很多，所以要对这些商品提供最高水平的服务。具体包括保证库存可得性，将这些商品储存在靠近客户的地方等。

象限3：重新评价。这个象限的商品周转率低，且利润贡献也低。这样的商品应该从商品目录中剔除，除非他们对于企业战略有重要作用。

象限4：JIT递送。这个象限中的商品，有着高的利润贡献，但是周转率低，对它们应该实行JIT递送。也就是说，将它们集中储存在供应链较远的地方，以减少库存成本，当需要时，以快递的方法直接送到客户。客户优先级的概念与商品的优先级概念是类似的。因为80/20规则同样适用于客户分类（如图10－14所示）。

商品 \ 客户	A	B	C
A	关键客户	发展	
B	发展	维持	
C			重新评价

图 10－14　客户服务与 80/20 规则

图 10－13 表明如果把 80/20 规则同时用于商品和客户，那么就会发现物流企业的利润是由少数相对高利润的商品所产生的。

如何根据这些内容来进行管理呢？首先要将最高的服务水平提供给关键商品关键客户。然后要不断地评价那些产生利润少的客户与商品，看它们是否还值得企业继续向它们提供服务。处于中间状态的客户与商品，按照他们的重要性分别决定服务的级别。这可通过打分的方法得出结论。如表 10－3 所示，先按照产出利润的大小将商品依次排队，从 1～10 进行打分，然后给出客户在销售这种商品时的交易情况。一般在交易中有三种情况：如果该商品在客户订购后不能及时送货，将丧失这笔生意；订购商品后，客户可以接受轻微的递送延迟；订购商品后，客户可以接受较长时间的递送延迟。

表 10－3　服务决策分析

商品 (1)	利润 (2)	交易情况 (3)			得分 (2)×(3)	服务的优先级 (4)
C	1			3	3	1
P	2		2		4	2
R	3		2		6	5
B	4	1			4	2
X	5	1			5	4
Y	6			3	18	8
Z	7		2		14	7
H	8	1			8	6
J	9			3	27	10
K	10		2		20	9

交易情况：1＝交易失败　2＝轻微延迟　3＝较长时间延迟

注：(1)第二列是按照商品产生利润的大小依次排列；

(2)得分一栏是第二列与第三列数字的乘积；

(3)第四列是根据第三列数字的大小排出的服务优先顺序。

总之，物流中心要正确认识和把握客户的需求，根据不同的情况，对物流服务进行合理的设计与规划，使之成为企业竞争战略的核心内容之一，使物流企业的工作质量得到改进，加强竞争力。

四、物流服务方案执行

物流客户服务方案执行过程是物流中心将物流服务提供给服务客户，与顾客互动的主要过程。在实施过程中,物流中心要充分地清晰地理解客户的需要,把握服务方案实施的关键要素,同时也要将服务实施方案告知客户,与客户协调一致,共同探讨满足客户服务的措施,使客户在满足客户期望的过程中也承担责任。也就是协调好客户期望与物流中心所能提供服务的能力。

1. 物流中心的评定。物流中心作为物流客户服务的供方,要保证物流服务活动高质量地完成,就要对是否遵守已规定的服务提供规范,是否符合服务规范进行监督,出现偏差时对物流服务实施过程进行调查。企业要测量、验证关键的过程活动,避免出现不符合客户需要的倾向和客户不满意,并将企业员工的自查,作为过程测量的一部分。企业进行过程质量测量的一个方法是绘制出服务流程图,显示工作步骤和工作任务,确定关键时刻,找出服务流程中的管理人员不易控制的部分、不同部门之间的衔接等薄弱环节,分析各种影响服务质量的因素,确定预防性措施和补救性措施。

2. 物流客户的评定。客户评定对物流服务质量的基本测量,客户的反映可以是及时的,也可能是滞后的或回顾性的。很少有客户愿意主动提供自己对服务质量的评定,不满的客户总是在不预先给出允许采取纠正措施的信息前就停止使用或消费物流服务。对客户满意方面的评定和测量,应集中在服务提要、服务规范、服务实施过程满足客户需要的范围内。物流中心经常会发生以为提供的是优质服务但客户可能并不满意的事,这可能表明了规范、过程或测量中的缺陷。客户评定与物流中心自身评定相结合,评价两者之间的相容性,可以改进服务质量、采取改进措施提供帮助。

3. 不合格物流客户服务的补救。没有任何物流客户能绝对保证所有的物流服务都是可靠的、无缺陷的,不合格物流客户服务在企业仍是不可避免的。物流中心应规定对不合格服务的纠正措施的职责和权限,尽早识别潜在的不合格服务。对不合格服务的补救应有两个阶段。

第一,识别不合格服务。要识别不合格服务,成功地将服务问题揭示出来,就必须建立一个有效的系统来监测客户的抱怨、进行客户研究、监测及记录服务过程的工作状况。

第二,处理不合格服务。在客户看来,不能积极地处理不合格服务,往往是比出现基本的服务问题更为严重的缺陷。物流中心要采取积极的措施以满足客户的要求,可通过让员工为不合格服务的纠正作准备、充分授权给第一线员工、奖惩员工等手段来保证不合格服务处理的及时性。

第四节 客户服务质量管理

质量是企业生存和发展的根本。对物流管理者来说,构筑完善的物流服务质量管理体系,来保证和控制物流服务全过程的高质量,提供让客户满意的服务是他们应尽的职责。

一、客户服务质量简述

在许多发达国家,现代的物流管理已经不仅仅是局限在降低物流成本上,而是通过提供最适宜的物流服务实现企业效益的最大化。物流服务已经成为企业打造核心竞争力,实现经营和发展战略目标的重要手段,而物流服务质量管理是以全面质量管理和控制为基础,保证物流服务全过程达到质量标准的管理,它以质量保证来维护客户的利益,以客户满意为物流服务质量管理的根本目标。

从这个意义上来说，物流服务质量管理可以定义为：物流服务质量管理是向客户提供满足其要求的物流质量的方法与手段体系。

（一）物流客户服务质量的含义

物流服务质量内涵丰富，主要包括：

1. 商品质量。商品质量指商品在运送过程中对原有质量（数量、形状、性能）的保证。

2. 物流服务质量。物流服务质量是指物流服务固有的特性，即满足物流客户和其他相关要求的能力。如：第三方物流企业采用 GPS 定位系统，能使客户对货物的运送情况进行随时跟踪，随着对信息和物流设施的不断改善，企业对客户的服务质量必然会不断提高。

3. 物流工作质量。物流工作质量是指物流服务各环节、各岗位具体的工作质量。这是相对于企业内部而言的，是在一定标准下的物流质量的内部控制。具体的控制有物流工作质量指标，包括运输工作质量指标、仓库工作质量指标、包装工作质量指标、配送工作质量指标、流通加工工作质量指标及信息工作指标等。

（二）物流客户服务质量的内容

物流客户服务质量一般包括物流技术质量和物流功能质量。物流技术质量是物流客户服务的结果，物流功能质量是物流客户服务的过程。

1. 技术质量。是物流客户服务的结果，它满足客户的主要需要。指服务本身的质量标准、环境条件、网点布置、服务设备以及服务项目、服务时间等是否适应和方便客户的需要。技术质量通常能得到许多客户比较客观的评估，企业比较容易掌握这一质量。

2. 功能质量。是物流客户服务过程的质量，它满足客户非主要需要。指在服务过程中，服务人员的仪态、服务态度、服务程序、服务行为是否满足客户需求。这与客户的个性、态度知识、行为方式等因素有关。客户对功能质量的看法，还会受到其他客户的消费行为的影响。所以客户对功能质量的评估是一种比较主观的判断，企业较难掌握功能质量。

物流技术质量是客观存在的，而物流功能质量则是主观的，是客户对过程的主观感受和认识。客户评价物流客户服务质量的好坏，是根据客户所获得的物流客户服务效果和所经历的服务感受，两者综合在一起才形成完整的感受。

大部分企业将物流技术质量视为物流客户服务质量的核心，集中企业资源提高物流客户服务的技术质量并以此作为企业竞争的主要因素。但随着竞争的加剧，企业同样应重视提供物流客户服务的过程，以提高物流客户服务的功能质量来作为企业竞争取胜的手段。

（三）物流客户服务质量的形成

物流客户服务质量主要来源于三个方面。

首先，设计来源。即服务规范、服务提供规范和服务质量控制规范。

其次，供给来源。即设计好物流客户服务提供给客户的方式。

最后，关系来源。即物流客户服务人员与客户之间的关系。

图 10－15 表明，客户感知物流客户服务质量要受到企业形象、预期质量和体验质量三方面的综合作用，具体说来包括如下内容：

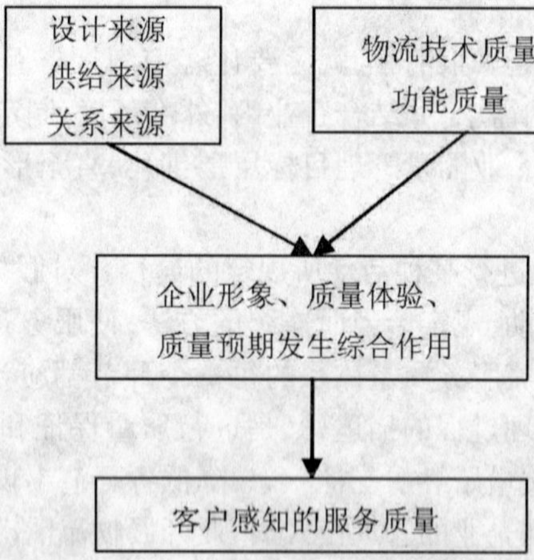

图 10－15　物流客户服务质量形成模式

1. 客户在购买物流客户服务之前，由于受到企业所做的广告或宣传的影响，也可能由于客户的口头信息传播的影响，以及自己以前接受物流客户服务的经验，在大脑中形成企业形象的一个初步认识，特别对自己准备接受物流客户服务的质量有了比较具体的预期。

2. 客户在购买物流客户服务之前，是带着自己对这种服务的具体预期的，在服务提供过程中，客户体验到该企业的服务质量。这个过程，客户体验的内容分为两个部分：一个是自己获得了什么；另一个是自己如何获得的。体验到的服务质量从内容上可分为技术质量和功能质量。

3. 最后，客户会不自觉地把自己在接受物流客户服务过程中体验到的服务质量与预期的服务质量相比较，从而得出该企业的服务质量是优、良、次、劣的结论。

二、构建客户服务质量管理体系

物流服务的质量管理有两大基本职能，分别是质量保证和质量控制。质量保证是以维护客户的利益，让客户满意为目标的，这也是物流服务质量管理的根本目标；而质量控制是以保证物流服务的全过程达到既定的质量标准为目标的，是这里保证的基础。只有健全的质量管理体系为依托，采用科学的管理方法，才能够实现物流服务质量管理的这两大基本职能。

（一）物流客户服务质量体系构成

按照全面质量管理的思想，物流客户服务质量管理体系应当具备以下要素：

> 全面质量管理（TQM）是指围绕着整个的组织的、从供应商到顾客对质量的重视和管理活动。

1. 质量管理体系结构。质量管理体系结构是进行物流客户服务质量管理的基本框架。在这个框架中应当明确质量管理的层级关系、各部门的目标、职责和权限等，通过组织结构的形式将管理过程中的各个环节、各种资源协调起来，使其相互配合、相互协调，成为一个完整的质量管理体系。具体包括组织结构、过程和程序文件三个部分。

2. 质量政策。质量政策是企业进行物流客户服务管理的根本依据，应当为物流客户服务质量管理提供明确的宗旨和方向。质量政策应当明确企业物流服务水平、质量管理的方针和目标、质量保证措施、人力资源政策以及激励制度等内容，同时应当采取有效的措施，保证其被企业的全体员工所理解。

全面质量管理的目标表述起来很简单,就是要让客户满意。但是客户满意的程度是很难度量的,质量者必须根据客户的需求,并结合企业内、外部环境,制定出一系列可识别的物流服务质量管理目标。同时应当将企业的量管理目标层层细化,直至形成具体操作过程的质量管理规范。

3. 程序文件。程序是指为进行某种活动所规定的途径。对服务质量体系而言,程序是对服务质量形成全过程的所有活动,规定恰当而连续的方法,使服务过程能够按规定具体运作,达到系统输出的要求。对于物流服务质量体系的每一个环节都应当形成程序文件,程序文件既是对物流客户服务和质量管理过程的描述,又是进行质量保证和质量控制的依据。通过严格执行程序文件,可以使服务质量始终在受控状态,降低各环节出现质量问题的可能性。程序文件没有固定的格式,应当根据企业的管理模式、企业开展物流活动的具体特征以及质量管理体系的结构形式制定。

4. 控制系统。由于环境的不确定性,计划的执行情况与期望目标总是会有差异的。控制的过程就是要使二者保持一致,确保所期望目标实现的过程(图 10－16)。

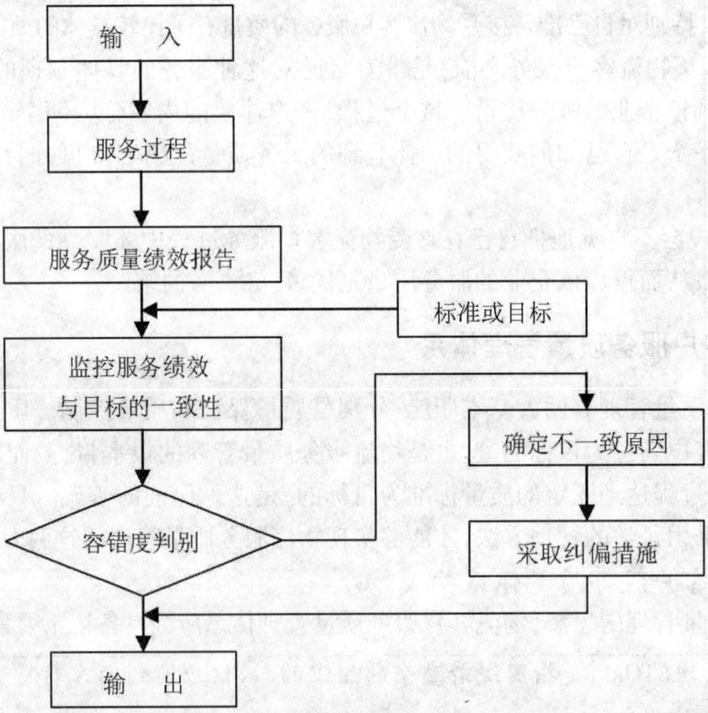

图 10－16　物流服务质量控制系统运行示意图

设计的服务质量及其标准要通过测评和监控输出,确保实施情况和标准相吻合,当测评结果超出允许范围时,应分析原因并采取纠偏措施。

5. 资源要素。构成物流客户服务质量管理体系的资源要素包括信息资源、人力资源和物质资源三部分。

(1)信息资源。以高质量服务著称的组织通常很善于把握客户的想法。物流客户服务质量管理应当有效地利用来自客户、员工、企业管理层以及社会公众的质量反馈信息,并对它们进行必要的分析,使之成为质量控制和改进的依据。

(2)人力资源。能否实施有效的质量管理,人的因素是具有决定性的。要充分发挥人力资源要素的作用,应当特别注意以下五点:

第一,必须发挥企业最高管理层管理者的领导力,通过他们的决策和实际行动来体现对质量管理的决心。

第二,员工的工作岗位,尤其是那些需要直接与客户接触的岗位员工应当与他们的个性尽量接近。

第三,不断向所有员工提供质量培训。

第四,要给员工充分的授权,鼓励他们参与质量管理并解决质量问题。

第五,服务质量体系要求对员工进行适当的激励。

(3)物质资源。所有的服务企业提供客户服务,建立完善的服务质量体系都要对基础设施及设备建设投入大量的资金,这些基础设施及设备包括:服务工具、通讯设备、信息系统以及其他基础设施和设备等。

以上五个方面的要素是构建物流客户服务质量管理体系所必需的。企业应当充分认识到质量管理在物流客户服务管理中的重要性,并在政策资金、技术和人员上给予大力的支持。

(二)评价物流客户服务质量管理体系

按照全面质量管理(TQM)的思想构建出的物流服务质量管理体系是进行物流服务质量管理的基本保证。在实际运行过程中,应当充分发挥系统各组成要素的作用,随时对系统运行状况做出评价,以保证质量管理的全面实施。

> 关于质量管理的三种典型错误观点:(1)认为质量就是检测;(2)认为高质量的服务就意味着面面俱到;(3)认为质量管理仅仅是某个部门的工作。

物流客户服务质量管理体系的评价可以从以下几个方面进行:

1. 始终坚持让客户满意的目标。让客户满意不但是全面质量管理的目标,也是物流客户服务质量管理的指导思想。这就要求企业不仅要提供满足客户现有需要的物流服务,而且要不断开发新的服务项目以适应客户的需求变化;不仅要在物流客户服务设计和过程中为客户着想,而且要为客户提供良好的售后服务。

企业应当将客户视为最宝贵的财富,应当为客户提供参与企业质量管理的机会,应当充分重视客户的意见和建议。同时要在企业内部提倡下一工序就是本工序的客户服务质量问题一定要在本工序发现和解决,为保证下一工序的质量创造条件。

2. 实现全过程的质量管理。企业所构建的物流客户服务质量管理体系应当能够实现全过程的质量管理。以配送服务为例,全面的质量管理不仅应当包括从接受订单开始到将货物送交客户进行费用结算的过程中,对订单处理、拣选、配货、包装、流通加工、装车、配送等工序的质量管理,还必须包括对客户调查、方案设计、制定标准、信息反馈等辅助过程的质量进行管理。

3. 有全面的质量观念。全面的质量观念不仅要求重视物流客户服务提供过程中的质量保证和控制,还应当重视与之相关的所有工作的质量;要求各部门在为实现其个别的或局部的目标进行质量管理的同时,还要有从企业整体利益出发来实施控制的全局的观念;要求对已经发现的服务质量问题进行妥善处理的同时,还要有分析原因、揭示联系,发现或预防潜在问题的能力和观念。

4. 重视全员参与。企业的物流客户服务活动是涉及各个部门,由各项工作组成的整体,因此从企业的负责人到与物流活动相关的具体操作人员、后勤人员都通过自己的工作直接地或间接影响着物流服务质量。开展质量管理工作应当在提高员工的基本素质和科技水平的基础上,强化他们的质量意识和责任感,形成全员参与的质量管理体系。

5. 以数据作为质量管理基础。对物流客户服务进行全面的质量管理是建立在数据统计的基础上的,应当尽量避免在分析和解决质量问题时凭直观、凭经验的做法。虽然服务本身的特点决定了有一些质量指标是很难或是无法量化的,但是仍然应当尽可能设定必要的标准和绩效指标,通过从物流服务过程中收集到的数据进行质量管理。

6. 有科学的工作程序。按照全面质量管理的思想构建的物流客户服务质量管理体系应当具有科学的工作程序,即 PDCA 循环(图 10－17)。PDCA 四个字母分别代表计划(plan)、实施(do)、检查(check)和处理(action),四个环节不断地循环转动,每经历一个循环解决一个主要问题,服务质量就提高一步。图 10－17 示意了 PDCA 循环的工作内容及步骤。

开展物流客户服务的质量管理工作,应当随时从上述六个方面对质量管理体系进行评价,发现不足、逐步改善,保证企业的物流客户服务质量管理体系正常运行。

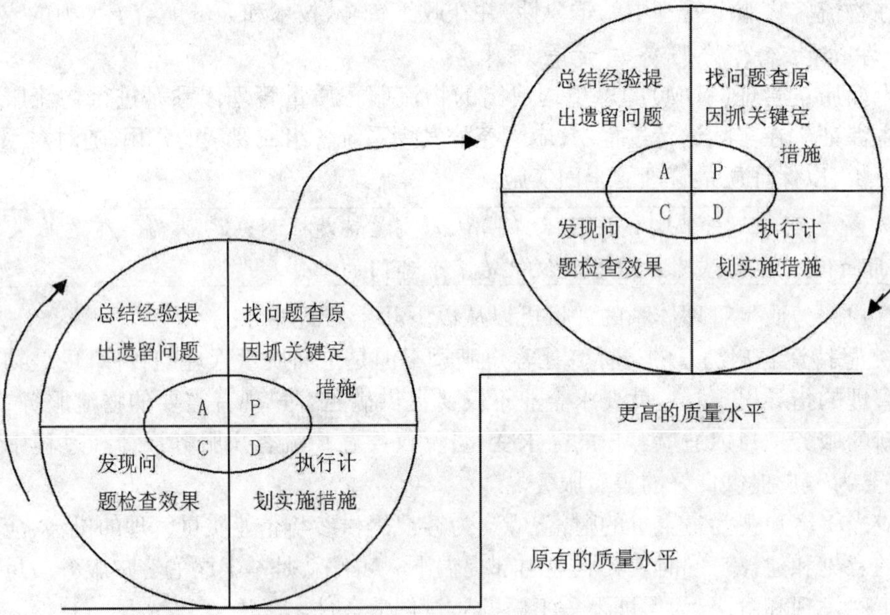

图 10－17　PDCA 循环工作内容及步骤

(三)改进物流客户服务质量途径

物流客户服务质量管理的一项重要内容就是对服务质量进行持续的改进,不断追求更高品质的服务,以提高客户的满意度,增强企业的市场竞争力。持续地进行物流客户服务质量的改进包括以下四个方面内容。

1. 营造持续改进服务质量的良好环境。实现服务质量持续改进的首要前提是在企业内部营造良好的环境。要让员工通过学习和培训明确物流客户服务质量改进的目的和目标,要让他们理解现代质量与质量管理的真正内涵,使他们知道服务质量是可以测量和评价的,是可以通过不断的学习、改进和创新而达到让客户满意标准的。同时,企业也应当建立良好的企业文化,对员工的需求给予充分的重视。领导要关心员工,与员工沟通,形成相互尊重、相互合作、融洽的工作氛围,要使追求更高品质的服务质量成为所有员工的"共同愿景"。"共同愿景”是企业经营理念中的组成部分，是组织中人们所共同持有的意象或景象，它创造出众人一体的感觉，并渗入到组织的所有活动中。

2. 设定服务质量标杆。竞争是促进企业不断提高服务质量的最有效动力，任何企业都不能忽略竞争对手的影响。企业要把与行业中最有竞争力的佼佼者的横向对比作为明确服务质量改进战略、制定改进措施的重要依据，要分析它们的战略、经营管理、业务动作以及技术等方面的优势，并结合企业的实际情况设定质量改进的标杆，通过不断地比较和学习提高自身的质量管理水平。

3. 改善服务流程。业务流程是物流客户服务提供过程中各环节顺序相互关系的真实写照，它涵盖了影响服务质量的绝大部分因素。改进服务质量应当实施有效的流程管理，不断对业务流程进行审查，对其进行反复的、系统的改善。

> 哈默（Hammer）将业务流程再造（BPR）定义：“是在对企业流程进行分析的基础上，重新设计使之获得绩效上重大改善的活动”。

（1）流程管理的主要内容。

①建立流程负责制。完整的物流服务是由众多的流程构成的，质量管理者应当指派那些对流程的具体操作负有责任并有权改变流程状况的个人或群体对每一个流程负责。

②定义流程。每一个流程都应当明确的起点和终点，并且应当有确定的工作完成方式。

③设定控制点。控制点是对流程的阶段性确认或决策活动。它们是管理流程的手段，也是评估点。

④评价和信息反馈。

（2）流程再造。当局部的服务流程改善已经无法适应消费者的需求时，就需要运用业务流程再造（BPR）的思想对物流服务流程进行重新设计。实施 BPR 是一项战略性的系统工程，需要制定周详的计划，并运用运筹学、管理科学、信息技术等手段，按照科学的步骤进行。

4. 改进服务方法。要实现让客户满意的目标，不但要对物流服务的开发、设计、作业等全过程进行质量控制和改进，还应当寻找好的服务方法。要通过倾听客户、员工、竞争对手以及社会公众的声音，了解客户喜欢或习惯的服务方式或方法，并努力使之成为现实。

总之，物流客户服务的质量改进是一个循序渐进、没有终点的过程。在快速多变的竞争激烈的市场中，所有忽视质量改进的企业都只会随着竞争对手的进步而失去更多的客户，等待它们的只有失败。

三、客户服务质量管理的方法

进行有效的质量管理必须借助科学的工具。近年来，一些在制造业的生产质量管理当中得到广泛应用的方法在服务业中逐渐被推广开来。

（一）控制图

控制图（图 10－18）可以用图形来形象地反映质量随时间的变化情况，可以对多个连续时间阶段的质量变化情况做比较。由于这种方法非常直观，所以很容易确定质量变化的趋势，同时可以判断其是否处于稳定状态。

运用控制图首先应当通过收集数据，计算出控制图的中心线和允许波动的范围，确定控制图的上下控制界限，再将考察期间的实际绩效情况表示在图中相应的地方，进行分析。下图以运送时间的变化率为例，给出了控制图的基本形式。

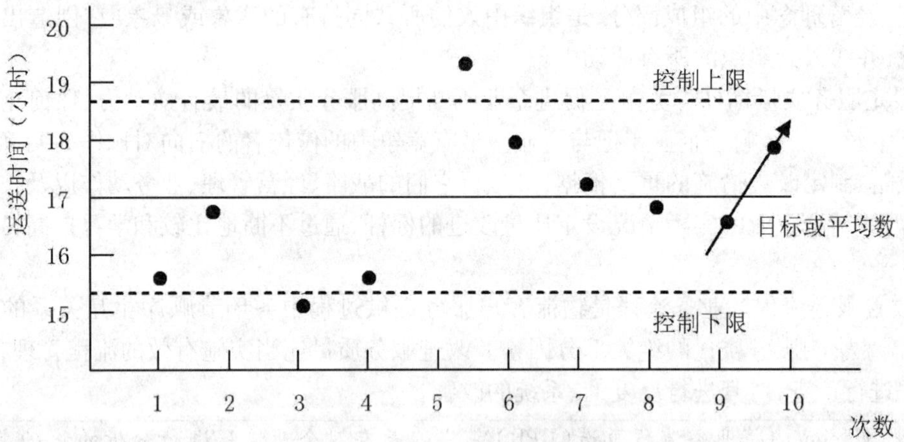

图 10－18　运送时间控制图

（二）流程图

流程图可以用来直观地描述物流服务的全部环节，以及每个环节的具体工作步骤。一旦质量管理人员了解了服务传递基本过程，就可以很容易地确定出可能引发质量问题的关键点，这些关键点代表了整个服务链条的薄弱环节。知道哪些环节可能出错是预防服务质量问题发生的第一步。

流程是一个或一系列连续有规律的行动，这些行动以确定的方式发生或执行，导致特定结果的出现。

绘制流程图应当使用一些标准符号来代表某些特定类型的活动，比如菱形框代表决策，矩形框代表具体活动。但最为重要的是，流程图必须能够清楚地描述服务过程的顺序。

（三）排列图

排列图也称为巴雷特图，它是确定影响服务质量主要因素的一种有效方法。这种方法是以 80/20 原则为基础的，也就是说，在影响服务质量的诸多因素中，各因素的影响程度是不同的，关键的少数因素对服务质量会产生重大的影响。

在排列图中，横坐标表示影响服务质量的诸因素，按照其影响程度的大小从左向右排列；左边的纵坐标为用一定单位表示的影响程度，以每个因素影响的大小为高度，画出直方形，右边坐标表示累计百分数。根据图形反映的情况，找出少数几个（一般为一、二项）关键因素，制定解决措施。在关键因素得到解决后，应当结合改进后的情况，对剩余的因素重新进行排列图分析，如此循序渐进、层层深入，使服务质量不断得到改进和提高。

（四）鱼刺图

鱼刺图是由日本质量专家石川馨教授首创的一种技术，也被称为因果分析图。鱼刺图是一种寻找质量问题产生根源的有效工具，它有助于说明各个影响因素之间的关系和相互作用。使用这一工具应当由管理者或质量管理小组发动群众、集思广益，采用头脑风暴法找出所有可能导致某一特定问题出现的原因，然后将这些原因归结为设备、人员、程序、客户以及其他等五个方面，并对每一个方面进行主要原因和次要原因的分析，层层深入、寻根究底。在找出问题根源后，有针对性地采取措施，直到问题解决为止。

图 10－19 以配送时间超过承诺时间这一物流服务质量问题为例，采用鱼刺图简单进行原因分析。

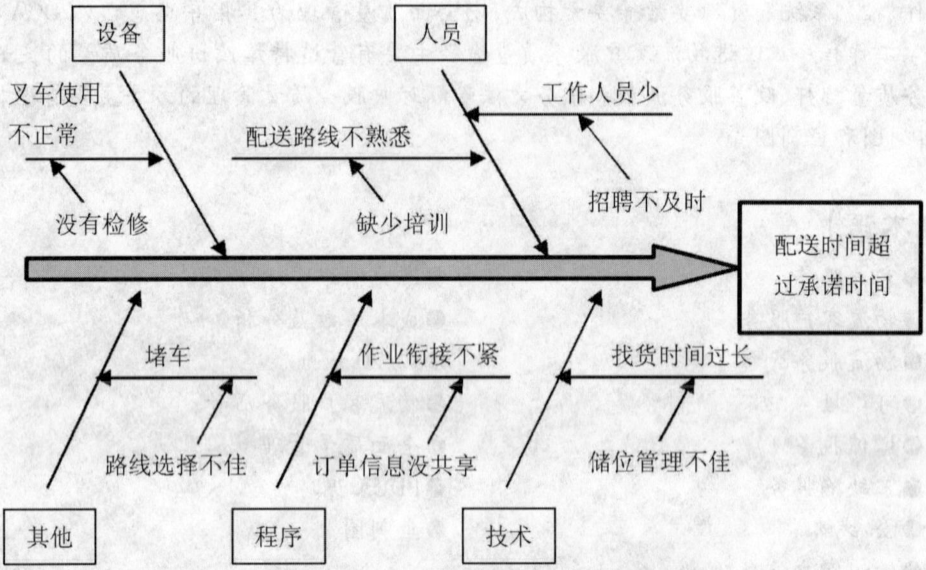

图 10-19 配送时间超过承诺时间问题的鱼刺图

对物流服务质量管理者来说，上面介绍的几种科学方法是必备的。但是仅仅掌握方法还远远不够，管理者应当树立牢固的质量观念，根据具体情况有选择地将这些科学的方法运用到质量管理工作当中，使它们成为管理工作的得力助手。

【本章小结】

质量是企业生存和发展的根本。高质量的物流服务质量管理是保证客户满意的前提。构建完善的物流客户服务质量管理体系是物流管理者的重要职责。物流中心客户服务管理包括客户服务战略策划管理、客户服务设计管理和客户服务质量管理。

客户服务的内涵和外延十分广泛。物流客户服务按照物流服务的水平一般可以分为基本服务、增值服务和零缺陷服务。按照交易过程可以分为交易前服务、交易中服务和交易后的服务。物流中心客户服务质量管理的好坏对物流中心具有重要意义。

物流服务战略是通过对物流服务的未来需求进行预测和对整个供应链的资源进行管理，形成优越的客户满意度的长期规划。物流服务战略的正确制定取决于对物流环境的准确把握以及对物流服务战略的正确分析。典型的客户服务战略有增值为本战略、关系至上战略、顾客满意战略等。物流客户服务战略策划的内容涉及物流客户服务政策、组织结构、应急服务方案、增值服务方案、交易过程要素控制方案、售后服务方案等，其实施是在战略选择的基础上进行的，主要内容是制订物流中心的战略实施计划，包括战略实施计划系统的设计方法及程序。

物流服务方案设计主要包括客户信息收集与整理、分析确认客户需求和设计服务方案等。物流客户信息是正确了解客户需求、制定物流服务方案的前提条件。信息收集的方法有一般收集法、实地调研法以及现代收集法等。物流信息收集整理的目的是准确识别客户的需求。采用成本－效益分析法，根据顾客和商品类别设定物流服务战略，进行物流服务方案设计。在物流服务方案执行中，物流中心要根据方案的执行情况和客户的反馈及时作出反应。

物流客户服务质量管理是客户服务的核心内容。物流服务质量包括物流产品质量、物流服务质量和物流工作质量。物流客户服务质量管理体系主要有质量管理体系结构、质量政策、程序文件、控制系统和资源要素等要素构成，以全面质量管理为其指导思想，以 PDCA 循环作为其科学工作程序。改进物流客户服务质量途径主要有营造持续改进服务质量的良好环境、设定服务质量标杆、改善服务流程和服务方法等。客户服务质量管理的方法主要有控制图、流程图、排列图和鱼刺图等。

【关键术语】

- ●客户服务
- ●物流客户服务
- ●物流服务战略
- ●可得性
- ●增值服务
- ●零缺陷服务
- ●CS 战略
- ●物流客户信息
- ●客户需求
- ●成本－效益分析
- ●80/20 原则
- ●物流客户服务质量
- ●全面质量管理
- ●PDCA 循环
- ●鱼刺图

【思考题】

1. 客户服务是什么？
2. 物流客户服务指的是什么？物流客户服务的内容包括哪些？
3. 解释物流与顾客服务之间的联系。
4. 举例说明基本服务、增值服务和零缺陷服务的区别与联系。
5. 如何进行物流客户服务战略的制定？
6. 解释顾客服务成本与效益之间的关系。
7. 说明可得到性的含义，并讨论衡量可得性的方法。
8. 针对不同的顾客与商品，物流中心应该如何设计物流服务？
9. 简述客户信息收集的方法。
10. 简述物流客户服务质量的形成及其内容。
11. 简述物流客户服务质量体系的构成。
12. 简述 PDCA 工作循环。

【课堂讨论】

1. 物流中心如何提高服务质量？
2. 物流中心如何制定服务战略？

【参考阅读材料】

1. 刘斌，《连锁物流》，高等教育出版社，2001
2. 李万秋，《物流中心运作与管理》，清华大学出版社，2003
3. 梁晨，《如何进行物流服务管理》，北京大学出版社，2004
4. 茅宁，《现代物流管理概论》，南京大学出版社，2004

5. 万志坚,《物流基础管理》,广东经济出版社,2005
6. 郑彬,《物流客户服务》,高等教育出版社,2005

【案例讨论】

UPS——英国“联合包裹运送服务公司”的物流服务工作

UPS 始建于 1907 年,每天有 1200 万件包裹和文件的运送量,它每天还需租用 300 多架包机。公司在英国国内和世界各地建立了 18 个空运中转,每天开出 1600 个航班,使用机场 610 个。目前,UPS 的 34 万名工作人员分布在全球 2400 多个分送中心,他们每天驾驶着 13 万辆运送车,昼夜不停地为 200 多个国家和地区的客户提供门到门的服务,UPS 每日上门取件的固定客户已逾 130 万家。

UPS 业务量巨大,经济效益可观。目前 UPS 的固定资产达 126 亿美元,在全球快递业中可谓独占鳌头。之所以取得巨大的经营成功,与 UPS 富有特色的物流服务是密切相关的。它的物流服务特色主要可以概括成以下几个方面:

1. 货物传递快捷

UPS 规定:国际快件三个工作日内送达目的地;国内快件保证在翌日上午八点半以前送达。为了测试 UPS 的快递究竟快不快,UPS 总裁曾于星期三在北京向美国给自己寄个包裹,星期五当他回到亚特兰大公司总部上班时,包裹已出现在他的办公桌上。而在美国国内接到客户电话后,UPS 可在 1 小时内上门取件,并当场用微型电脑办理好托运手续。

20 世纪 90 年代,UPS 又在 180 多个国家开设了 24 小时服务的“下一航班送达”业务。UPS 坚持“快速、可靠”的服务准则,获得了“物有所值的最佳服务”的声誉。

2. 报关代理和信息服务

UPS 从 20 世纪 80 年代末起投资数亿美元建立起全球网络和技术基础设施,为客户提供报关代理服务。UPS 建立的“报关代理自动化系统”,使其承运的国际包裹的所有资料都进入这个系统,这样,清关手续在货物到达海关之前即已办完。UPS 的电脑化清关为企业节省了时间,提高了效益。UPS 有 6 个清关代理中心,每天办理 2 万个包裹的清关手续。

3. 货物即时追踪服务

即时追踪系统是目前世界快递业中最大、最先进的信息追踪系统。所有交付货物都能获得一个追踪条码,货物走到哪里,这个系统就跟到哪里。这个追踪系统已经进入全球互联网络,每天有 1.4 万人次通过网络查寻他们的包裹的行踪。非电脑网络客户可以用电话询问客户服务中心,路易斯维尔的服务中心昼夜服务,200 多名职员每天用 11 种语言回答世界各地的客户大约 2 万次电话询问。

4. 先进的包裹管理服务

UPS 建立的亚特兰大“信息数据中心”可将 UPS 系统的包裹的档案资料从世界各地汇总到这里。包裹送达时,物流员工借助一个类似笔记本电脑的“传递信息读取装置”,摄取客户的签字,再通过邮阜上的转换器,将签名直接输送到“信息数据中心”,投递实现了无纸化操作。送达后,有关资料将在数据中心保存 18 个月。这项工作使包裹的管理工作更加科学化,也提高了 UPS 服务的可靠性。

5. 包装检验与设计服务

UPS 设在芝加哥的“服务中心”数据库中,抗震的、抗挤压的、防泄漏的等等各种包装案例应有尽有。服务中心还曾设计水晶隔热层的包装方式，为糖果、巧克力的运输提供恒温保护；用坚韧编织袋包装，为16万台转换器提供了经得起双程磨损的材料。这类服务为企业节省了材料费和运输费，被誉为“超值服务”。UPS为企业所提供的物流服务主要包括以下三项内容：

(1)具有客户需要的货物，保证随时有货供应。

(2)保证可以在客户需要的时间内送达货物。

(3)保证达到客户要求的货物及配送质量。

以上内容可以具体分解如下形式：企业物流服务存货服务－充足库存订货服务－订货单位－指定频度－订货日期－截止日期－指定时间－紧急订货交货服务－交货时间－交货频度－正确交货－货品保管信息服务－交货信息－库存信息－到货信息－查询服务

讨论题：

1. UPS－英国“联合包裹运送服务公司”是如何为客户做好服务工作的？

2. UPS－英国“联合包裹运送服务公司”的服务特色是什么？

3. UPS－英国“联合包裹运送服务公司”给我国物流中心做好服务工作有哪些启示？